高等学校"十二五"规划教材

保险原理与实务

主编　刘 革　邓庆彪

西安电子科技大学出版社

内 容 简 介

本书系统阐述了现代保险学的基本理论与实务，针对高校本科教学特点及课程的学习目标，围绕保险原理与实务的基本要求来编写，力求内容完整且针对性强。

本书共14章，内容包括风险与风险管理，保险概述，保险的产生和发展，保险合同，保险的基本原则，财产损失保险，责任保险、信用保险与保证保险，人身保险，保险合同条款，保险公司业务经营的主要环节，再保险，保险投资，保险市场和保险监管。书末以附录形式给出《中华人民共和国保险法》、《保险公司管理规定》和《保险资金运用管理暂行办法》。

本书可作为高等院校经济类、管理类专业的教材，也可作为广大保险、银行等金融行业工作者的学习参考书。

图书在版编目(CIP)数据

保险原理与实务/刘革，邓庆彪主编. —西安：西安电子科技大学出版社，2014.3(2015.7 重印)
高等学校"十二五"规划教材
ISBN 978-7-5606-3344-2

Ⅰ. ① 保…　Ⅱ. ① 刘…　② 邓…　Ⅲ. ① 保险学—高等学校—教材　Ⅳ. ① F840

中国版本图书馆 CIP 数据核字(2014)第 027971 号

策　　划　杨丕勇
责任编辑　王　斌　杨丕勇
出版发行　西安电子科技大学出版社(西安市太白南路 2 号)
电　　话　(029)88242885　88201467　　邮　　编　710071
网　　址　www.xduph.com　　电子邮箱　xdupfxb001@163.com
经　　销　新华书店
印刷单位　陕西天意印务有限责任公司
版　　次　2014 年 3 月第 1 版　2015 年 7 月第 2 次印刷
开　　本　787 毫米×1092 毫米　1/16　印 张 20.5
字　　数　487 千字
印　　数　3001～6000 册
定　　价　46.00 元
ISBN 978－7－5606－3344－2/F
XDUP 3636001-2

前　　言

金融是经济的命脉。保险作为金融体系的重要组成部分，与银行、证券和信托等其他金融组成部分一起，在中国经济现代化和国民经济的增长和发展中起着不可替代的重要作用。在现代经济生活中，保险作为处理风险最科学、最有效、最普遍的一种手段，已经引起政府、各经济单位及居民个人的高度重视。保险的经济补偿功能、资金融通功能与社会管理功能的发挥已经取得重大的社会效应与经济效益。为了进一步增强经济建设者的保险意识，掌握和运用保险这种科学的风险管理技术来管理风险及充分发挥保险的理财功能已经成为一种必然。

本书在借鉴、吸收国内外相关保险学论著和最新研究成果的基础上编写，全书以保险基本理论、风险理论、业务经营、保险监督管理理论为主线；包含保险知识、政策和实务的新观念；注重理论性、知识性和实务性相结合；每章的思考题形式多样，既有对知识点的理解练习，又有对实务的理解分析。本书内容新颖且紧跟时代的潮流，在理论讲解上均运用了新的《中华人民共和国保险法》的条款规定进行阐述。

本书共 14 章，内容包括风险与风险管理，保险概述，保险的产生和发展，保险合同，保险的基本原则，财产损失保险，责任保险、信用保险与保证保险，人身保险，保险合同条款，保险公司业务经营的主要环节，再保险，保险投资，保险市场和保险监管等。内容编排有利于学生在掌握基本理论的前提下，尽快熟悉保险业务，掌握实用保险知识，奠定坚实的专业基础。除主体内容外，本书还附有《中华人民共和国保险法》等与保险有关的法律法规。每章都有思考题，便于读者更好地掌握各章主要内容。

本书由湖南大学金融学院风险管理与保险系的教师合作完成。刘革副教授、邓庆彪副教授任本书主编。具体各章的编写分工如下：第一章至第五章、第十一章和第十三章由刘革老师编写；第六章至第十章、第十二章和第十四章由邓庆彪老师编写。

本书在编写过程中参考了国内外大量的书刊资料，并得到有关专家、学者和保险业界人士的指点与帮助，特别是湖南大学金融与统计学院的各位领导和老师，在提供资料、创造条件等方面给予了编者莫大的帮助，西安电子科技大学出版社也对本书的出版给予了大力的支持和帮助，在此，编者一并致以衷心的感谢。

由于作者水平有限，本书难免存在许多疏漏之处，敬请各位专家及广大读者批评指正。

编　者

2014 年 1 月

目　　录

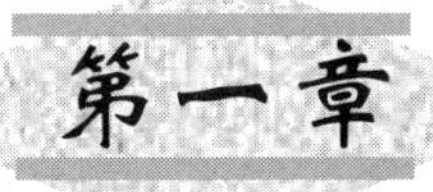

第一章 风险与风险管理

第一节 风险概述

一、风险的定义

关于风险，学术界至今没有统一的定义。常见的几种关于风险的观点包括：

(1) 风险是不幸事件发生的可能性。

(2) 风险是危险的集合体。

(3) 风险具有不可预测的趋势，是实际结果与预测结果的可能差异。

(4) 风险是损失的不确定性。

(5) 风险是对特定情况下关于未来结果的主观疑虑。

基于保险的性质，目前我国保险业界关于风险的定义大多倾向于“损失的不确定性”。该定义至少揭示了两层含义：一是风险的结果是可能的损失，二是不确定性是风险的核心。

不确定性具有两重性。其主观性表现为它是人的主观意识的反映，即由于人们的知识缺乏或能力的不足而对未来产生的怀疑；其客观性表现为客观事件发生各种可能性，正是这种客观存在性使人们有可能对风险的内在规律进行探求。概率论和统计学就是探索其内在规律的最重要的数学工具。

概率又称为或然率或几率，它是随机事件发生的可能性大小的一种数学表示尺度。例如，随机抛落匀质骰子出现特定数字的可能性、特定年龄的人发生死亡的可能性、火灾以及意外事故发生的可能性都可通过概率描述。在一定条件下，概率大，则意味着某种随机事件出现的可能性就大；反之，该随机事件出现的可能性就小。与不确定性概念一样，概率也有主观和客观两方面的意义。因信息不充分而只能依靠人的主观估计而获得的概率是主观概率；客观概率则表现为特定结果在充分长的时期内发生的频率(假定其他条件不变)。

以概率为尺度，从数量的角度来研究随机现象变动的关系和规律性的科学称为概率论。大数法则是概率论的主要法则之一。其含义是：通过对特定的随机事件进行大量重复试验，人们将获得随机变量取值的统计规律性。例如，掷骰子试验，当随机地投掷两次、三次甚至十几次骰子，各面朝上的次数是不规则的；但当反复试验上万次、上亿次甚至更多时，可以发现各面朝上的频率接近于均等，即 1/6。保险原理正是建立在大数法则之上的。保险人承保同质风险单位越多，对风险损失的概率就能做出越精确的估计。

二、风险的构成要素

风险是由多种要素构成的，这些要素的共同作用决定了风险的存在、发生和发展。一般认为，风险由风险因素、风险事故和损失构成。

(一) 风险因素

风险因素(Hazard)又称风险条件，是指引发风险事故或在风险事故发生时致使损失增加的条件，也是导致损失的间接原因或内在原因。因此，风险因素是针对产生或增加损失频率(Loss Frequency)与损失程度(Loss Severity)的情况来说的。例如，对于面临火灾风险的房屋，风险因素包括易燃材料、自然界中的风和雷电等；对于人的死亡来说，风险因素包括健康状况和年龄等。风险因素通常可分为以下三类：

(1) 实质风险因素。它是指有形的并能直接影响物体的物理功能的风险因素。例如，汽车的生产厂家、刹车系统、安全保护装置、发动机功能等，建筑物的坐落地址、建筑材料、结构、消防系统等，自然界中风雨雷电等，均是实质风险因素。

(2) 道德风险因素。它是指与人的品行修养有关的无形因素。例如，故意拖欠债务、诈骗、纵火等恶意行为或不良企图均属于道德风险因素。

(3) 心理风险因素。它是指与人的心理状态有关的无形因素。例如，人的疏忽、过失，投保后片面依赖保险等均属于心理风险因素。

实质风险因素与人无关，故也称为物质风险因素；道德风险因素和心理风险因素均与人密切相关，前者侧重于人的恶意行为，后者侧重于人的心理素质，因此这两类因素也可合并称为人为风险因素。

(二) 风险事故

风险事故(Peril)又称风险事件，是指损失的直接原因或外在原因，即风险由可能性变为现实，以致引起损失的结果。风险要通过风险事故的发生才能导致损失，风险事故是损失的媒介物。火灾、爆炸、车祸、疾病等都是风险事故。

风险事故和风险因素的区分有时并不是绝对的。例如，对于暴风雨，如果其毁坏房屋、庄稼等，暴风雨就是风险事故；如果其造成路面积水、能见度差、道路泥泞，引起连环车祸，暴风雨就是风险因素，车祸才是风险事故。这里判定的标准就是看是否直接引起损失。

(三) 损失

损失(Loss)作为风险管理和保险经营中的一个重要概念，是指非故意的(Unintentional)、非计划的(Unplanned)和非预期的(Unexpected)经济价值(Economic Value)的减少。这一定义包含两个重要的要素：一是“非故意的、非计划的、非预期的”；二是“经济价值减少”。两者缺一不可，否则就不构成损失。例如，恶意行为、折旧、面对正在受损的物资可以抢救而不抢救等而造成的后果，因分别属于故意的、计划的和预期的，因而不能将其称为损失。再如，记忆力的衰退，虽然满足第一个要素，但不满足第二个要素，因而也不是损失。但是，车祸使受害者丧失一条胳膊，便是损失，因为车祸的发生满足第一个要素，而人的胳膊虽不能以经济价值来衡量，即不能以货币来度量，但由于丧失胳膊后所需的医疗费以及因残废而导致的收入减少却可以用金钱来衡量，因此车祸的结果也满足第二个要素。

基于风险管理的需要和保险经营的技术性要求，损失通常分为两种形态，即直接损失与间接损失。前者是指风险事故直接造成的有形损失，即实质损失(Physical Loss)；后者是指由直接损失进一步引发或带来的无形损失，包括额外费用损失(Extra Expense Loss)、收入损失(Income Loss)和责任损失(Liability Loss)。任何风险所造成的损失，都不会脱离上述形态。因此，有人将损失直接分为四类，即实质损失、费用损失、收入损失和责任损失。其中，责任损失包括两方面：一是无法履行契约责任的损失；二是因过失或故意而导致他人遭受人身伤害或财产损失的侵权行为依法应负的赔偿责任。

(四) 风险因素、风险事故与损失三者之间的关系

风险因素、风险事故与损失三者之间存在因果关系，如图 1-1 所示。首先风险因素引发风险事故，即风险因素是事故发生之因，风险事故是果；其次，风险事故导致损失，即风险事故相对标的损失而言是因，标的损失是果。如果将这种关系连接起来，便可得到对风险的直观解释。

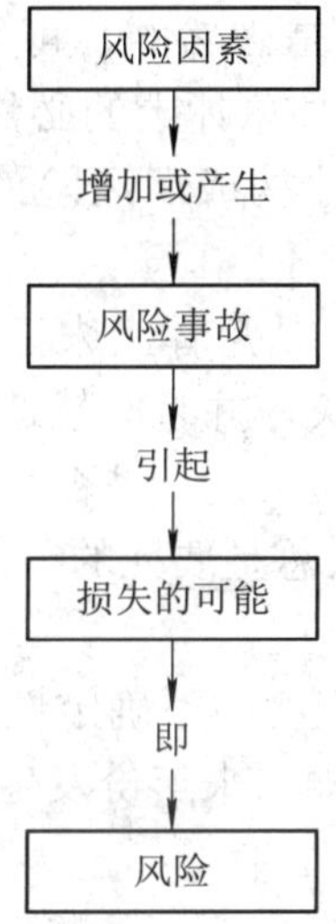

图 1-1　风险因素、风险事故与损失之间的关系

三、风险的特征

(一) 风险的客观性

自然界的地震、台风、瘟疫、洪水，人类社会领域的战争、冲突、意外事故等，都不以人的意志为转移，都是独立于人的意识之外的客观存在。这是因为无论是自然界的物质运动，还是社会发展的规律，都是由事物的内部因素所决定、由超出人们主观意识所存在的客观规律所决定的。人们只能在一定的时间和空间改变风险存在和发生的状态，降低风险发生的频率和损失幅度。但是，从总体上来说，风险是不可能彻底消除的。因此，风险是客观存在的。

(二) 风险的普遍性

自从人类出现后，就面临着各种各样的风险，如自然灾害、意外事故、疾病、伤害、

战争等。随着科学技术的发展、生产力的提高、社会的进步以及人类的进化，又产生了新的风险，且风险事故造成的损失也越来越大。在当今社会，个人面临着生、老、病、死、意外伤害等风险；企业面临着自然风险、意外事故、市场风险、技术风险和政治风险等，甚至国家和政府机关也面临着各种风险。总之，风险涉及社会、企业和个人生活的方方面面。可以说，风险无处不在，无时不有。

(三) 风险的社会性

风险与人类的利益密切相关，即无论风险源于自然现象、社会现象，还是生理现象，它必须是相对于人身及其财产的危害而言的。就自然现象本身而言，无所谓风险，如地震对大自然来说只是自身运动的表现形式，也可能是自然界自我平衡的必要条件。只是由于地震会对人们的生命和财产造成损害或损失，所以才对人类形成一种风险。因此，风险是一个社会范畴，而不是自然范畴。

(四) 风险的不确定性

风险及其所造成的损失总体上说是必然的、可知的，但在个体上却是偶然的、不可知的，具有不确定性。正是风险的这种总体上的必然性与个体上的偶然性(即风险存在的确定性和发生的不确定性)的统一，才构成了风险的不确定性，其主要表现为以下几个方面：

(1) 空间上的不确定性。如火灾，从总体上来说，所有的房屋都存在发生火灾的可能性，而且在一定时间内必然会发生火灾，并且必然造成一定数量的经济损失。这种必然性是客观存在的。但是具体到某一幢房屋来说，是否发生火灾，则是不一定的。

(2) 时间上的不确定性。例如，人总是要死的，这是人类的必然现象，但是何时死亡，在健康的时候是不可能预知的。

(3) 结果上的不确定性。即损失程度的不确定性，例如，沿海地区每年都会或大或小遭受台风的袭击，但是人们却无法预知未来年份发生的台风是否会造成财产损失或人身伤亡以及其程度。

(五) 风险的可测定性

个别风险的发生是偶然的，不可预知的。但通过对大量风险事故的观察会发现，风险往往呈现出明显的规律性。运用统计方法去处理大量相互独立的偶发风险事故，其结果可以比较准确地反映风险的规律性。根据以往大量的资料，利用概率论和数理统计的方法可测算出风险事故发生的概率及其损失幅度，并且可构造出损失分布的模型，使其成为衡量风险的基础。例如，死亡对于个别人来说是偶然的不幸事件，但是经过对某一地区的人的各年龄段死亡率的长期观察统计，就可以准确地编制出该地区的生命表，从而可以测算出各个年龄段的人的死亡率。

(六) 风险的发展性

风险会因时间、空间因素的发展变化而有所发展与变化。人类社会自身进步和发展的同时，也创造和发展了风险，尤其是当代高新科技的发展与应用，使风险的发展性表现得更为突出。

第二节 风险的分类

人类社会所面临的风险多种多样，不同的风险随着不同的性质和特点，它们发生的条件、形成的过程和对人类造成的损害是不同的。为了便于对各种危险进行识别、测定和管理，对种类繁多的风险按照一定的方法分类是十分必要的。尤其对于保险的经营，风险分类更具有特别重要的意义。

一、按风险的性质分类

按风险的性质分类，可分为纯粹风险和投机风险。

(一) 纯粹风险

纯粹风险是指那些只有损失机会而无获利可能的风险。自然灾害，意外事故以及人的生、老、病、死等，均属于此类风险。

(二) 投机风险

投机风险是指既有损失机会，又有获利可能的风险。如商业行为上的价格投机，就属于此类风险。

纯粹风险与投机风险相比，前者因只有净损失的可能性，人们必然避而远之。而后者却有获利的可能、甚至获利颇丰，人们往往为求其利甘冒风险而为之。

二、按风险的对象分类

风险按对象分类，可分为财产风险、责任风险、信用风险和人身风险。

(一) 财产风险

财产风险是指导致一切有形财产毁损、灭失或贬值的风险。例如，建筑物有遭受火灾、地震、爆炸等损失的风险；船舶在航行中，有遭到沉没、碰撞、搁浅等损失的风险；露天堆放或运输中的货物有遭到雨水浸泡、损毁或贬值的风险等。至于因市场价格跌落致使某种财产贬值，则不属于财产风险，而是经济风险。

(二) 责任风险

责任风险是指个人或团体因行为上的疏忽或过失，造成他人的财产损失或人身伤亡，依照法律、合同或道义应承担的经济赔偿责任的风险。例如，驾驶机动车不慎撞人，造成对方伤残或死亡；医疗事故造成病人的病情加重、伤残或死亡；生产销售有缺陷的产品给消费者带来损害；雇主对雇员在从事职业范围内的工作时受到的人身伤害应承担的经济赔偿责任，均属于责任风险。

(三) 信用风险

信用风险是指在经济交往中，权利人与义务人之间，由于一方违约或违法行为给对方造成经济损失的风险。

(四) 人身风险

人身风险是指可能导致人的伤残死亡或损失劳力的风险。如疾病、意外事故、自然灾害等。这些风险都会造成人们经济收入的减少或支出的增加，影响其本人或其所赡养的亲属经济生活的安定。

三、按风险的环境分类

风险按其所产生的环境分类，可分为静态风险和动态风险。

(一) 静态分险

静态风险是指自然力的不规则变动或人们行为的错误或失当所导致的风险。静态风险一般与社会的经济、政治变动无关，在任何社会经济条件下都是不可避免的。

(二) 动态风险

动态风险是指由社会经济或政治的变动所导致的风险。如人口的增加、资本的增长、技术的进步、产业组织效率的提高、消费者爱好的转移、政治经济体制的改革等，都可能引起风险。

(三) 静态风险与动态风险的差别

静态风险与动态风险的区别在于：首先，损失不同。静态风险对于个体和社会来说，都是纯粹损失；而动态风险对于一部分个体可能有损失，但对另一部分个体则可能获利，从社会总体上看也不一定有损失，甚至使个体受益。例如，消费者爱好的转移，会引起旧产品失去销路，增加对新产品的需求。其次，影响范围不同。静态风险通常只影响到少数个体；而动态风险的影响则比较广泛，往往会带来连锁反应。再次，发生特点不同。静态风险在一定条件下具有一定的规律性，也就是服从概率分布。而动态风险则不具备这一特点，无规律可循。最后，性质不同。静态风险一般均为纯粹风险；而动态风险包含纯粹风险和投机风险。例如，商业萧条时期，商品大量积压，此属投机风险；而商品积压，遭受各种意外事故所致损失的几率就大，此为纯粹风险。

四、按风险产生的原因分类

(一) 自然风险

从人类社会的编年史可以看出，地震、水灾、火灾、风灾、雹灾、冻灾、旱灾、虫灾以及各种瘟疫等自然现象是经常的、大量发生的。这种因自然力的不规则变化引起的种种现象，所导致的对人们的经济生活和物质生产及生命造成的损失和损害，就是自然风险事故。自然风险是保险人承保最多的风险，其具有的特征有：第一，自然风险形成的非可控性。自然灾害的发生是受自然规律作用的结果。人类对自然灾害具有基本的认识，但对灾害的控制往往束手无策，如地震、山洪、飓风等自然灾害。第二，自然风险形成的周期性。虽然自然灾害的形成具有非可控性，但它却具有周期性，使人类能够对灾害予以防御。如夏季可能出现涝灾和旱灾，冬季可能出现冻灾，秋季可能出现洪灾，春季可能出现瘟疫流行等。第三，自然风险事故引起后果的广泛性，自然风险事故一旦发生，其后果所涉及的

对象往往很广(某一地区、某一国家，甚至全世界)，一般来讲，自然风险事故引起后果的广泛性越大，人类所蒙受的经济损失就越惨重；反之，人类所受的经济损失则较轻。

(二) 社会风险

社会风险是指由于个人或团体的行为，包括过失行为、不当行为及故意行为对社会生产及人们生活造成损失的可能性，如宠物伤人、玩忽职守、抢劫以及恐怖爆炸等行为对他人的财产造成损失或人身造成伤害的可能性。

(三) 政治风险

政治风险又称为国家风险，是指在对外投资和贸易过程中，因政治原因或订约双方所不能控制的原因，使债权人可能遭受损失的风险。例如，因输入国家发生战争、革命、内乱而中止货物进口；因输入国家实施进口或外汇管制，对输入货物加以限制或禁止输入；因本国变更外贸法令，使输出货物无法送达输入国，造成合同无法履行而形成的损失等。

(四) 经济风险

经济风险是指因贸易条件等因素变化的影响，或经营者决策失误，对前景预期出现偏差等，导致经济上遭受损失的风险。如生产的增减、价格的涨落，经营的盈亏等所导致的风险。

第三节 风险管理

一、风险管理的定义

风险管理(Risk Management)可以描述为：一个组织或个人用以降低风险的负面影响的决策过程。不同类型的风险及其管理存在很大差别。本节着重介绍的是纯粹风险的管理。

二、风险管理的起源与发展

风险管理的起源，至少可以追溯至公元前4500年，古埃及石匠中盛行的一种互助基金组织。它通过收缴会费来支付会员死亡后的丧葬费用，这实质上是对未来死亡费用风险的预防。据记载，公元前3000年，我国一些商人在从事水路货物运输时，把每人左的货物分别装在几条船上，以免货物装在一条船上使得全部遭受损失。这种分散风险的方法体现了现代保险和风险管理的一些基本原理。

近代美国风险管理起源于美国20世纪50年代。在50年代早期和中期，美国的大公司发生的数次重大损失促使高层决策者认识到风险管理的重要性，其中的一次工业灾难是1953年8月12日通用汽车公司在密歇根州利佛尼的一个汽车变速箱工厂因火灾损失了5000万美元，它是美国历史上损失最为严重的五次重大火灾之一。自从第二次世界大战以来，技术至上的长期信仰受到挑战。当人们利用新的科学和技术知识来开发新的材料、工艺过程产品时，也面临技术是否会导致生态平衡破坏的问题，如三里岛核电站爆炸事故、1984年12月3日美国联合碳化物公司在印度博帕尔市经营的一家农药厂发生毒气泄漏重

大事故都说明了这一点。由于社会、法律、经济和技术的压力，风险管理运动在美国迅速开展起来。

在以往的三十余年中，对企业的人员、财产和自然、财务资源进行适当保护已形成了一门新的管理学科，这门学科在美国被称为风险管理，风险管理已被公认为管理领域内的一项特殊职能。从本质上讲，风险管理是应用一般的管理原理去管理一个组织的资源和活动，并以合理的成本尽可能减少意外事故的损失和它对组织及其环境的不利影响。在20世纪六七十年代，许多美国主要大学的工商管理学院都开设了风险管理课程，传统的保险系把教学重点转移到风险管理方面，保险仅作为一种风险筹资的工具加以研究，有的工商管理学院把保险系改名为风险管理和保险系。美国大多数的大企业把风险管理的任务分配到一个专职部门。从事风险管理工作的人员被称为“风险经理”(Risk Manager)。大多数企业的风险经理是“风险和保险管理学会”(RIMS)这一全国性职业团体的会员。该学会的宗旨是传播风险管理知识，并出版一份月刊，定期举行全国性的学术会议。

20 世纪 70 年代，风险管理的概念、原理和实务已从它的起源地美国传播到了加拿大和欧洲、亚洲、拉丁美洲的一些国家。在欧洲，日内瓦协会(又被称为保险经济学国际协会)协助建立了“欧洲风险和保险经济学家团体”。该学术团体的会员都是英国和其他欧洲国家的大学教授，每年聚会一次，讨论风险管理和保险学术问题。英国大学开设风险管理课程已有二十多年历史，日本的一些大学也开设了风险管理课程。我国在恢复国内保险业务后也开始重视风险管理的研究，但目前尚未形成自己的理论体系。

三、风险管理的基本程序

风险管理的基本程序由风险识别、风险估测、风险评价、选择风险管理技术和风险管理效果评价等五个环节组成。

(一) 风险识别

风险识别是指经济单位和个人对潜在的和客观存在的各种风险加以判断、归类整理和鉴定性质的过程。它是风险管理的第一步。风险识别主要包括感知风险和分析风险两方面的内容。其中，感知风险是指调查和了解潜在的以及客观存在的各种风险；分析风险是指掌握风险产生的原因条件以及风险所具有的性质。也就是说，要分析所引起风险事故的各种风险因素，感知风险是风险识别的基础，分析风险是风险识别的关键。

(二) 风险估测

风险估测是指在风险识别的基础上，通过对所收集的大量详细损失资料加以分析，运用概率论和数理统计，估计和预测风险发生的情况。

风险估测所要解决的两个问题是损失频率和损失程度，其最终目的是为风险决策提供信息。所谓损失频率，是指对损失发生的规律性描述。一般有两种定义：一种是空间说法，即指在一定时期内一定数量的标的损失发生的次数；另一种是时间说法，即某一风险单位在足够长时间内发生损失的次数。注意，这里的风险单位(又称为危险单位)是指一次保险事故可能造成的最大损失范围，它可以是一个标的、一个组织单位或个人，也可以是一个地理区域等。所谓损失幅度，是指一定时期内一次事故所致标的毁损状况。这两个特性综合起来可以帮助理解所要考虑的风险的范围和风险特性。因为风险的相对严重性可以从各类风险载体的损失频率分布中得出。损失分布还提供了信息用来确定损失在多大程度上是难以忍受的甚至是不可忍受的。

(三) 风险评价

风险评价是指在风险识别和风险衡量的基础上，首先把风险发生的概率、损失程度结合其他因素综合起来考虑，得出系统发生风险的可能性及其危害程度，并与公认的安全指标比较，确定系统的危险等级，然后根据系统的危险等级，决定是否需要采取控制措施以及控制措施采取到什么程度。

风险评价是风险管理活动的重要一环，其中运用安全指标对系统进行衡量是风险评价的关键。风险管理者通过风险衡量，当估测出系统的损失概率和损失程度大于安全指标时，则说明系统已经处于危险状态，应采取相应的风险管理措施，消除或降低风险的危害程度。如果实际估测结果远大于安全指标，则说明系统必须采取紧急措施控制风险。而当估测的结果小于安全指标时，则可以认为系统是安全的。

(四) 选择风险管理技术

风险管理者对于经济单位或个人所面临的风险进行识别和衡量、评价之后，就需要选择合理有效的技术对风险进行处理。也就是说，风险管理者要针对风险的实际情况，根据自身的资源状况以及各种风险管理技术的特点，合理选择和组合风险管理技术，做出科学的风险管理决策，实现最终的风险管理目标。风险管理技术通常可以分为两大类：一是风险控制技术；二是风险财务处理技术或称为风险融资技术。

(五) 风险管理效果评价

风险管理效果评价是指对风险处理手段的效益和适用性进行分析、检查、评估和修正。由于环境的变迁，风险的变化发展，会导致风险因素的变化。因此，风险管理者还应该对前一阶段选择并实施的风险管理方法的实施效果进行适时的评价，并不断修正计划，以适应风险的变化，努力达到最佳的管理效果。

综上所述，风险管理程序的一个阶段，即风险识别、风险估测、风险评价、选择风险管理技术和风险管理效果评价，这五个方面周而复始、循环往复，形成一个风险管理周期。

第四节 风险管理与保险

一、风险管理的技术

(一) 风险控制技术

1. 风险避免

风险避免是一种常用的风险控制方式。风险避免是指在考虑到某项活动存在的风险时，采取主动放弃或改变该项活动的一种控制风险的方式。一般来说，风险避免的方法有两种：一种方法是放弃或终止某项活动的实施，即在尚未承担风险的情况下放弃或终止某项活动进而拒绝承担风险。例如，一家化学品公司计划在农村进行一项实验。在准备过程中，研

究人员发现，实验可能会对该地区造成巨大的损害。该公司接受了风险经理的建议，放弃了此项实验，进而也就避免了损失的发生。另一种方法是改变某项活动的性质，即在已经承担风险的情况下，通过改变工作地点、工艺流程、原材料等途径避免未来生产经营活动中所承担的风险。例如，企业采用无毒电镀工艺取代传统的有毒电镀工艺，以避免对员工的人身伤害。

2. 损失控制

损失控制是风险控制的一种基本方法。它是指企业对不愿放弃的也不愿转移的风险，通过降低其损失发生概率，减少损失严重程度来达到控制目的的各种控制技术或方法。相对于风险避免而言，损失控制是一种积极的、更适用的风险控制方法。一般来说，损失控制措施可以按以下几种方式分类：

(1) 按损失控制的目的不同，损失控制措施可以分为损失预防和损失抑制。损失预防的目标就是要减少损失发生的次数或者完全消除发生损失的可能性。损失预防的重点在于：第一，改变风险因素。例如，对于洪水，损失预防的措施就是建水坝、进行水源管理等。第二，改变风险因素所在的环境。例如，对于高速公路，损失防范措施就是安装路边护栏、指示灯、指示牌、路标等。第三，改变风险因素和其所处的环境相互作用的机制。例如，加热过程可能使周围的设备过热，为此可以采取引入水降温系统等损失预防措施。所谓损失抑制，是指采取措施使事故在发生时或发生后能减少损失发生范围或损失严重程度。损失抑制的措施大体上分为两类：一类是事前措施，即在损失发生前为减少损失程度所采取的一系列措施；另一类是事后措施，即在损失发生后为减少损失程度所采取的一系列措施。损失抑制更常见的是事后措施，如抢救、追偿等。

(2) 按所采取措施的性质，损失控制措施可以分为工程法和行为法。工程法以风险单位的物理性质为控制的着眼点，而行为法则以人们的行为为控制重点。

(3) 按照执行时间，损失控制措施可以分为损失发生前、损失发生时、损失发生三种不同阶段的损失控制措施。

3. 风险隔离

风险隔离是损失控制方法的延伸。风险隔离包括以下几个方面：

(1) 分割。分割包括分离和分散：分离是指让经济单位的各项资产分别承受风险损失，而不是使所有的资产都面临同一风险，即“不要把所有的鸡蛋都放在同一个篮子里”，这样即使风险事故发生，经济单位的损失程度也不会太大；分散是指通过增加风险单位的数量，将特定的风险在更大的样本空间里进行分散，以此来减少总体损失。总之，人们采用分割的措施可以减少各项资产遭受损失的相关性，减少一次事故可能发生的最大可预期损失。

(2) 复制。把现有的资产进行复制是一种特殊的风险降低措施。如果原始的资产受到破坏，就启用复制的资产。如备用部件和机械等。适用复制的情况通常是资产遭到直接的损失，在这种情况下，复制品可以通过减少或者消除间接损失来降低损失的程度。其往往既能起到损失防范的作用，又能起到损失减少的作用，降低了发生间接损失的可能性。如果原来的资产出现问题，备用的资产马上能代替原来的资产发挥作用。例如，把计算机文件备份并把备份文件隔离存放，可以生动地说明复制品的价值，因为员工的财务记录、应收账户、交易文件和其他重要财务资料的缺失会给企业带来非常严重的问题。

4. 控制型风险转移

控制型风险转移是指企业通过一定的途径将自身风险转嫁出去，而使某些并没有经受损失的机构承受损失的负担。控制型风险转移一般通过两种途径得以实现：一是将与风险相关的财产或活动转移给其他人或组织。例如，企业在出售自己的房产的同时也将同房产相关的风险转移给了新的所有者。这种风险转移同风险避免十分相似，二者的基本原则都是消除自身的潜在风险。但二者还是存在一定的区别，即控制型的风险转移是将风险转移给其他人，其自身虽然消除了损失，但是却给其他组织带来了损失，而风险避免则不会给其他人带来损失。二是通过合同协议转移风险。也就是说，企业可以通过与他方(风险转移的接受方)订立一个合同，当发生损失时，由接受方负责承担损失。例如，房客可以通过租约将自身的风险转移到房东身上。同样，企业也可以通过租用其他人或组织的汽车，而将汽车的事故损失转移给其他人或组织。

(二) 风险融资技术

1. 风险自留

风险自留是一种最常见的风险融资方法，是指经济单位自己承担由风险事故所造成的损失，而资金来源于其自身，包括向别人或其他组织的借款。风险自留的实质是：当风险事故发生并造成一定的损失之后，经济单位通过内部资金的融通，来弥补所遭受的损失。与风险转移不同，风险自留不是把风险转移给别的经济单位，而是留给自己承担。自留风险可能是消极的，也可能是积极的；可能是有意识的，也可能是无意识的；可能是有计划的，也可能是无计划的。

风险自留适用的情况主要包括：① 在其他处理风险的方法不可取得的情况下，风险自留是最后的方法；② 对于损失程度并不严重的风险，风险自留是最为经济的方法；③ 在损失能够比较精确预测的情况下，风险自留也是一种很适用的方法。企业在进行风险自留和保险的选择决策时，主要考虑的因素包括：

(1) 风险自留的管理费用比保险的附加费用低。

(2) 预期损失比保险人估计的低。

(3) 最大可能损失和最大预期损失较低，企业财力可以承受。

(4) 企业有高收益的投资机会，保险费的支付所产生的机会成本增加。

(5) 企业具有很高的风险管理的能力。

风险自留的具体措施包括：① 将损失摊入经营成本；② 建立意外损失基金；③ 借款；④ 专业自保公司。

2. 非保险风险融资转移

风险转移是指经济单位将自己不能承担或不愿承担的风险转移给其他经济单位的一种方法。总体来说，风险转移有三种方式，即控制型风险转移、非保险风险融资转移和保险方式的风险转移。非保险风险融资转移的方式包括以下几个方面：

(1) 免责约定。免责约定是指合同的一方通过合同条款，对合同中发生的对他人的人身伤害和财产损失的责任转移给另一方承担，即通过主要针对其他事项的合同中的条款来实现风险转移。例如，根据一则房屋租赁合同，房东可以将其对第三者造成的人身伤害与财产损失的经济责任转移给承租人。同样，根据另一则租赁合同，此承租人反过来可以把

他的潜在损失转移给房东。一般租赁合同中都有“免责条件”和“其他约定事项”等，关键是要看双方如何加以利用，从而合法地、巧妙地将自己的风险转移出去。

另外，有时候可专门为转移风险而订立合同。例如，企业空运集装箱、在某个仓库里存放设备或者把自己的原料送交给其他企业进一步加工，都可以通过一个特别合同，使受托人有责任赔偿企业在成文法责任或普通法责任之外的各种损失。

(2) 保证合同。保证合同是指由保证人对被保证人因其行为不忠实或不履行某种明确的义务而导致权利人的损失予以赔偿的一种书面合同。保证人、被保证人和权利人三位当事人，借助保证合同，权利人可将被保证人违约的风险转移给保证人。保证的目的在于担保被保证人对权利人的忠实和有关义务的履行，否则由保证人赔偿损失。

(3) 套期保值。套期保值是一种金融协议，它通过持有一种资产来抵消持有另一种资产的风险。套期保值的作用就是抵消价格风险。企业可以通过持有与原资产价格呈负相关的资产来抵消风险。例如，燃油公司的股票收益与通过燃油来发电的电力公司的股票收益成负相关关系。那么，电力公司的股票持有者可以同时持有燃料公司的股票，这样就能消除燃油价格的变动给持股人带来的收益波动。另外，企业还可以人为地设计两种负相关的资产进行套期保值。

一般来说，套期保值只能抵消交易中的某一方面的风险，因此是不完全的。套期保值合同的持有者实际上还会面临交易中其他方面的风险。

3. 保险

从风险管理的角度看，保险是个人或组织通过订立保险合同，将其面临的财产、人身、责任或信用风险等转移给保险人的一种风险管理技术。作为一种融资型风险转移手段，保险有许多优越之处，在社会经济活动中得到广泛应用。

二、作为风险管理技术的保险

保险是处理风险的一种非常重要的财务型技术，保险公司便是专门经营风险的特殊企业，因为“没有风险，就没有保险”。如果说保险企业的产品是保险合同，那么风险便是保险企业的“原料”。风险与保险的关系由此可见一斑。

从风险管理的角度来看，保险是经济单位对意外损失的转移和重新分配的一种财务安排。这种解释符合风险管理的三种目标：第一，意外损失的转移也就是风险转移，可减少忧虑心理，降低风险；第二，损失的重新分配可降低维持生存的风险成本，同时损失若能重新分配就需要有许多的参加者；第三，视为一种财务安排，符合以财务管理功能为要旨的风险管理制度。

综合上述三种解释，可以看出，保险作为一种风险管理手段的基本功能有两个：一是降低风险；二是分担损失。同时，通过保险可把“不确定的”且“大的”损失转化为“确定的”且“小的”保费支出。

三、可保风险的理想条件

并非所有的风险都可以通过保险予以处理。保险研究的对象是满足特定条件的可保风险。可保风险是指可被保险人接受的风险或可以向保险人转移的风险。一般来说，作为理

想的可保风险，通常需符合以下几个条件：

(1) 必须是纯粹风险。纯粹风险的结果只有损失而没有获利，这种性质有助于对损失的预测。同时，该风险的一大特征表现为当个人受损时，社会也会受损。因而可容许有相当多的人参加保险，这时可充分发挥保险的风险分散作用，将个别人的损失转化成由多数人分担。

(2) 风险所致的损失可以预测。要预测损失，就需要大量的损失数据。如果没有足够多的损失数据，就会增加预测的困难，至少是影响预测的精确性。如果特定风险的损失缺乏可度量性和可预测性，那么保险本身的科学性将必受到质疑。

(3) 损失的程度不要偏大或偏小。风险的损失偏大，常超过保险公司财务上所能承受的范围，自然不理想；过于微小的损失，则会加大保险经营的成本，因而也不理想。

(4) 存在大量同质风险单位。同质风险是指风险单位在种类、品质、性能、价值等方面大体相近。如果风险单位不同质，那么风险事故发生的概率就不同，集中处理这些风险将十分困难。只有存在大量同质的风险单位且只有其中少数风险单位受损时，才能体现大数法则所揭示的规律，正确计算损失概率。

(5) 损失的发生纯属意外。若非意外损失，则有悖于保险的宗旨。

四、保险与风险管理

保险与风险管理之间无论是在理论渊源上，还是在各自作为一种经济活动与经济制度的发展中，都有着密切的关系。具体表现为以下几个方面：

(1) 保险与风险管理研究的对象都是风险。风险的存在是保险存在的前提，无风险便无保险。但保险公司不是风险的唯一承担者，更不是对所有可能存在的风险都进行承保。因为风险的存在与发生，其性质、形态，都远比保险内容复杂、广泛得多。因此，风险管理高于保险，其范围也广于保险。保险仅是风险管理中的几种方法之一。保险只着眼于可保风险的分散、转嫁，而风险管理是将各种风险独立出来考虑，从全局的观点进行综合治理。研究风险管理，需要有数学、经济学、管理学的理论及其他专业技术知识。而用保险学的理论进行风险管理的研究，也丰富了风险管理科学的内容。

(2) 风险管理使人们有意识地去认识、控制风险及减少和转嫁风险。风险管理的这一积极意义，对保险有很大影响。保险公司面临着多种风险，从不同方面受到风险管理发展的要求，保险公司应注意总结风险管理中长期积累的经验，从而更好地为保险客户提供各项服务。

(3) 保险与风险管理是相辅相成、相得益彰的关系。保险公司对风险管理有丰富的经验和知识，一方面企业与保险人合作，会使企业更好地了解风险，并通过对风险的系统分析，提出哪些需要保险以及保什么险种等，从而又促进了风险管理；另一方面，由于企业加强和完善风险管理，就需要保险提供更好的服务，以满足企业的发展要求，这又促进了保险的发展。

重要概念

风险　风险因素　道德风险因素　实质风险因素　风险事故　损失　纯粹风险

投机风险　静态风险　动态风险　财产风险　责任风险　信用风险　人身风险
风险管理　可保风险

思 考 题

1. 关于风险的定义有哪些？你认为哪种比较科学？
2. 简述风险的特征。
3. 风险的分类对风险管理有何意义？
4. 试述风险管理的基本程序。
5. 简述风险管理的控制技术与融资技术。
6. 简述可保风险的五个要件。
7. 试分析风险管理与保险之间关系。

第二章　保险概述

第一节　保险的界定

一、保险学说

保险是应对风险损失的重要善后措施，具有分散风险、补偿损失或给付保险金的基本职能。关于保险的性质，特别是关于保险的概念，长期以来各国学者站在不同的角度提出了不同的观点。归纳起来，大体可以分成两派：一元说和二元说。所谓一元说，即主张不区分保险的对象，给保险下一个统一定义的各种学说，它又可以分为损失说与非损失说两个流派。所谓二元说，即将财产保险与人身保险分别看待，认为两者不能统一；对于财产保险，学者认为损失是其本质，继承了损失说的观点；对于人身保险，学者则有不同的观点。日本著名保险学家园乾治把历来西方学者关于保险性质的学说归纳为三种流派：损失说、非损失说和二元说。

(一) 损失说

损失说可分为损失赔偿说、损失分担说和风险转嫁说三种。

1．损失赔偿说

损失赔偿说起源于海上保险，其代表人物是英国学者马歇尔(Samuel Marshall)和德国学者马修斯(E. A. Marius)。他们认为保险的目的在于补偿人们在日常生活中，因各种偶然事件发生所导致的损失。马歇尔说："保险是当事人的一方收受商定的金额，对于对方所受的损失或发生的危险予以补偿的合同。"马修斯说："保险是约定当事人的一方，根据等价支付或商定承保某标的物发生的危险，当该项危险发生时，负责赔偿对方损失的合同。"

损失赔偿说认为保险是一种损失赔偿合同，保险人与被保险人之间是一种合同关系，保险人根据合同约定收取保费，在被保险人遭受合同规定范围以内的损失时，保险人立即给予补偿。

在保险实务中，凡属海上保险以及其他财产保险，其目的都在于赔偿损失。因此，对财产保险而言，保险的赔偿损失概念是适当的，但是对于其他有关人的生命和身体的各种保险，用损失的概念来进行解释，显然是不恰当的。因此，以赔偿损失作为所有保险种类的共同性质是不妥当的。

2．损失分担说

损失分担说的代表人物是德国学者瓦格纳(A.Wagner)。瓦格纳认为："从经济意义上

说，保险是把个别人由于未来特定的、偶然的、不可预测的事故在财产上所受的不利结果，使处于同一危险之中，但未遭遇事故的多数人予以分担以排除或减轻灾害的一种经济补偿制度。”他强调保险即由众多人互相合作，共同分担损失，并以此来解释各种保险现象。这一学说着眼于事后之损失。

损失赔偿说着重于合同双方当事人的关系，与此相反，损失分担说则强调损失赔偿中多数人互相合作的事实，因此把损失分担这一概念视为保险的性质。瓦格纳有意识地避开“损失”字样而说在财产上所受的不利结果，使之多少带有广泛的含义。但是这种说法，除了损失之外并无其他意义，并不能像他所说的那样，既能适用于财产保险，也能适用于人身保险，甚至适用于自保。

3. 风险转嫁说

风险转嫁说的代表人物是美国学者魏莱特(A.H.Willett)和休伯纳(S.S.Huebner)。魏莱特说：“保险是为了赔偿资本的不确定损失而积累资金的一种社会制度，它是依靠把多数的个人的危险转嫁给他人或团体来进行的。”他们强调，保险就是风险转移，保险赔偿是通过众多的被保险人将风险转移给保险人来实现的。这一学说着眼于事前之风险。

风险转嫁说把被保险人的危险转嫁给保险人视为保险的性质。另一代表人物克劳斯塔(B.Krista)主张客观主义学说，他认为：“被保险人转嫁给保险人的仅仅是危险，也就是损失发生的可能性，所以是可以承保的，保险人把这种共同性质的危险，大量汇集起来，就能将危险进行均衡。”克劳斯塔从而给保险所下的定义是：“保险是以收受等价、实现均衡为目的而进行的危险汇集。”从这点来看，危险的转嫁可以说是危险的均衡。

损失赔偿说、损失分担说和风险转嫁说都是以损失补偿的概念来阐述保险的性质。相比较之下，其中损失分担说给保险下的定义在经济学上是比较严谨的。

(二) 非损失说

上述各种学说，都与损失这个概念有关，而坚持损失概念就会带来一个新的问题：人身保险的性质问题，即人身保险是否是保险。因此出现了完全排除损失这一概念，而以其他概念作为保险性质的学说，即非损失说。

非损失说不从损失的角度阐明保险的概念，认为损失不能包括保险的全部内容，应抛开损失的概念而寻找一种能全面解释保险含义的途径，于是产生了以下的技术说、欲望满足说、经济生活确保说和金融说等。

1. 技术说

技术说从保险基金建立的技术角度出发，指出无论是财产保险，还是人身保险，其存在的基础都在于使保险费与保险金持平的特殊技术，这种特殊性区分了保险和其他现象。

主张技术说的代表人物是费芳德(C.Vivante)，他认为保险不能没有保险基金，保险基金要通过特殊技术，保持保险费和保险价值的平衡。保险的特性就在于采用这种特殊技术，科学地建立保险基金，这样就没有必要在保险合同是否以损失赔偿为目的的问题上争论不休了。

技术说为了弥补损失说强调保险职能的缺点，不免有些过分。因为经营赌博、发行彩票也需要特殊的技术，从这点来看，可以说保险和赌博、彩票就如出一辙了。因此，不宜将技术作为保险的特性。

2．欲望满足说

欲望满足说避开法学，完全从经济学的观点探索保险的性质，认为保险是以损失赔偿和满足经济需要为其性质的。该学说以戈比(U.Gobbi)和马纳斯(A.Manes)为代表。

欲望满足说的主要代表人物是德国的马纳斯，他认为："保险是保障因保险事故引起金钱欲望的组织，如果发生保险事故，必须以引起金钱欲望为前提条件。"他认为保险是处于同样经济不安定的情况下，许多企业经营单位把偶发的且能计算出来的财产上的欲望，根据互助原则，予以保障的经济手段。戈比认为，保险的目的是当意外事故发生时，以最小的费用满足该偶发欲望所需的资金，并予以充分可靠的经济保障。以上两种学说在保险理论界的影响较大。

3．经济生活确保说

经济生活确保说的代表人物是奥地利学者胡布卡(J.Hupka)、日本学者小岛昌太朗和近藤文二。这一学说认为，现实中偶然事件的发生，将导致经济生活不安定。保险即根据大数定律，集合多数经济单位，由此形成的一种最经济的社会后备基金的制度。人身保险与财产保险的目的都在于确保经济生活的安定。

4．金融说

金融说的代表人物是日本的潞隆三和酒井正三朗。该学说认为，保险与银行、信用社一样，是一种在互助合作基础上的金融机构，它起着一种融通资金的功能。

(三) 二元说

损失说是以损失这个概念作为保险性质的，尽管损失这个概念不能适用于所有的保险，但是坚持损失这个概念的，还有一个流派，即二元说。二元说主张根据财产保险和人身保险的不同特点分别给予解释，认为人身保险和财产保险一样，都是保险，但是由于人身保险又有储蓄和投资的特性，不能与财产保险做统一解释。这一学说的代表人物是德国学者爱伦伯格。二元说一般包括三种流派：人格保险说、否认人身保险说和择一说。

1．人格保险说

人格保险说将人身保险的性质定位于人格保险，即人身保险不在于能赔偿由人身事故造成的经济损失，而在于能赔偿道德方面和精神方面的损失，且不能用金钱来评价。

德国学者柯勒主张人格保险说。他认为人身保险之所以是保险，不仅是因为它能赔偿由于人身上的事故所引起的经济损失，而在于它能赔偿道德方面和精神方面的损失。

精神方面的损失，有由于经济的冲击造成的，还有由于纯粹的精神刺激引起的。因为前者来自经济上的原因，能通过经济评价、经济补偿以抵消损失或减轻损失程度，而后者不可能利用这种经济手段予以补救。柯勒所说的精神损失是纯粹的精神损失，是不允许以金钱来评价的，这正是人格保险说的特点。但是一般认为，人身保险和伤害保险既然是对人格的保险，就应该属于非损失保险。

2．否认人身保险说

否认人身保险说把人身保险和财产保险对比，否认人身保险的保险性质，认为人身保险是和财产保险不相同的另外一种合同，甚至是一种单纯的金钱支付合同。

损失这个概念，无论从经济方面进行狭义地解释或进行包括精神损失在内的广义解释，

都不能阐明人身保险的性质。因此，如果坚持损失概念是保险的性质，其结论就不得不断定人身保险不是保险了。

否认人身保险说是由多数法学家所倡导的，有些经济学者也予以支持。他们认为，人身保险并不体现保险的性质，它是与保险不相同的另外一种合同，有的认为是一种单纯金钱支付的合同，有的认为是用现在的支付购买将来某种金额的合同。此外，有的学者还完全否认人身保险是保险或认为它是保险合同和其他合同的混合物。经济学家科恩(G.Cohn)就倡导这种学说，他说："因为在人身保险中，损失赔偿的性质极少，它不是真正的保险而是混合性质的保险。"埃斯特(L.Elster)则直截了当地说："在人身保险中完全没有损失赔偿的性质，从国民经济来看，人身保险不过是储蓄而已。"而威特(CJ.D.Witt)认为："人身保险不是保险，而是一种投资。"

3. 择一说

择一说不同意以上两种观点，它把保险看成保险合同，认为保险合同不是损失赔偿的合同，就是以给付一定金额为目的的合同。

择一说认为不能找出人身保险和财产保险的共同概念，但是也不同意人身保险的那种强调人身保险不是保险的说法。此学说明确承认人身保险是真正的保险，并主张把人身保险和财产保险分别以不同的概念进行阐明。

二元说的观点被许多国家的保险立法所采用。如日本商法效仿德国商法对损失保险合同和人身保险合同分别下了定义；我国的保险法也是对财产保险和人身保险分别进行定义和规定管理办法的。但是从经济学的角度出发，有很多学者认为财产保险和人身保险之间具有共性，应该给予一个统一的定义。

二、保险的定义

不同的学者从不同的角度对保险的理解不同，下面简要列举一些保险的定义：

(1) 保险是以经济合同方式建立保险关系，集合多数单位或个人的风险，合理计收分摊金，由此对特定的灾害事故造成的经济损失或人身伤亡提供资金保障的一种经济形式。

(2) 保险是以集中起来的保险费建立保险基金，用于补偿被保险人因自然灾害、意外事故造成的经济损失或对个人因死亡、伤残给付保险金的一种方法。

(3) 保险是一种经济补偿制度，它通过收取少量保险费的方法，承担被保险人约定的风险。当被保险人一旦发生约定的自然灾害、意外事故而遭受财产损失及人身伤亡时，保险人给予经济补偿。

(4) 保险是一种社会工具，这一社会工具可以进行损失的数理预测，并对损失者提供补偿，补偿基金来自于所有那些希望转移风险社会成员所做的贡献。

(5) 保险是一种复杂的和精巧的机制，它将风险从个人转移到团体，并在一个公平的基础上由团体中的所有成员来分担损失。

我国在 1995 年 10 月颁布并于 2009 年修订的《中华人民共和国保险法》(以下简称《保险法》)第二条将保险解释为："本法所称保险，是指投保人根据合同约定，向保险人支付保险费，保险人对于合同约定的可能发生的事故因其发生所造成的财产损失承担赔偿保险金责任，或者当被保险人死亡、伤残、疾病或者达到合同约定的年龄、期限等条件时承担给付保险金责任的商业保险行为。”这个定义仅适用于本法所约束的商业保险，不具有普遍性。

科学完整地为保险下定义，应从经济学、法学和社会学等方面来解释。

从经济学角度来说，保险是众多的具有同质风险的个人将其所面临的特定的风险事故损失转移给保险人，并以付出一定的货币为代价，保险人将这些资金以一定的科学方法汇集为保险基金，当集合中有人发生风险事故时，保险人便使用保险基金，以补偿损失或进行经济给付，从而体现一定的经济关系。

从法律角度来说，保险这种经济关系是以保险合同或法律强制的形式维系的，体现的是一种民事法律关系，在保险合同或有关法律中明确规定了保险双方当事人的权利与义务：一方承担支付保险费的义务；另一方以此为前提为其提供获得经济补偿或经济给付的权利。

从社会学角度看，保险体现了人们的互助精神，把原本由个体分散应对的风险集中在一起，使风险在集合内部重新分配，由大家共同应对，将不稳定的风险转化为相对确定的且可预测的风险，体现了“一人为众，众为一人”的宗旨，从而保障社会健康发展。

由此，本书对保险的定义是：保险是指众多具有同质风险的单位或个人以缴付保险费为代价，将其自身所面临的风险转移给保险人，并在特定的风险事故发生后，由保险人给予经济补偿或经济给付的一种社会、经济保障制度。

三、保险的要素

(一) 以特定的或约定的风险作为可保风险和保险责任

风险的客观存在使人们产生对保险的需求。尽管保险是人们处理风险的一种方式，它能为人们在遭受损失时提供经济补偿，但并不是所有破坏物质财富或威胁人身安全的风险，保险人都承保。可保风险是保险人可以接受承保的风险，它是有条件、有范围的。一方面，从社会效益、保险企业效益和经营技术考虑，只能选择可保风险，即承保特定的灾害事故或事件作为保险责任；另一方面，投保人从自身利益考虑，对其所面临的风险也要经过分析和筛选，有选择性地进行投保，从而降低成本。

(二) 保险必须对保险事故造成的损失给予经济补偿或给付

所谓经济补偿，是指这种补偿不是恢复已灭失的原物，而是一般用货币进行补偿。对于财产保险，主要针对保险标的的损失给予一定的经济补偿；对于人身保险是用经济补偿或给付的方法来弥补由于人的死亡或残疾而使个人或家庭的收入减少、支出增加的经济负担，并不是保证人们恢复已失去的劳动力或生命。

(三) 保险必须结合多数经济单位进行互助共济

保险是一种“一人为众，众人为一”的同舟共济、相互扶助的经济形式。保险这种互助共济形式的形成过程既是风险集合的过程，又是风险分散的过程。众多投保人将其所面临的风险转嫁给保险人，保险人通过承保而将众多风险集合起来。当发生保险责任范围内的损失时，保险人又将少数人发生的风险损失分摊给全部投保人，也就是通过保险补偿行为分摊损失，将集合的风险予以分散转移。故保险以多数经济单位的结合为必要条件。

具体来讲，保险有两种结合方式：一是直接结合，即在一定范围内，处在同类风险中

的多数经济单位，为一致的利益组成保险集合体；二是间接结合，即由第三者充当保险经营主体，使处在同类风险中的多数经济单位，通过缴纳保险费的形式，由保险经营主体即保险公司促成其结合。

(四) 合理计算分担金和建立保险基金

保险在形式上是一种经济保障活动，而实质上是一种商品交换行为，保险人承保某一特定风险，必须在保险合同期间内收取足够数额的保费，以聚集资金支付赔款和各项费用开支，并获得合理的利润。因此，厘定合理的费率(即分担金)，便构成了保险的基本要素。保险费率要依据概率论、大数法则的原理进行科学计算。保险的费率过高，就会增加投保人和被保险人的负担，保险需求会受到抑制；反之，费率厘定得过低，保险供给得不到保障，又无法为被保险人的损失提供可靠的足额补偿，因此费率厘定必须合理。

费率的厘定一般遵循两条原则：第一，遵循区别对待的原则，即根据每个投保人的保险标的的风险程度来核定差别费率。如果对所有投保人实行相同费率，必然导致风险低者为风险高者做出补贴，最后致使一部分风险较小的人退出保险，而剩下风险较高的对象，这样每个人的分担金额必然过大，以致无法分担；第二，遵循收支平衡的原则，即保持被保险人和保险人之间的保费与赔偿、给付总额的平衡。

保险的分摊损失与补偿损失功能是通过建立保险基金实现的。保险基金是用以补偿或给付因自然灾害、意外事故及人体自然规律所致的经济损失及人身损害的专项货币基金，它主要来源于开业资金和保险费。无保险基金的建立，就无保险的补偿与给付，就无保险可言。

(五) 通过订立保险合同确定保险关系

保险是投保人与保险人之间的一种经济关系。这种经济关系是通过合同的订立来确定的。保险是专门对意外事件和不确定事件造成的经济损失给予赔偿的，风险是否发生，何时发生，其损失程度如何，均具有较大的随机性。保险的这一特性要求保险人与投保人应在确定的法律或契约关系约束下履行各自的权利与义务。倘若不具备在法律上或合同上规定的各自的权利与义务，那么保险经济关系则难以成立。因此，订立保险合同是保险得以成立的基本要素，也是保险成立的法律保证。

四、保险的特征

(一) 保险的基本特征

根据以上对保险的定义和举例，可知保险具有以下一些基本特征。

1. 互助性

保险具有“一人为众，众为一人”的互助特征。保险在一定条件下，分担了许多单位和个人难以承担的风险，使之构成了一种经济互助关系。这种经济互助关系通过保险人用多数投保人缴纳的保险费建立的保险基金对少数遭受损失的被保险人提供补偿或给付而实现。

2. 法律性

保险是根据法律规定或当事人双方约定，一方承担支付保险费的义务，换取另一方对

其因意外事故或特定事件的出现所导致的损失负责经济补偿或给付的权利的法律关系。因此，保险又是一种合同行为，具有法律性。

3．经济性

保险体现了一种对价交换的经济关系，也就是商品经济关系。保险是通过经济补偿或给付而实现的一种经济保障活动。其保障对象财产和人身都与要素市场有关；其实现保障的手段，大多最终都必须采取支付货币的形式进行补偿或给付；其保障的目的是与社会经济发展相关的。这些都体现了保险的经济性。

4．科学性

保险是风险管理的制度。现代保险经营以概率论和大数法则等科学的数理理论为基础，保险费率的厘定、保险准备金的提留等保险精算都是以科学的数理计算为依据的。在保险事故发生后，损失的查勘、定损也需要科学的理论、程序和方法，有时需要借助专业的保险公估人的力量。

(二) 保险的比较特征

在现实经济生活中，存在着一些与保险在某些方面具有一定相似性的经济行为，从而引起了人们对于保险的一些模糊认识和误解。将保险与这些经济行为加以比较，有助于加深对保险的正确理解，对推动保险的发展具有深远的意义。

1．保险与赌博

就单个保险合同而言，投保人能否获得保险金、保险人是否要承担赔偿或给付责任均依赖于在保险期间是否发生保险事故，具有随机性；而且无论发生保险事故与否，投保人所支付的保险费和被保险人获得的保险金在数量上总是不相等的，一旦发生保险事故被保险人可获得多于保险费数倍、数百倍的保险金。就赌博而言，输赢也是不确定的，具有偶然性，赢了会获得额外利益，输了则会损失赌资。不管输赢，参与者所下的赌注和最终获得的钱财是不等的。因此，保险与赌博有相似之处，二者都是基于偶然事件的发生，且支出与所得不对等。实际上，最早的保险就是一种赌博行为。如在英国海上保险发展的初期，人们经常会为一些与自己毫无经济利害关系的远洋船舶买保险，如果船舶中途灭失就会获得一笔保险金，然而船舶安全归来并不能要求保险人退还保险费。这很容易引发道德风险。因此，为了防止这种赌博性的保险行为，英国以法律的形式规定人们只能为与自身有经济利害关系的标的买保险，形成了保险利益原则。

尽管如此，从根本上来讲，保险与赌博有着以下本质的区别：

(1) 二者的目的不同。保险的目的是通过补偿或给付保障被保险人的经济利益，以谋求经济社会的安定，利人利己，其作用是减少已有的风险；赌博的目的在于不劳而获、侥幸获利、损人利己及制造不安定因素。

(2) 条件(对象)不同。保险的投保人或被保险人必须对保险标的具有保险利益，当保险标的受损时会遭受经济损失，而赌博的当事人则没有利益要求。

(3) 机制(或技术手段)不同。保险运用概率论和大数法则等科学方法来预测总的损失，制定合理的保险费率，而赌博完全依赖偶然机会的出现，冒险获利。

(4) 社会后果不同。保险将未来不确定的风险化为固定的、小额的保险费支出，使风

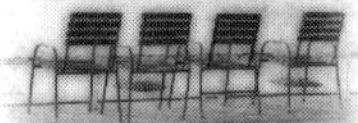

险转移或减少，而且灾害事故发生与否一般与行为人的意志毫无关系；赌博是将固定的资产化为赌注，将安全转变为风险，是风险的创造和增加，而且是出于行为人的自愿和故意。

(5) 利益结果不同。保险只赔偿其损失的部分，且赔偿金额不能超过其实际损失，不允许被保险人获得额外利益；而赌博除赌本外尚可获得额外的侥幸利益。

2．保险与储蓄

保险与储蓄都是以现在的剩余做将来的准备，都体现了一种有备无患的思想，尤其是有些人寿保险(如生存保险)带有长期储蓄的性质。但二者属于不同的经济范畴，存在着明显的差异。具体有以下几个方面：

(1) 对象要求不同。保险的对象必须符合保险人规定的承保条件，如保险利益条件、年龄和健康条件等，只有符合条件的保险人才予以承保，而储蓄的对象没有任何条件限制，可以是任何单位和个人。

(2) 行为性质不同。保险是用多数人缴纳的保险费建立的保险基金对少数人的损失进行赔偿或给付，是一种互助行为，而储蓄则是自存自用，是一种自助行为。

(3) 使用条件不同。保险聚集的保险基金是全体被保险人的共同财产，专门用于补偿或给付，个人不得任意使用，而储蓄属于单位或个人的单独财产准备，是使用权和所有权暂时分离的后备资金，可以自由领取使用。

(4) 所付和所得的对等关系不同。保险中投保人所缴纳的保险费与被保险人将来可能获得的保险金在数量上总是不对等的，且具有不确定性，而储蓄中储户的本金加利息与其预期所得在量上是对等的，不存在不确定性。

(5) 收益期限不同。保险通过保险合同确定受益期限，但具体何时受益则取决于保险事故的发生情况，只要是在保险有效期限内，无论何时发生事故，保险人都予以赔偿或给付；储蓄所能得到的只是本金和利息，而且要想获得预期的收益必须经过一定时期的等待。

(6) 计算技术不同。保险需要运用特殊的分摊计算技术来使面临同质风险的多数人分摊少数人的损失，且采用复利计息；储蓄的计算采用本金加利息的公式，无需特殊的计算公式，且采用单利计息。

3．保险与救济

保险与救济都是人类为抗御灾害事故而实行的一种补救办法，都是借助他人安定自身经济生活的手段，在谋求社会经济生活安定方面都发挥着有益的作用。但二者的根本性质不同，具体有以下几个方面：

(1) 提供保障的主体和行为性质不同。保险保障是由商业保险公司提供的，是一种商业行为；而救济是由政府、民间组织或个人提供的，属于社会行为。

(2) 资金来源不同。保险保障的资金来源于投保人缴纳的保险费，与投保人所面临的风险程度相适应，其计算有科学的数理基础，而救济的资金来源于国家财政或救济方自身的财力，不必采用科学方法进行计算和分摊，从而使救济的时间、地区、数量和范围受到了某种程度的限制。

(3) 可靠性不同。保险的补偿或给付，其范围和金额受合同的约束并受到法律的保护，因而对被保险人来说，可以得到及时充分的保障，而救济作为无偿的赠予一般没有什么限制，救济与否或救济多少，由有关部门或个人根据自身财力或意愿决定。

(4) 权利义务不同。保险是一种社会经济互助行为，保险人和被保险人之间要求权利和义务相对等，即被保险人所能获得的保障水平高低取决于投保人缴纳保险费的多少，而救济是政府部门、社会团体或个人单方面的行为，不要求权利和义务的对等关系，即被救济方无需承担任何义务。

第二节 保险的分类

当代保险业发展迅速，保险领域不断扩大，保险的分类还没有形成一个固定的原则和统一的标准。在不同的场合，根据不同的要求、从不同的角度，可以有不同的分类方法，又可以根据保险市场不同的需要设计出不同的产品。一般来说，保险有以下几种不同的分类方法。

一、按照保险标的区分

按照保险标的的不同，国际上将保险区分为人寿保险和非人寿保险两大类。其中非人寿保险包括财产保险、健康保险、人身意外伤害保险。按照我国《保险法》对保险标的的分类，保险可分为人身保险和财产保险。其中，人身保险是以人的寿命和身体为保险标的的一类保险，它又可分为人寿保险、健康保险、人身意外伤害保险三类；财产保险是以财产及其有关的利益、损害赔偿责任、信用风险等为保险标的的一类保险，它又可分为财产损失保险、责任保险和信用保证保险三类。

(一) 人寿保险

人寿保险作为人身保险的一种，以人的寿命为保险标的，当被保险人死亡或达到保险合同约定的年龄或期限时，由保险人承担给付保险金的责任。人寿保险是人身保险中发展最早的，主要应对两类人身风险：一是被保险人过早死亡，未能完成其家庭责任，致使依靠其维持生活的人或者与其合作的人陷于困境；二是被保险人由于没有充分的物质准备，致使自己年老时的生活失去依靠。

(二) 健康保险

健康保险是指以人的身体为保险标的的一种人身保险。如果被保险人在保险有效期间因疾病、分娩或遭受意外伤害而发生医疗费用支出致使经济损失，保险人承担保险金给付责任。

(三) 人身意外伤害保险

人身意外伤害保险是指在保险有效期间，被保险人因遭受非本意的、外来的、突然的意外事故，而导致其受伤、残疾或死亡时，由保险人承担给付保险金责任的一种人身保险。

(四) 财产损失保险

财产损失保险是指以有形的物质财产为保险标的，对自然灾害或意外事故所造成投保人或被保险人的财产损失给予经济补偿的一种保险。它又称为普通财产保险，包括企业财产保险、家庭财产保险、工程保险、运输工具保险、货物运输保险、农业保险等。

(五) 责任保险

责任保险是指以投保人或被保险人因民事侵权所可能承担的民事损害赔偿责任为保险标的的一种财产保险。无论自然人还是法人，在日常生活或开展业务活动的过程中，都有可能因疏忽、过失等行为而导致他人遭受损害而需要承担相应的赔偿责任，责任保险就是基于应对这种风险而产生的。

(六) 信用保证保险

信用保证保险是指以信用风险为保险标的的一类财产保险。对信用关系的一方因对方未履行合同义务或不法行为而遭受的经济损失，保险人承担经济赔偿责任。对信用保证保险而言，信用关系的双方(权利方和义务方)都可以投保。权利人作为投保人要求保险人担保义务方履约，被称为信用保险；义务方作为投保人要求保险人为其自己的信用提供担保，被称为保证保险。

二、按照经营目的区分

按照经营目的不同，保险可分为商业保险、社会保险、政策保险和互助合作保险四类。其中商业保险属于营利性保险，社会保险、政策性保险和互助合作保险则属于非营利性保险。

(一) 商业保险

商业保险是指以营利为目的的一种商业行为，多数采用保险机构经营的形式，但也有以个人形式经营的，如英国伦敦劳埃德保险社团(简称伦敦劳合社或劳合社)中的承保人。通常情况下，如果没有特殊说明，保险即指商业保险。

(二) 社会保险

社会保险是指依据国家立法强制实施的一类保险，是社会保障体系的重要组成部分。社会保险是非营利的，通常包括社会养老保险、社会医疗保险、失业保险、工伤保险和生育保险等。

(三) 政策性保险

政策性保险是指为国家推行某种政策而配套的一类保险，其目的是为了实施国家某一政策或战略决策。例如，国家为鼓励出口贸易而开设出口信用保险、国家为减轻群众地震灾害的损失而开设地震保险等。

(四) 互助合作保险

互助合作保险是指由民间举办的非营利性保险，这是最古老的保险形式。在各种行业组织、民间团体中存在较多。例如，船东互保协会、农产品保险协会等。

三、按照实施方式区分

按照实施方式划分，保险可分为强制保险和自愿保险两大类。

(一) 强制保险

强制保险又称法定保险，是指国家通过法律法规强制国民必须参加的保险。国家实行强制保险通常有两种情况：一是国家为了实行某项社会政策，如社会保险；二是开展某种保险有益于社会公共利益，例如，对机动车辆第三者责任实行强制保险，有利于保障交通事故受害者的利益。

(二) 自愿保险

自愿保险是指投保人根据自己的需求自由决定是否参加的保险，保险人可根据情况决定是否承保，双方都有选择的权利。

四、按照风险转移方式区分

(一) 按照纵向风险转移的层次区分

具体区分包括：

(1) 原保险。原保险是指投保人与保险人之间直接签订保险合同而订立的保险关系，故又称为直接保险。它是风险的第一次转移。

(2) 再保险(Reinsurance)。再保险是指原保险人对自己所承担的风险责任，为避免因某类风险责任过于集中而导致由于一次或若干次重大灾害事故影响自身的财务稳定性，将其所承保的一部分风险转移给其他保险人的经济行为。

(二) 按照横向风险转移的方式区分

具体区分包括：

(1) 复合保险和重复保险。投保人在同一期限内就同一保险标的、同一保险利益、同一保险事故分别向两个或两个以上保险人投保，如果保险金额之和没有超过保险标的的实际可保价值的保险，则称为复合保险；如果保险金额之和超过保险标的的实际可保价值，则称为重复保险。

(2) 共同保险。共同保险也称为共保，是指两个或两个以上保险人联合起来共同承保同一保险标的、同一保险利益、同一保险事故，保险金额之和没有超过保险标的的实际可保价值，所有这些保险人与投保人共同订立一张保险契约。

(三) 相似概念的比较与区别

具体比较与区别包括：

(1) 共同保险和再保险。在共同保险中，每一个保险人直接面对投保人，各保险人的地位是一样的，风险在各保险人之间被横向分摊，而在再保险中，投保人直接面对原保险人，原保险人又与再保险人发生业务关系，投保人与再保险人之间没有直接的联系，风险在各保险人之间被纵向分摊。

(2) 共同保险和复合保险。两者在本质上是相同的，都是两个或两个以上保险人共同承保某一风险，但在形式上存在差别：在共同保险中，几家保险人事先已经达成协议，决定共同承保，投保人与几家保险人之间签订的是一份保险合同，各保险人是主动采用这种共同分担方式的，而在复合保险中，保险人事先并未达成协议，投保人与各保险人之间分别签订保险合同。复合保险中是投保人主动采取风险分散行为，保险人对于这种共同分担方式是被动接受的。

五、其他分类方式

(一) 按保险客户分类

按保险客户划分，保险可分为个人保险和团体保险。其具体含义分述如下：

(1) 个人保险。投保人是单个的自然人，是以个人的名义向保险人购买的保险。

(2) 团体保险。投保人为集体，投保的团体与保险人签订一份保险总合同，向集体内的成员提供保险，保险费率要低于个人保险，团体保险多用于人身保险。

(二) 按是否在保险合同中列明保险标的物的价值分类

按是否在保险合同中列明保险标的物的价值划分，保险可分为不定值保险和定值保险。其具体含义分述如下：

(1) 不定值保险，是指在保险合同中不事先列明保险标的的实际价值，仅将列明的保险金额作为赔偿的最高限度。

(2) 定值保险，是指在保险合同中列明由当事人双方事先确定的保险标的物的实际价值，即保险价值，如果保险标的发生损失，保险人则按此价值进行赔偿。

(三) 按保险金额占保险标的物价值的比例分类

按保险金额占保险标的物价值的比例划分，保险可分为足额保险、不足额保险和超额保险。其具体含义分述如下：

(1) 足额保险，是指投保人以全部保险价值投保，保险合同中确定的保险金额与保险价值相等。

(2) 不足额保险，又称为部分保险，是指保险合同中约定的保险金额小于保险价值。

(3) 超额保险，是指保险合同中约定的保险金额大于保险价值。

(四) 按承保风险的数量分类

按承保风险的数量划分，保险可分为单一风险保险、综合风险保险和一切险。其具体含义分述如下：

(1) 单一风险保险，即保险人仅对被保险人所面临的某一种风险提供保险保障。

(2) 综合风险保险，简称综合险，即保险人对被保险人所面临的两种或两种以上的风险承担经济补偿责任。目前的保险险种，大部分都是综合风险保险。

(3) 一切险，即保险人除了对合同中列举出来的不保风险外，对被保险人面临的其他一切风险都负有经济赔偿责任。

一切险和综合险的区别是：一切险是将保险合同中没有明示的风险视为保险责任，而综合险是将保险合同中没有明示的风险视为除外责任。

(五) 按保险的性质分类

按保险的性质划分，保险可分为补偿性保险和给付性保险。其具体含义分述如下：

(1) 补偿性保险，各类财产保险多属于补偿性保险，在保险事故发生时，由保险人评估实际损失数额，在保险金额限度内据实支付保险赔偿金额。此外，人身保险中的健康保险、疾病保险、意外伤害保险等以医疗费用、住院费用、疾病津贴等实际费用的支出进行补偿的，也具有补偿的性质。

(2) 给付性保险，是指保险双方当事人在订立保险合同之前，事先约定一个保险金额，当发生保险事故时，由保险人按约定的保险金额给付。人身保险多属于这种性质的保险，如人寿保险和年金保险。

第三节 保险的职能与作用

一、保险的职能

职能是指某种客观事物或现象内在的、固有的一种功能，它是由事物的本质和内容所决定的。保险职能是指保险的内在的、固有的功能，它是由保险的本质和内容决定的。一般认为保险职能分为基本职能和派生职能。

(一) 保险的基本职能

保险的基本职能是保险的原始职能与固有职能，它不因时间的推移和社会形态的不同而改变。保险的基本职能有以下几个方面。

1. 补偿损失职能

保险是在特定灾害事故发生时，在保险的有效期、保险合同约定的责任范围以及保险金额内，按其实际损失金额给予补偿。通过补偿使得已经存在的社会财富因灾害事故所致的实际损失在使用价值上得以恢复，从而使社会再生产过程得以连续进行。这种补偿既包括对被保险人因自然灾害或意外事故造成的经济损失的补偿，也包括对被保险人依法应对第三者承担的经济赔偿责任的经济补偿，还包括对商业活动中的违约行为造成的经济损失的补偿。

2. 经济给付职能

人身保险与财产保险是两种性质完全不同的保险。由于人的价值很难用货币来计量，因此人身保险的保险金额是由投保人根据被保险人对人身保险的需要程度和投保人的交费能力，在法律允许的情况下，与被保险人双方协商后确定的。因此，人身保险的职能不是损失补偿，而是经济给付。

(二) 保险的派生职能

随着保险内容的丰富和保险种类的发展，保险的职能也有新的发展，在保险基本职能的基础上，产生出了派生职能。保险的派生职能有很多种，但主要有以下三项。

1. 防灾防损职能

防灾防损是风险管理的重要内容。由于保险的经营对象是风险，因此保险本身是风险管理的一项重要措施。保险企业为了稳定经营，要对风险进行分析、预测和评估，如哪些风险可作为承保风险，哪些风险可以进行时空上的分散等。其具体内容包括以下几个方面：

(1) 保险的经营从承保到理赔，要对风险进行识别、衡量和分析，因此，保险公司积累了大量的损失统计资料，其丰富的专业知识有利于开展防灾防损工作，进而履行其防灾防损的社会职责。

(2) 从保险自身的经营稳定和收益角度来讲，保险公司通过积极防灾防损，可减少保险的风险损失，增强其财务的支付能力，并增加保险经营的收益。

(3) 保险公司加强防灾防损工作，能积极有效地促进投保人的风险管理意识，从而促使其加强防灾防损工作。可见，防灾防损是保险的一个派生职能。

2. 融资职能

资金融通的功能是指将形成的保险资金中的闲置的部分重新投入到社会再生产过程中。保险人为了使保险经营稳定，必须保证保险资金的增值与保值，这就要求保险人对保险资金进行运用。保险资金的运用不仅有其必要性，而且也是有可能的。主要体现在两个方面：一方面，由于保险保费收入与赔付支出之间存在时间差；另一方面，保险事故的发生不都是同时的，保险人收取的保险费不可能一次全部赔付出去，也就是说，保险人收取的保险费与赔付支出之间存在数量差。这些都为保险资金的融通提供了可能。保险资金融通要坚持合法性、流动性、安全性、效益性的原则。

3. 社会管理职能

保险的社会管理职能不同于国家对社会的直接管理，它是通过保险内在的特性，促进经济社会的协调以及社会各领域的正常运转和有序发展。保险的社会管理职能是在保险业逐步发展成熟并在社会发展中的地位不断提高之后衍生出来的一项职能。保险的社会管理职能具体体现在社会保障管理、社会风险管理、社会关系管理、社会信用管理四个方面，其具体内容如下：

(1) 社会保障管理。商业保险是社会保障体系的重要组成部分，在完善社会保障体系方面发挥着重要作用。商业保险一方面可以扩大社会保障的覆盖面；另一方面可以提高社会保障的水平，缓解政府在社会保障方面的压力，为维护社会稳定和保障人民安居乐业做出了积极贡献。

(2) 社会风险管理。保险公司利用积累的风险损失资料和专业的风险管理技术，为全社会风险管理提供有力的支持。同时，保险公司还可以直接配合公安消防、交通安全、防汛防洪等部门，实现对风险的控制和管理。

(3) 社会关系管理。保险公司介入灾害事故处理的全过程，可以提高事故处理效率，减少当事人可能出现的各种纠纷，为维护政府、企业和个人之间正常有序的社会关系创造了有利条件，减少了社会摩擦，提高了社会运行的效率。

(4) 社会信用管理。最大诚信原则是保险经营的基本原则，保险公司经营的产品实际上是一种以信用为基础、以法律为保障的承诺，在培养和增强社会的诚信意识方面具有潜移默化的作用。同时，保险公司经营过程中可以收集企业和个人的履约行为记录，为社会信用体系的建立和管理提供重要的信息资料来源，实现社会信用资源的共享。

二、保险的作用

(一) 经济社会的稳定器

1. 直接维护社会成员的利益

保险为被保险的企业和家庭提供了经济上的“保护伞”、财务上的“稳定器”，可以使得这些企业和家庭避免因突如其来的灾害而陷入财务困境，降低企业因意外灾害而破产的可能性。企业安全、家庭稳定，整个社会自然就安全和稳定。

2．能够提高社会管理效率

随着经济和社会发展，特别是人口老龄化问题日益严重，世界各国都面临着越来越大的来自社会保障方面的压力，商业保险能够起到很好的辅助作用。例如，我国的商业保险公司在政府政策的支持下，参与提供社会补充养老保险、医疗保险、工伤保险、巨灾保险和农业保险等。又例如，有些政府为了鼓励商业养老保险、医疗保险的发展，以缓解社会保障的巨大压力，通常都对投保人购买和保险人承保此类保险给予税收优惠，以更好地发挥商业保险提高社会管理效率的作用。

3．保险商品的设计有利于社会稳定

很多保险商品自身设计就有助于降低社会风险水平，稳定社会生活。例如，机动车辆的保险费率与驾驶员交通违章行为挂钩，有利于引导公众遵纪守法、改善交通安全状况，促进社会稳定。又例如，在煤炭开采等高危行业，建立严格的雇主责任保险制度，有利于促进企业加强安全管理、妥善处理生产事故、缓解社会矛盾，分担政府责任，实现社会的安定团结。

(二) 金融资源配置的中介

1．降低交易成本

作为金融中介，保险人降低了资金富余者与资金短缺者间的交易成本。由于保险公司在风险资金运用方面的高效率和风险保障的实用性，居民更愿意将当期消费之外的结余，通过购买保险的形式进行储蓄，并同时获得风险保障；保险人将汇集起来的资金进行投资，具有规模效应，一定程度避免投保人以散户形式自行投资的风险并降低了交易成本；保险人还可以向投保人发放保单质押贷款，减少投保人向银行等信贷机构申请贷款所耗费的时间和机会成本；保险人专业化的运作资金的经验和能力，使得其动员的储蓄可以获得更高的收益和更有效的利用，显著促进金融繁荣。

2．改变金融资产的期限结构

人们购买保险，是将现在的部分财富积累起来，以满足未来的经济需要。对企业来讲，企业在生产经营过程中难免发生意外事故导致损失，影响企业资金的流动险，必然对企业现有和新投资项目产生资金层面的负效应，为规避此种后果，企业需要留出预防性的储备资金。对个人而言，为了保证家庭财务收支水平的长期均衡，减轻人们对未来意外或年老等原因导致经济收入不足的担忧，也需要进行预防性储备。社会经济主体的此类储备资金使得相当部分社会资金以高流动性的短期资产形式存在，难以满足长期投资资金需要。对于一些经济正在迅速发展的国家和地区而言，很多投资项目规模大、周期长，特别需要长期资金供给，保险可以起到非常重要的作用。主要体现在两个方面：一方面，投保人通过定期缴纳保费，为防控风险做准备；另一方面，保险人通过聚集保险金，形成大规模的中长期资金沉淀，用于满足经济发展中的中长期投资需求，同时避免金融体系中资产与负债的期限结构不匹配的危险，维护金融和宏观经济的稳定。

(三) 经济发展的重要推动力

1. 为其他部门发展提供资金

保险通过发挥其储蓄和投资功能，可以为其他经济部门的发展提供大量的资金，一国的经济的快速发展离不开资金这一重要因素，保险公司在其经营过程中，各项保费的收取和赔付在时间上和数量上存在着差异，使得保险公司会有大量相对“闲置”的资金，并可用于各种投资。保险公司，特别是寿险公司资金的运用，能够活跃资本市场，提供相对大量和低成本的资金来源。

2. 促使科技转化为现实的生产力

科学技术特别是高科技对于一国的经济增长的意义十分重大，然而，尽管随着科技水平的提高，人们预防和控制风险的手段、方法也越来越多，但这并不等于能够消除由于新技术的发明和应用而产生的高风险；相反，在有些情况下，风险的类型会迅速增加，复杂程度也会大大加深。如果保险公司能够为新科技的发明和应用提供保险，无疑将会有力促进大量的高、新、尖技术转化为现实的生产力，由此加速经济增长。

(四) 市场监督的重要方式

保险还可以通过发挥市场监督作用，促进经济有序地运行。在任何一个经济体中，市场监督都是不可缺少的，越是成熟的经济体，对市场监督的需要就越大。保险的市场监督作用在产品质量保证保险和产品责任保险中体现最为充分。以产品责任保险为例，厂家向保险公司投保，后者必然对其产品进行核保，如果产品质量低下，保险公司不予承保或者将征收很高的费率，在这种情况下，标有产品责任险的产品实际上向消费者传递了两种信息：一是告诉消费者，如果因产品质量问题导致伤害，保险公司可以为其“买单”进行补偿；二是告诉消费者，如果产品质量有问题，保险人是不会为其提供保险的，这就从另一个角度证明该产品的质量有保证。因此，厂家为扩大市场份额和销售额，愿意寻求保险公司对其产品进行保险，但这必须以较高质量为前提。可见保险公司在对产品质量进行保险的过程中，起到了促进厂家提高产品质量的作用，在某种程度上发挥了市场监督功能。

(五) 宏观调控的重要政策工具

保险可以作为宏观调控的政策工具手段，主要体现在出口信用保险中。出口信用保险有利于促进本国的出口贸易的顺利完成，主要包括：出口企业可以通过保险项下贸易融资业务避免收汇风险和获得融资支持，起到降低风险、促进发展的积极作用；银行通过与保险公司的合作，适当扩大授信额度，增加贷款，降低不良贷款比例，实现稳健经营；政府则可以将保险作为支持出口的政策工具之一，有利于实现其产业政策目标。与保险相比，政府的其他出口政策(如财政补贴、出口退税等)在运用时具有明显短板，如财政补贴可能会受到他国竞争企业和本国其他行业的反对，出口退税这一政策工具的管理成本又十分高昂，并且存在一定的负面效应。

重要概念

保险　人寿保险　健康保险　财产损失保险　责任保险　信用保险　保证保险
社会保险　政策性保险　互助合作保险　强制保险　自愿保险　再保险　复合保险

重复保险　共同保险　个人保险　团体保险　不定值保险　定值保险　足额保险　不足额保险　超额保险　补偿性保险　给付性保险

思考题

1. 试比较并评论损失说、二元说和非损失说。
2. 保险有哪些基本的特征？
3. 试比较保险与赌博。
4. 试比较保险与储蓄。
5. 试比较保险与救济。
6. 列举按不同的标准分类，保险可划分的类型。
7. 简述保险的基本职能与派生职能。
8. 共同保险和再保险有什么不同？
9. 共同保险和复合保险有什么不同？
10. 阐述保险在微观经济中的作用。
11. 阐述保险在宏观经济中的作用。

第三章 保险的产生和发展

第一节 保险产生与发展的条件

一、自然灾害和意外事故的客观存在是保险产生的自然条件

人类的生产活动是最基本的实践活动，它决定了其他一切活动，而人类进行生产活动的过程就是同自然的斗争过程。人类一方面利用自然，创造社会财富；另一方面又受到自然灾害的威胁。与此同时，各种意外事故往往会不可避免地发生。自然灾害和意外事故的客观存在，直接影响着人们正常的生活与工作。自然灾害和意外事故一旦发生，将不可避免地给社会物质财富造成损失，给人民的生命带来威胁。为了人类自身生存和发展的需要，人们采取了许多办法和措施来防止和减少灾害事故的发生。然而由于灾害事故的发生在时空上的不确定性，种种防范措施只能起到防止损失扩大的作用。

正是由于灾害事故存在的客观性、不可避免性以及人们对灾害事故防范措施的有限性，因此迫切需要有一种用于对灾害损失进行补偿的有效手段，并建立一种补偿损失的后备基金，以弥补单纯的抢救措施的有限性，保证社会生产的正常运行和人们生活的安定。这种有效的经济补偿手段就是保险，对灾害事故进行补偿的后备基金就是保险基金。

因此，可以这样说，没有风险的客观存在和损失的发生，就没有进行经济补偿的必要，也就没有以经营风险为对象、以承担经济损失补偿为责任的保险制度。所以，风险的发生及其引起的对损失的补偿要求的存在是保险产生的自然条件。

二、剩余产品的存在为保险的产生和发展奠定了物质条件

剩余产品只有在生产力发展到一定阶段时才会出现。在生产力水平极其低下的原始社会，人们使用的是最简单的劳动工具，从事的是最简单的生产劳动，他们身无分文、衣食无着，在这一阶段无任何剩余产品可言。随着生产力的发展和社会分工的出现，人们的产品除了维持生活外还有一定的剩余，这时产生了私有制。私有制的出现，使原始社会解体，人类社会由此进入奴隶社会。在这一时期，出现了高利贷商人，社会生产者被分裂成许多具有独立经济利益的私有生产者，这时有了较低层次的商品生产与商品交换，但人们的劳动所能提供的剩余产品相当有限，因而无力建立物资后备，当然也就无从谈起保险。封建社会的生产力水平较前两个阶段有了长足发展，剩余产品有所增加，但其经济特征或经济

主体是自然经济，难以形成社会性的后备基金。当人类社会进入资本主义社会以后，生产力水平有了大幅度的提高，生产和贸易的规模不断扩大。产业革命的爆发，使资本主义社会出现了较多的剩余产品，保险的产生才具备了相应的物质条件。

保险通过由众多投保人缴纳保险费而形成的保险基金来补偿其中少数投保人受到的经济损失，因此，在全社会的范围中集合大批投保人是发展保险的内在要求。而这在分散、封闭的以自然经济为基础的社会中是难以实现的。只有在生产社会化、商品经济高度发展的条件下，当生产者之间形成了普遍的社会经济联系时，他们才有可能为求得保障这个共同利益而结合起来，从而推动保险的发展。因此，剩余产品是保险产生和发展的物质条件。

三、商品经济的发展是保险产生的经济条件

虽然说人类社会的任何历史阶段，都有保险产生的自然条件，但是这并不意味着在任何历史阶段都有保险产生的物质条件和经济条件。保险的产生、形成和发展，是与社会商品生产的发展、商品交换活动的频繁、社会第三次大分工的完成、市场的形成、国际贸易的扩大以及生产日益社会化紧密联系在一起的。

保险关系是一种保险人与被保险人之间的交换关系。保险关系的产生和发展是交换关系本身发展的结果和表现。由于保险是以众多被保险人缴纳的保险费所形成的保险基金，来补偿其中少数被保险人所受到的经济损失的，因此，在社会范围内集合大批的被保险人，是保险的内在要求。显然，在分散、封闭、生产规模小的自然经济条件下，是无法实现这一要求的，所以，社会化大生产的发展才能满足保险的需要，同时，商品经济的发展是保险产生和发展的经济条件。

四、国家的建立和社会的稳定与发展是保险产生与发展的社会条件

保险是社会经济发展到一定阶段的产物，其产生需要一定的条件，自然灾害和意外事故的客观存在是保险产生的自然基础；剩余产品和商品经济是保险产生的经济基础，这是由于保险需要建立保险基金作为保险补偿的后备基金；而国家的建立和社会的稳定为保险的产生与发展提供了社会基础。国家的建立和稳定，促进了商品经济的快速发展，为人们提供了更多的剩余产品，使得人们的生活水平和消费水平日益提高，其消费意识也会有所改变。人们对保险的需求的增加和经济上足够的购买力，为保险的产生和发展提供了更广阔的空间和前景。随着商品经济的高度发展，社会信用日益扩大，保险作为一种以风险为对象、以信用为基础的现代商品经济的产物，需要强有力和规范的市场秩序加以保证实施，社会稳定发展有利于社会法制的不断完善和健全，为保险的产生和发展提供了必要的法律保证。同时，保险已逐渐渗透到社会经济生活的各个领域，保险业经营的经济效益和社会效益，会直接影响到社会稳定和人们生活的稳定，所以保险对社会的发展又起到了稳定器的作用。保险与国家的稳定和发展是相辅相成、相互作用的。因此，国家的建立和社会的稳定与发展是保险产生与发展的社会条件。

第二节　保险的起源与发展

一、古代保险思想的产生

人类在改造自然、征服自然的漫长历史进程中，也在为抵御自然灾害和意外事故而不懈地努力着，除了利用已掌握的生产技能进行积极的防御外，还通过建立经济后备的形式来防止各种风险对社会经济生活造成损失。当社会生产力有了提高、社会产品有了剩余时，保险思想也就产生了。

(一) 我国古代的保险思想

我国早在夏朝就有积谷防饥、居安思危的思想和措施。《逸周书·文传篇·夏篇》中有："小人无兼年之食，遇天饥，妻子非其有也。大夫无兼年之食，遇天饥，臣妾舆马非其有也。国无兼年之食，遇天饥，百姓非其有也。戒之哉，弗思弗行，祸至无日矣。"《逸周书·文传篇·开望》中有："二祸之来，不称之灾。天有四殃，水旱饥荒，其至无时，非务积聚，何以备之?"由此看来，在我国的古代，我们的祖先已经看到了"积聚与救灾"的重要性，而且已经身体力行了。

大约在2500多年前，我国古代著名的思想家孔子在《礼记·礼运》中有这样一段话："大道之行也，天下为公；选贤与能，讲信修睦，故人不独亲其亲，不独子其子；使老有所终，壮有所用，幼有所长，矜(同鳏)、寡、孤、独、废、疾者皆有所养。"这一记载足以表明我国古代早有谋求经济生活安定的强烈愿望，实为最古老的社会保险思想。此外，孔子的"拼三余一"的思想也是颇有代表性的见解。孔子认为，每年如能将收获粮食的三分之一储存起来，这样连续储存三年，便可存足一年的粮食，即"余一"。如果不断地储存粮食，经过27年可积存9年的粮食，就可达到太平盛世。

在这些先贤们的思想影响下，中国历代王朝都十分重视建立国家粮食后备仓储制度，用以对付不时出现的灾害饥荒，历代朝廷还设置了专门的官职对仓储进行管理，如汉朝的"常平仓"制度、隋唐的"义仓"制度、宋朝的"广惠仓"制度以及明清的"社仓"制度等。粮食是人类生活的支柱，古代的保险思想与粮食联系到一起不足为奇。

尽管我国保险思想和救济后备制度产生得很早，但因中央集权的封建制度和重农抑商的传统观念，商品经济发展缓慢，缺乏经常性的海上贸易，因此，在中国古代社会没有产生商业保险。

(二) 西方古代的保险思想

西方最早产生保险思想的并不是现代保险业发达的国家，而是处在东西方贸易通道上的文明古国，如古代的巴比伦、埃及和欧洲的希腊、罗马。据英国学者托兰纳利论证，"保险思想起源于巴比伦，传至腓尼基(今黎巴嫩境内)再传入希腊"。

早在公元前2000多年，古巴比伦国王汉谟拉比曾制定了被认为是世界上最早的一部比较系统的法典——《汉谟拉比法典》，在这部法典中对火灾救济基金的收集及货物运输中的风险转嫁做出了一些规定。例如，商人可以雇佣专人去国外的任何一个港口销售货物，销

货员若顺利归来，商人可以收取一半的销货利润；如果销货员未归或者回来时既无货又无利润，商人可以没收其财产，甚至可以把销货员的妻子、孩子没收过来作为债务奴隶。如果货物是被强盗劫夺或者销货员在外遭遇危险不幸身亡，则可以免除其债务，免除的销货员债务由整个商队共同承担(据说这是海上保险的一种起源)。

据史料记载，在古埃及的石匠中曾有一种丧葬互助会的组织，向每一成员收取会费以支付个别成员死亡后的丧葬费。在古希腊的一些宗教组织中，由会员分摊缴纳一定的会费，形成相当数量的公共基金，专门用于救济和补偿意外事故、自然灾害所造成的经济损失。在古罗马军队中，曾经出现过一种被称为“士兵会”的互助组织，以收取的会费作为士兵阵亡后对其遗属的抚恤费用。

到中世纪时期，欧洲各国城市中陆续出现各种行会组织，这些行会具有互助性质，其共同出资救济的互助范围包括死亡、疾病、伤残、衰老、火灾、盗窃、沉船、监禁、诉讼等不幸的人身和财产损失事故，但互助救济活动只是行会众多活动中的一种。这种行会或基尔特制度在 13 世纪至 16 世纪特别盛行，并在此基础上产生了相互合作的保险组织。

二、海上保险的产生与发展

由于地中海是古代东西方贸易交通要道，而且当时国际贸易往来主要是以海上运输为主，因此地中海便成为孕育海上保险的摇篮。

早在公元前 2000 年，地中海地区的海上贸易活动已很频繁，但因当时船舶构造十分简陋，在出海时抵御海上风险的能力薄弱，一旦遭遇海浪等巨大风险，人们便会将船上的部分或全部货物抛入大海，以减轻船重，避免人员伤亡。为了使抛弃的货物能从其他受益方获得补偿，当时在地中海航海商人中有一个共同遵循的原则——“一人为众，众为一人”。这个原则后来被公元前 916 年所制定的罗地安海商法(又称为“罗得法”)采用，并正式规定：“凡因减轻船只载重而投弃入海的货物，为全体利益而损失的，须由全体分摊归还。”并将这部分损失称为共同海损。虽然共同海损是海上运输中的特殊损失而并非保险制度，但是，由于共同海损分摊原则体现了损失分担这一保险的基本原理，因此，共同海损分摊原则是海上保险产生的萌芽。

随着海上贸易的进一步发展，在公元前 800 年至公元前 700 年流行一种船货抵押借款制度。其做法是当船舶在航行途中急需用款时，船东可将船舶或货物作为抵押向高利贷者借款，如果船货安全到达目的地，本利均须偿还；如果船舶中途沉没，债权即随之消失，借款人无需归还所借款项。船货抵押借款制度已具有保险的性质和特征，放款的高利贷者(债权人)相当于保险人，借款人(船东)则相当于被保险人，船舶或货物是保险对象，其贷款利息高出普通贷款利息的差额部分相当于保险费，如果船货沉没，借款就等于预付了赔款。船货抵押借款制度是贷款与损失保障的结合，因其具备了保险的一些基本要素，故被公认是海上保险的雏形。

商业性的海上保险发源于意大利。11 世纪末，十字军东侵以后，意大利商人控制了东方和西欧的中介贸易。在经济繁荣的意大利北部城市特别是热那亚、佛罗伦萨、比萨和威尼斯等海上交通要冲，已经出现类似现代形式的海上保险。

迄今为止，世界上发现最早的保险单是热那亚商人乔治·勒克维伦在 1347 年 10 月 23

日出具的承保从热那亚到马乔卡的船舶保险单。这份保险单的措词类似一种虚设的借款，它规定若船舶安全到达目的地则契约无效，如中途发生损失，则契约成立，由保险人支付一定金额，保险费则是在合同订立时以定金名义缴付给资本所有人(即保险人)。但该保险单并没有明确保险人所承保的风险，还不具有现代保险单的基本形式。1397年，在佛罗伦萨出现的保险单已开始出现“海上灾害、天灾、火灾、抛弃、王子的禁制、捕捉”等字样，开始具有现代保险单的形式。由此可见，意大利是海上保险的发源地。

随着资本主义生产方式的产生，15世纪和16世纪，西欧各国不断在海上探寻和开辟新航线，欧洲商人的贸易范围空前扩大。欧洲国家相继进入贸易发展阶段，海上保险同时扩展到这些国家并得以迅速发展，随之而来的有关保险的纠纷也相应增多，需要国家制定有关法律加以管理，于是，国家或地方的保险法规相继出现。1435年，在西班牙的巴塞罗那颁布了世界上最早的海上保险法典，就取缔海上保险弊端、防止欺诈、禁止赌博等做出了规定。

海上保险法规的陆续颁行，推动了海上保险事业的健康发展，使保险制度趋于成熟和完善。可以说，资本主义的发展促进了保险立法趋于成熟。

17世纪中期，英国资产阶级革命为本国资本主义的发展扫清了道路，通过大规模的殖民掠夺，英国逐步发展成为占有世界贸易和航运业垄断优势的殖民帝国，这给英国商人开展世界性的海上保险业务提供了有利条件。18世纪后期，英国成为世界海上保险的中心，占据了海上保险的统治地位。英国对世界海上保险的贡献主要有两个方面：一是编制海上通用保险单，提供全球航运资料并成为世界保险中心；二是在保险立法方面，首席法官曼斯菲尔德爵士从1756年到1778年收集了大量保险判例，编制了一部海上保险法典，在此基础上，英国国会于1906年通过了《海上保险法》。这部法典将多年来遵循的海上保险的做法、惯例、案例和解释等用成文法形式固定下来，对于明确保险契约双方的权利与义务以及减少争议都起到一定的作用。这部法典的原则至今仍为许多国家采纳或仿效，在世界保险立法方面有相当大的影响。

三、火灾保险的产生与发展

火灾保险是财产保险的前身。冰岛早在13世纪就有法律规定村民必须组织火灾相互保险，对火灾所导致的财产损失和家畜的死亡承担赔偿责任，这是火灾保险的萌芽。

16世纪末，德国汉堡市的酿造业者为了筹备重建被烧毁的造酒厂的资金而成立了火灾合作社，当加入者遭遇火灾时，可以获得重建建筑物的资金。17世纪初，德国盛行互助性质的火灾救灾协会制度。1676年，46家火灾合作社联合成立了汉堡火灾保险局，成为公营火灾保险的创始者。

1666年9月2日晚，英国伦敦市的约翰·法里诺面包房不慎起火，窜出的火苗引燃了附近客栈庭院中的干草堆从而引起火灾，大火延续烧了4昼夜，致使市内面积为448亩的地区，有373亩化为瓦砾，占伦敦市面积的83.26%，有13 200户住宅毁于一旦，财产损失达1200多万英镑，灾后有20多万人无家可归，损失的严重程度在英国历史上是空前的。这场大火成为英国火灾保险发展的动力，伦敦大火的第二年，即1667年，牙科医生尼古拉·巴蓬率先在伦敦经营房产火灾保险，开创了私营火灾保险的先河。到1680年，巴蓬共集资4

万英镑成立了合股性质的火灾保险所，并按照房租和房屋的危险等级差别收取保费，对木造房屋收取相当于砖瓦结构房屋两倍的保险费。正因为使用了差别费率，巴蓬被称为“现代保险之父”。伦敦大火后，保险思想深入人心，现代形式的火灾保险也从此逐渐发展起来。

18 世纪末至 19 世纪中期，英、法、德、美等资本主义国家相继完成了工业革命，大机器生产代替了手工操作，物质财富大量增加和集中，火灾保险也相应地得到迅速发展。这一时期，欧美的火灾保险公司如雨后春笋般发展壮大，各保险公司之间发生了激烈竞争，为了控制同业之间的恶性竞争，保险同业公会相继成立，如 1866 年在美国成立的全国火灾保险事业协会、1871 年在德国成立的私营火灾保险公司协会，共同协定火灾保险费率。这一时期火灾保险的发展取得了很大进步：一是保险标的从过去只承保建筑物扩大到各类财产；二是承保风险除火灾外，还扩展到地震、风暴、暴动、火灾等，甚至扩展到承保火灾后的利润损失。

火灾保险发展到现在，已成为承保多种标的和风险的综合性财产保险。

四、人身保险的产生与发展

从古代带有互助性质的原始形态的人身保险发展到现代人身保险制度，经历了漫长的历史演变过程。

15 世纪末，奴隶贩子将贩运的奴隶作为货物投保海上保险，实际上是一种人身意外伤害保险，以后又发展到承保旅客被海盗绑架而支付的赎金。所以，人身保险是随着海上保险的产生而产生的。

17 世纪中期，意大利人洛伦佐·佟蒂在法国就任宰相秘书时，于 1653 年向宰相提出一项募集国债的计划，即年金保险办法——佟蒂法，但由于议会反对而被搁置。佟蒂法所体现的对生命统计的研究给后人以启迪。1693 年，英国著名数学家、天文学家哈雷以德国勃来斯洛市 5 年(1687 年至 1691 年)期间按年龄分类的死亡统计资料为依据，编制了世界上第一份生命表(即死亡表)。生命表精确表示了每个年龄的死亡率，为现代人寿保险奠定了数理基础。生命表的编制，在人寿保险发展史上是一个里程碑。后来英国人詹姆斯·多德森主张根据死亡表来计算人寿保险费，而多德森不幸于 1757 年逝世，他的计划则由与其共同研究者付诸实施。1762 年，英国公平人寿保险公司成立，该公司首次将哈雷的生命表用于计算人寿保险费。这标志着寿险精算的开始，同时标志着现代人寿保险的开始。

1699 年，世界上第一家真正的人寿保险组织——英国孤寡保险社成立。该社筹划吸收 2000 名社员，每人每周缴纳 1.2 英镑社费，对每一社员的死亡进行给付。该社在社员的选择上明确了健康和年龄的条件，并规定了缴费的宽限期，这些条件已显示出了现代人寿保险的特点。

工业革命以后，机器的使用、火车的发明，使人身伤亡事故增多，人身意外伤害保险和疾病保险也随之发展起来。人身保险逐步发展为包括人寿保险、意外伤害保险和疾病保险在内的一大类保险业务。

五、其他保险业务的产生与发展

17 世纪中期以后，保险业不仅在海上保险、火灾保险和人寿保险三大业务基础上获得

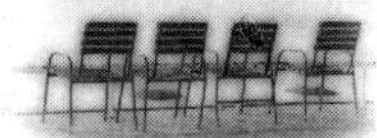

了成功经验，而且不断开辟了新的业务领域。

(一) 信用保险与保证业务

信用保险与保证业务是随着资本主义商业信用的普遍和道德风险的频繁出现而产生的，它建立在保证契约基础之上。保证契约是由被保证人委托保证人向权利人提供的。在信用保证保险中，保险人实际上充当了保证人的角色，对于债务人的欺诈、不守约或不诚实行为造成债权人的经济损失，由保险人负责赔偿，所以，信用保险与保证业务是一种担保业务。1702 年，英国设立雇主损失保险公司，开创了忠诚保证保险。1893 年，英国爱克萨斯保险公司开始经营信用保险，主要是为了应对卖方在出售货物后买方可能不付款的风险。随后，信用保险被广泛使用，由此看来，信用保险已有 100 多年的历史。

信用保证保险目前已成为各国经济生活、国际贸易中不可缺少的一类保险，对进出口贸易、租赁、工程承包等都可以提供信用保险与保证业务服务。

(二) 责任保险

工业革命后，工场手工业转变为机器大工业，促进生产力的大发展，同时工伤事故也大量出现，劳资对立加剧，阶级斗争尖锐化。为了缓和阶级矛盾，资产阶级政府逐步制定了一些法律以保护劳工的利益。按照规定，雇主要对职工在生产中受到的意外伤害承担经济赔偿责任，因此产生了雇主责任险及劳工险；对危及第三者的生命财产损失，肇事者要负法律赔偿责任，因此各种第三者责任保险也发展起来了。英国是最早开办责任保险的国家。1855 年，英国铁路旅客保险公司向曼彻斯特、谢菲尔德和林肯铁路系统提供了意外事故责任保险；1875 年，英国开办了马车意外事故责任保险；1880 年成立的英国雇主责任保险公司开始为雇主提供责任保险。美国是在 1887 年以后才有责任保险的，但随着各项法律制度的不断完善，该险种的发展速度很快，目前，美国已成为世界上最大的责任保险市场。

(三) 农业保险

农业保险中的两大主要险种——种植业与养殖业保险于 18 世纪末至 19 世纪初在欧洲起步。最初的种植业保险仅承保农作物雹灾风险。1791 年，第一个互助性的雹灾保险组织在德国成立；1797 年，英国麦克伦堡雹灾保险协会成立；后来，法国也有了类似的雹灾保险协会。牲畜保险是 19 世纪初在德国北部起源的；1844 年，英国也有了牲畜保险公司，主要承保牛、马、猪、羊的保险；后来，法国、美国、瑞典、瑞士等国家都出现了相互保险的合作组织办理牲畜保险。目前，农业保险在绝大多数国家已办成政策性保险，以支持农业的发展。

(四) 意外伤害保险

18 世纪后期汽车和 20 世纪飞机的发明，掀动了工业文明的新浪潮，意外伤害保险随之出现。

汽车从发明到作为普遍交通运输工具，对人类的经济生活起了很大的改观作用，但由它所引起的意外事故也给人类带来了巨大损失。汽车的发明一进入实用阶段，便引起了保险业的关注。1898 年，英国法律意外保险有限公司开始尝试为汽车提供保险服务，对汽车承保火灾保险以及第三者责任保险。后来，这家公司把汽车相互碰撞而酿成的意外损毁事件也加以承保。伦敦劳合社(Lloyd’s of London)于 1901 年签发了第一份正规的汽车险保单，它借鉴海上保险的做法，将汽车视为在陆地上行驶的船，保险费按汽车马力的大小来确定，1马力收取1英镑的保费。几乎与英国同时，美国在1898年也开始承保汽车第三者责任保险，并于1902年开办汽车车身险业务。早期的汽车保险并不景气，原因是汽车出险率高，保险费率过低。

目前，汽车保险已有了举足轻重的地位，全球汽车保费收入已占财产损失保险保费收入的60%左右。在美国、日本、欧洲等发达地区，汽车保险成了最重要的险种，并予以强制保险。我国自2006年7月1日开始实施机动车交通事故责任强制保险(以下简称交强险)制度，现在，机动车辆保险的保费收入在财产保险保费收入中的比例业已超过50%。

20世纪初，飞机保险也得到了很大发展。最早的飞机保险是在1910年至1911年，由英国白十字保险协会创办的，其保险责任范围是飞机在升空、飞行、降落时所引起的意外事故所造成的损失。1919年，劳合社和白十字保险协会共同组建了一个飞机承保集团，兰普路夫为该集团起草了最早的航空保险条款。目前，航空保险已包括飞机机身保险、飞机责任保险、机员人身意外保险以及机场责任保险。航空保险已成为保额高、风险集中的国际性保险业务。

自19世纪以来，随着科学技术的日新月异，新的工业、生产方法不断出现，各种工业意外险也相继出现。先是承保工厂的蒸汽锅炉爆炸险，后来电力的发明和应用，使电动机器发展起来，工业保险更加盛行，如机器安装险、机器损坏险相继产生。

第三节　现代保险业发展特点与发展趋势

一、现代保险业的发展特点

自18世纪以来，由于资本主义商品经济的发展，工商业日益兴旺，保险制度也随之得到了发展。进入19世纪以后，资本主义国家相继完成了工业革命，由此极大地促进了资本主义经济的发展，同时也刺激了经营保险业公司的大量增加。19世纪中叶，保险公司大量成立，人们称之为保险公司的“洪水时代”。保险公司的滥设，导致了竞争的加剧，许多保险公司破产，造成社会混乱。于是，各国不得不采取措施，对保险业加强监管，使之走上正轨。现代保险业的发展，有以下六个主要特点。

(一) 许多国家的保险业已成为国民经济的重要产业

随着经济的发展，保险供给规模逐年扩大，筹集大量资金，其中一部分转化为经济建设的投资。1950年世界保险费收入为210亿美元，1982年增长到4660亿美元，1998年增长到21 553亿美元，2003年达到29 407亿美元。在许多市场经济发达国家，保险业已经成为重要的产业，吸纳了巨额资本，创造了大量的就业机会，为国家提供税收来源。

1970年以后，金融业在世界各国经济发展中的地位与作用快速提升。如美国、英国、日本、加拿大和法国等七国集团金融资产总值占同期GDP的比例从1970年的39.9%增加到1998年的79.1%。从机构角度划分，可以将金融业分为银行类金融机构和非银行类金融机构。1970年以后，非银行金融机构也获得了快速发展，其中保险业的发展又快于其他非

银行金融机构，保险公司成为金融业日益重要的机构投资者。如经合组织(OECD)国家保险公司的资产总额从1990年不到6万亿美元增长到1999年的12万亿美元，在非银行金融机构的金融资产构成中，增长快于养老基金公司和共同基金公司的资产总额。从金融资产的平均增长率来看，1990—1998年经合组织国家的保险公司在金融资产总额较大、金融资产平均增长率(8%～13%)较高的基础上，仍保持了年均近10%的增长速度。同期，在七国集团中，保险公司所控制的金融资产年均增长率基本保持在9%左右，与养老基金公司接近，低于共同基金公司。

(二) 保险产品供给增加和保障范围扩大

随着保险公司之间竞争的加剧和社会对保险的需求的增加，最近几十年来，在传统的海上保险、火灾保险和人寿保险基础上不断产生新的保险品种，如汽车保险、航空保险、保证保险、信用卡保险、分红型保险、万能寿险等。传统的保险的内容也不断创新：在海上保险方面，扩充了各种内地水陆运输保险；在火灾保险方面，爆炸、雷击、消防及房屋倒塌时所造成的财产损失，房屋租赁双方当事人因火灾所遭受的损失以及防止损失费用的负担等，均可包括在火灾保险的保险责任范围以内。

随着保险产品的增多，全社会总的保险金额不断扩大，即保障范围扩大。保险深入千家万户，对一些大型活动，如奥运会，都有保险的保障。因此，总体上看，保险赔偿额也在增加。一些大的自然灾害和意外事故往往造成巨额的保险赔偿。例如，2001年美国的“9·11”事件所造成的包括寿险和非寿险在内的保险赔偿估计达700亿美元，2004年12月26日印度洋地震引发海啸造成的保险赔偿据估计超过270亿美元。

(三) 再保险业务迅速发展和保险业逐步国际化

随着高新技术的发展和大规模的生活建设活动的产生，出现了越来越多的价值巨大的保险标的，如人造地球卫星、海上石油钻井平台、核电站、三峡工程等，这些标的的保险金额都非常高，任何一家保险公司都难以单独承担起如此标的的巨额的保险责任，于是，以分散保险业风险为重要特征的再保险业务随之发展起来。另外，由于保险公司的资本金有限，而一段时期内如果承保了太多的保险责任，将可能使偿付能力不足。因此，有再保险的需求。1846年，德国创立了科隆再保险公司，这是世界上最早的一家专营再保险业务的公司。

此后，再保险业务在世界各地都有了发展。再保险业务的发展加强了国内外保险公司之间的联系，使保险业的发展出现了国际化的趋势，因为许多再保险业务是跨国业务。

保险业的国际化也是保险市场对外开放的结果。近些年来，世界贸易组织已成为推动保险市场开放的重要力量。1997年12月13日世界贸易组织框架内的《全球金融服务贸易协议》达成。在该协议中，世界贸易组织102个成员国都做出了包括保险市场在内的金融服务市场开放的承诺。这个协议内容主要包括：允许外国在本国建立金融服务公司，并按竞争原则运行；外国公司享有同本国公司同等进入金融市场的权利；取消跨边界服务限制；允许外国资本在金融服务贸易的投资项目中，所占比例超过50%。

(四) 保险人对风险预防和管理更加重视

现代保险人从保险经营稳定性和社会安全出发，在事后补救的同时，还积极采取事前防范措施，以防止风险事故的发生。当前，世界上许多国家的保险条款都明确规定，被保险人对保险财产有妥善保护、保管以及出险后及时抢救的义务。有些保险人则直接参与风险的预防，拨经费资助风险预防的研究或设立风险管理机构以预防风险事故的发生等。例如，德国最大的保险公司之一——阿里昂兹保险公司在 1932 年就设立了技术中心，1938 年又设立了防火服务中心，由这两个专职机构从事保险防损工作。

(五) 保险监管制度建设受到重视

1855 年，美国马萨诸塞州开始对保险业实行监管。20 世纪初，英、德、日等国就建立了保险业法规。1929 年以后，世界上许多国家，尤其是西方发达国家普遍加强了对保险业的管理，设立专门的管理机构，管理制度也日益完善。各种保险业法规，对保险机构的设立、审批、开业最低的资本数额、财产的估值标准、账务处理、再保险、投资范围、利润的结算、偿付能力等都做出了明确且具体的规定。

(六) 社会保险兴起与发展

社会保险起源于 19 世纪 80 年代的德国。当时，德国通过了三部法律，对劳动者及其家属在遭遇到不幸时，由社会保险机构提供补助。后来，欧美各国根据本国实际，纷纷建立社会保险制度。在 20 世纪 80 年代以后，世界上已有 140 个国家和地区建立起不同特点、不同保障水平和范围的社会保险制度。

二、世界保险业的发展趋势

考察世界保险事业的发展历程，可以明显地看出，保险业是整个国民经济体系中不可缺少的一个组成部分，其发展同国民经济的发展成正比。纵观现代保险事业的发展，大体上呈现以下几种趋势。

(一) 组织形式多样化

为了适应现代保险事业不断发展的需要，世界各国根据本国的经济特点，分别采取了符合国情的保险组织形式。这些组织形式，既有国营保险公司，又有私营保险公司；既有公私合营的保险公司，又有合作形式的保险组织；此外还有一些专业自保的机构。

(二) 保险业务扩大化

保险事业是伴随着人类科学技术水平的提高而发展起来的“朝阳工业”。保险业务的蓬勃发展表现在以下几个方面。

1．保险服务领域不断扩大

生产技术的日新月异，尖端科学的广泛应用，使各种新的风险因素不断增加，也给保险事业开辟了广阔的服务领域。技术性较高的新险种，如建筑工程险、安装工程险、石油开发险、卫星险等纷纷问世。随着国际贸易方式的多样化，合作企业不断兴办、联合开发资源的出现，使产品、职业、个人等责任保险和信用保证保险成为国际间普遍关注的保险业务。各种社会福利性的保险，作为国家和社会福利制度的补充，越来越受到人们重视。新兴的综合保险，由于把一些互相关联的险种结合在一起，实行一揽子保险，则更能适应投保人的需要。此外，适应保险商业化的要求，各种名目繁多的险种不断出现，从承担“哥伦比亚”号航天飞机的风险到保障“百老汇”芭蕾舞演员脚尖的安全，几乎是无所不及。保险事业的飓风，已席卷人类生活的每一个角落。

2．再保险业务领域不断被拓展

生产规模的扩大及科学技术的高度发展，使保险业承担了前所未有的经济责任，促使再保险业务的拓展。尽管国际再保险市场屡次发生危机，但是国际金融寡头、保险业投资者们对于国际再保险市场每年550亿美元的巨额仍垂涎欲滴。大约有300家专业再保险公司和近3000家直接公司或混合公司在国际再保险市场角逐。从国际再保险市场的发展情况来看，随着保险业进入宇宙空间和其他新兴科技领域，国际再保险业务的规模将不断扩大。

由于世界经济不景气，使国际保险和再保险市场竞争激烈，造成保险费率下降，承保力量超过需求，使许多保险人在通货膨胀和国际金融市场的利率较高的情况下，以较低的保险费率接受看来可能亏损的业务。其目的在于把收取的保险费用于投资，在发生赔款之前就可以获得巨额的投资利益，以弥补保险业务的亏损。

3．利用投资方式扩大保险事业对国民经济的影响

拥有的年保险费收入为4500亿美元，并拥有非常雄厚的保险基金为支柱的保险业，已成为许多国家的金融核心之一，特别是在美国、日本和西欧工业发达的国家，保险公司可以运用的资金力量已超过其他的金融组织，有的保险公司已成为许多工商企业的资金后台。如美国最大的埃脱那人寿和损害保险公司，是20世纪80年代美国15个大型企业之一。埃脱那公司通过其巨大的资金投资，渗透到许多大型金融、工业、商业、交通、石油企业中，对其所投资的企业，有直接的控制权。

(三) 保险市场自由化

保险市场的自由化，是为了适应市场经济的发展，满足投保人或被保险人的客观要求而采取的必要政策。保险市场的自由化主要体现在以下几个方面。

1．放宽费率管制

过高的保险费率必然损害被保险人的利益，使保险企业获得不合理的利润。适度地放宽费率管制，对于保险企业的竞争十分有利，除具有地域性的业务仍采用管制费率之外，凡是具有国际性的业务，其费率的厘定尽可能自由化。

2．保险服务自由化

由于民众的保险意识提高，消费者对保险商品的需求在内容和形式上都有很大变化。保险企业为了满足消费者的保险需求，必须开发新险种，为被保险人服务。这样，必须放宽对保险商品的管制，准许保险企业开辟新的保险服务领域。

3．放宽保险公司设立的限制

根据保险业相关法律的规定，只要符合设立条件的申请者，就可成立公司。特别是在保险业不发达的国家，增加保险市场的主体，有利于改变保险市场卖方垄断的局面，形成竞争势态。适应国家经济往来的需要和世界贸易组织的要求，在发展本国保险业的同时，适当开放本国保险市场。

(四) 国际保险业的竞争激烈化

近年来，由于作为主要国际货币的美元定期存款利率长期保持在一个较高的水平上，使保险公司从保险费的投资收入或存款利息中取得相当可观的好处，从而促进了保险公司的竞争，使得国际保险市场承保能力过剩，供大于求。竞争的结果，使得保险费率大幅度

下降，保险业务本身出现连年亏损。

美国的财产险保险费收入占全世界财产险保险费收入的一半左右，美国保险业务的好坏，在国际保险市场上起着举足轻重的作用。美国保险公司激烈竞争的结果，使美国的财产保险在过去 25 年中，有 15 年是亏损的。美国的水险和航空险业务的表现尤为糟糕，即使加上投资收入，也难以弥补其保险业务本身的亏损。

由于国际保险和再保险市场竞争激烈，给正常的保险业务带来了严重的影响。如阿拉伯地区为了石油出口赚取了大量外汇，需要进行大规模的建设，从而给保险业务带来生机，许多保险公司纷纷而至，相互竞争，破坏了正常保险业务的开展。非洲国家的保险业务，长期以来一直发展正常，但由于外国保险商接踵而至，展开竞争，也对其保险市场造成了一定影响。

(五) 从业人员专业化

保险业是专业性和技术性较强的行业，一般而言，为了在激烈竞争的保险市场上发展新业务，增加市场份额，除降低费率外，关键是在承保技术上进行创新。因此，保险组织的业务人员必须具有较高的专业技术知识水平。对于保险公司高级管理人员和核保、理赔和财务人员要经常进行专业训练。保险代理人和保险经纪人要经过专业考试并取得资格后才能开展业务。

(六) 服务手段现代化

随着现代世界从工业社会过渡到信息社会，对保险业的工作效率提出了新要求。它要求保险业能够适应信息社会不断变化的经济动态，提供最迅速的保险服务，使保险公司在竞争中立于不败之地，并且更好地运用保险费收入进行投资收益。

在经济发达的工业化国家中，使用计算机处理保险业务，已经成为保险公司巩固和发展业务的重要手段。使用计算机处理业务，给保险公司带来了以下几方面好处：

1. 节约了大量的劳动力

计算机的高速度、高可靠性、高灵敏性的特点，使过去需要大量劳动力和时间的工作变得迅速，对资方经济效益的提高有比较明显的促进作用。

2. 加强了业务竞争能力

计算机能迅速处理案情、支付赔款，增强了被保险人对于保险公司的信任，改善了服务质量，增强了业务竞争能力。

3. 提高了科学管理水平

计算机信息存储量大，可以将各种情报资料存储在计算机内，使管理人员能够迅速地掌握国内外保险市场的动态，及时进行分析研究，制定保险发展的中长期战略。

第四节　中国保险业的发展

在中国，“储粮备荒，赈济灾民”等原始保险形式古已有之。但现代形式的保险业却是随着英帝国主义的入侵而传入的。

(一) 旧中国的保险业

旧中国的保险业是在先进国家金融资本的入侵和压制下艰难发展起来的。

1805 年，英国商人麦格尼克在广州设立了“广州保险公司”，这是中国历史上出现的第一家保险公司。从此，中国保险业的帷幕在外国资本的入侵过程中徐徐拉开。1835 年英国商人在中国香港设立了保安保险公司，这是当时最为活跃的一家公司，其他来华设立分支机构较早的有英国太阳保险公司和巴勒保险公司。1840 年鸦片战争爆发，1842 年《南京条约》签订后，中国割让香港，同时开放广州、上海、福州、宁波、厦门为通商口岸。帝国主义打开了中国的大门，随后纷纷在中国设立保险公司。如上述的保安保险公司在广州和上海设立了分公司，1846 年英商又在上海设立了永福、大东亚两家人寿保险公司。

1856 年，第二次鸦片战争爆发，战后各帝国主义国家对中国进行大肆掠夺，纷纷在中国开设企业、航空公司、银行、保险公司等各种机构。从 19 世纪 70 年代起，英国商人陆续在上海设立了扬子保险公司、香港保险公司、中华保险公司、太阳保险分公司、巴勒保险分公司等，同时还在太古、怡和两家洋行设立了保险部。20 世纪以后，美国、法国、德国、瑞士、日本等国的保险资本相继进入中国，先后在中国设立保险公司、分公司和代理机构，经营各类保险业务。直到新中国成立以前，外国资本一直控制着中国保险市场，一切保险条款、保险费率都由外国保险公司确定。

外国资本的入侵，摧毁了中国的封建经济，在一定程度上促进了民族资本经济的发展。为了与外国保险资本相抗衡和反抗外商保险公司对中国新兴航运事业的高额保费(如当时外商保险公司对中国船舶要收取 10%的高额保费)，1885 年轮船招商局在上海创办了“仁和”和“济和”两家保险公司，1887 年这两家保险公司合并为“仁济和”保险公司，承保招商局所有船舶、货栈和货物运输保险业务，从此中国有了第一家民族资本保险公司。1905 年由黎元洪等官僚投资创办了中国第一家人寿保险公司——“华安合群人寿保险公司”。在这一时期，由于中国民族资本发展缓慢，民族保险业的发展也很缓慢，到 1911 年民族资本的保险公司只有七家。

第一次世界大战开始以后，中国民族保险业获得了较快发展。特别是 1926 年以后，中国银行业开始投资于保险业，设立保险公司。1926 年，交通银行、金城银行、中南银行等六家银行投资开办了平安保险公司；1929 年金城银行独资开办了太平保险公司；1933 年上海四明银行投资开办了四明保险公司；1933 年在上海成立了旧中国唯一专营再保险业务的华商联合保险股份有限公司；1943 年，上海银行投资开办了丰盛保险公司。在此期间，1936 年 10 月，由国民党官僚资本成立了中央信托局保险部，官僚资本开始大量进入保险市场。

在旧中国，虽然民族保险业获得了较快的发展，但外国保险资本更为强大，占据着旧中国保险市场的主导地位。由于当时正处于半殖民地半封建社会，国民党对民族保险业保护和支持不够，致使民族保险公司自留业务能力较低，自留业务量很小，不得不依靠洋商保险公司分保，因而在业务经营上无法摆脱洋商保险公司的控制与支配，实际上成为洋商保险公司的买办。

在旧中国保险业发展的过程中，上海成为了中国保险业的中心。

(二) 新中国的保险业

1. 保险业的建立

新中国成立后，政府开始着手整顿保险市场，手段包括取缔外国资本保险公司、接管和清理官僚资本保险公司、整顿和改造民族资本保险公司等。经过几年的努力，旧中国的各类保险公司基本上都退出了历史舞台。

1949 年 10 月 20 日由中国人民银行报经中央人民政府政务院财经委员会批准，在北京成立了中国人民保险公司，开辟了中国保险业的新纪元。新成立的中国人民保险公司以“保护国家财产、保障生产安全、促进物资交流、增进人民福利”为基本任务，积极拓展保险业务范围，先后开办了火灾保险，人身保险，农业保险，国家机关和国营企业财产强制保险，物资运输险和运输工具险，铁路、轮船和飞机旅客意外伤害强制保险。与此同时，根据国家对外贸易和对外经济交往的需要，陆续开办了各种对外保险业务，如出口货物运输保险、远洋船舶保险、国际航线的飞机保险以及在华外国人财产保险和汽车保险等。

从 1949 年中国人民保险公司成立到 1958 年的十年间，全国保险机构发展到了 4000 多个，职工 50 000 多人，保险费收入达 16.2 亿元。在此期间，保险公司共支付保险赔款和保险金 3.8 亿元(不含国外业务)，还向有关部门拨付防灾补助费 1300 余万元，向国家上缴 5 亿元，积累保险基金 4 亿元。实践证明，保险业为国家经济的恢复和发展提供了极大的经济保障和资金支持作用。

2. 国内保险业务的停办

中国保险业的发展并不是一帆风顺的。1958 年 10 月，在西安召开的全国财贸工作会议上通过了《关于农村人民公社财政管理问题的意见》，其中提出“人民公社化以后，保险工作的作用已经消失，除国外保险继续办理外，国内保险业务应立即停办”。这样，从 1959 年起，中国人民保险公司停办了全部国内保险业务，改为专营涉外保险业务的机构。全国各地保险职工逐步减少到了 200 余人，总公司一度只剩下 9 个人的编制。

国内保险业务停办以后，涉外保险业务虽然没有停办，但也受到了极大的冲击。特别是在“文化大革命”中，在极“左”思潮的影响下，涉外保险业务逐步萎缩，例如，对外有再保险关系的国家从原来的 32 个减少到 17 个，有业务往来的公司从 67 家减少到 20 家，业务合同从 219 份减少到 49 份。

3. 保险业的恢复

党的十一届三中全会后，做出了把全党工作重心转移到经济建设上来的伟大决定。1979 年 4 月，国务院批转的《中国人民银行分行行长会议纪要》中明确指出：“开展保险业务，为国家积累资金，为国家和集体财产提供经济补偿……要逐步恢复国内保险。”同年 11 月，中国人民银行召开全国保险工作会议，决定从 1980 年起，恢复停办达 20 年之久的国内保险业务，同时在原有基础上大力发展涉外保险业务。从此，中国保险事业枯木逢春，重新获得了活力，呈现出无限光明的发展前景。

4. 保险业发展的现状

中国保险业自 1980 年恢复后获得了快速发展，保险市场不断完善。

(1) 保险市场体系逐步完善。1980 年恢复国内保险业务时，全国只有中国人民保险公司一家保险机构。30 多年来，随着中国保险业改革开放进程的不断加快，保险市场主体大幅度增加，保险市场体系逐步完善。据统计，截止到 2011 年底，全国共有保险集团公司 10 家、保险公司 130 家、保险资产管理公司 11 家、专业再保险公司 8 家、其他公司 1 家。其中，从保险公司的业务性质看，有产险公司 60 家、寿险公司 62 家；从保险公司资本结构看，有中资保险公司 79 家、外资保险公司 51 家。全国共有省级(一级)分公司 1619 家、中支和中支以下营业性机构 68 968 家，形成了多元化的保险市场竞争体系。

同时，保险中介机构大量增加，中介市场渐趋完善。截至 2011 年年底，全国共有保险专业中介机构 2554 家。其中，有全国性保险专业代理机构 32 家、区域性保险专业代理机构 1791 家、保险经纪机构 416 家、保险公估机构 315 家。全国共有保险兼业代理机构 195 518 家，其中，银邮类、车商类、交通运输类和其他类分别为 140 322 家、25 282 家、7192 家和 22 722 家。2011 年，全国通过保险专业中介机构实现保费收入达 909.82 亿元，全国保险专业中介机构实现业务收入达 150.65 亿元，同比增长 26.37%。

(2) 保险业对外开放幅度逐步加大。随着中国对外开放政策的有效实施，中国保险业的对外开放步伐逐渐加大，1986 年 2 月，由中国人民保险公司和中国银行伦敦分行合资在伦敦设立了中国保险(英国)股份有限公司，使中国保险业跻身于伦敦国际保险市场；1992 年美国友邦保险有限公司获准在上海设立分支机构，从事涉外保险业务，使中国保险市场上有了“洋保险”的加盟。此后，外资保险机构大量增加，特别是保险业于 2004 年年底全面对外开放后。到 2011 年年底，全国共有外资保险公司 51 家，其中，有产险公司 21 家、寿险公司 25 家、再保险公司 5 家。外资保险公司数量在中国保险市场上已占近半壁江山。

(3) 保险业务发展迅猛。在保险机构大力发展的同时，保险公司的业务也获得了极大的发展，保险业务品种大幅度增加。除了传统的车险、货运险、企业财产险和人寿险等险种外，还出现了农业险、责任险、信用险、投资型保险等新的业务品种。同时保险费收入规模不断扩大。据统计，2011 年全国共实现原保险保费收入达 14 339.25 亿元。其中，财产险业务原保险保费收入为 4617.82 亿元；寿险业务原保险保费收入为 8695.59 亿元；健康险业务原保险保费收入为 691.72 亿元；人身意外险业务原保险保费收入为 334.12 亿元。保险深度为 3%，保险密度为 1062 元/人。

(4) 行业实力增强，保障作用增大。在保险业务发展的同时，保险行业实力不断增强。截至 2011 年底，保险公司总资产共计 60 138.1 亿元。随着业务发展和行业实力的增强，保险业为社会经济发展和人民生活的安定发挥了极大的保障作用。2011 年，保险公司赔付支出共计 3929.37 亿元。其中，财产险业务赔款支出为 2186.93 亿元；人身险业务赔款与给付支出为 1742.44 亿元，而其中寿险业务给付金额为 1300.93 亿元，健康险业务赔款与给付支出为 359.67 亿元，意外险业务赔款与给付支出为 81.84 亿元。

(5) 保险法规建设日臻完善。1995 年 6 月 30 日在第八届全国人大第十四次常委会上通过并颁布了《中华人民共和国保险法》(以下简称《保险法》)，并于当年 10 月 1 日起实施。《保险法》颁布以后，为了与之相配套，又相继颁布了《保险代理人管理暂行规定》、《保险管理暂行规定》等。1998 年 11 月 18 日中国保监会成立以后，又颁布了《保险企业高级管理人员任职资格暂行规定》、《保险公司管理规定》、《机动车辆第三者责任强制保险条例》、《外资保险公司管理条例》和《保险违法违规处罚条例》等一系列法律和法规。

同时，随着中国保险业的快速发展和对外开放的加快，为与国际接轨，分别于2002年和2009年对《保险法》进行了两次修订。伴随着新的《保险法》的实施，中国保监会对有关保险法规条例也进行了修订和完善。

总之，随着中国保险业的发展，保险立法也越来越完善，中国保险业已步入法制化、规范化发展的轨道。

(6) 保险机构深化改革取得了极大成效，市场化经营理念进一步增强。随着中国保险业的快速发展，保险业的深化改革取得了极大进展。特别是“十一五”规划以来，按照科学发展观的要求，以市场体系建设为基础，以结构调整为主线，以改革开放为动力，对保险业进行了深入的改革。2006年，国务院颁布了《国务院关于保险业改革发展的若干意见》(即国十条)，明确了保险业改革发展的指导思想、总体目标和主要任务。随着国有保险公司股份制改造的完成，公司治理结构日臻完善，建立了以公司治理和内控为基础、以偿付能力监管为核心、以现场检查为重要手段、以资金运用监管为关键环节、以保险保障基金为屏障的风险防范的五道防线。为适应完善社会主义市场经济体制和建设社会主义新农村的新形势，逐步建立了多形式、多渠道的农业保险体系，大力发展商业养老保险和健康保险等人身保险业务，满足城乡人民群众的保险保障需求。一个以保险企业为主体、以市场需求为导向、引进与自主创新相结合的保险创新机制正在逐步形成。

(7) 保险资金运用渠道逐步拓宽，支持了国民经济建设。保险资金运用是指保险公司在组织经济补偿和给付过程中，将积聚的闲散资金合理运用，使资金增值的活动。保险资金运用是现代保险业存在与发展的关键，对提高保险业的偿付能力，增加保险公司的经济效益有着积极的作用，同时也能支持国民经济建设和发展。30多年来，特别是近些年来，中国保险资金运用逐步走向规范，投资渠道和投资品种逐步增多，保险资金运用额度在总资产所占的比例逐步提高，投资结构也日趋合理。

(8) 保险监管不断加强和完善。1998年11月18日中国保险监督管理委员会(简称中国保监会)成立，实施对保险业和保险市场的监督管理。十几年来，中国保监会坚持把防范风险作为保险业健康发展的生命线，不断完善以偿付能力、公司治理结构和市场行为监管为支柱的现代保险监管制度。通过制定保险法的实施细则和相关法规，加强偿付能力监管，建立动态偿付能力监管指标体系，健全精算制度，统一财务统计口径和绩效评估标准。同时，中国加入了国际保险监督官协会(IAIS)，并参照国际惯例研究制定了符合保险业特点的财务会计制度，保证财务数据真实、及时、透明，提高偿付能力监管的科学性和约束力。深入推进保险公司治理结构监管，规范关联交易，加强信息披露，提高透明度。强化了市场行为监管，改进现场、非现场检查，严厉查处保险经营中的违法违规行为，提高了市场行为监管的针对性和有效性。

重要概念

保险深度　保险密度

思　考　题

1. 试述保险产生与发展的条件。
2. 对人身保险的形成和发展影响重大的事件和人物主要有哪些？
3. 阐述世界保险业的发展趋势。
4. 试述我国保险业的现状与发展趋势。

第四章 保险合同

第一节 保险合同的特征及种类

保险商品交易的达成是建立在合同的基础之上的，体现的是一种民事法律关系。保险关系的确立一般都通过签订保险合同的法律形式固定下来，保险合同是投保人与保险人约定保险权利义务关系的协定，它是联系保险人、投保人以及被保险人之间权利义务的纽带。

一、保险合同的概念及必备条件

(一) 保险合同的概念

保险合同是保险关系双方当事人之间订立的在法律上具有约束力的一种协议。保险合同属于民商合同的一种，按照《中华人民共和国保险法》(以下简称《保险法》)的规定，保险合同是投保人与保险人约定保险权利与保险义务关系的协议。根据保险合同规定，投保人有保险金给付请求权，同时有缴纳保费的义务；保险人有收取保费的权利，同时要履行赔偿给付的义务。投保人以向保险人支付一个对价——保险费，来获得保险人的允诺，即当保险合同中约定的保险事故发生并造成保险标的的损失时，保险人向被保险人支付赔偿金额，或者当被保险人死亡、伤残、疾病、生存到约定年龄、合同期限届满时，保险人向被保险人或受益人给付合同约定的保险金。在保险合同中，双方享有的权利和义务对等。

(二) 保险合同必须具备的条件

1．保险合同当事人必须具有完全的民事权利能力和民事行为能力

民事权利能力是民事主体依法享有民事权利和承担民事义务的资格。民事行为能力是指民事行为主体以自己的行为享有民事权利和承担民事义务的资格或能力。保险合同的主体无论是自然人还是法人，要求必须具有《中华人民共和国民法通则》(以下简称《民法通则》）规定的民事权利能力和行为能力，否则所订立的保险合同无效，不产生法律效力。

2．保险合同是双方当事人意思表示一致的行为

订立保险合同必须是双方当事人意思表示真实、自主明确的法律行为。采取胁迫、欺诈等手段签订的合同，因违反平等自愿的原则，合同无效，不受法律保护。

3．保险合同必须合法

保险合同主要是指保险合同无论从合同的主体、客体、内容到订立程序、合同形式都

必须符合法律规定，否则不受法律保护。不合法的合同即使订立亦是无效合同。合法的合同在履行时，如果因一方当事人的违法违约行为或擅自中止合同履行，合同另一方当事人可依法诉讼或仲裁，获得权利的维护。

二、保险合同的特征

(一) 双务性

合同的双务性是指保险合同当事人双方享有的权利和承担的义务对等，一方的权利即为另一方的义务。如保险合同的投保人负有缴付保费的义务但享有发生保险事故获得赔偿或给付的权利，保险人有权要求投保人按时足额缴纳保险费但负有在保险事故发生时赔偿或给付保险金的义务。可见保险人的权利就是投保人的义务，双方权利义务对等。与双务合同对应的是单务合同。单务合同是指对当事人一方只发生权利而对另一方只发生义务的合同。如民事中的赠与合同。

(二) 射幸性

保险合同具有射幸性特征。射幸的含义就是碰运气、赶机会。保险合同的射幸性是指合同的履行内容在订立合同时并不能确定，保险合同履行的结果建立在事件可能发生或不发生的基础上。在合同有效期内，如果发生风险事故造成损失，被保险人可以获得远远超出保险费的赔偿金；反之，如果不发生风险事故，无损失发生，虽然投保人已付出保费，被保险人在多数险种中还是得不到任何货币补偿。保险合同的射幸性特征来源于保险事故发生的偶然性，这在以短期保险为主的财产保险合同中表现尤为明显。

(三) 附和性

合同的附和性是指合同当事人的一方提出合同的主要条款内容，另一方只是做出取或舍的决定，一般没有变更和修改合同的权利。保险合同就具有附和性。在保险合同中，如果必须修改和变更某项条款的，只能采用保险人事先准备的附加条款或附属保单。可见，附和性合同对于保险人较为有利。因此，对于保险合同的条款，当保险人与投保人、被保险人或者受益人有争议时，人民法院或者仲裁机构应当做出有利于被保险人和受益人的解释。一般来说，附和性合同即格式合同、标准化合同，但保险合同也并非全部采用标准合同形式，有些特殊险种的合同采用协商办法签订，以满足市场的需要。近年来，随着保险市场竞争日趋激烈，应投保方需求，“量身定做”的个性化合同越来越多。

(四) 条件性

合同的条件性是指合同的当事人只有在合同所规定的条件被满足的情形下才履行自己的义务，反之则不履行义务。保险企业的承保是有条件的承保，是对可保风险的经营。保险合同对保险标的的状况及保险利益都是有条件限制的。在保险条款中明确保险保障的责任范围及除外责任，只有在合同规定的条件得到满足的情况下，合同的当事人才履行自己的义务，否则不履行义务。如投保人未履行在规定时间足额缴纳保费的义务导致保险合同失效或无效，在发生风险事故后，保险人不承担赔偿或给付义务。

(五) 补偿性

补偿性是指对符合保险合同规定的风险事故损失，保险人对损失予以补偿。补偿性主要体现在财产保险合同中。保险的补偿性体现了保险的保障经济发展、促进生产恢复、维护社会安定等作用。保险合同成立生效后，按照合同规定，发生保险责任范围的事故后，保险人要履行合同责任，给被保险人提供损失补偿。但保险合同的补偿仅限于损失额度，只为让被保险人恢复到损失前的经济状态，而不是改善或提高其经济状况。否则，投保方可能产生故意违法犯罪、制造风险事故骗取保险金的道德风险。

(六) 个人性

保险合同具有个人性合同特征。合同的个人性是指保险合同所保障的是遭受损失的被保险人本人，是保障被保险人的保险利益。而不同的被保险人其禀性、行为习惯、职业特点不同将极大地影响到风险事故发生的概率。因此，在人身保险和财产保险中保险合同的订立要体现出不同的个人特征。如车险中，不同年龄、性别及驾龄的车主应在给予承保与否有区别，在费率水平上也有区别。

三、保险合同的种类

(一) 单一危险保险合同与综合危险保险合同

根据保险人所承保的危险的状况不同，保险合同可分为单一危险保险合同与综合危险保险合同。前者是指保险合同只承保一种危险责任，如农作物雹灾险合同，只对由冰雹造成的农作物损失负责赔偿；后者是指一个保险合同承保两种以上的多种特定的危险责任，如财产保险合同等。只要损失是由所保危险造成的，被保险人就可获得赔偿。

(二) 定值保险合同与不定值保险合同

按保险标的的价值是否载明于保险合同进行分类，保险合同可分为定值保险合同和不定值保险合同。定值保险合同是指载明保险双方约定的保险标的价值的保险合同。在定值保险合同中，若保险标的因保险事故导致全损，不论保险事故发生时保险标的的实际市场价值是多少，保险人均按保险合同中载明的保险标的的价值赔偿。定值保险合同一般适用于特殊的保险标的，如古玩、字画等。由于其本身的价值难以确定，因此需要保险双方事先约定一个固定的价值作为保险价值进行保险。在国际保险市场上，由于运输货物的市场价格在起运地、中途和目的地都不相同，为保障被保险人的实际利益，避免赔款时因市价差额而带来的纠纷，习惯上也采用定值保险合同。如船舶险。不定值保险合同是指保险双方当事人事先不确定保险价值，只在保险合同中列明保险金额作为赔偿的最高限额。当保险标的发生保险责任范围内规定的事故损失时，保险人以当时损失发生地的市场价格为依据，确定保险价值并以此作为赔付的标准进行保险赔付。

(三) 定额保险合同与补偿保险合同

按保险金额的确定方式，保险合同可分为定额保险合同和补偿保险合同。定额保险合同是指合同双方当事人事先协商约定保险金额的合同。人身保险合同均采用定额保险合同的形式。因为人的生命和身体是无价的，保险金额只能根据保险人的实际需要和缴付保险费的能力来确定。当发生保险事故时，保险人以保险金额作为给付金额。补偿保险合同是指以保险标的价值确定保险金额的合同。财产保险合同均属于补偿性保险合同。

(四) 个别保险合同与集合保险合同

根据保险标的的不同情况，保险合同可以分为个别保险合同与集合保险合同。个别保险合同是指以一人或一物为保险标的的保险合同。集合保险合同是指以多数人或多数物为保险标的的合同，它又称为团体保险合同。

(五) 特定保险合同与总括保险合同

按保险标的是否为特定物或是否属于特定范围，保险合同可分为特定保险合同和总括保险合同。特定保险合同是指以特定物为保险标的的合同。总括保险合同是指以可以变动的多数人或物为保险标的的合同。

(六) 足额保险合同与非足额保险合同

按保险金额与保险标的的实际价值的对比关系划分，保险合同可分为足额保险合同与不足额保险合同。足额保险合同又称为全额保险合同，它是指保险金额大体相当于财产的实际价值的保险合同。在这种情况下，被保险人既可获得充分的经济保障，也不会多支付保险费。在保险事故发生时，如果保险标的全部损失，保险人按实际损失数额如数赔偿。

不足额保险合同又称为低额保险合同，是指保险金额小于财产实际价值的保险合同。这种情况的出现有三种原因：① 由于保险人的规定，可以促使被保险人注意防范危险；② 由于被保险人的自愿，可以节省保险费；③ 由于财产价值的上涨，而使财产的实际价值高于保险金额。在不足额保险合同中，保险人的赔偿方式有两种：比例赔偿方式和第一危险赔偿方式。前者是按保险金额与财产实际价值的比例计算赔偿；后者则不考虑保险金额与实际价值的比例，在保险额度内，按照实际损失赔偿。

(七) 专一保险合同与重复保险合同

以保险人的人数为标准划分，保险合同分为专一保险合同与重复保险合同。专一保险合同是指投保人就同一保险标的、同一保险利益、同一保险事故向同一保险人投保并建立保险关系的保险合同。重复保险合同是指投保人就同一保险标的、同一保险利益、同一保险事故，在同一时期内与两个以上保险人订立数个保险合同的一种保险合同。就每一个保险合同来说，重复保险合同是一个投保人与一个保险人的关系，但保险合同的标的、保险利益、保险事故又与其他保险合同有不可分割的联系，涉及其他保险人。为了防止投保人通过重复保险合同谋取超过保险价值的不当利益，同时又使重复保险合同的各保险人合理分担保险赔偿金额，我国《保险法》第四十条规定："重复保险的投保人应当将重复保险的有关情况通知各保险人。重复保险的保险金额总和超过保险价值的，各保险人的赔偿金额的总和不得超过保险价值。除合同另有约定外，各保险人按照其保险金额与保险金额总和的比例承担赔偿责任。"

(八) 原保险合同与再保险合同

根据保险人所负保险责任的次序，保险合同可分为原保险合同与再保险合同。原保险合同是指投保人与保险人签订的保险合同。再保险合同又称为分保合同，它是指原保险人为了分摊已承保保险的危险而与再保险人签订的保险合同。这种保险合同通常以原保险人所承担的全部或一部分责任作为保险标的，由再保险人负责赔偿按规定分摊的保险赔款。再保险合同是一种补偿性保险合同。

第二节　保险合同的要素

任何合同法律关系都包括主体、客体和内容三个不可缺少的要素。保险合同同样是由这三个要素组成的。保险合同的主体包括当事人和关系人，其客体是保险利益。保险合同的内容是合同中具体的当事人双方的权利义务事项，是合同主体之间享有权利、承担义务的基础。

一、保险合同的主体

合同的主体是指在合同中享有权利、承担义务的人。保险合同主体中的当事人为保险人和投保人；关系人为被保险人、受益人和保单所有人。

(一) 保险合同的当事人

1. 保险人

保险人又称为承保人，即保险业务的经营人，是保险合同的一方当事人。保险人作为保险合同的一方主体，在保险合同中享有收取保险费的权利，同时约定当发生保险事故时，承担损失赔偿或给付保险金的责任。保险人必须是法人，各国法律一般都有此规定，自然人不能从事保险经营。这就从准入条件上把握住了合同主体的法律资格。我国《保险法》第十条规定："保险人是指与投保人订立保险合同，并按照合同约定承担赔偿或者给付保险金责任的保险公司。"由此表明在我国经营保险业务的只能是保险公司。我国《保险法》第六条规定："保险业务由依照本法设立的保险公司以及法律、行政法规规定的其他保险组织经营，其他单位和个人不得经营保险业务。"各国政府对保险公司的设立都有相应的法律规定，以确保保险经营的稳定性，保证社会公众的利益。世界上各国的保险人均是法人资格，我国也不例外，只有英国的劳合社，既有独立的自然人作为它的承保人，又有法人作为其承保人。

依据我国《保险法》的规定，财产保险与人身保险分业经营，各保险公司必须在规定的业务范围内经营。同一保险人不得同时兼营财产保险业务和人身保险业务。保险公司的业务范围由金融监督管理部门核定。保险公司只能在被核定的业务范围内从事保险经营活动。

2. 投保人

投保人又称为要保人，是指与保险人订立保险合同，并按照保险合同负有支付保险费义务的人，对保险标的具有保险利益，是保险合同的一方当事人。自然人和法人均可以作为投保人。在保险实务中，投保人通常应具备以下的条件：

(1) 应当具有完全的民事权利能力和行为能力。保险合同关系是一种民事法律关系，与一般合同法律行为一样，要求当事人具有完全的民事权利能力和行为能力。这是主体合格的法律要件，不论法人和自然人均必须具备。民事权利能力是指民事主体依法享有民事权利和承担民事义务的能力；民事行为能力是指民事主体通过自己的行为行使民事权利或者履行民事义务的能力。民事权利能力是民事行为能力的前提。民事主体包括自然人、法

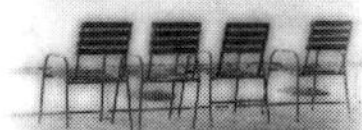

人和其他组织。自然人的权利能力自出生就开始具有，但行为能力则根据不同的情况有所不同。《中华人民共和国民法通则》规定，年满 18 周岁且不属于不能辨认自己行为的精神病人，都是具有完全行为能力的自然人；10 周岁以上未成年人和不能完全辨认自己行为的精神病人，属于限制行为能力人；10 周岁以下未成年人和不能辨认自己行为的精神病人属于无行为能力人。具有完全行为能力的自然人可以订立一切法律允许自然人作为合同主体的合同；限制行为能力的自然人，只能订立一些与自己的年龄、智力、精神状态相适应的合同，其他的合同只能由其监护人代为订立；无行为能力人的自然人不能作为合同主体，如果需要订立合同，只能由其法定代理人代为订立。投保人在合同中承担支付保险费义务，因此法律要求其是具有完全行为能力的自然人。限制行为能力和无行为能力的人不能作为投保人签订保险合同。

法人的民事权利能力和民事行为能力与法人同时产生、同时消失。其民事权利能力与民事行为能力完全一致。因此，法人、其他组织均可以其名义订立保险合同，成为投保人。

投保人法律资格的规定，保证了合同双方都能对签订的合同达到充分的理解和意思表示一致，保证了合同的有效性。

(2) 投保人必须对保险标的具有保险利益。保险利益是指投保人对保险标的具有的法律上承认的利益。这是《保险法》对投保人的特殊法律要求。投保人如果不具有保险利益，则不能与保险人订立保险合同；即使订立保险合同也是无效合同，不产生法律效力。各国保险实践均对此做出了明确的法律规定。投保人既可以为自己的利益投保也可以为他人利益投保。投保人为他人利益投保时必须征得他人同意，才能确定保险利益的存在。

(3) 投保人必须承担支付保险费的义务。缴纳保险费是投保人的主要义务，不论投保人为自己的利益还是他人的利益订立保险合同，都要承担支付保险费的义务。在保险实践中，保险合同的关系人有时代为缴纳保险费，这只是代付保险费的性质，并不表明保险合同的关系人有缴纳保险费的义务。投保人作为保险合同的一方当事人订立保险合同，其主要目的是，当保险事故发生时，享有保险金请求权。投保人的经济动机有以下几种情况：

① 为自己的利益投保。投保人以自己的名义，为自己的不确定的损失能够得到经济补偿而订立保险合同。保险合同一经订立所产生的权利义务，归投保人自己享有与承担。投保人一方面负有交付保险费的义务；另一方面则享有保险金请求权。在财产保险合同中，当投保人是保险标的所有人、保管人、承包人、经营人和抵押权人时而订立的保险合同，就会产生这种权利义务同归投保人的情况。

② 为他人的利益投保。投保人以自己的名义，为他人的利益与保险人订立保险合同。此时保险合同所产生的权利，应属于财产利益的所有人，即被保险人，投保人仅负有缴纳保险费的义务。例如，企业工会为其职工投保家庭财产保险，企业工会承担缴纳保险费的义务，是投保人；职工是家庭财产的主体，在合同中属于被保险人，享有保险金请求权。此时权利与义务分属于投保人和被保险人两个主体。在人寿保险合同中，投保人以他人的生命为保险标的，作为被保险人，必须经被保险人同意，特别是以死亡为给付保险金条件的合同，必须经被保险人同意，否则保险合同无效。对此各国立法不同，大陆法系国家主张同意主义，英美法系国家主张利益主义。我国《保险法》第三十四条规定：“以死亡为给付保险金条件的合同，未经被保险人同意并认可保险金额的，合同无效。”依照以死亡为给付保险金条件的合同所签发的保险单，未经被保险人书面同意，不得转让或者质押。

③ 兼为他人与自己的利益投保。投保人既为自己的利益，也为他人的利益，与保险人订立保险合同。保险财产属于几个合伙人共有，其中一人与保险人订立保险合同。作为投保人其承担缴纳保险费的义务，同时，其又作为被保险人享有保险金请求权。此时权利义务属于同一主体，其他财产合伙人均属于被保险人，同样享有保险金的请求权。

(二) 保险合同的关系人

1. 被保险人

被保险人是指其财产或人身受保险合同保障，享有保险金请求权的人。法律对被保险人的资格没有严格限定。一般而言，在财产保险中，被保险人可以是自然人，也可以是法人。在人身保险中，被保险人只能是有生命的自然人。已经死亡的人、法人或其他民事法律主体不能成为人身保险的被保险人。在自然人中，无民事行为能力与限制民事行为能力的人可以作为被保险人。对此我国《保险法》第三十三条、第三十四条有明确规定："在以死亡为保险金给付条件的保险合同中，除父母为其未成年子女投保人身保险外，不得以无民事行为能力的人为被保险人，投保人不得为其投保，保险人也不得承保。"这种以法律条款进行限制，就是对无民事行为能力人的特别保护。因为无民事行为能力人不能以自己的名义或行为从事民事活动，所以只能由其法定代理人代为从事民事活动，如果不加以法律限制就容易诱发道德风险。被保险人应具备的条件包括以下几个方面：

(1) 被保险人必须是保险合同所保障的人。保险合同订立的经济目的是当保险事故发生后能够得到保险保障。只有对保险标的有经济利益的人才具有资格取得保险保障。保险标的只是风险损失的载体，被保险人才是经济损失的主体，是受保险保障的主体。

在保险实务中，财产保险中的被保险人是财产标的的经济利益主体。当财产完好时，被保险人的利益可以正常实现；当财产损失时，被保险人的正当利益受到影响，通过保险合同的保障，可以使损失的经济利益得到补偿。在人身保险中，被保险人是以自己的生命或身体作为保障的对象，当发生约定的死亡、伤残、疾病或达到约定年龄、期限时，可以从保险合同中获得相应给付保险金的保障。在责任保险中，被保险人由于违约或侵权的责任产生经济上的额外支出，保险合同可以补偿相应的经济赔偿，使被保险人得到经济保障。在信用保险中，被保险人可以将债务人的违约风险转嫁给保险人，由保险合同来保障被保险人的债权利益。在保证保险中，被保险人作为债务人，将自己的履约信用，由保险合同作担保，从而提高被保险人的商务信用。

(2) 被保险人是保险事故发生时遭受损害的人。保险事故一旦发生，被保险人的利益必然受到损害。这在财产保险与人身保险中的体现有所不同。在财产保险中，被保险人应是财产的所有人或相关的权利人，在保险合同中体现为与保险标的有关的所有人或经济权利人。因此当保险标的发生损失时，必然遭受损害。而在人身保险中，被保险人是以自己的生命或身体为保险标的的人，因此当保险标的发生损失，必然遭受伤害。

(3) 被保险人是享有保险金请求权的人。被保险人因保险事故发生，遭受经济损失，自应享有赔偿请求权，以弥补经济损失。这在财产保险与人身保险中两者体现的不同。在财产保险中，保险事故发生往往只是损害财产，被保险人常常安然无恙，被保险人自己行使保险金请求权；若被保险人不幸在保险事故中遇难，保险金请求权由其法律继承人继承。在人身保险中，生存保险的保险金请求权属于被保险人自己；死亡保险的保险金请求权由

其受益人行使，未指定受益人的，由被保险人的法定继承人行使。

被保险人与投保人既可以为同一人，也可以分属两人。当投保人为自己利益订立保险合同，保险合同一经订立，投保人即转换为被保险人。当投保人为他人利益订立保险合同，投保人和被保险人分属两人。保险标的的所有人是被保险人，自然由被保险人享有领取保险金的请求权。在人身保险中亦然。

2．受益人

受益人是指人寿保险合同中由被保险人或投保人指定的享有保险金请求权的人，即被指定领受保险金的人，故又称保险金受领人。受益人应具备两个条件：一是受益人享有保险金请求权；二是受益人由投保人或被保险人所指定或约定并在合同中注明的人。

在保险实务中，就财产保险合同而言，若被保险人是财产损失的主体，被保险人可自己领取保险赔偿金，一般不规定受益人。人寿保险合同中一般有受益人规定，受益人是寿险合同的特有主体，其地位特殊。受益人具有以下一些特征：

(1) 受益人的法律资格。受益人可以是任何人，法律上没有资格限制。自然人、法人及其他合法的经济组织均可作为受益人。自然人中无民事行为能力人、限制民事行为能力人，甚至未出生的胎儿等均可被指定为受益人。受益人必须在请求保险金时是生存状态，无生命的人不能指定为受益人。投保人、被保险人都可以作为受益人。

(2) 受益人的产生。受益人产生于由被保险人或投保人约定、指定或法定的法律程序。约定即受益人由被保险人或投保人指定；指定即保险合同未约定受益人或约定但未确定，均由投保人指定；法定即合同如未约定，也未指定受益人，此时，其法定继承人为受益人。被保险人或投保人确定受益人只要符合法律程序，不受其他任何人的干涉。但是，投保人确定或变更受益人需经被保险人同意，并书面通知保险人。当被保险人为无民事行为能力或限制民事行为能力的人时，可以由其法定监护人指定受益人。如果没有指定受益人，在被保险人死亡时，由其继承人领受保险金。

(3) 受益人的人数。受益人可以是一人或数人。当受益人为数人时，被保险人或者投保人可以确定受益顺序和受益份额；未确定受益份额的，受益人按照相等份额享有受益权。

(4) 受益人的权利。受益人的权利即受益权。受益权是一种期待权，而不是现实的债权。只有在被保险人死亡后才能享受。受益人不能支配受益权。受益权的权限只是领受保险金。对于保险费返还、责任准备金返还和利益分配的请求权属于投保人，受益人无此权利。受益权的取得属于原始取得权，而不是继承权。虽然从时间看，两者均是在他人死后受益，但是两者的经济性质不同。受益权具有排他性，其他人都无权干预。受益人领取的保险金不是遗产，不用偿还被保险人生前债务。继承权则为继承遗产，具有在继承财产范围内为被继承人偿还债务的义务。受益人无权擅自转让受益权。如欲转让他人需满足的条件有：一是保险合同中注明允许转让；二是经投保人和被保险人同意。否则不能转让。之所以加以限制，是因为人寿保险合同的受益人如果能自由转让其权利于他人，容易诱发道德风险，也不能达到投保人使受益人受益的初衷，因此不得不加以限制。如果受益人故意造成被保险人死亡、伤残、疾病或者故意杀害被保险人未遂的，受益权丧失；受益人先于被保险人死亡的，受益权消失；受益人与被保险人在同一事件中死亡，且不能确定死亡先后顺序的，推定受益人死亡在先，受益权丧失；受益人依法丧失受益权的，受益权消失；

受益人放弃受益权的，受益权消失。

(5) 受益人的变更。受益人变更是投保人或者被保险人在保险合同期内，变更受益人。在人寿保险合同中，受益人的指定分为“固定的指定”和“不定的指定”两种：“固定的指定”是指受益人经指定后为固定的，不得变更，投保人对其保险利益放弃处分权；“不定的指定”是指受益人经指定后，投保人主张其对保险利益的处分权，可以变更受益人。在法律上以“不定的指定”为原则，以“固定的指定”为例外。由于人寿保险多为长期性合同，时过境迁的事常有发生，应允许投保人对其保险利益的主张权，变更受益人。投保人行使保险利益的处分权，变更受益人，是投保人对于受益人的变更权，变更权属于形成权。投保人变更受益人虽然无需保险人同意，但应书面通知保险人，以保证变更后的受益人的权益。

(6) 受益人的义务。受益人在人寿保险合同中唯一的义务是，当保险合同约定的事故发生时，及时通知保险人，不承担任何其他的义务。这也说明受益人在人寿保险合同中的独特法律地位。

3．保单持有人

保单持有人又称为保单所有人，是拥有保单各种权利的人。保单持有人的保单权利一般包括变更受益人的权利、保单转让权、保单质押权、保险费返还请求权、责任准备金返还请求权、保单利益分配请求权、保险合同解约权和指定新的所有人的权利等。保单持有人在订立保险合同时产生，其可以是个人，也可以是一个组织机构。

保单持有人的概念主要适用于人寿保险合同。人寿保险合同具有长期性和储蓄性的重要特征。寿险保单的现金价值随着时间的推移不断增值，保险合同的利益涉及投保人、被保险人和受益人各方，在经济利益驱动下，谁拥有保单的处置权的意义就显得十分重要。因此明确保单持有人非常重要，有利于协调保险合同主体之间的利益，保证各方的权益。

财产保险合同一般为一年期，保单不具有现金价值性质。保险合同的投保人与被保险人往往是同一个人，形成了权利与义务的一致性，没有保单持有人的概念。

我国人寿保险合同中没有明确保单持有人的概念。在保险实务中，人寿保单的各种权利大多归投保人所有并行使。为了维护被保险人的利益，我国《保险法》有相应的法律规定。投保人拥有解约权、保险费返还权。以死亡为给付保险金的合同，投保人欲对保单进行转让与质押，应征得被保险人的书面同意，否则不得行使。投保人指定受益人时需经被保险人同意。被保险人拥有分红保单的红利领取权。

二、保险合同的客体

保险合同的客体是保险利益。保险利益是指投保人或被保险人对保险标的所具有的法律上承认的利益。保险合同的客体是保险合同重要组成要素。在民法中对客体的定义是指合同双方权利义务所指向的对象。保险合同双方权利义务所指向的是附在保险标的上的经济利益，即保险利益，而不是保险标的本身。

保险标的是投保人经济利益的物质承担体。由于它安然无恙，投保人的经济利益可以顺利实现，保持经济生活安定而继续享用；由于它荡然无存，投保人的经济利益无法实现，经济生活受损失而失去安定。这表明投保人对保险标的存在经济利益。如保险标的发生危

险事故，投保人的经济利益不受影响，表明其对保险标的不存在经济利益。投保人转嫁风险的目的就是基于这种经济利益——保险利益。保险合同双方的权利义务体现为投保人的义务是按转嫁风险的保险金额缴纳保险费，其对应的权利是当保险标的发生保险损失时，依照保险合同向保险人请求损失赔偿。保险人的权利是将收取保险费作为其承担保险赔偿的对价，其义务是在保险标的发生保险损失时履行赔偿或给付保险金。保险人对受损标的履行赔偿义务的法律前提是保险合同的有效性即投保人对保险标的具有保险利益。因此，投保人之所以能够获得保险保障，是因为其对保险标的所拥有的合法经济利益，保险人保障的是投保人对保险标的所具有的经济利益，而不是保险标的本身。显而易见，风险是客观存在的，并不因为保险合同的存在，保险标的不发生损失。但正是由于有了保险合同，保险人才保障了投保人因保险标的损失而损失的经济利益。因此，保险合同中的权利义务是基于投保人对保险标的所具有的经济利益，即保险利益。所以，保险合同的客体是基于保险标的而产生的经济利益——保险利益。

我国《保险法》第十二条明确规定："人身保险的投保人在保险合同订立时，对被保险人应当具有保险利益；财产保险的被保险人在保险事故发生时，对保险标的应当具有保险利益。"这表明保险利益存在与否决定了保险合同的有效性。法律之所以规定保险合同必须有保险利益存在，其意义在于避免、防止赌博行为和道德危险的发生，限制了保险补偿的额度。保险利益在合同中的重要性可以从质与量两方面体现：质的规定性方面，保险利益决定了保险合同的有效性，是保险合同有效的必要条件；量的规定性方面，保险利益限定了保险合同经济补偿价值额度。

三、保险合同的内容

保险合同的内容是建立保险合同关系必不可少的要素之一。保险合同内容有广义和狭义之分：广义的保险合同内容是指保险合同记载的全部事项，包括合同主体、权利义务和具体事项；狭义的保险合同的内容，仅仅包括双方的权利义务。本节讨论广义的保险合同内容。

(一) 保险合同的基本事项

保险合同的基本事项是指保险合同中应包括的基本内容，是保险合同内容中的主要组成部分，是保险合同主体之间享有权利、承担义务的基础。保险合同的基本事项构成保险合同内容的形式要件，是制定保险合同条款及安排保险合同格式的重要法律依据。法律规定了下述保险合同不可缺少的基本内容。

1. 当事人的名称和住所

明确当事人的名称和住所是为保险合同的履行提供一个前提。因为在保险合同订立后，保费的缴纳、保险金的赔偿均与当事人及其住所有关。由于保险公司的名称及住所已经列明，保险单上需要填写的是投保人的名称和住所。如果被保险人不止一个人，则需要在保险合同中列明。

2. 保险标的

保险标的是保险保障的对象，是保险利益的物质承载体，也是合同的重要内容，任何

一个险种都是以相应的保险标的作为其名称的。如机动车辆保险是以机动车为保险标的的。保险标的在合同中具有两方面的作用：一方面保险标的可以明确风险的内涵；另一方面保险标的可以明确风险的价值规模。

3. 保险价值

保险价值是指保险标的在某一特定时期内以金钱估计的价值总额，即保险标的经济价值。保险价值的概念属于财产保险。因为财产保险标的的价值是可以用金钱衡量的。人身保险的保险标的是人的生命和身体，无法用金钱衡量，在保险合同中只约定保险价值，当约定的保险事故发生时，保险人以保险合同约定的金额给付。

4. 保险金额

保险金额简称保额，它是指保险人承担赔偿或者给付保险金的最高限额。保险金额是投保人转嫁风险的资产规模，是计算保险费的基础，直接关系到合同双方主体的权利义务。保险金额确定的基础是保险价值。保险金额一旦确定，保险人以此额度作为计算保险费的基础，同时作为补偿给付的最高限额；投保人、被保险人和受益人以此缴纳保险费，同时作为保险索赔和获得保险经济保障的最高额度。保险金额对于正确计算保险费、进行保险偿付、稳定合同关系，都具有十分重要的意义。

保险金额的确定应当既考虑保险人的利益，也考虑被保险人的保障程度和合理负担。保险利益、保险价值、支付能力、费率水平和保障程度都会影响保险金额确定。投保人的风险偏好程度也会影响保险金额确定。在我国《保险法》和保险实务中遵循以下两个原则：

(1) 保险金额不得超过保险价值。在财产保险中，以保险财产标的估价核定保险金额。保险金额与保险价值两者之间的关系是：当保险金额与保险价值相等时，为足额保险，表明保险标的估价适当，保险保障充分；当保险金额小于保险价值时，为低值保险，表明保险标的估价低或者投保人自留一部分风险，节省保费支出，但保障的程度也欠充分，从而使被保险人在保险财产遭受损失时不能得到充分保障。在保险实务中，保险金额低于保险价值的，除合同另有约定外，保险人按照保险金额与保险价值的比例承担赔偿责任。保险金额大于保险价值时，为超额保险。超额保险只会多缴保险费，而不会扩大保障程度，超过保险价值的部分无效。当保险标的遭受损失时，保险人只按照实际损失承担赔偿责任。因此，超过保险价值的部分的保险金额得不到赔偿，对投保人而言无任何保险意义。在人身保险合同中，不存在保险价值概念。保险金额是在订立保险合同时，由投保人和保险人双方协商确定，一般依据投保人的保险需要、被保险人的年龄、健康状况及最重要的支付保险费的经济能力等因素确定。

(2) 保险金额不能超过保险利益。保险赔偿以被保险人所具有的保险利益为前提条件。当被保险人索赔时，对损失的标的具有保险利益，索赔金额以其对损失财产所具有的保险利益为限。若发生保险事故，被保险人对保险标的已不具有保险利益，保险人则不予赔偿。从价值量可以看出，当保险标的属于投保人全部所有时，投保人对保险标的拥有完全的保险利益。若投保人只拥有部分保险标的所有权，与之对应的只拥有部分保险利益。保险人依据部分保险利益确定赔款金额。保险利益是决定保险金额的基础。

5. 保险费率与保险费

保险费率是保险商品的价格，一般以单位保险金额所收取的保险费比例为标准。通常

以1000元保险金额为单位所收保险费表示。保险费率作为保险商品的价格不同于一般的商品价格。一般商品依据已发生成本，再计算价格。保险费率不是基于该保险标的已经发生损失的资料计算的，而是依据过去的损失统计与费用记录为基础计算的。以过去的损失资料作为今后成本的根据，考虑大数法则原理加以平衡及特大危险发生的因素，确定保险费率水平。保险费率由纯费率和附加费率两部分组成：纯费率是用来支付赔款部分的费率；附加费率是业务开支，用来供保险人在经营业务时所开支的费用部分的费率。两者合计为总保险费率，即毛保险费率。

保险费是指投保人为取得保险保障而交付给保险人的费用。保险费是保险基金的主要来源，是建立保险基金的基础。其包括纯保险费和附加保险费两部分。纯保险费是保险人为了履行赔偿或给付保险金义务而收取的费用；附加保险费是保险人的营业费用、管理费用等费用。保险费与保险费率的一般关系为

$$\text{保险费} = \text{保险金额} \times \text{保险费率}$$

保险金额大小、保险费率高低两个因素决定保险费的水平。保险人所收保险费应能满足其赔偿或给付保险金的需要。投保人缴纳保险费是保险合同生效的条件。保险合同均规定缴纳保险费的方式和期限，以明确投保人的义务。一般而言，财产保险合同采用一次性缴纳保险费方式；人寿保险采用年均衡分期缴纳保险费方式。

6．保险期限和保险责任开始时间

保险期限是指保险合同所确定双方权利义务的法律有效性的时间界限。保险期限明确了保险人承担保险责任的起讫时间，是计算保险费的依据。保险期间的确定通常有以下两种方式：

(1) 按时间确定。根据保险标的保障的时间确定，以年为计算单位，一年期满后续订新约。企业财产保险一般为一年期。人寿保险合同存续时间长，一般为5年、10年、15年、20年，甚至终身。

(2) 按事物的流程确定。货物运输保险采用航程时间作为保险期间，保险条款规定，按保险单订明的航次为准。建筑工程保险采用建筑工期为保险期限。

保险责任开始时间是保险责任期限的起始时间。一般由合同双方约定，以年、月、日、时在合同中注明。在我国的保险实务中采用“零时起保”制，即开始承担保险责任之日的零时为具体开始时间。如家庭财产保险规定，保险期限为一年，保险责任从起保当日零时起，到保险期满日的24时止。

保险期限和保险责任开始时间的规定明确了保险合同开始与终止的具体时间，限制了合同双方享有权利和履行义务的法律主张有效的时间界定。

7．保险责任和责任免除

保险责任是指保险合同中载明的保险事故发生后保险人所应承担的经济赔偿或给付保险金的责任。保险责任也称为风险责任条款，具体规定了保险人所承担的风险范围。保险人并不是承担保险标的的所有风险，只是对于投保人约定的特定风险承担责任。保险责任因保险标的不同而不同，每个险种都有特定的风险责任范围，在保险条款中予以列明。

责任免除又称为除外责任，是对保险责任风险的限制。除外责任的明示，使投保人明确保险责任风险范围。一般而言，责任免除可以分为三个层次：一是不保风险，即除外的

损失原因，道德风险、战争风险、核辐射风险等属于不保风险；二是不赔损失，即除外的损失，正常磨损，自然消耗、间接损失等属于不赔损失；三是不保标的，即除外的标的，价值难以确定的，易丢失、风险责任大、无法鉴定的标的，如古玩、字画、珍宝等属于不保标的。

8．赔偿处理

赔偿处理是指当保险标的发生保险损失后保险人承担保险责任履行赔偿或给付保险金的处理过程。保险赔偿是实现保险经济补偿和保障职能的最终体现，采用货币形式。因险种不同，保险金赔偿或给付方法不同。财产保险合同属于补偿性合同，保险金的赔付依据规定的方式计算赔偿金额；人寿保险合同属于给付性合同，保险金的给付依据约定的保险金额。

9．违约责任和争议处理

违约责任是指合同当事人未履行合同义务所应当承担的法律后果。有关违约责任的内容，当事人可以自行约定，也可以直接载明按照法律的有关规定处理。保险合同订立后即产生相应的法律效力，双方当事人应按照合同规定的内容，完全履行合同。否则，违约方将承担相应的法律后果和违约责任。明确违约责任，在一定程度上可以防止违约行为的发生。

争议处理是发生保险合同处理时产生争议时约定所采用的方式。一般保险合同均有争议处理条款，规定争议时的处理方式。保险合同发生争议时，应首先通过友好协商解决。协商不成时，采用仲裁和诉讼的方式解决。

10．订立合同的年、月、日

订立合同的年、月、日，通常是指合同的订约时间。订约时间对于核实保险利益的存在与否，双方当事人的权利义务法律主张时间效力等具有重要意义。

(二) 保险合同的主要条款

保险合同条款是指规定保险人与被保险人之间的基本权利和义务的合同条文，它是保险公司履行保险责任的依据。保险合同条款的内容应具体，文字应准确。保险合同条款形式多样，主要包括以下几种。

1．基本条款

基本条款又称为法定条款，是标准保险单的背面印就的保险合同文本的基本内容，即保险合同法定记载事项，明确规定了保险人和被保险人的基本权利和义务，以及依据有关法规规定的保险行为成立所必需的各种事项和要求。基本条款直接印制在保险单上，不能随投保人的意愿而变更。

2．附加条款

附加条款又称为任选条款，是指保险人根据投保人的特殊保险风险的需求，增加保障风险的条款。附加条款是对基本条款的补充性的条款，是对基本责任范围内不予承保的风险，经过约定在承保基本责任范围的基础上予以扩展的责任条款。附加条款的效力优于基本条款。通常采用在保险单上加批注或批单的方式使之成为保险合同的一部分。

3. 保证条款

保证条款是指保险合同中要求投保人和被保险人就特定事项保证作为或不作为的条款。如根据我国《保险法》第二十七条的规定："被保险人、受益人不得谎称发生了保险事故、不得故意制造保险事故、不得编造证据。"这属于不作为保证条款。我国《保险法》第五十一条规定："被保险人应当遵守国家有关消防、安全、生产操作、劳动保护等方面的规定，维护保险标的的安全。"这属于应作为保证条款。该条款因其内容具有保证性质而得名。保证条款通常由法律规定，是投保人、被保险人必须遵守的条款；否则，保险人有权解除合同。

4. 协会条款

协会条款是指保险同业协会根据需要协商约定的条款。英国伦敦保险人协会编制的船舶和货物保险条款就是协会条款。该协会条款附在保险合同上。协会条款是当今国际保险水险市场的通用特约条款，具有相当的影响力。

保险合同的内容即保险合同条款的内容，基本条款是由法律规定的条款；其他条款是由当事人因需要而约定的条款，属于特约条款。在世界保险市场上，保险条款繁多，多数国家都有本国的保险条款。在我国的保险实务中使用"中国保险条款"。英国的"伦敦协会条款"在世界水险市场中具有权威性。美国则通用"美国协会条款"。

(三) 保险合同的形式

保险合同依照其订立的程序，大致可分为以下五种书面形式。

1. 投保单

投保单是投保人向保险人申请订立保险合同的书面要约，是保险合同的重要组成部分。投保单由保险人准备，通常有统一的格式。投保人依照保险人所列项目逐一填写。不论是出于投保人的自动，还是保险人(代理人或经纪人)的邀请，投保单的填写均不改变其要约性质。

2. 暂保单

暂保单称为临时保单，是正式保单发出前的临时合同。暂保单一般适用于财产保险，人身保险一般不使用。订立暂保单不是订立保险合同的必经程序。一般来说，使用暂保单有下列三种情况：

(1) 保险代理人在争取到业务但尚未向保险人办妥保险单之前，对被保险人临时开具的证明。

(2) 保险公司的分支机构在接受投保时，需要请示总公司审批；或者还有一些条件尚未全部谈妥。在这种情况下，保险公司的分支机构向投保人开出暂保单。

(3) 正式保单需由计算机统一处理，而投保人又急需保险凭证。在这种情况下，保险人先签发暂保单，作为保险合同的凭证。例如，出口贸易结汇，保险单是必备的文件之一，在保险人尚未保险单或保险凭证之前，先出具暂保单，以资证明出口货物已经办理保险。

暂保单的法律效力与正式保单完全相同，但有效期较短，大多由保险人具体规定。当正式保单交付后，暂保单即自动失效。保险人可在正式保单发出前终止暂保单效力，但必须提前通知投保人。

3. 保险单

保险单简称保单，是投保人与保险人之间保险合同行为的一种正式书面形式。保险单必须明确、完整地记载有关保险当事人双方的权利和义务，它所记载的内容是双方履约的依据。

4. 保险凭证

保险凭证又称为“小保单”，是保险人向投保人签发的证明保险合同已经成立的书面凭证，是一种简化了的保险单。保险凭证的法律效力与保险单相同，只是内容较为简单。在保险实务中，保险凭证没有列明的内容，以同一险种的正式保单为准；保险凭证与正式保单内容相抵触的，以保险凭证的特约条款为准。

5. 批单

批单是保险合同双方就保险单内容进行修改和变更的证明文件。批单实际上是对已签订的保险合同进行修改、补充或增减内容的批注，一般由保险人出具。在保险合同签订后，在保险有效期内，当事人可以有权就合同内容进行修改。批单是保险合同的重要组成部分。批单的内容与原保险单上的内容发生冲突的，以批单为准；后签发的批单与先签发的批单冲突的，以后签发的批单为准。

第三节 保险合同的订立、变更、解除和终止

一、保险合同的订立

(一) 保险合同的成立与生效

保险合同的成立是指投保人与保险人就保险合同条款达成协议。保险合同的生效是指保险合同对当事人双方产生约束力，即合同条款产生法律效力。一般来说，合同成立即生效。但是保险合同多为附条件合同，以交纳保险费作为合同生效的条件。同时，在保险实务中，我国普遍实行“零点起保”制，因此，保险合同是在合同成立后的某一时间生效。保险合同生效前发生保险事故的，保险人不承担保险责任。投保人与保险人可在保险合同中约定，保险合同一经成立就产生法律效力。

保险合同的成立与生效是不同的，一定要注意保险合同生效的条件约定。把握好这个条件，就可以对很多保险合同中关于此类问题的纠纷进行有效处理。

(二) 保险合同的有效与无效

1. 保险合同的有效

保险合同的有效是指保险合同是由当事人双方依法订立，并受国家法律保护。保险合同有效与保险合同生效在保险业务中有所不同。在我国，只要保险合同具备《中华人民共和国民法通则》(以下简称《民法通则》)规定的民事法律有效要件，即当事人有相应的行为能力、意思表示真实、不违反法律或者社会公共利益，就可以认定其有效。保险合同的生效则要求合同所附条件成立，如交纳保险费或满足其他约定条件。因此，保险合同有效

是保险合同生效的前提条件。在保险合同有效的前提下，只要所附条件成立，保险合同就生效；在保险合同无效的情况下，即使所附条件成立，保险合同也不生效。

2．保险合同的无效

无效保险合同是指当事人虽然订立，但不发生法律效力、国家不予保护的保险合同。保险合同被确认无效后，始终无效。

按照无效的程度，保险合同的无效可分为全部无效和部分无效。全部无效是指有违反国家禁止性规定而被确认无效后，不得继续履行的保险合同，如投保人对保险标的不具有保险利益的保险合同、违反国家利益和社会公共利益的保险合同、保险标的不合法的保险合同等。部分无效是指保险合同某些条款的内容无效，但合同的其他部分仍然有效。如善意的超额保险、超额部分无效等。

按照无效的性质，保险合同的无效可分为绝对无效和相对无效。绝对无效是指保险合同自订立起就不发生法律效力，如行为人不合格，采取欺诈胁迫等手段订立的合同，违反法律或行政法规的合同等。相对无效是指因重大误解和显失公平等引起无效的保险合同。其特点在于：① 须经利害关系人提出；② 合同被撤销后，自始无效；③ 须由人民法院或仲裁机关认定。

二、保险合同的变更

保险合同的变更是指在保险合同有效期间，当事人依法对合同条款所做的修改或补充。合同的变更，有狭义和广义之分，前者是指当事人双方权利、义务的变更；后者不仅包括权利、义务的变更，而且还包括主体和客体的变更。我国《保险法》第二十条中关于保险合同的变更，是指广义上的保险合同变更，即包括主体、客体和内容的变更。

（一）保险合同的主体变更

保险合同的主体变更是指保险合同的当事人或关系人的变更，即保险合同的转让。保险合同的主体变更有两个基本特征：一是不改变合同的权利义务和客体；二是合同主体变更的对象主要是投保人、被保险人或者受益人。

1．财产保险合同的主体变更

财产保险合同的主体变更是指财产保险合同的投保人、被保险人变更。变更的原因包括以下几个方面：

(1) 保险标的所有权、经营权发生转移。由买卖、赠与、继承等民事法律行为所引起的保险标的所有权的转移；保险标的是国有财产的，其经营权或法人财产权的转移等，均可导致保险合同主体的变更。

(2) 保险标的用益权的变动。用益权是指对他人财产的使用和收益的权利。如保险标的的承包人、租赁人因承包及租赁合同的订立、变更、终止，致使保险标的使用权或收益权发生变更，从而导致保险合同主体的变更。

(3) 债务关系发生变化。在保险标的为担保物的情况下，主债权债务的设立、变更、终止可导致保险合同主体的变更。例如，抵押权人为抵押物投保，当债务人提前履行债务时，抵押权就随主债务的消灭而消灭，抵押权人也就会因此对保险标的失去保险利益，进而导致保险合同主体的变更。

2．人身保险合同的主体变更

人身保险合同主体的变更，不以保险标的的转移为基础，而主要取决于投保人或被保险人的主观意愿。主要有以下几种情形：

(1) 投保人的变更。投保人的变更必须征得被保险人的同意并通知保险人，经保险人核准后方可变更。

(2) 被保险人的变更。当被保险人与投保人是同一人时，投保人经保险人同意可变更被保险人。

(3) 受益人的变更。依照我国《保险法》的规定，被保险人或者投保人可以变更受益人并书面通知保险人。投保人变更受益人时须经被保险人同意。投保人或被保险人变更受益人的，必须书面通知保险人，保险人收到该书面通知后，应在保险单上批注。

(二) 保险合同的客体变更

保险合同客体变更的原因主要是保险标的价值的增减变化，从而引起保险利益发生变化。保险合同客体的变更，通常是由投保人或被保险人提出，经保险人同意，加批注后生效。保险人往往根据变更后的保险合同客体调整保险费率，从而导致保险合同的权利义务的变更。

(三) 保险合同的内容变更

保险合同的内容变更是指保险合同主体的权利和义务的变更。保险合同内容的变更一般由投保人提出。投保人变更保险合同的情形有两种：一种是投保人根据实际需要提出变更保险合同内容。例如，延长或缩短保险期限、增加或减少保险金额等。在这种情况下，保险合同内容的变更主要取决于投保人、被保险人的主观意志。另一种是投保人根据法律规定提出变更保险合同内容。在保险合同的履行过程中，由于某些法定事由的出现，投保人必须根据法律规定及时通知保险人。在这种情况下，变更保险合同的内容，不取决于投保人的主观意愿，而取决于法律的规定。

三、保险合同的解除

(一) 保险合同解除的形式

保险合同解除的形式有法定解除与协议解除两种。

1．法定解除

法定解除是指法律赋予合同当事人的一种单方解除权。我国《保险法》第十五条规定："除本法另有规定或者保险合同另有约定外，保险合同成立后，投保人可以解除保险合同，保险人不得解除合同。"投保人提出解除保险合同主要是因为主客观情况发生变化，投保人认为保险合同的履行已无必要。但是投保人解除保险合同有两种情况的限制：① 货物运输保险合同和运输工具航程保险合同，保险责任开始后，合同不得解除；② 当事人通过保险合同约定，对投保人的合同解除权做出限制的，投保人不得解除保险合同。

2．协议解除

协议解除又称为约定解除，是指当事人双方经协商同意解除保险合同的一种法律行为。

保险合同的协议解除要采取书面的形式。保险合同的协议解除要注意两个问题：① 不得损害国家和社会公共利益；② 货物运输保险合同和运输工具航程保险合同的保险责任开始后，在一般情况下当事人不得解除该保险合同。

(二) 保险合同解除的后果

保险合同解除的后果是指解除保险合同的行为对原保险合同的权利义务的溯及力。按照我国《保险法》的规定，保险合同对一些情形不具有溯及力：① 投保人故意不履行如实告知义务，保险人不退还保险费；② 投保人、被保险人或受益人因欺诈行为而被解除保险合同的，在保险人不退还保险费；③ 投保人要求解除保险合同的，在保险责任开始后，保险人收取的自合同生效至合同解除期间的保险费不予退还。

四、保险合同的终止

(一) 保险合同终止的含义

保险合同终止是指某种法定或约定事由的出现，致使保险合同当事人双方的权利义务归于消灭。保险合同终止的主要原因有合同的期限届满、履行完毕、主体消灭等法定或约定事由，其结果是合同权利义务的消灭。

(二) 保险合同终止的原因

保险合同的终止，除因合同被解除外，还包括以下一些原因：

(1) 保险合同因期限届满而终止。保险合同终止的最常见、最普遍的原因，就是保险合同期限届满。

(2) 保险合同因履行而终止。所谓保险合同因履行而终止，即保险合同有效期间，发生保险事故后，合同因保险人按约定履行了全部保险金赔偿或给付义务而消灭。

(3) 财产保险合同因保险标的灭失而终止。这里所说的保险标的灭失是指由保险事故以外的原因造成的保险标的的灭失或丧失。如果保险标的非因保险事故而灭失，投保人就不再具有保险利益，保险合同也就因客体的消灭而终止。

(4) 人身保险合同因被保险人的死亡而终止。人身保险合同以被保险人的生命或健康为保险标的，其保险利益是投保人对被保险人的生命或健康所具有的法律上承认的利益。被保险人如果没有因保险事故或事件而死亡，那么投保人与该保险合同就不再有保险利益，保险合同也就随之而灭失。

(5) 财产保险合同因保险标的部分损失，保险人履行赔偿义务而终止。我国《保险法》规定："保险标的发生部分损失的，在保险人赔偿后 30 日内，投保人可以终止合同；除合同约定不得终止合同的以外，保险人也可以终止合同。保险人终止合同的，应当提前 15 日通知投保人，并将保险标的未受损失部分的保险费，扣除自保险责任开始之日起至合同终止之日止期间的应收部分后，退还投保人。"

第四节 保险合同的履行

保险合同的履行是指保险合同当事人双方依法全面完成合同约定义务的行为。保险合同的履行分为两个方面：一是投保人义务的履行；二是保险人义务的履行。

一、投保人义务的履行

（一）如实告知

如实告知是指投保人在订立保险合同时必须将保险标的的重要事实，以口头或书面的形式向保险人做真实陈述。这是因为保险人在做出承保选择以及保险定价时通常是根据投保人对保险标的的陈述来决定的，投保人对保险标的重要事实告知与否以及告知是否如实会影响保险人对风险的判断。所以，如实告知是投保人必须履行的首要义务，这样可以保证保险合同信息对称，维护保险合同订立的公平公正。如果投保人违反如实告知义务，保险人可以解除合同，甚至可以不承担赔偿或给付保险金责任。

（二）交付保险费

保险合同是双务合同，交付保险费是投保人最基本的义务。财产保险合同成立后，如果投保人不能如期地交付保险费，保险人可以按一般债的关系，以诉讼方式请求投保人交付保险费或者解除保险合同，但通常不影响保险合同的效力，除非保险合同中特别约定。但保险人对人寿保险的保险费不得用诉讼方式要求投保人支付，不过投保人不交付保险费会影响合同的效力，有些人寿保险合同将交付保险费作为合同生效的前提条件。我国《保险法》第十四条规定："保险合同成立后，投保人按照约定交付保险费，保险人按照约定的时间开始承担保险责任。"

（三）维护保险标的的安全

保险合同订立以后，投保人或被保险人应当遵守国家有关消防、安全、生产操作、劳动保护等方面的规定，维护保险标的的安全，不能因为有了保险而放松对保险标的安全的谨慎态度，这样会增加保险标的的危险程度，从而增加保险人的危险负担。因此，保险人有权对保险标的的安全状况进行检查，及时向投保人、被保险人提出消除不安全因素和隐患的书面建议，并经被保险人同意，可以采取安全措施。我国《保险法》第五十一条对投保人、被保险人维护保险标的安全的义务提出了基本要求，如果投保人、被保险人未按照约定履行其对保险标的的安全应尽的责任，保险人有权要求增加保险费或者解除合同。

（四）危险增加通知

在保险合同订立以后，由于主观或客观的原因会产生保险标的危险增加的现象，投保人或者被保险人应当将危险增加的有关情况及时地通知保险人，使保险人了解危险的真实状况，并根据危险的程度做出加收保险费或者解除保险合同的选择。如果投保人或被保险人不履行危险增加通知，对保险人来说是不公平的，不仅使保险人在不知情的情况下承担了过度的风险，而且也破坏了保险的对价平衡，危险程度增加，投保人交付的保险费应该增加。因此，我国《保险法》第五十二条规定："在合同有效期内，保险标的的危险程度显著增加的，被保险人应当按照合同约定及时通知保险人，保险人可以按照合同约定增加保险费或者解除合同。保险人解除合同的，应当将已收取的保险费，按照合同约定扣除自保险责任开始之日起至合同解除之日止应收的部分后，退还投保人。被保险人未履行前款规定的通知义务的，因保险标的的危险程度显著增加而发生的保险事故，保险人不承担赔偿

保险金的责任。”

(五) 保险事故发生的通知

投保人、被保险人或者受益人履行保险事故发生通知义务的目的是：第一，可以使保险人获得取证的时间，迅速调查事实真相，明确事故责任；第二，可以使保险人及时采取施救措施，避免损失的扩大；第三，可以使保险人有相对充裕的时间准备保险金。因此，在保险事故发生后，投保人、被保险人或者受益人可以采用口头或书面的形式及时通知保险人，这也是被保险人或者受益人提出索赔的必要程序。我国《保险法》第二十一条规定："投保人、被保险人或者受益人知道保险事故发生后，应当及时通知保险人。故意或者因重大过失未及时通知，致使保险事故的性质、原因、损失程度等难以确定的，保险人对无法确定的部分，不承担赔偿或者给付保险金的责任，但保险人通过其他途径已经知道或者应当及时知道保险事故发生的除外。"有些保险条款中有涉及此类问题的约定。如有的重大疾病保险条款中规定，由于延误时间，导致必要证据丧失或事故性质、原因无法认定的，应由受益人承担相应的责任。又如有的人身保险条款规定，投保人、被保险人或者受益人应当承担由于通知延误致使保险公司增加的查勘费用。另如有的机动车辆保险条款中规定，投保人、被保险人逾期通知为违约行为，保险人有权拒赔或自书面通知之日解除合同；已赔偿的，保险人有权追回已付保险赔款。所以，在保险实务中，如果投保人、被保险人或者受益人不能及时地履行保险事故发生的通知义务，很可能会因此丧失索赔的权利或者会因此增加费用支出。但大多数情况下，逾期通知不构成根本违约，保险人不能以此为由拒绝承担保险责任。

(六) 出险施救

我国《保险法》第五十七条第一款规定："保险事故发生时，被保险人应当尽力采取必要的措施，防止或者减少损失。"这意味着投保人或者被保险人不能因为有了保险，就放弃对保险标的的施救，而是有义务尽量减少保险标的的损失。在许多情形下，投保人或者被保险人确实处于较有利的施救地位，如果及时采取有效的措施，就可以防止损失的扩大，这样不仅可以减少保险赔款支出，而且可以减少社会财富损失。为了鼓励投保人或被保险人积极履行施救义务，我国《保险法》第五十七条第二款规定："保险事故发生后，被保险人为防止或者减少保险标的的损失所支付的必要的、合理的费用，由保险人承担；保险人所承担的费用数额在保险标的损失赔偿金额以外另行计算，最高不超过保险金额的数额。"

(七) 提供单证

我国《保险法》第二十二条规定："保险事故发生后，按照保险合同请求保险人赔偿或者给付保险金时，投保人、被保险人或者受益人应当向保险人提供其所能提供的与确认保险事故的性质、原因、损失程度等有关的证明和资料。保险人按照合同的约定，认为有关的证明和资料不完整的，应当及时一次性通知投保人、被保险人或者受益人补充提供。"

作为提出索赔要求的一方，投保人、被保险人或者受益人向保险人提供有关的证明和资料是义不容辞的，即谁主张谁举证。这些证明和资料包括保险单或其他保险凭证、已交付保险费的凭证、保险标的的证明、被保险人的身份证明、必要的鉴定结论、损失评估书、索赔请求书等。如果确定保险人应当承担的保险责任以及应当支付的赔偿金额，必须由技术专家或者保险公估机构对保险事故的原因、性质及保险标的的损失程度进行调查和认定，那么由此产生的合理费用由保险人承担。我国《保险法》第六十四条规定："保险人、被保险人为查明和确定保险事故的性质、原因和保险标的的损失程度所支付的必要的、合理的费用，由保险人承担。"

如果投保人、被保险人或者受益人不能提供与确认保险事故有关的有效证明和资料或者其提供的证明和资料不真实、不准确、不完整，那么就会影响投保人、被保险人或者受益人的索赔权利，如果有过错，则要承担相应的过错责任。我国《保险法》第二十七条第三款规定："保险事故发生后，投保人、被保险人或者受益人以伪造、变造的有关证明、资料或者其他证据，编造虚假的事故原因或者夸大损失程度的，保险人对其虚报的部分不承担赔偿或者给付保险金的责任。"第二十七条第四款规定："投保人、被保险人或者受益人有前三款规定行为之一，致使保险人支付保险金或者支出费用的，应当退回或者赔偿。"

(八) 协助追偿

在财产保险中，如果保险事故的发生涉及第三者责任方，则保险人向被保险人支付赔偿金后，享有代位求偿权，即保险人有权以被保险人的名义向第三者责任方追偿。由于保险人向第三者责任方追偿是以被保险人的名义，因此，被保险人在获得全部保险金的赔偿以后，有义务向保险人提供必要的文件和告知相关重要事实，如提供第三者的侵害事实、受损财产清单、权益转让书等，必要时出庭作证，为保险人向第三者责任方追偿提供一切可能的便利条件。我国《保险法》第六十三条规定："保险人向第三者行使代位请求赔偿的权利时，被保险人应当向保险人提供必要的文件和所知道的有关情况。"

二、保险人义务的履行

(一) 承担保险责任

保险人按照法律规定或者合同约定的保险责任承担赔偿或给付保险金义务是保险人最基本的义务。保险人承担保险责任具体表现在以下几个方面。

1. 保险人承担保险责任的范围

保险人承担保险责任的范围包括赔偿或者给付保险金，支付合理的施救费用、争议处理费用和检验费用。

保险人除了要支付保险责任范围内的赔偿金或者保险金外，对于为减少保险损失而支出的合理施救费用、为明确保险责任而支出的争议处理费用以及为鉴定损失原因和损失程度而支出的检验费用也承担赔偿责任。我国《保险法》对保险人应当承担的保险责任范围都做了相应的规定。

2. 保险人承担保险责任的时限

我国《保险法》第二十三条规定："保险人收到被保险人或者受益人的赔偿或者给付保险金的请求后，应当及时作出核定；情形复杂的，应当在三十日内作出核定，但合同另有约定的除外。保险人应当将核定结果通知被保险人或者受益人；对属于保险责任的，在与被保险人或者受益人达成赔偿或者给付保险金的协议后十日内，履行赔偿或者给付保险金义务。保险合同对赔偿或者给付保险金的期限有约定的，保险人应当按照约定履行赔偿或者给付保险金义务。保险人未及时履行前款规定义务的，除支付保险金外，应当赔偿被保

险人或者受益人因此受到的损失。任何单位和个人不得非法干预保险人履行赔偿或者给付保险金的义务，也不得限制被保险人或者受益人取得保险金的权利。”

我国《保险法》第二十四条规定：“保险人依照本法第二十三条的规定作出核定后，对不属于保险责任的，应当自作出核定之日起三日内向被保险人或者受益人发出拒绝赔偿或者拒绝给付保险金通知书，并说明理由。”

我国《保险法》第二十五条规定：“保险人自收到赔偿或者给付保险金的请求和有关证明、资料之日起六十日内，对其赔偿或者给付保险金的数额不能确定的，应当根据已有证明和资料可以确定的数额先予支付；保险人最终确定赔偿或者给付保险金额的数额后，应当支付相应的差额。”

很显然，根据我国《保险法》的规定，保险人承担保险责任的时限分为三种情况：一是保险合同双方达成赔偿或者给付保险金协议的，保险人在达成协议后的十日内履行赔偿或者给付保险金的义务；二是保险合同对赔偿或者给付保险金有时限约定的，保险人在约定时限内履行赔偿或者给付保险金的义务；三是保险人在收到保险索赔资料之日起六十日内对赔偿或者给付保险金的数额不能确定的，保险人应当根据已有证明和资料可以确定的数额先予支付，保险人最终确定赔偿或者给付保险金额的数额后，应当支付相应的差额。保险人若不能如期履行赔偿或者给付保险金的义务，则要赔偿被保险人或者受益人因此受到的损失。

3．保险诉讼时效

有关被保险人或者受益人对保险人请求赔偿或者给付保险金的权利是有时效规定的。我国《保险法》第二十六条规定：“人寿保险以外的其他保险的被保险人或者受益人，向保险人请求赔偿或者给付保险金的诉讼时效期间为二年，自其知道或者应当知道保险事故发生之日起计算。人寿保险的被保险人或者受益人向保险人请求给付保险金的诉讼时效期间为五年，自其知道或者应当知道保险事故发生之日起计算。”

从我国《保险法》的规定来看，保险诉讼时效是一种权利消灭时效，即被保险人或者受益人在诉讼时效内若不行使请求赔偿或者给付保险金的权利，则在超过诉讼时效后将丧失索赔的权利。

在保险实务中，某些保险险种的保险条款对索赔时限或者保险事故发生通知时限有一些特别的规定，这些特别的规定一般被理解为是保险合同双方约定的一项合同义务。如果被保险人或者受益人违反此项义务，则应当根据合同约定的违约责任承担相应的后果，但并非必然导致保险金请求权的丧失或放弃。此类特别约定不得与保险法或者相关法律关于诉讼时效的强制性规定相抵触，尤其不能违反公平原则。

(二) 条款说明

保险合同是附和性合同，保险条款通常是由保险人事先拟订的，投保人只能选择接受或者不接受。对于这样格式化的条款，由于专业性较强且技术复杂，投保人很难理解其中的奥妙。为了保证合同的公平和公正，保险人有义务将保险条款解释清楚，使投保人真正了解其购买的保险产品的保障范围，不至于因理解的偏差而得不到预期的保险保障，损害投保人的利益。

我国《保险法》第十七条第一款规定：“订立保险合同，采用保险人提供的格式条款的，保险人向投保人提供的投保单应当附格式条款，保险人应当向投保人说明合同的内容。”

毫无疑问，如实告知是保险合同双方当事人都必须履行的义务，保险人也不例外。如果由于保险人没有履行保险条款的说明义务或者说明不实，而引起投保人或者被保险人对保险条款的重大误解或者使合同显失公平，则可能导致保险合同的相对无效，因为诚信是合同成立的基础。关于保险人对保险合同免责条款的说明义务，我国《保险法》第十七条第二款规定：“对保险合同中免除保险人责任的条款，保险人在订立合同时应当在投保单、保险单或者其他保险凭证上作出足以引起投保人注意的提示，并对该条款的内容以书面或者口头形式向投保人作出明确说明；未作提示或者明确说明的，该条款不产生效力。”

之所以特别强调保险人对免责条款明确说明义务，主要是因为免责条款关系到投保人的切身利益，投保人应该清楚地知道什么样的风险和损失保险人是不承担责任的，投保人是得不到保障的。投保人什么样的行为是违约的，可能导致保险合同的失效或者保险人不承担责任。如果在投保人没有搞清楚条款的真实内容的情况下，保险人以免责条款为理由而不承担保险责任，很显然对投保人是不公平的。因此保险人不仅要以书面形式将免责条款列明在保险合同中，而且要对投保人做出详尽的说明，使投保人对此条款有足够的重视，并对条款有较为全面准确的认识。倘若保险人不能履行对免责条款的明确说明义务，那么此条款是不发生效力的，保险人不能以此为理由不承担保险责任。

(三) 及时签发保险单证

根据我国《保险法》第十三条规定：“投保人提出保险要求，经保险人同意承保，保险合同成立。保险人应当及时向投保人签发保险单或者其他保险凭证。保险单或者其他保险凭证应当载明当事人双方约定的合同内容。当事人也可以约定采取其他书面形式载明合同内容。”

在保险合同成立后，及时签发保险单或者其他保险凭证是保险人的法定义务，因为保险单或者其他保险凭证是保险合同订立的证明，也是履行保险合同的依据，所以，在有些保险条款中对保险人签发保险单证有时限规定，如果保险人不能在约定的时限内签发保险单证，保险人要承担相应的后果。

(四) 为投保人、被保险人或再保险分出人保密

保险人或者再保险接受人在办理保险业务的过程中，对投保人、被保险人或者再保险分出人的业务和财务状况负有保密义务。保险人在处理保险业务时，不可避免地会了解到一些投保人、被保险人或再保险分出人的业务和财务情况以及个人隐私，保险人应该对此保密，不能向外透露，否则会损害投保人、被保险人或再保险分出人的利益。维护保险合同双方的利益是维持合同有效性、持续性的前提。

第五节 保险合同的解释及争议处理的方式

一、保险合同解释

保险合同的解释是指对保险合同条款的说明。由于保险条款的专业性极强，确定保险

合同的解释原则具有重要的意义。

(一) 保险合同解释的原则

对于合同争议，不论采用何种处理方式，在解释保险合同条款时应遵循以下四项原则。

1. 文义解释原则

文义解释是指按保险合同条款所使用文字的普通的、标准的含义进行解释，即保险合同中用词应按通用文字含义并结合上下文来解释。

2. 意图解释原则

意图解释是指按保险合同当事人订立保险合同的真实意思对合同条款所做的解释。其具体做法是：当书面约定与口头约定不一致时，以书面约定为准；当保险单及其他保险凭证与投保单及其他合同文件不一致时，以保险单及其他保险凭证中载明的合同内容为准；当特约条款与基本条款不一致时，以特约条款为准；当保险合同的条款内容因记载方式和记载先后不一致时，按照批单优于正文，后批注优于先批注，手写优于打印，加贴批注优于正文批注的规则解释，即以当事人手写的、后加的合同内容为准。

3. 专业解释原则

专业解释是指对保险合同中使用的专业术语，应按照其所属专业的特定含义解释。在保险合同中除了保险术语、法律术语之外，还会出现某些其他专业术语。对于这些具有特定含义的专业术语，应按其所属行业或学科的技术标准或公认的定义来解释。

4. 有利于被保险人和受益人的解释原则

当保险合同条款模棱两可、语义含混不清或一词多义，而当事人的意图又无法判明时，要遵循这一原则。我国《保险法》规定："对于保险合同的条款，保险人与投保人、被保险人有争议时，人民法院或者仲裁机关应做出有利于被保险人和受益人的解释。"

(二) 保险合同解释的效力

保险合同条款的解释是否具有法律效力，是与解释的部门或人员相关的。保险合同的解释主要包括以下几个方面。

1. 立法解释

立法解释是指国家最高权力机关的常设机构——全国人大常务委员会对宪法和法律所进行的解释。全国人大是全国最高的权力机关，也是最高的立法机关。宪法赋予其常设机构对宪法及其他基本法律进行具有法律效力的解释权利。对于《中华人民共和国保险法》，只有全国人大常委会的解释才是属于具有法律效力的解释。

2. 司法解释

司法解释是指国家最高司法机关在适用法律过程中，对于具体应用法律问题所进行的解释。国家最高司法机关是指最高人民法院。对于保险合同条款中有关保险法的内容，在适用法律时，必须遵守司法解释。

3. 行政解释

行政解释是指国家最高行政机关及其主管部门对自己根据宪法和法律所制定的行政法规及部门规章所进行的解释。中国保险监督管理委员会是中国保险业的最高行政主管机关，其有权解释保险合同条款中有关规章类或视同规章部分，有权解释由中国保险监督管理委员会审批的保险条款。这些解释虽对法院的判决具有重要的作用，但不具有必须执行的强制力。

4．仲裁解释

仲裁解释是指保险合同争议双方的当事人达成协议后把争议提交仲裁机构仲裁后，仲裁机构对保险合同条款的解释。仲裁机构对保险合同条款的解释同样具有约束力。当一方当事人不执行时，另一方当事人可以申请人民法院强制执行。

5．学理解释

学理解释是指一般社会团体、专家学者对法律所进行的法理性的解释，但不具有法律效力。作为专家学者等也可以在教学或著书或宣传法律时对宪法、法律、行政法规、地方法规进行法理性解释，但一般不能作为实施法律的依据。

二、保险合同争议处理的方式

(一) 协商

协商是指合同主体双方在自愿诚信的基础上，根据法律规定及合同约定，充分交换意见，相互切磋与理解，求大同存小异，对所争议的问题达成一致意见，自行解决争议的方式。这种方式不但能使矛盾迅速化解，而且还可以增进双方的进一步信任与合作，有利于合同的继续执行。争议双方经协商不能达成一致时，既可以约定向仲裁机构提出仲裁，也可以依法向人民法院提起诉讼。

(二) 调解

调解是指双方当事人以外的第三者，以国家法律、法规和政策以及社会公德为依据，对纠纷双方进行疏导、劝说，促使他们相互谅解，进行协商，自愿达成协议，解决纠纷的活动。在我国，调解的种类有很多。因调解的主题不同，调解有人民调解、法院调解、行政调解、仲裁调解以及律师调解等。具体定义为：人民调解是指人民调解委员会主持进行的调解；法院调解是指人民法院主持下进行的调解；行政调解是指基层人民政府或者国家行政机关主持下进行的调解；仲裁调解是指在仲裁机构主持下进行的调解。在这几种调解中，法院调解属于诉内调解，其他都属于诉外调解。

(三) 仲裁

仲裁是指争议双方依仲裁协议，自愿将彼此间的争议交由双方共同信任、法律认可的仲裁机构的仲裁员居中调解，并做出裁决。仲裁机构和法院不同。法院行使国家所赋予的审判权，向法院起诉不需要双方当事人在诉讼前达成协议，只要一方当事人向有审判管辖权的法院起诉，经法院受理后，另一方必须应诉。仲裁机构通常是民间团体的性质，其受理案件的管辖权来自双方协议，没有协议就无权受理。仲裁实行一裁终局制，仲裁裁决一经仲裁庭做出，即发生法律效力。这使得当事人之间的纠纷能够迅速得以解决。

(四) 诉讼

保险诉讼主要是指争议双方当事人通过国家审判机关人民法院解决争端、进行裁决的

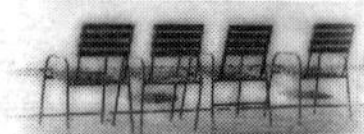

办法。它是解决争议的最激烈方式。人民法院具有宪法授予的审判权，是维护社会经济秩序、解决民事纠纷的最具权威的机构，不受行政机关、社会团体和个人的干预，以法律为准绳，以事实为依据，独立行使审判权，维护当事人的合法权益。

重要概念

保险合同　保险人　投保人　被保险人　受益人　保单持有人　保险利益　保险标的　保险价值　保险金额　保险费率　保险费　投保单　暂保单　保险单　保险凭证　批单

思考题

1. 订立保险合同必须具备什么条件？
2. 保险合同有哪些特征？
3. 保险合同的主体、客体与内容各是什么？
4. 保险合同的形式有哪些？
5. 保险合同解除的形式有哪些？
6. 阐述保险合同中投保人的义务。
7. 阐述保险合同中保险人的义务。
8. 解释保险合同条款应遵循什么原则？
9. 解决保险合同争议处理有哪些方式？

第五章

保险的基本原则

在规范和维护保险当事人权益关系时，保险合同坚持和贯彻四条重要原则，即可保利益原则、最大诚信原则、近因原则和损失补偿原则以及与之相关的派生原则。这些原则是处理合同双方权益关系的基本出发点，充分体现在保险契约的各个条款中。

第一节　可保利益原则

可保利益原则(Principle of Insurable Interests)是构成保险制度最基本的原则之一，同时也是保险合同特有的原则。它能有效促进保险制度充分发挥其自身职能。

一、可保利益原则的定义

(一) 可保利益

可保利益又称为保险利益，是指投保人对保险标的具有的法律上承认的利益。这种利益是由于投保人对保险标的具有的各种利害关系而产生的，而这种利害关系表现在：如果保险事故发生，投保人在保险标的上的经济利益就会遭受损失；如果保险事故不发生，则投保人在保险标的上的利益就会继续存在。

(二) 可保利益的构成条件

1．可保利益必须是合法利益

投保人对保险标的所具有的利益必须被法律认可，符合法律规定，受到法律保护，与社会公共利益相一致。该利益应符合国家制定的相关法律、法规以及法律所承认的有效合同的规定。通过不正当手段获得的利益不受法律保护，当然不能作为可保利益，如抢劫、盗窃所得不存在可保利益，走私物品、违禁品等也无可保利益可言。

2．可保利益必须是经济利益

经济利益是指投保人或被保险人对保险标的的利益必须是可以通过货币计量的利益。因为保险合同的目的是补偿损失，保险保障是通过货币形式的经济补偿或给付来实现的，因此，投保人对保险标的的可保利益必须要能用货币来计量，否则保险人的承保和补偿就难以进行。

3．可保利益必须是确定利益

确定利益是指投保人对保险标的所具有的现有利益和预期利益，即客观上是已经确定

或将来可以确定的利益。现有利益是指在客观上或事实上已经存在的利益，如投保人或被保险人对已取得所有权、经营权、抵押权的标的所具有的利益。期待利益是指在客观上或事实上尚不存在，但据有关法律或有效合同的约定可以确定在今后一段时间内将会产生的经济利益，如预期的营业利润和租金等。在投保时，现有利益或期待利益都可作为确定保险金额的依据，但在发生保险事故进行受损索赔时，期待利益已成为现实利益才能赔付，保险人的赔偿以实际损失的可保利益为限。

(三) 可保利益原则的含义

可保利益原则又称为保险利益原则，是指在签订和履行保险合同的过程中，投保人或被保险人对保险标的必须具有可保利益，如果投保人对保险标的不具有可保利益，所签订的保险合同无效；保险合同生效后(人身保险除外)，投保人或被保险人失去了对保险标的的可保利益，保险合同也随之失效。可保利益原则是保险运行中的一项重要原则。可保利益既是订立保险合同和保险合同生效的先决条件，也是财产保险合同存续期间保持合同效力的前提条件。各国保险法对可保利益原则都非常重视，也都把可保利益作为保险合同生效的要件。

二、可保利益原则的意义

(一) 避免赌博行为

保险和赌博都有不确定性，都会因偶然事件的发生获得货币收入或遭受货币损失。如果保险关系的确立不是建立在投保人对保险标的所具有保险利益的基础上，投保人就可以对任意保险标的投保，由于保险费与保险金额的巨大差额，则可能使该投保人以较小的保费支出获得几倍甚至几十倍的保险金额赔偿。此种保险行为无异于赌博，与“互助共济”的保险思想相违背，也不利于社会公共利益。可保利益原则要求投保人必须对保险标的具有可保利益，是为了使保险与赌博相区别，实现用保险补偿损失的目的。在保险业发展初期的英国，出现过保险赌博，在保险标的损毁的情况下，没有经济损失的被保险人却获得了赔偿，使保险标的充当了赌博的对象，严重影响社会安定，诱发并助长了不良行为的产生。

(二) 防止道德风险的发生

道德风险是指被保险人或受益人为获得保险赔偿或给付而故意违反道德规范，甚至故意犯罪，促使保险事故的发生或在保险事故发生时故意放任使损失扩大。如果投保人或被保险人对其投保的保险标的无任何利害关系，那么一旦保险标的受损，该保险合同的被保险人或受益人就可以获得高于保险费若干倍的保险赔偿或给付，从保险中获得额外利益。然而，如果保险期内该标的不发生任何损失，投保人或被保险人不但不能获得保险赔偿或给付，反而损失了所缴纳的保险费。由此，会促使某些动机不良的人，在订立保险合同后，故意制造保险事故或纵容保险事故的发生，以谋取保险赔偿，从而产生道德风险；反之，如果投保人或被保险人对保险标的有可保利益，则其参加保险是为了获得一种经济保障，而且根据可保利益原则，即使保险事故发生，也只是获得损失补偿，而不会额外获利，这样就彻底消除了道德风险的根源，可以有效地防止道德风险的发生。

(三) 限定保险保障的最高额度

保险的宗旨是补偿被保险人因保险标的发生保险事故时所遭受的经济损失，并不允许被保险人通过保险获得额外的利益。由此，在财产保险中，当保险标的发生损失时，被保险人谋求损害赔偿的范围应以可保利益为限制，即被保险人得到的保险赔偿金额不得超过其对财产的可保利益，保险人的责任范围也只限定于被保险人的可保利益之内。因此，以可保利益作为保险人承保的最高限度，既能使被保险人在发生损失时得到足够的、充分的补偿，又不会使其通过保险获得额外的利益。

三、可保利益原则的运用

(一) 可保利益原则在财产保险中的应用

1. 财产保险可保利益的确立

财产保险合同保障的并非财产本身，而是财产中所包含的经济利益。该利益是由投保人对保险标的具有某种利害关系而产生的，这种利害关系一般是指因法律上或契约上的权利或责任而产生的利害关系。凡因财产发生风险事故而蒙受经济损失或因财产安全而得到利益或预期利益者，均具有财产保险的可保利益。其具体包括以下几个方面：

(1) 财产所有人、经营管理人对其所有的或经营管理的财产具有可保利益。例如，公司法定代表对公司财产具有可保利益；房主对其所有的房屋具有可保利益；货物所有人对其货物具有可保利益等。

(2) 财产的抵押权人对抵押财产具有可保利益。对财产享有抵押权的人，对抵押财产具有可保利益。抵押是债务的一种担保，当债权不能得以清偿时，抵押权人有从抵押的财产价值中优先受益的权利。但是，在抵押贷款中，抵押权人对抵押财产所具有的可保利益只限于其所贷出款项的额度，且在债务人清偿债务后。抵押权人对抵押财产的权益消失，其可保利益也就随之而消失。

(3) 财产的保管人、货物的承运人、各种承包人、承租人等对其保管、占用、使用的财产，在承担经济责任的条件下具有可保利益。

(4) 经营者对其合法的预期利益具有可保利益。例如，因营业中断导致预期的利润损失、租金收入减少、票房收入减少等，经营者对这些预期利益都具有可保利益。

2. 财产保险的可保利益时效

一般情况下，财产保险的可保利益必须在保险合同订立时到损失发生时的全过程中存在。当保险合同生效时，如果投保人无可保利益，那么该合同就是自始无效合同。如果损失发生时，被保险人的可保利益已经终止或转移出去，也不能得到保险人的赔偿。例如，甲银行在进行抵押贷款时，对抵押品投保，当该行收回所放款项后，抵押品受损，尽管保险合同尚未过期，但甲银行不能得到保险人的赔款。但是在海上货物运输保险中，买方往往在投保时，货物还未到手，而货物所有权的转移是必然的。为了便于保险合同的订立，可保利益不必在保险合同订立时存在，但当损失发生时被保险人必须具有可保利益。

3. 财产保险的可保利益变动

可保利益的存在并非一成不变，由于各种原因常使可保利益发生转移和消灭等变化。

可保利益的转移是指在保险合同有效期间，投保人将可保利益转移给受让人，经保险人同意并履行合同变更的相关手续后，原保险合同继续有效。可保利益消灭是指投保人或被保险人对保险标的的可保利益随着保险标的的灭失而消灭。

在财产保险中，财产所有权人以其合法财产投保后，在保险合同有效期内，如果将财产所有权转移给他人，作为原所有权人，由于其丧失了对保险标的的所有权，其可保利益也就随之消失。而新的财产所有人与保险人并没有合同关系，则原保险合同终止。但在保险实务中，因保险标的易主发生所有权让与时，经原所有权人与受让人在保险标的所有权转让前提出申请并获得保险人同意后，可以对原保险合同进行批改变更被保险人，即批改后由新的财产所有人取代原投保人的地位，原保险合同继续有效。这种情况即为可保利益的转移，可保利益的转移往往产生在保险事故发生以前。此外，当被保险人死亡时，可保利益可依法转移给继承人；当被保险人破产时，其财产便转移给破产债权人和破产管理人，破产债权人和破产管理人对该财产具有可保利益。

(二) 可保利益原则在人身保险中的应用

1. 人身保险的可保利益的确立

人身保险保险标的是人的生命或身体，只有当投保人对被保险人的生命或身体具有某种利害关系时，才对被保险人具有可保利益。即当被保险人生存及身体健康时才能保证投保人应有的经济利益；反之，如果被保险人死亡或伤残，将使投保人遭受经济损失。其具体包括：

(1) 投保人为自己投保。当投保人为自己投保时，投保人对自己的寿命或身体具有可保利益。其自身的生存、安全健康与其利益直接相关。

(2) 投保人为他人投保。当投保人为他人投保时，即投保人以他人的生命或身体为保险标的进行投保时，可保利益的形成通常基于三种情况：① 亲密的血缘关系。投保人对与其具有亲密血缘关系的人，法律规定具有可保利益。这里的亲密血缘关系主要是指父母与子女之间、亲兄弟姐妹之间、祖父母与孙子女之间。但不能扩展为较疏远的家族关系，如叔侄之间、堂(表)兄弟姐妹之间等。在英、美等国，成年子女与父母之间、兄弟姐妹之间，是否存在可保利益是以是否存在金钱利害关系为基准的。② 法律上的利害关系。投保人对与其具有法律利害关系的人具有可保利益。例如，婚姻关系中的配偶双方；不具有血缘关系，但具有法定扶养、抚养、赡养关系的权利义务方，如养父母与子女之间。③ 经济上的利益关系。投保人对与其具有经济利益关系的人具有可保利益，如债权人与债务人之间、保证人与被保证人之间、雇主与其重要的雇员之间等。例如，在债权债务关系中，债务人的死亡对债权人的切身利益有直接影响，因此，债权人对债务人具有可保利益，但以其具有的债权为限。

我国《保险法》第三十一条规定："投保人对下列人员具有保险利益：本人；配偶、子女、父母；前项以外与投保人有抚养、赡养或者扶养关系的家庭其他成员、近亲属；与投保人有劳动关系的劳动者，除前款规定外，被保险人同意投保人为其订立合同的，视为投保人对被保险人具有可保利益。"为了保证被保险人的人身安全，我国《保险法》第三十四条规定："以死亡为给付保险金条件的合同，未经被保险人同意并认可保险金额的，合同无效。"

2．人身保险的可保利益时效

与财产保险不同，人身保险的可保利益必须在保险合同订立时存在，而保险事故发生时是否具有可保利益并不重要。也就是说，在发生索赔时，即使投保人对被保险人失去可保利益，也不影响保险合同的效力。之所以必须在保险合同订立时存在可保利益，是为了防止诱发道德风险，进而危及被保险人生命或身体的安全。此外，由于人身保险具有长期性、储蓄性的特点，一旦投保人对被保险人失去可保利益，保险合同就会失效，使被保险人失去保障。领取保险金的受益人是由被保险人指定的，如果合同订立之后，因可保利益的消失，而使受益人丧失了在保险事故发生时所应获得的保险金，无疑会使该权益处于不稳定的状态之中。因此，人身保险的可保利益是订立合同的必要前提条件，而不是给付的前提条件。当保险事故发生时，无论投保人存在与否，也无论投保人是否具有可保利益，保险人均按合同中约定的条件给付保险金。

3．人身保险的可保利益变动

在人身保险中，投保人对被保险人的可保利益分为两种情况，即被保险人的可保利益专属投保人和非专属投保人。如果人身保险合同为债权债务关系而订立，这时被保险人的可保利益专属于投保人(债权人)，当投保人死亡时，可保利益可由投保人的合法继承人继承；如果人身保险合同为特定的人身关系而订立，如血缘关系、抚养关系等，这时被保险人的可保利益非专属投保人，可保利益一般不得转移。

(三) 可保利益原则在责任保险中的应用

责任保险的保险标的是被保险人对他人的财产损失或人身伤亡依法或根据合同应承担的民事损害的经济赔偿责任。因而，投保人与其所应负的民事损害赔偿责任之间的法律关系便构成了责任保险的可保利益。即凡是法律、行政法规或合同所规定的应对他人的财产损失或人身伤亡负有经济赔偿责任者，都可以投保责任保险。这些责任者包括以下几种。

1．场所责任人

各种固定场所如饭店、旅馆、影剧院、体育场馆等的所有人、管理人，对因固定场所的缺陷或管理上的过失及其他意外事件导致消费者等人身伤害或财产损失依法应承担的经济赔偿责任具有可保利益，可以投保公众责任保险。

2．产品责任人

产品的制造商、销售商、修理商对因其制造、销售、修理的产品有缺陷，而使用户或消费者造成财产损失或人身伤害依法应承担的经济赔偿责任具有可保利益，可以投保产品责任保险。

3．专业技术人员

各类专业技术人员如医师、药剂师、美容师、会计师、律师、建筑师等对因其工作上的疏忽或过失造成他人财产损失或人身伤害的依法应承担的经济赔偿责任具有可保利益，可以投保职业责任保险。

4．雇主

雇主对其雇员在受雇期间因从事与职业行为有关的工作而患职业病或伤、残、亡等依法应承担医疗费、工伤补贴、家属抚恤等责任具有可保利益，可以投保雇主责任保险。

(四) 可保利益原则在信用保证保险中的应用

信用保险和保证保险均以债务履行为保险标的，均以债务人届期不履行债务为保险事故。当保险事故发生时，会致使债权人遭受经济损失，由此债权人对保险标的具有可保利益。目前理论界对信用保险的可保利益的认识具有一致性，即认为在信用保险中，投保人是合同的债权人，若债务人不履行合同条件会致使债权人受到经济损失，因此债权人对于保险标的具有可保利益，可以以投保人的身份进行投保。但对于保证保险，由于投保人是合同的债务人，因此在对保证保险的可保利益的确认上存在较大的分歧：有的学者认为，在保证保险合同中，保险标的是投保人合同债务的履行，这种债务履行显然与投保人有利害关系，因此，保证保险合同的投保人对保险标的具有可保利益；而有的学者认为债务的履行对合同的债权人有利，对借款合同的债务人不利。债务不履行是否发生，实际上取决于作为投保人的债务人的主观意愿，这不符合保险事故必须是客观的不确定风险的基本原理。由此，保证保险不符合我国《保险法》关于保险标的、保险事故和可保利益的规定，投保人对于债务履行的保险标的不具有可保利益，它是一类特别的保险。

第二节 最大诚信原则

诚信即诚实、守信。诚信是世界各国立法对民事、商事活动的基本要求。具体来说，就是要求一方当事人对另一方当事人不得隐瞒、欺骗，做到诚实；任何一方当事人都应善意地、全面地履行自己的义务，做到守信。由于保险经营活动的特殊性，在保险活动中对诚信原则的要求更为严格，要求做到最大诚信。即要求保险双方当事人在订立与履行保险合同的整个过程中要做到最大化的诚实守信。

最大诚信原则可表述为：保险合同当事人在订立保险合同时及在合同的有效期内，应依法向对方提供影响对方决定是否缔约及缔约条件的全部实质性重要事实。同时，绝对信守合同订立的约定与承诺。否则，受到损害的一方可以此为理由宣布合同无效或不履行合同的约定义务或责任，还可以对因此而受到的损失要求对方予以赔偿。

保险经营活动的特殊性决定了保险活动必须坚持最大诚信原则，主要体现在：风险发生以及损失的偶然性、保险人对标的信息了解的不对称性及保险的专业性。

一、最大诚信原则的内容

最大诚信原则是保险合同主体必须遵守的基本行为准则，适用于保险活动中合同的订立、履行、解除等各个环节，其基本内容包括三部分：告知、保证、弃权与禁止反言。

(一) 告知

从理论上讲，告知分为广义告知和狭义告知两种。广义告知是指保险合同订立时，投保方必须就保险标的的危险状态等有关事项向保险人进行口头或书面陈述，以及在合同订立之后，将标的的危险变更、增加或事故的发生通知保险人；而狭义告知仅指投保方在保险合同订立时将保险标的的重要事实向保险人进行口头或书面陈述。在保险实务中所称的告知，一般是指狭义的告知。关于保险合同订立后标的危险的变更、增加或保险事故发生

时的告知，一般称为通知。我国《保险法》第十六条规定："订立保险合同，保险人应当向投保人说明保险合同的条款内容，并可以就保险标的或者被保险人的有关情况提出询问，投保人应当如实告知。"

在告知的定义中提到了重要事实这一概念。我国《保险法》没有明确规定何为"重要事实"，但其第十六条中提到的"足以影响保险人决定是否同意承保或者提高保险费率"的说法，可以看成是对"重要事实"的认定标准。《中华人民共和国海商法》则在第二百二十二条中明文界定了"重要事实"，即"合同订立前，被保险人应当将其知道的或者在通常业务中应当知道的有关影响保险人据以确定保险费率或者确定是否同意承保的重要情况，如实告知保险人"。

重要事实的实质是该事实影响到保险人对风险的推测。重要事实的表现形式是该事实的出现能够导致保险人拒绝承保或者以更高的保费承保。一般来说，重要事实主要包括超出事物正常状态的事实、有关道德风险的情况、保险人所负责任较大的事实、有关投保人的情况、保险合同有效期内风险情况发生变化的事实等。

1．告知的内容

告知是保险双方的义务。对投保人来说，通常称之为如实告知义务；对保险人来说，称为说明义务。从理论上讲，投保方必须告知的内容有以下五类：

(1) 合同订立时根据保险人的询问，对已知或应知的与保险标的及其危险有关的重要事实应该如实回答。

(2) 在保险合同有效期内，若保险标的风险程度增加，应及时通知保险人。

(3) 事故发生后应及时通知保险人。

(4) 重复保险的投保人应将重复保险的有关情况告知保险人。

(5) 保险标的转让时应通知保险人，经保险人同意变更合同后继续承保。

投保方无需告知的重要事实包括以下几类：

(1) 众人皆知的法律常识。

(2) 保险人理应知道的常识。

(3) 风险减少的事实。

(4) 保单明示保证条款规定的内容。

(5) 保险人能够从投保人提供的情况中发现的事实。

(6) 保险人表示不需要知道的事实。

2．告知的时间

告知的时间的阶段包括以下几个方面：

(1) 订立保险合同时的告知。投保人在投保时，必须按保险的要求将与保险标的有关的实质性的重要事实告知保险人，该陈述不得遗漏、隐瞒或欺诈。这种告知的目的在于让保险人了解标的物的现实风险和潜在风险。

(2) 保险合同存续期间的告知。保险合同存续期间，由于客观或被保险人的主观原因致使保险标的风险增加的，必须及时告知保险人。根据英国判例法的规定，这种增加的风险必须是长久和惯常的，对于暂时增加的风险，一般可不告知，保险人如有被告知暂时风险的意愿，必须以明示条款写明。保险人可以根据告知风险增加程度确定是否继续承保或

增加保费。如船舶保险中，船舶转借、出租、变更航行区域将使风险增加，投保人如不及时履行如实告知义务，对于由保险事故而导致的损失，保险人可以拒绝赔偿。

(3) 保险事故发生后的告知。在保险事故发生后，被保险人必须如实上报所受损失，提供的各种单证必须真实可靠，如被保险人虚报损失或者涂改、伪造单证等，保险人有权拒赔或减少赔款数额，已赔付的款项，可以追回。

3．告知的方式

投保人(被保险人)和保险人的告知方式有一定的区别。从各国保险立法来看，关于投保人或被保险人的告知方式一般分为无限告知和询问回答告知两种：

(1) 无限告知，又称为客观告知，是指如果法律或保险人对告知的内容没有确定性的规定，投保人或被保险人应将所有保险标的危险状况及相关重要事实全部如实告知给保险人。

(2) 询问回答告知，又称为主观告知，是指投保人或被保险人只需对保险人询问的问题如实告知，对询问以外的问题投保人无需告知。

目前很多国家的保险立法采用询问回答告知的方式，我国的保险立法也一样。根据我国《保险法》第十七条的规定："保险人可以就保险标的或者被保险人的有关情况提出询问，投保人应该如实告知。"这是对投保人在合同订立时履行告知义务的方式要求。

至于合同订立后的危险增加和事故发生时的通知义务，法律上则没有要求具体形式，只要求投保人、被保险人及受益人应在最大诚信的基础上自觉地、主动地及时履行。

保险人的告知方式也可以分为明确列明与明确说明两种：明确列明是指保险人只需将保险的主要内容明确列明在保险合同当中，即视为已告知投保人；明确说明是指不仅应将保险的主要内容列明在保险合同中，还需对投保人进行明确提示，并加以适当、正确的解释。通常在国际上只求保险人做到明确列明保险的主要内容，而我国为了更好地保护被保险人的利益，要求保险人向投保人明确说明保险的主要条款和责任免除内容。

(二) 保证

一般意义的保证为允诺、担保。保险中的保证是指保险合同中以书面文字或通过法律规定的形式使被保险人承诺某一事实状态存在或不存在、持续或不持续存在，对某一特定事项作为或不作为的保险合同条款。在保险合同中，保险人要求被保险人承诺某种保证，其目的在于控制风险，确保保险标的及其周围环境处于良好的状态中。

保险合同中的保证不同于一般商品买卖合同中的保证，商品买卖合同中的保证是附属于该合同的一种承诺，违反保证，无辜的一方可以要求损害赔偿，而不是终止合同本身；与此不同，违反保险保证，保险人可以解除保险合同，但无权要求赔偿。

在保险合同中，保证与告知不同。不实告知所涉及的必须是重要事实；而保证的事项本身不一定重要，但被推定为是重要的。被保险人履行保证的义务贯穿于整个保险合同期间，保证是保险合同的一部分，保证必须是书面的。并且，在保险合同中，保证不同于其他一般条款，被保险人违反保证，可能导致保险人终止保险合同或拒绝任何损害赔偿请求。

根据保证存在的形式不同，保证可分为明示保证和默示保证。其具体定义如下：

(1) 明示保证，是指以文字或书面的形式载明于保险合同中约定的事项或保险合同的保证条款。例如，我国《机动车辆保险条款》规定："被保险人必须对保险车辆妥善保管、

使用、保养，使之处于正常技术状态”，即为明示保证。明示保证是保证的重要表现形式。

(2) 默示保证，一般是指无需载明于保险合同中的且按国际惯例所通行的准则，以及习惯上或社会公认的被保险人应在保险实践中遵守的规则。默示保证的内容通常是以往法庭判决的结果，是保险实践经验的总结。默示保证在海上保险中运用较多，如海上保险的默示保证有三项：保险船舶必须有适航能力、按规定或习惯的航线航行、必须从事合法的运输业务。

(三) 弃权与禁止反言

1. 弃权

弃权是指保险合同的一方当事人放弃其在保险合同中可以主张的某项权利，通常是指保险人放弃保险合同的解除权与抗辩权。构成保险人弃权必须具备两个要件：首先，保险人必须有弃权的意思表示，无论是明示的还是默示的；其次，保险人必须知道有权利存在，即保险人知道自己因被保险人有违背约定义务的情况而享有抗辩权或解约权。

可被视为弃权的情况有以下几种：

(1) 投保人有违背按期缴纳保险费或其他约定义务时，保险人原本应解除合同。但是，如果保险人已知此情况却仍收受补交的保险费时，则证明保险人有继续维持合同的意思表示，因此，其本应享有的合同解除权、终止权及其他抗辩权均视为弃权。

(2) 在保险事故发生后，保险人明知有拒绝赔付的抗辩权，但仍要求投保人或被保险人提供损失证明，因而增加投保人在时间和金钱上的负担，视为保险人弃权。

(3) 保险人明知投保人的损失证明有纰漏和不实之处，但仍无条件予以接受，则可视为是对纰漏和不实之处抗辩权的放弃。

(4) 在保险事故发生后，保单持有人(投保人、被保险人或受益人)应于约定或法定时间期限内通知保险人，但如逾期通知，保险人仍表示接受的，则认为是对逾期通知抗辩权的放弃。

(5) 保险人在得知投保人违背约定义务后仍保持沉默，即视为弃权。

2. 禁止反言

禁止反言又称为禁止抗辩或禁止反悔，是指合同一方既已放弃其在合同中的某项权利，以后不得再向另一方主张这项权利。从法律意义上解释，一个人对他人所做的陈述已被他人合理地相信，允许这个人推翻过去所做的陈述将会是不公正的。也就是说，无论是保险人还是投保人，如果弃权，将来均不得重新主张。但在保险实践中，禁止反言主要用于约束保险人，是指保险人对某种事实向投保人(被保险人)所做的错误陈述被其所合理依赖，以至于如果允许保险人不受该陈述的约束，将损害投保人(被保险人)的利益，保险人只能接受其所陈述事实的约束，失去反悔权利的情况。以此可以看出，构成保险人的禁止反言需要符合三个条件：① 保险人一方，包括保险代理人，对一项重要事实的错误描述；② 投保人(被保险人)对该项描述合理依赖；③ 如果该项陈述不具法律约束力，将会给投保人(被保险人)造成危害或损害。

弃权与禁止反言在人寿保险中有特殊的时间规定，保险人只能在合同订立之后一定期限内(通常为两年)以被保险人告知不实或隐瞒为由解除合同，超过规定期限没有解除合同的视为保险人已经放弃该权利，不得再以此为由解除合同。

弃权与禁止反言的规定，约束了保险人的行为，也维护了被保险人的权益，有利于保险双方权利义务关系的平衡。

二、违反最大诚信原则的后果

(一) 违反告知义务的法律后果

1．投保方违反告知义务的法律后果

在保险业务中，投保人在订立保险合同或保险合同存续期间，未将重要事实如实告知保险人，即构成违反告知义务。投保人违反告知的表现主要有漏报、误报、隐瞒和欺诈。对违反告知义务的法律后果，各国保险法律的规定不尽相同，主要分为保险合同无效和保险人有权解除保险合同两种。由于保险合同无效这种规定过于严苛，任何告知义务的违反均可导致合同无效，因此现代保险业务多采用保险人有权解除保险合同的规定，只有对故意违反告知义务采取保险合同无效的规定。

投保人违反如实告知义务时，其应当承担以下的法律后果：

(1) 投保人故意隐瞒事实，不履行如实告知义务的，或者因过失未履行如实告知义务，足以影响保险人决定是否同意承保或者提高保险费率的，保险人有权解除保险合同。

(2) 投保人故意不履行如实告知义务的，保险人对于保险合同解除前发生的保险事故，不承担赔偿或者给付保险金的责任，并不退还保险费。

(3) 投保人因过失未履行如实告知义务，对保险事故的发生有严重影响的，保险人对于保险合同解除前发生的保险事故，不承担赔偿或者给付保险金的责任，但可以退还保险费。

投保人、被保险人或受益人采用非法手段违反如实告知义务，情节严重的，将受到刑事制裁；如果致使保险人支付保险金或者支出费用的，应当退回或者赔偿。

保险人以告知不实为由而解除合同或拒赔，其举证必须有两个要件：① 投保人须有告知不实的事实，具体包括有意隐瞒、欺诈或过失遗漏，或者在合同履行期间标的物风险增加而不及时告知保险人；② 这种事实必须是影响了保险人对投保标的风险的估计。只有同时满足上述两个条件，保险人才能够解除合同或拒赔，否则，不得擅自解除合同或拒赔。

2．保险人未尽到说明义务的法律后果

保险合同一般都是格式合同，保险作为一种社会服务商品，投保人与被保险人是以购买者与消费者的身份参加保险的。对购买者与消费者的权益，法律所能提供的最有力保护，在于使其享受到他本来希望得到的服务。在保险活动中，要让投保人充分了解到他所购买的保险服务能否提供给他需要的保险保障，最有效的办法之一是限制保险人不适当免除责任的行为，即要求保险人遵循最大诚信原则，明确履行说明义务。如果订立保险合同时保险人未向投保人明确地说明保险人在何种情况下免责，保险合同中关于保险人免责的条款将不产生法律效力。保险人未尽告知义务的法律后果包括以下两种情况：

(1) 对于保险人来说，保险人在订立合同时未履行责任免除说明义务的，该保险合同的免责条款无效。

(2) 保险公司及其工作人员在保险业务中隐瞒与保险合同有关的重要情况，欺骗投保

人被保险人或受益人，或者拒不履行保险合同约定的赔偿或给付保险金的义务，构成犯罪的，依法追究刑事责任；不构成犯罪的，由保险监督管理机构对保险公司处以 5 万元以上 30 万元以下的罚款；对有违法行为的工作人员，处以 2 万元以上 10 万元以下的罚款；情节严重的，限制保险公司业务范围或者责令其停止接受新业务。

(二) 违反保证义务的法律后果

因大多数保证属于明示保证，在保险合同中已用条款形式予以列明，而且保证的事项均为重要事实，所以判定被保险人是否违反保证义务相对比较容易。任何不遵守保证条款或保证约定、不信守合同约定的承诺或担保的行为，均属于破坏保证。如有所违背与破坏，其后果一般有两种情况：一是保险人不承担赔偿或给付保险金责任；二是保险人解除保险合同。

与告知不同，保证是对某个特定事项的作为与不作为的保证，不是对整个保险合同的保证，因此，在某种情况下，违反保证只部分地损害了保险人的利益，保险人只应就违反保证部分解除保险责任，拒绝承担履行赔偿义务。被保险人破坏保证而使合同无效时，保险人无需退还保费。

第三节 近因原则

一、近因原则的含义

近因原则是保险当事人处理保险赔偿或者给付责任，以及法庭审理有关保险赔偿或者给付的诉讼案件，在调查事件发生的起因，确定事件的责任归属时所遵循的原则。英国于 1906 年颁布的《海上保险法》第 55 条第 1 款规定，除保险单另有约定外，保险人对于由所承保的风险近因所致的损失负赔偿责任，但是对于除此以外的其他风险近因所致的损失概不负责。这是第一次以法律的形式，确立了判断承保风险与保险标的损失之间因果关系的“近因原则”。

近因是指在风险和损失之间，导致损失的最直接、最有效、起决定作用的原因，而不是指时间上或空间上最近的原因。这既指原因和结果之间有直接的联系，又指原因十分强大有力。以致在一连串事件中，人们在各个阶段中可以从逻辑上预见下一事件，直到发生意料中的结果。如果有多种原因同时起作用，那么近因是其中导致该结果的起决定作用或强有力的原因。

当多种风险成为引起损失的原因时，判断其中哪一个为近因，国际上通常采用约翰·斯蒂尔先生所提出的两种确定因果关系的方法：① 从最初事件出发，按逻辑推理，下一步将发生什么。若最初事件导致了第二事件，第二事件又导致了第三事件……如此推理导致最终事件，那么最初事件即为最终事件的近因。若其中两个环节间无明显联系或出现中断，则其他事件为致损原因。② 从损失开始，由系列事件自后往前推理，为什么会发生这样的情况，若追溯到最初事件，且系列完整，则最初事件即为近因。若逆推理出现事件中断，则其他原因为致损原因。

近因原则的基本含义是：若引起事故发生，造成保险标的损失的近因属于保险责任范围，则保险人承担损失赔偿责任；若近因属于除外责任，则保险人不负责赔偿。也就是说，只有当承保危险是损失发生的近因时，保险人才负赔偿责任。

二、近因原则的运用

近因原则在理论上简单明了，但在实际运用中却存在相当的困难，即如何在众多复杂原因中判断出引起损失的近因。因此，对近因的分析和判断成为掌握和运用近因原则的关键。在保险实务中，近因原则的运用可以分为以下三种情况。

(一) 单一原因造成的损失

如果造成损失的原因只有一个，而这一原因又是保险人承担的风险，那么这一原因就是损失的近因，保险人应负赔偿责任；反之，则不负赔偿责任。例如，货物在运输途中遭受雨淋而受损，如果被保险人在水渍险的基础上加保了淡水雨淋险，保险人应负赔偿责任；如果被保险人只保水渍险，则保险人不负赔偿责任。

(二) 多种原因造成的损失

如果造成保险标的损失的原因不止一个，而是两个或两个以上，就应做以下的具体分析。

1. 多种原因同时发生

造成损失的风险事故，有时为一个以上并同时出现的原因所致，而且这些原因对保险标的的损失均有直接的、实质性的影响，则它们全部属于导致损失的主要原因。如果这多种原因全部属于承保范围，保险人应负全部责任；反之亦然。但是，如果在这多种原因中，有一些是在承保范围之内，而有一些则属于除外责任，那么，保险公司的责任就要根据损失是否可以划分来决定。能够区分的，保险人将承担所保风险导致的损失部分；不能区分的，则保险公司可以与被保险人协商赔付。例如，货物在运输中既遭受了海水浸泡，又遭受了装卸货物时的钩损。如果投保了水渍险，又加保了钩损险，则保险人对所有损失给予赔偿。如果投保人只投保了水渍险，则要区分损失是否可分：如果水渍损失和钩损的受损程度可以区分，则保险人负责水渍损失；如果不可区分，则都不负责。

2. 多种原因连续发生

如果损失的发生为两个以上的原因连续发生所致，并且各原因之间的因果链未中断，则最先发生并造成一连串事故的原因即为近因。因此，只要前因在承保责任范围以内，后因是前因导致的必然结果，保险人都负赔偿责任，而不论后因是在承保责任范围以内还是属于除外责任。例如，英国有一个著名的判例，一艘装载皮革和烟叶的船舶，遭遇海难，大量海水浸入船舱，皮革腐烂。海水虽未直接接触包装烟叶的捆包，但由于腐烂皮革的恶臭，使烟叶完全变质。当时被保险人以海难为近因要求保险人全部赔付，但保险人却以烟叶包装没有水渍的痕迹为由而拒赔。最后法院判决，本案烟叶全损的近因是海难，保险人应负赔偿责任。

但是，如果前因是除外风险或未保风险，后因是承保风险，后因是前因的必然结果，保险人则不负任何责任。例如，英国有一诉讼案，敌机投弹燃烧到某一仓库，仓库起火受损，保险财产是火灾引起损失的，但起火原因又是敌机投弹引起的，因果关系是敌机投弹引起火灾，火灾引起保险财产的损失，经法院判决，其近因是战争行为，不属一般的火灾范围，因此不予赔付。

3. 多种原因间断发生

在一连串连续发生的原因中，有一个新出现的而又完全独立的原因介入，导致损失。若新的独立的原因为承保风险，保险责任由保险人承担；反之，保险人不承担损失赔偿或给付责任。例如，李某为自己买了一份人身意外伤害险。一天李某骑车被汽车撞倒，造成伤残并住院治疗，在治疗过程中李某因急性心肌梗死而死亡。由于意外伤害与心肌梗死没有内在联系，因此心肌梗死并非意外伤害的结果，它属于新介入的独立原因。心肌梗死是被保险人死亡的近因，它属于疾病范围，不包括在意外伤害保险责任范围之内，因此保险人对被保险人死亡不负责任，只对其意外伤残按规定支付了保险金。

第四节　损失补偿原则

一、损失补偿原则的含义

损失补偿原则是保险合同基本原则中很重要的原则，它关系到保险人的赔偿责任和被保险人获得补偿的限度。损失补偿原则适用于补偿性的保险合同。损失补偿原则是指保险标的发生保险事故后，保险人仅对被保险人所遭受的实际损失在保险金额范围内予以经济补偿。这意味着被保险人得到的补偿不能超过其实际遭受的损失，保险人的赔偿责任只在于使被保险人恢复到受损前的经济原状，而不是通过保险赔付使被保险人的经济状况比损失前好。损失补偿原则的规定是防止投保人或者被保险人通过保险而获得不当得利，减少道德风险，并且表明保险与赌博行为有本质的区别。

二、损失补偿原则的内容

（一）仅针对保险责任范围内的损失进行补偿

保险人仅对被保险人因遭受保险责任范围内的危险事故所致的损失予以赔偿，而对保险责任范围以外的原因所致的损失以及发生在保险期限以外的损失不承担赔偿责任。

（二）补偿以实际损失为限

保险人通常以发生损失时保险标的的实际现金价值来作为确定保险标的的实际价值的标准，并以保险标的的实际现金价值作为衡量保险标的损失程度的基础和受损标的补偿的最高限额。保险标的实际现金价值的计算方法为：

实际现金价值 = 重置成本 − 折旧

重置成本是指保险标的损失时的完好市场价格。例如，一幢建筑物投保时的市场价格为 300 万元，建筑物的投保金额也为 300 万元。在保险有效期内建筑物不幸遭火灾而全部焚毁，损失时建筑物估计的重置成本为 350 万元，折旧为 70 万元，则建筑物损失时的实际现金价值为 280 万元，保险人只能赔偿被保险人实际损失 280 万元。又如，一套摄影设备

投保时的市场价格为 30 万元，保险金额也为 30 万元。摄影设备因火灾全损时的重置成本为 25 万元，如果摄影设备折旧为 5 万元，保险人只能按被保险人的实际损失赔偿 20 万元，而不是按保险金额 30 万元赔偿。因为被保险人拿 20 万元就能获得一套同样的摄影设备，保险人补偿了被保险人的损失。否则，被保险人不仅可以从保险中得到损失补偿，而且还能从保障中额外获利 10 万元，这显然是有失公正的。但必须说明的是，以实际损失为限的规定只适用于不定值保险，定值保险是不受保险标的受损时的市场价格的影响的。

(三) 补偿以保险金额为限

保险金额是保险人支付给被保险人赔偿金额的最高限额，赔偿金额绝对不会超过保险金额。例如，在上述例子中，如果摄影设备遭受全损时的重置价值为 40 万元，折旧为 5 万元，那么保险人根据损失补偿原则只能赔偿被保险人 30 万元，尽管被保险人的实际损失是 35 万元，但赔款必须在保险金额范围内，以保险金额为限，因为保险金额是被保险人自愿选择的需要保障的最高金额，它也是计算保险费的依据。

(四) 补偿以保险利益为限

被保险人对保险标的的保险利益是被保险人索赔的最高限额，保险人对被保险人的赔偿不会超过被保险人对受损标的所具有的保险利益。例如，某投保人为其所有的房屋投保了 20 万美元的财产保险，在保险有效期内，投保人将其房屋中价值 10 万美元的房屋出售给他人。在房屋出售后，所有房屋遭洪水冲毁，保险人对被保险人的赔偿为 10 万美元，因为被保险人遭受损失时对房屋的保险利益只有 10 万美元，而另外 10 万美元的房屋保险利益已不属于被保险人，被保险人只能获得其保险利益为限的赔偿。

不管补偿是以实际损失为限，还是以保险金额为限，或是以保险利益为限，保险人对被保险人的损失赔偿以三者中的最低者为准。

(五) 被保险人不能从保险补偿中额外获利

被保险人通过保险补偿能够恢复到受损前的经济状态，但不能因此获得更多的利益。被保险人可能从保险中获利的情况包括：

(1) 如果保险标的遭受损失后仍有残值，则保险人支付给被保险人的赔款应扣除残值。例如，海上运输货物在运输途中遭遇暴风雨，造成货物进水受损，假定货物保险金额为 70 万美元，货物到达目的港的残值为 5 万美元，那么保险人的赔偿金额应为扣减残值后的 65 万美元。

(2) 如果保险事故是由于第三者责任方造成的，那么保险人可以根据保险合同对被保险人履行赔偿责任，但被保险人必须将其向第三者责任方索赔的权利转让给保险人。被保险人不能既从保险人那里获得损失赔偿，又从第三者责任方那里获得损失赔偿，这样会造成被保险人所遭受的损失，却可以得到双重的补偿。例如，投保人为自己的汽车投保 30 万元的汽车保险，投保后汽车与其他汽车发生碰撞，造成车损 10 万元，若碰撞责任全部由对方汽车驾驶员负责，则被保险人可以从保险人那儿获得 10 万元的赔款，然后由保险人代替被保险人向对方驾驶员索赔 10 万元。被保险人也可以直接向肇事驾驶员索赔 10 万元，但保险人不再履行赔偿被保险人的责任。总之，被保险人损失多少只能获得多少赔偿，不能发生不当得利。当然这里不包括人身保险，大多数人身保险不适用损失补偿原则。

(3) 如果被保险人将同一保险标的向多家保险公司同时投保，那么保险标的遭受保险

事故时，被保险人只能获得实际损失的赔偿，并且在保险总金额的范围内赔偿总金额不得超过受损标的的实际现金价值。例如，投保人先后向三家保险公司投保家庭财产保险，甲保险公司承保的保险金额为 20 万元，乙保险公司承保的保险金额为 40 万元，丙保险公司承保的保险金额为 30 万元。在保险有效期内，被保险人的家庭遭受火灾，财产损失为 20 万元。而此时被保险人家庭财产的总价值是 90 万元。被保险人可以从三家保险公司中获得不超过 20 万元的总赔款，而不是从三家保险公司中各获得 20 万元的赔款。因为被保险人如果可以从各家保险公司中都获得 20 万元的赔款，那么就获得了超过实际损失的补偿，被保险人在保险中额外获利 40 万元。这是不符合损失补偿原则的。倘若被保险人遭受火灾的财产损失是 50 万元，则被保险人可以从三家保险公司处获得总赔款 50 万元，尽管赔款总金额超过了各家保险公司各自的保险金额限额，但由于总赔款没有超过保险标的的总价值，即保险财产的实际现金价值为 90 万元，并且也在保险总金额 90 万元的限额内，因此，被保险人获得实际损失 50 万元的赔款是合理的，没有额外获利。

三、损失补偿的方式

损失补偿根据不同的承保方式主要有以下四种赔偿方式。

(一) 比例赔偿方式

比例赔偿方式适用于不定值保险的赔款计算。这是在保险金额范围内，按照保险标的的保障程度来计算赔偿金额的方式。保险标的的保障程度是指保险标的的保险金额与出险时保险标的的保险价值之比。由于不定值保险合同的双方在投保时没有约定保险标的的保险价值，因此，保险标的的保险价值是以保险事故发生时保险标的的实际价值来确定的，实际价值等于保险标的的重置成本减去折旧。这样在不定值保险中就有可能出现保险金额大于等于保险价值的情况，也有可能出现保险金额小于保险价值的情况。

(1) 当保险金额不小于保险价值时，视为足额保险。足额保险可获得足额赔偿，即

$$\text{赔偿金额} = \text{损失金额}$$

(2) 当保险金额小于保险价值时，视为不足额保险。不足额保险获得比例赔偿，即：

$$\text{赔偿金额} = \text{损失金额} \times \frac{\text{保险金额}}{\text{保险价值}}$$

举例说明，某企业将价值为 500 万元的机器设备向保险公司投保企业财产保险，保险金额为 400 万元。在保险有效期内，企业发生火灾，造成机器设备损失 40 元，另外，支付施救费用为 5 万元。为此企业向保险公司索赔。

当损失发生时，机器设备的重置成本为 500 万元，折旧为 50 万元，则保险公司向企业支付的保险赔偿金额为

$$\begin{aligned}\text{赔偿金额} &= \text{损失金额} \times \frac{\text{保险金额}}{\text{保险价值}} + \text{施救费用} \times \frac{\text{保险金额}}{\text{价险价值}} \\ &= (\text{损失金额+施救费用}) \times \frac{\text{保险金额}}{\text{重置成本} - \text{折旧}} \\ &= (45+5) \times \frac{400}{500-50} = 40(\text{万元})\end{aligned}$$

当损失发生时，机器设备的重置成本为 400 万元，折旧为 50 万元，机器设备损失 40 万元，另外支付的施救费用为 5 万元，则保险公司向企业支付的保险赔偿金为

$$赔偿金额 = 损失金额 + 施救费用 = 40 + 5 = 45(万元)$$

因为企业投保机器设备的保险金额为 400 元，而损失发生时机器设备的重置价值是 400 万元，折旧为 50 万元，则机器设备的实际价值为 350 万元。这表示企业机器设备的保险金额大于保险价值，为超额保险，所以，保险公司在保险金额范围内根据投保企业的实际损失进行赔偿，赔偿金额为 45 万元。

(二) 定值保险赔偿方式

定值保险赔偿方式适用于定值保险的赔款计算。这是在保险金额范围内，按照保险标的的损失程度来计算赔偿金额的方式。损失程度是指保险标的的损失金额与出险时保险标的的保险价值(即保险标的的实际价值)之比。由于定值保险合同的双方在投保时已约定了保险标的的保险价值，并且这一保险价值不受市场价格变动的影响，因此，定值保险通常视为足额保险。在保险标的发生损失时，以约定的保险价值为赔偿计算的标准，保险赔偿与保险标的的保障程度无关，只与保险标的的损失程度有关。

(1) 当保险标的发生全部损失时，损失程度为 100%，则

$$赔偿金额 = 保险金额$$

在这种情况下，由于保险金额是投保时保险合同双方按照约定的保险价值而确定的，因此有可能出现保险金额大于出险时保险标的的保险价值(即出险时保险标的的实际价值)的现象。但不管保险金额是否大于或者小于出险时保险标的的保险价值，只要是保险标的全部损失，保险人都按保险金额赔偿。

(2) 当保险标的发生部分损失时，则

$$赔偿金额 = 保险金额 \times \frac{损失金额}{保险价值}$$

在这种情况下，同样有可能出现保险金额大于保险价值的现象。倘若保险金额大于保险标的保险价值，则可能出现赔偿金额大于实际损失金额的情况。

举例说明，某进出口公司将其进口货物向保险公司投保水渍险，货物的保险价值约定为 900 万美元，保险金额为 900 万美元。货物在运输途中遭遇暴风雨袭击，船舱进水，使货物受损 600 万美元，并支付救助费用 20 万美元。

如果损失时货物的重置价值为 1000 万美元，则保险公司应该支付的保险赔偿金为

$$赔偿金额 = 保险金额 \times \frac{损失金额}{保险价值}$$

$$= 保险金额 \times \left(\frac{损失金额}{损失时保险标的的重置价值} + \frac{救助费用}{损失时保险标的的重置价值}\right)$$

$$= 900 \times \frac{600+20}{1000}$$

$$= 558(万美元)$$

如果货物在运输途中遭遇保险事故，发生了全部损失，而损失时货物的重置价值是1000万美元，则保险公司应该支付的保险赔偿金为900万美元。尽管损失时货物的实际价值为1000万美元，即实际损失为1000万美元，但保险赔偿以保险金额900万美元为限。

如果货物发生了全部损失，而损失时货物的重置价值为850万美元，则保险公司应该按照保险金额900万美元赔偿，而不是按照货物的重置价值850万美元赔偿。

重置价值保险是指在投保时保险合同双方约定按保险标的的重置价值确定保险金额的保险。一般财产保险的保险金额通常是按投保时保险标的的实际价值来确定的，如果保险金额大于实际价值属于超额保险，则超额部分是无效的。因为重置价值保险确定的保险金额是不扣减保险标的的折旧的，所以投保时的保险金额可以大于保险标的的实际价值。这样做的目的是为了使一些有升值空间的保险标的能够尽量保持保险金额与实际价值的一致，减少因通货膨胀而引起保险标的的保障不足的情况。由于重置价值保险的保险金额是保险双方在投保时约定的，因此保险金额是否与保险过程中保险标的的实际价值变化相吻合还不确定，也许保险金额大于或者等于实际价值，也许保险金额小于实际价值。

重置价值保险作为定值保险的一种形式，也适用于定值保险赔偿方式。当保险标的发生全部损失时，赔偿金额等于保险金额；当保险标的发生部分损失时，若保险金额大于保险价值，赔偿金额等于实际重置费用；若保险金额小于保险价值，则保险人按比例负责赔偿。其赔偿金额的计算公式为

$$赔偿金额=实际重置费用\times\frac{保险金额}{保险价值}$$

(三) 第一损失赔偿方式

第一损失赔偿方式又称为第一危险赔偿方式。这种赔偿方式是在保险金额范围内，按照保险标的的实际损失金额来计算赔偿金额。只要不超过保险金额，赔偿金额等于损失金额，这里不考虑保险金额与保险标的的实际价值之间是否一致，不管保险是足额的还是不足额的，保险人都当足额保险看待，损失多少赔多少，但是以保险金额为限。家庭财产保险一般都采用这种赔偿方式，这主要因为家庭财产是变动的，很难做到投保时保险标的的保险金额与损失时保险标的的实际价值相一致，如果不采用第一损失赔偿方式，被保险人就可能因家庭财产的保险金额和实际价值不符而得不到足额的损失补偿，这与投保人投保家庭财产保险，希望获得充足损失补偿的初衷是相违背的。因此，第一损失赔偿方式可以解决流动性较强、价值变动较大的保险标的的足额补偿问题。

(四) 限额责任赔偿方式

限额责任赔偿方式是指保险人在承保时对被保险人遭受保险事故所致的损失规定一个限额，而赔偿损失与否是和这一限额有关的。限额责任赔偿方式具体又分为超限额赔偿方式和不足限额赔偿方式两种。

1. 超限额赔偿方式

超限额赔偿方式是指保险人对小于规定限额的损失发生不予赔偿，规定限额称作免赔额，但当发生的损失超过规定限额时，保险人对超过规定限额部分的损失在保险金额范围内予以赔偿，这称为绝对免赔，或者保险人对发生的全部损失在保险金额范围内予以赔偿，这称为相对免赔。例如，在汽车保险中规定绝对免赔额为300元，那么凡是保险事故造成

的车损在 300 元以上的，保险人才赔偿 300 元以上部分的损失，而对 300 元或 300 元以下部分的车损绝对不负赔偿责任。如果规定的是相对免赔额为 300 元，则保险人对发生 300 元或 300 元以下的车损不赔偿，但发生超过 300 元的车损，则保险人对发生的损失负赔偿责任，而不再扣除 300 元的免赔额。因此，超限额赔偿方式是一种在损失超过规定限额时才履行赔偿责任的方式。

2. 不足限额赔偿方式

不足限额赔偿方式是指保险人对小于规定限额的差额部分予以赔偿，但大于或等于规定限额的就不予赔偿。这种赔偿方式在农业保险中运用较广，其实质是保障一定的收入水平。如在农作物收成保险中，规定每亩农作物的收成为 250 元，即每亩不足限额责任是 2500 元。如果农作物遭受保险事故，每亩的实际收成为 150 元，则保险人应支付每亩不足限额 2500 元的差额 1000 元的赔款。涉及限额责任赔偿方式，保险人可采用总和免赔额、消失免赔额以及等待期等具体的做法来有限制地承担赔偿责任。

保险人对于被保险人的损失补偿在理论上可以采取现金赔款、重置更换、修理恢复等实现形式。至于选择何种形式来进行补偿，通常是由保险人根据实际承保方式和损失情况来做决定的，且往往是在选择承保方式时就决定了损失补偿的形式。

四、损失补偿原则的例外

损失补偿原则适用于大多数的财产保险合同，但因为其运用的特点，所以在保险实务中有一些例外。定值保险和人寿保险不适用损失补偿原则，因为定值保险和人寿保险都不是以实际现金价值来作为衡量保险标的价值基础的，定值保险是以合同双方约定的保险价值作为基础的，而人寿保险是以合同双方约定的保险金额作为基础的，两者很难运用损失补偿原则。

第五节 损失补偿原则的派生原则

代位追偿原则和重复保险的分摊原则是损失补偿原则派生出来的两个原则。

一、代位追偿原则

代位追偿原则是指在财产保险中，保险人赔偿被保险人以后，第三人对保险事故的发生或保险标的的损失负有责任的，保险人有权在保险赔偿范围内，向第三人追偿，被保险人应将保险标的的有关权利转让给保险人，使保险人获得代位求偿权和对保险标的的所有权。代位追偿原则包括代位追偿权和物上代位权两种。

（一）代位追偿权

代位追偿权是指在补偿性的保险合同中，保险标的发生保险事故受损，根据法律规定或有关约定，应由第三者负责赔偿，保险人予以赔偿后，在赔款金额限度内，依法获得向第三方请求赔偿的权利。

1．保险人取得代位追偿权的条件

保险人取得代位追偿权必须具备的条件包括：第一，保险标的发生保险责任事故遭受损失。这是代位追偿权产生的基础。第二，保险事故的发生由第三方责任导致。第三，保险人已先行赔偿过后。保险人先行赔偿是其取得代位追偿权的先决条件。

2．保险人的代位追偿权确立时间及权益范围

保险责任发生后，被保险人既可向负有责任的第三人追偿，也可向保险人请求保险赔偿，被保险人有选择权。当被保险人向保险人提出索赔请求时，只有在支付保险赔偿金之后，保险人才取得向第三人的追偿权。保险人的代位追偿权以其对被保险人赔偿的金额为限。

3．被保险人不能损害保险人的代位追偿权

在被保险人提出保险索赔至保险人获得代位追偿权期间，被保险人享有对第三人的追偿权。被保险人有可能因做出某种承诺而损害保险人的利益。因此，各国有关保险立法和保险惯例往往有以下两项规定：

(1) 保险事故发生，第三人负有责任而被保险人向保险人提出索赔的，被保险人应同时向负有赔偿责任的第三人提出赔偿请求或采取行动保留保险人将来的代位权。

(2) 被保险人与责任第三人达成某种协议或做出某种承诺，应征得保险人的同意。如因被保险人的行为致使保险人的代位追偿权受到损害的，保险人有权在保险赔偿中作相应扣减。

我国《保险法》第六十一条规定：“保险事故发生后，保险人未赔偿保险金之前，被保险人放弃对第三方请求赔偿权利的，保险人不承担赔偿保险金的责任。保险人向被保险人支付保险金后，被保险人未经保险人同意放弃对第三方请求赔偿权利的，该行为无效。由于被保险人的过错致使保险人不能行使代位请求赔偿权利的，保险人可以相应扣减保险赔偿金。”

4．代位追偿原则不适用于人身保险

在人身保险合同中，由于第三者责任造成被保险人伤亡，被保险人既可以向保险公司申请保险金，同时可要求责任方承担赔偿责任。保险人不具有给付保险金后对第三方责任人的追偿权利。

(二) 物上代位权

日本商法规定：“保险人支付保险标的的全部保险赔偿金额后，应当代位取得被保险人对残余物的一切权利。”英国、法国、德国等的保险立法中也有此类规定。物上代位权可通过以下途径取得。

1．委付

委付是指被保险人将保险标的物的一切权益都转移给保险人，并要求保险人支付全部保险金额的行为。保险人接受委付，即取得物上代位权。在债权的转移上，委付与代位求偿权不同。保险的代位求偿以保险人实际支付的保险赔偿金为限，不能获得超出保险赔偿的利益。而保险人接受委付后，其就获得了对保险标的物的一切权利。

2．实际全损

保险人按照实际全部损失对被保险人进行足额赔偿后，对保险标的享有物权。多数情况下，这种物权没有意义，但当保险标的(如被盗的财物)重新出现时，保险人享有其物权。

二、重复保险的分摊原则

(一) 重复保险及其构成条件

重复保险是指投保人以同一保险标的和同一保险利益，同时向两个或两个以上的保险人投保同一危险，保险金额总和超过保险标的价值的保险。重复保险必须具备以下一些条件。

1．同一保险标的及同一保险利益

构成重复保险必须是对同一保险标的及同一保险利益进行投保。如果保险标的不同，即使投保同一险种也不构成重复保险；而保险标的相同但保险利益不同，也不构成重复保险。例如，企业对其财产既可投保火灾险，又可投保营业利润中断险。

2．同一投保危险

只有当几个保险人对同一保险标的及同一保险利益承保同一种类危险时，才构成重复保险。

3．同一保险期间

重复保险要求几个保险人订立的同一险种保险单的保险期间完全或部分相同。

4．与多个保险人签订的保险金额之和大于保险标的的价值

在重复保险的情况下，当保险事故发生时，各保险人应采取适当的分摊方法分配保险责任，使被保险人既可得到充分的补偿，又不会超过其实际损失而获得额外利益。这就是国际上通行的重复保险分摊原则，该分摊原则使得赔偿以公平的方式在保险人之间分摊。

1877 年英国的“国王与皇后谷仓案”、1887 年英国格拉斯哥远虑投资社诉威斯敏斯特案、1910 年美国纽约担保公司诉赖特森案都确立了分摊原则应遵循的规则。分摊原则是补偿原则派生出来的，适用于财产保险等补偿性保险合同，但不适用于人身保险。

在重复保险的情况下，对某一保险人而言，其他有责任的保险人为第三人，似乎可以适用代位追偿原则，但如果适用代位原则，将带来保险人之间无休止的追偿。因此，各国保险立法均要求，在保险赔偿的债务人是两个或两个以上保险人的状况下，保险人之间适用分摊原则，而不是代位原则。

(二) 分摊原则的运用

1．投保人的通知义务

各国保险立法或有关司法规定，被保险人或投保人重复保险，其有义务将重复保险的情况告知每一保险人，包括其他保险人的名称、保险金额等情况。投保人不履行该项义务，其后果与违反告知义务相似，保险人有权解除保险合同或宣告保险合同无效。

2. 分摊金额的确定

分摊金额的确定主要有以下三种方式：

(1) 比例分摊责任制。当保险标的发生损失时，各保险人按各自保险单中承保的保险金额与总保险金额的比例承担保险赔偿责任，各保险人承担的保险赔偿责任总和不超过保险标的的实际损失。其计算公式为

$$各保险人承担的赔偿=\frac{损失金额\times 该保险人承保的保险金额}{各保险人承保保险金额总和}$$

例如，某业主将其价值为50万的房屋同时向甲、乙两家保险公司投保一年的火灾保险，甲公司保险金额为20万，乙公司保险金额为40万，此即重复保险。假定保险期间，房屋发生火灾损失为30万元，则按照比例分摊责任方式的计算公式为

$$甲保险公司承担赔款 = 30\times\frac{20}{60} = 10\,(万元)$$

$$乙保险公司承担赔款 = 30\times\frac{40}{60} = 20\,(万元)$$

(2) 责任限额分担制。责任保险一般无保险金额的规定。如果投保人对责任保险进行重复保险，可采用责任限额分担制，即按保险人各自实际可能承担的保险赔偿责任限额与保险人赔偿责任限额总和的比例确定分摊金额。例如，某车主在甲保险公司处投保了20万元的第三者责任险，在乙保险公司处投保了限额为30万元的第三者责任险。该车主在一次保险事故中发生了5万元的第三者责任事故，那么按照限额分摊方式，甲保险公司应承担2万元的赔偿责任，乙保险公司承担3万元的赔偿责任。

(3) 顺序分摊方式。顺序分摊方式也称为主保险制，是按时间顺序承担赔偿责任的一种分摊方式。按顺序第一家承担赔偿责任的保险称为主保险人。例如，某投保人先在甲保险公司处投保了限额为20万元的保险，后在乙保险公司处投保了限额为30万的保险。该投保人在一次保险事故中发生了25万元的实际损失，那么按照顺序分摊方式，甲保险公司应承担20万元的赔偿责任，乙保险公司承担5万元的赔偿责任。

各国的保险判例和习惯一般认为，如果在责任保险中存在重复保险，当发生保险责任时，则由各保险人平均分担。若均有赔偿限额或一方保险合同中订有最高赔偿限额，则在赔偿限额以内平均分配，超过部分由保险责任限额较高的保险单或没有限额的保险单承担。

(三) 分摊原则的例外

在各国的保险实践和立法中，存在着一种分摊原则不必适用的情况：当保险人与投保人在保险合同中做出了特别约定，被保险人不可能因重复保险而获得双重补偿时，不适用保险的分摊原则。例如，可以规定："本保险单对于被保险人有权根据其他保险单获得任何补偿的索赔，不负赔偿责任。"或者规定："在被保险人有权根据其他保险单获得补偿的情况下，本保险单仅负责超过其他保险单承保金额的部分"。另外，在保险市场上，在各保险人之间订立了协议时，可排除分摊原则。

重要概念

告知　重要事实　保证　明示保证　默示保证　弃权　禁止反言　近因

第一损失　重置价值保险　保障程度　损失程度　代位追偿　物上代位　委付

思 考 题

1. 什么是可保利益原则？为什么保险合同成立必须具有可保利益存在？
2. 可保利益的构成要件是什么？
3. 可保利益在财产保险与人身保险中的应用及区别。
4. 什么是最大诚信原则？其主要内容有哪些？
5. 为什么在保险实务中要规定最大诚信原则？
6. 什么是近因原则？应该如何判定损失近因？
7. 什么是损失补偿原则？如何理解？
8. 简述保险人取得借位追偿权的条件。
9. 简述重复保险的构成要件。
10. 重复保险的分摊方式有哪几种？请掌握各种分摊方式的具体计算方法。

第六章

财产损失保险

财产损失保险是财产与责任保险公司的主要业务来源，包括火灾保险、货物运输保险、机动车辆保险、工程保险、农业保险五大类业务及若干具体险种。本章主要介绍五类财产损失保险的概念、特征、分类以及各类保险的责任范围等基本内容。

第一节　财产损失保险概述

一、财产损失保险的概念及分类

(一) 财产损失保险的含义及特征

1．财产损失保险的含义

财产保险承保的财产是金钱、财物以及民事权利义务的总和，按其存在形式可分为有形财产和无形财产。由于财产的外延广泛，因此财产保险的概念也有广义与狭义之分。广义的财产保险(Property-insurance)是指以财产及其有关利益为保险标的的一种保险，泛指除人身保险外的一切保险业务。狭义的财产保险是指以物质财产及有关利益为保险标的的保险，又称为财产损失保险，这里的财产仅指有形财产及其有关利益，本章所探讨的财产损失保险即狭义的财产保险。

2．财产损失保险的特征

财产损失保险的特征包括以下几个方面：

(1) 财产损失保险的保险标的是有形财产。财产损失保险承保的标的均是实际存在的、可以计量的物质财富。

(2) 财产损失保险强调可保利益。财产损失保险强调被保险人在保险事故发生时对保险标的应具有保险利益，目的在于防止投保人或被保险人放任保险标的发生保险事故而谋取保险赔款。

(3) 财产损失保险业务经营十分复杂。财产损失保险标的种类繁多，需要保险人分门别类地做好风险调研、评估、费率测算等工作，涉及技术门类和需要运用的知识多，从而在整体上呈现出复杂性。

(4) 财产损失保险的防灾防损特别重要。责任保险与人身保险对风险的控制，重在承保前和承保时控制，在承保期间往往无法控制风险，而各种财产损失保险不仅需要在承保前控制风险，还特别需要重视保险期间对风险的控制，因此防灾防损就成为狭义财产保险

业务中的重要内容和经营环节。

(二) 财产损失保险的分类

1. 火灾保险

火灾保险是以存放在固定场所并处于相对静止状态的财产及其有关利益为保险标的，保险人承保被保险人的财产因火灾、爆炸、雷击及其他灾害事故的发生所造成的损失。火灾保险历史悠久，保险类别和险种众多，我国主要包括企业财产保险和家庭财产保险两大类，其中企业财产保险又包括财产保险基本险、财产保险综合险、机器损坏保险、利润损失保险等。

2. 货物运输保险

货物运输保险的保险人承保货物在运输途中因灾害事故和外来风险的发生而遭受的损失，我国的货物运输保险包括海洋货物运输保险、内陆货物运输保险等。

3. 运输工具保险

运输工具保险的保险人承保因灾害事故发生所造成的运输工具本身的损失及第三者责任和各种附加险，运输工具保险主要分为机动车辆保险、船舶保险、飞机保险等。

4. 工程保险

工程保险的保险人承保建筑工程和安装工程等在建设和施工过程中，因灾害事故发生所造成的损失、费用和责任，主要包括建筑工程保险、安装工程保险等。

5. 农业保险

农业保险的保险人承保种植业、养殖业标的因灾害事故的发生所造成的经济损失，包括种植业保险和养殖业保险。

二、财产保险与人身保险的区别

财产保险是以各种物质财产及其有关的利益为保险标的的保险。人身保险是以人的寿命，身体或劳动能力为保险标的的保险。我国的财产保险包括财产损失保险、责任保险、信用保险、保证保险；人身保险则包括人寿保险、意外伤害保险和健康保险。财产保险和人身保险的差异较大，主要体现在以下几个方面。

(一) 赔偿和给付性质不同

财产保险的标的是各种财物，它们的价值一般都能根据生产成本或市场价格客观地用货币加以衡量或估算，因而财产保险金额的确定和损失赔偿都是以保险财产的实际价值和实际损失为依据的。而人身保险的保险金额是由投保人根据自身的保障需要和交费能力与保险商协商的，在发生约定事件时，保险人按约定的金额给付保险金。

(二) 风险性质与经营技术不同

财产保险防范的风险主要是各种自然灾害和意外事故，其发生频率和损失程度很不规则，各个保险单位保险标的的价值相差悬殊，在保险经营上必须保持较多的现金准备，以防止危险集中发生，需要采用再保险的方式予以分散。人身保险防范的风险为死亡、生存、疾病和残废等，危险事件发生的概率较有规则，保险金额比较均衡，在保险经营上较为稳定，其现金准备需要相对较少，再保险运用的重要性低得多。

（三）保险期限不同

财产保险多属短期保险，保险期限通常为一年或一年以内。合同的数量、保险费收入和赔款支出很不稳定，要求其资金必须保持较高的流动性，其中可用于长期投资的比重较小。而人身保险的期限一般较长，有十几年、几十年，最长的终身寿险可以达到一百年，因此合同的数量、保费收入和保险金给付较为稳定，保险资金积存时间长、金额大，在积聚和融通资金的功能上比财产保险显著。

（四）保险费率的构成不同

财产保险的保险费率是以过去一定时期的保险财产损失统计资料为依据计算的，但由于构成财产危险损失事故的因素复杂、多变，计算误差较大，其保险费主要用于损失补偿。人身保险的保险费率是根据人的生存率和死亡率、利率等因素计算的，由于构成人身风险事件的因素比较简单，且有大量的生命统计资料可以利用，保险费率计算相对精确。此外，大部分人身保险含有储蓄因素，被保险人可以享有保险的权利，还享有储蓄的权利，其保险金的给付也是确定的、必然的。

三、财产损失保险的运行

（一）财产损失保险的展业和承保

承保是财产保险经营的第一环节。在承保前，保险人需要展业，即进行有关财产损失保险的宣传、确定推销保单的合适渠道和方式，因此展业是承保的基础。保险人的承保主要包括核保和签单。核保是指保险人对投保申请进行审核，并决定是否承保的过程。保险人对投保业务可以做出接受、拒绝或与投保人商定新的承保条件，以防止承保低质量业务从而影响效益。因此，核保不仅是承保环节的关键，也是确保承保业务效益的关键。在核保时，保险人要对投保人、投保标的及其住所、投保金额等进行审核。签单是保险人经过核保，同意投保人的投保请求，决定承保并签发保单的行为，它是承保的结果，也是该笔保险业务的开始。保单的签发标志着保险人对投保人风险转嫁的承诺，其基本程序包括缮制财产保险单、复核签章、收取保险费并出具收据、单证签收等。

（二）财产损失保险的防灾防损

防灾防损包括预防和抑制保险损失，具体体现在保险人的三类活动中：第一，保险人需要采取措施，在保险事故发生前转移保险财产，以防范保险损失的发生，例如，在防汛期间，注意天气预报，当洪灾到来之前，动员被保险人将财产转移到安全地带；第二，当采取预防措施仍然发生了保险事故，就需要采取相应的措施来抑制保险损失的扩大，即保险人对被损害财产的施救、整理和保护；第三，保险人还可以通过参与社会的防灾防损工作，来达到减轻保险损失的目的。

（三）财产损失保险的再保险

尽管并非任何一笔财产损失保险业务均需要通过再保险来分散风险，但再保险确实是财产损失保险中的必要环节。财产损失保险风险分布的不平衡性和保险损失的集中性，均决定了任何一家保险公司不可能独立地支撑起稳定的财务，因此需要通过再保险来将自己

的风险在保险人之间进行分散。

(四) 财产损失保险的理赔

财产损失保险赔偿处理的程序包括受理被保险人的索赔、现场勘查、责任审核、损失核定、赔款计算和支付赔款等环节，每一环节上的失误都可能损害保险人或被保险人的利益。因此在财产损失保险理赔过程中，需要注意下列事项：根据近因原则判明保险责任，尤其要准确分清保险责任、除外责任和附加责任；以保险金额、被保险人的保险利益或保险财产的实际损失为最高损害赔偿限额；对第三者导致的财产损失赔偿，在赔偿后应行使代位求偿权，以维护保险人的经济利益；严格按照承保方式或约定方式履行赔偿义务。例如，对不同业务采用比例赔偿方式、第一危险赔偿方式、限额责任赔偿方式等；对重复保险的财产损失，要按照重复保险的分摊原则在所有保险人之间分摊损失；在赔款计算中，除剔除不属于保险财产和保险责任范围内的损失外，还应扣除免赔额，对有关费用进行分摊。

四、财产保险费率的厘定

(一) 财产保险费率的含义

1. 保险费

保险费又称保费，是指投保人向保险人支付获取保险服务的费用，保险人在保险费的基础上汇集保险基金，当被保险人出现合同范围内的责任时，提供风险保障。

2. 财产保险费

财产保险费是指财产保险的投保人向保险人缴纳的获取保险服务的费用，由纯保费和附加保费构成。纯保费是保险费的主要组成部分，是保险人未来将要支付赔偿金额的来源，附加保费主要用于维持保险人的运营，包括保险公司的营业费用、税金和合理利润。

3. 财产保险费率

财产保险费率是指财产保险费与保险金额的比率，它是投保人为获取被保险人的单位保险保障而支付的货币量，是保险商品的价格。财产保险按惯例常以每百元或每千元的保险金额所需支付的保险费来表示，每百元用“%”表示，每千元用“‰”表示。由于保险费分为纯保费和附加保费，相应地，财产保险费率也分为纯费率和附加费率，纯费率和附加费率的总和称为毛费率。

(二) 财产保险费率厘定的基本原则

1. 总量充分原则

保险人在厘定财产保险费率时，首先要保证收取的保险费足以支付保险金的赔付、公司日常运营和合理利润的获取。总量充分的出发点在于保证保险人有足够的偿付能力，避免保险人通过降低费率进行恶性竞争，一些国家对保险费率有最低标准的限制，以保证被保险人的利益。

2. 公平合理原则

公平合理原则要求围绕保险服务形成的投保人与保险人间、不同投保人间的权利义务

要匹配，投保人缴纳的保费必须与保险人提供的风险保障相对应，即投保人支付的保险费与保险的种类、期限、保险金额等相对称，风险不同的被保险财产，应承担不同的保险费率。该原则的主要目的在于限制保险人抬高保险费率而获取超额利润。

3．稳定灵活原则

稳定灵活原则要求财产保险费厘定过程中要保证相对稳定又不失灵活性。稳定的费率有利于保险公司业务核算和会计处理，但并不表示一成不变，保险人必须能够随着风险、市场需求和保险责任的变化而做出调整。故稳定灵活要求财产保险费率厘定中做到短期内稳定，长期可变。

4．防灾防损原则

防灾防损原则旨在提高被保险人的防灾防损意识，对防灾工作做得好的被保险人执行低费率；反之，则执行高费率。财产保险费率厘定中贯彻防灾防损原则，既有利于减少保险人的赔款支出，又有利于提高全社会的防灾水平，是社会总资源的节约。

(三) 财产保险费率厘定的一般方法

1．判断法

判断法又称观察法或个别法，是指依据保险业务人员的经验，对具体的投保标的直接确定费率的方法。该方法主观性强，需要费率制定者具有丰富的承保经验。在保险实践中，判断法主要应用于海上保险、航空保险及部分内陆运输保险费率的厘定。

2．分类法

分类法是对性质相同的风险采用统一费率的厘定方法，该方法较个别法来看，工作量小，相对客观，主要适用于火灾保险。分类法认为被保险财产未来可能发生的损失在很大程度上是由一系列相同的风险因素决定的，对风险因素进行分类，获取其发生概率就可以确定保险费率。但随着时间的推移，分类法的费率指标会与实际有所出入，需要调整。

3．修正法

修正法是针对个别法和分类法各自的优缺点而设计的更为科学的方法，兼具个别法的灵活性和分类法的广泛性。其又细分为表定法、经验法和追溯法，表定法和经验法的具体含义如下：

(1) 表定法。表定法是指对每风险单位确定一个基本费率，根据个别标的风险状况增减修正，并以表格的形式列示的方法。其主要优点是适应性强，可以促进被保险人加强防灾意识，但保险人要详细了解被保险人的情况，营业费用高，不利于保险人降低成本。

(2) 经验法。经验法是指根据被保险人过去一段时期的损失经验，对分类费率予以修正调整确定保险费率的方法。通常是以过去三年的平均损失指标确定下一年的保险费率，其计算公式如下：

$$M=\frac{A-E}{ECT}$$

式中，M 为费率调整系数；A 为经验期被保险人的平均实际损失；E 为适用的分类预期损失；C 为依据经验确定的可靠系数；T 为趋势系数，表示平均赔偿金额支出的趋势及物价变动等。

第二节　火灾保险

一、火灾保险的概念

火灾保险，简称火险，是指以存放在固定场所并处于相对静止状态的财产物资为保险标的，由保险人承担被保险财产遭受保险事故损失的经济赔偿责任的一种财产损失保险。火险的名称来源自英国。1666 年英国伦敦发生严重火灾，其后第二年，尼古拉·巴蓬在伦敦开办了房屋火灾保险，并于 1680 年集资成立了凤凰火灾保险所。此后，火灾保险业的经营者不断增多，形成了与水险相对立的另一类重要保险业务，成为西方保险业务的两大分类。我国的保险业务中未沿用西方国家的火险名称，一般地将与国外火险业务相同的保险品种称为财产保险。我国火险业务主要险种有团体火灾保险、机器损坏保险、利润损失险和家庭财产保险等。其具体内容如下：

(1) 团体火灾保险适用于企事业单位和机关团体的固定资产和流动资产等的保障。

(2) 机器损坏保险主要承保工厂、矿山等企业的机器本身的损失，保险人对各类安装完毕并已转入运行的机器设备因人为的、意外的或物理性原因造成的物质损失负责。该险种既可单独投保，也可作为财产保险基本险和综合险的附加险投保。

(3) 利润损失险又称为营业中断保险，它赔偿企业遭受灾害事故并导致正常生产或营业中断造成的利润损失。在国外，利润损失险可作为单独险种，也可设计为火险的附加险；在我国，利润损失险作为财产保险基本险或综合险的附加险承保。

(4) 家庭财产保险适用于城乡居民家庭或个人生产、生活资料的保障。

二、团体火灾保险

(一) 适用范围

团体火灾保险主要适用于一切企事业单位和机关团体。作为该险种的承保标的，必须符合三项条件：① 属于被保险人所有或与他人共有而由被保险人负责的财产；② 由被保险人经营管理或替他人保管的财产；③ 其他具有法律上承认的与被保险人有经济利益关系的财产。符合上述三项条件的财产，财产保险保单条款按财产的不同形态与性质将其划分为三类：可保财产、特约保险财产与不保财产。其具体定义如下：

(1) 可保财产。财产保险基本险与综合险主要承保的财产是房屋及其他建筑物和附属装修设备、机器及设备、工具、仪器及生产用具、管理用具及低值易耗品、原材料、半成品、在产品、产成品或库存商品、特种储备商品、账外财产及已摊销的财产等固定资产和流动资产。

(2) 特约保险财产。特约保险财产是指必须经保险双方当事人特别约定，并在保险单上载明才能成为保险标的的财产。其主要包括：① 金银、珠宝、钻石、玉器、首饰；古币、古玩、古书、古画、邮票、艺术品、稀有金属等市场价格变化较大、保额难以确定的财产；

② 堤堰、水闸、铁路、道路、涵洞、桥梁、码头等价值高、风险特别的财产；③ 矿井、矿坑内的设备和物资等风险较大，需增加保费承保的财产。

(3) 不保财产。团体火灾保险不予承保的财产主要包括：① 土地、矿藏、矿井、矿坑、森林、水产资源以及未经收割或收割后尚未入库的农作物；② 货币、票证、有价证券、文件、账册、图册、技术资料、电脑资料、枪支弹药以及无法鉴定的财产；③ 违章建筑、危险建筑、非法占用的财产；④ 在运输过程中的物资；⑤ 领取执照并正常运行的机动车；⑥ 牲畜、禽类和其他饲养动物。

(二) 保险责任

团体火灾保险主要分为财产保险基本险和综合险，两者的区别存在于保险责任范围规定不同，我国财产保险基本险保险责任主要是承保以下四个原因所造成的标的损失：

(1) 火灾。

(2) 雷击。

(3) 爆炸。

(4) 飞行物体及其他空中运行物体坠落。凡是空中飞行或运行物体的坠落，例如，空中飞行器、人造卫星、陨石坠落、吊车、行车、在运行时发生的物体坠落都属于本保险责任，在施工中，因人工开凿或爆炸而致石方、石块或土方的飞射、塌落而造成保险标的的损失，建筑物倒塌、倒落、倾倒造成保险标的的损失，都属本条责任范围。

对于下列保险标的的损失，保险人负责赔偿：

(1) 被保险人拥有财产所有权的自用的供电、供水、供气设备因保险事故遭受损坏引起停电、停水、停气以致造成保险标的的直接损失。

(2) 在发生保险事故时，为抢救保险标的或防止灾害蔓延，采取合理的必要的措施而造成保险标的的损失。

另外，保险事故发生后，被保险人为防止或者减少保险标的的损失所支付的必要的合理的施救、抢救、保护费用，由保险人负责赔偿。

财产保险基本险的责任免除主要包括以下两个方面：

(1) 免于负责的损失：它包括战争风险、罢工、暴动或骚乱；被保险人及其代表的故意行为或纵容所致；核反应、核辐射和放射性污染；地震、暴雨、洪水、台风、暴风、龙卷风、雪灾、雹灾、冰凌、泥石流、崖崩、滑坡；水暖管爆裂；抢劫及盗窃风险等造成的损失。

(2) 免于负责的风险：它包括保险财产遭受保险事故引起的各种间接损失；保险标的本身缺陷，保管不善导致的损毁；保险标的变质、霉烂、受潮、虫咬、自然磨损、自然损耗、自燃、烘焙所造成的损失；由于行政行为或执法行为所致的损失及其他不属于保险责任范围内的损失和费用。

财产保险综合险的保险责任与基本险不同之处在于：其在基本险承保范围基础上扩展承保了暴雨、洪水、台风、暴风、龙卷风、雪灾、雹灾、冰凌、泥石流、崖崩、滑坡、地面下沉与下陷的自然灾害风险。与基本险相同的是综合险虽然扩展承保了一系列自然灾害，但地震所造成的一切损失，被抢劫、盗窃风险，水暖管爆裂风险，堆放在露天或罩棚下的保险标的以及罩棚由于暴风、暴雨造成的损失仍是综合险的除外责任。

(三) 保险金额

财产保险基本险与综合险中保险金额通常要根据投保标的分项确定，一般划分为三项：固定资产、流动资产、账外财产和代保管财产，每项保额确定的方法各自不同。

1. 固定资产保额

固定资产的保额一般可由以下四种方式确定：

(1) 按账面原值确定：账面原值是指在建造或购置固定资产时所支出的货币总额。

(2) 按账面原值加成数确定：当账面原值与实际价值差距过大时，为使被保险人的保障充分，可在固定资产账面原值基础上再附加一定的成数，使其趋近于重置价值。

(3) 按重置价值确定：重置价值即重新购置或重建某项财产所需支付的全部费用。

(4) 按其他方式确定：可以依据公估价或评估后的市价由被保险人确定。固定资产的保险价值是按出险时重置价值确定。

2. 流动资产保额

流动资产(存货)的保额由被保险人按最近12个月任意月份的账面余额确定或由被保险人自行确定。流动资产的保险价值是出险时的重置价值或账面余额。

3. 账外财产和代保管财产的保额

账外财产和代保管财产可以由被保险人自行估价或按重置价值确定，其保险价值是出险时的重置价值或账面余额。

(四) 赔款处理

财产保险基本险与综合险采取的是不定值保险方式，因而保险标的发生保险责任范围内的损失，保险人按保额与保险价值的比例承担赔偿责任，按以下方式计算赔偿金额：

(1) 全部损失。当保额等于或高于保险价值时，其赔偿金额以不超过保险价值为限；保额低于保险价值时，按保额赔偿。

(2) 部分损失。当保额等于或高于保险价值时，其赔偿金额按实际损失计算；保额低于保险价值时，其赔偿金额按保险金额与保险价值的比例赔偿实际损失。

财产保险基本险与综合险处理赔款的基本原则采取不定值保险方式处理之外，在处理赔款时还要注意以下问题：

(1) 当保单所载财产不止一项时，应分项按本条款处理。

(2) 施救费用的理赔。当发生保险事故时，被保险人所支付的必要、合理的施救费用的赔偿金额在保险标的损失以外另行计算，最高不超过保险金额的数额。若受损保险标的按比例赔偿时，则该项费用也按与财产损失赔偿相同的比例赔偿。

(3) 残值的处理。残值是指被保险财产受损后尚有经济价值的残留部分。财产保险标的在遭受损失后的残余部分，协议作价折归被保险人，保险人可在支付赔款时扣除残值后予以赔付。

(4) 有效保额的处理。保险标的遭受部分损失经保险人赔偿后，其有效保额应相应减少。被保险人需恢复保险金额时应补交保险费，由保险人出具批单批注。

(5) 财产险理赔中要遵循代位求偿与重复保险的比例分摊原则。

(五) 保险期限和保险费率

财产保险基本险与综合险的保险期限一般为一年，从约定起保的当日零时起，到保险期满日的24时止。

财产保险基本险与综合险的保险费率，通常以每千元保额为计算单位，以千分比表示。影响承保人确定某项财产的保险费率的主要因素有建筑结构及建筑等级、占用性质、承保风险的种类及多寡、地理位置、投保人的防灾设备、防灾措施及以往承保业务的损失记录。保险人对财产保险采取固定级差费率制度，即按上述各因素的不同将承保对象划分为不同类别的若干等级，分别设定该级费率，办理承保时按固定费率表执行。同时为满足短期保障的需要，一般也指定短期费率表。

三、机器损坏保险

机器损坏保险主要承保工厂、矿山等保险客户的机器本身的损失，保险人对各类安装完毕并已转入运行的机器设备因人为的、意外的或物理性原因造成的物质损失负责。该险种既可以单独投保，也可以作为财产保险基本险或综合险的附加险投保。

(一) 保险责任

在机器损坏险中，保险人通常负责被保险机器及其附属设备因下列原因造成的损失：

(1) 设计、制造或安装错误、铸造或原材料缺陷。

(2) 工人、技术人员的操作错误以及由于缺乏经验、技术不善、疏忽、过失、恶意所导致的行为。

(3) 离心力引起的断裂、电器短路或其他电气原因。

(4) 锅炉缺水、物理性爆炸等。

由于保险客户投保机器损坏险的目的不仅在于保险，还在于获取保险人的防损服务，保险人提供防损服务是该险种的重要内容，防损费用甚至超过赔款。

(二) 保险金额和保险费率

机器损坏保险一般根据各类机器的重置价值确定保险金额，即：

保险金额＝购置新机器的价值＋关税＋运费＋保险费＋安装费

如果机器设备价格增长较快，被保险人则应主动将价格变动通知保险人，以便及时调整保额，避免不足额保险。被保险人如果中途另外添购新机器，则应立即通知保险人，以便及时承保。

机器损坏保险的费率是根据每一类机器以往几年的损失情况以及被保险人的经营管理水平、产品的可靠性及用途等确定的。同其他财产保险相比，机器损坏保险的损失率较高，因此该险种的费率也相对较高。

(三) 保险赔偿

1. 全部损失

在投保的机器设备发生全部损失后，只要在保险责任范围内且属于保险损失，保险人即按损失当时机器的市价赔偿，但以保额为限，如有残值应从赔款中扣除。

2. 部分损失

当投保标的发生部分损失时，保险人按机器的修理费用赔偿。修理费用包括修理工时费、零部件置换费、机器拆装费、运费、保费、税款及其他保险人同意支付的费用。

四、利润损失保险

利润损失保险又称为营业中断保险，它赔偿企业遭受灾害事故并导致正常生产或营业中断造成的利润损失。在国际保险市场上，利润损失保险既有使用单独保单承保的，又有作为上述团体火灾保险的附加保单承保的。我国保险人一般将利润损失保险作为一项附加险承保。

(一) 保险责任

利润损失保险以附加险种的形式出现，只有保险损失的原因与基本险种的承保风险一致，保险公司才负责赔偿因此引起的营业中断损失。

利润损失保险主要承保保险责任事故引起的利润损失及营业中断期间仍需支付的必要费用等间接损失。其保险责任可以扩展到因其他相关单位(如供应商、销售商)遭受同样风险致使被保险人停业、停产造成的利润损失。

(二) 保险赔偿期限

在利润损失保险经营实务中，保险人应当充分注意其保险赔偿期限与保险期限的区别。保险期限是指保险单的起讫期限，保险人负责承保保险有效期内发生的灾害事故；保险赔偿期限则是指在保险期限内发生灾害事故起到恢复正常生产经营止的一段时期。利润损失保险只负责保险赔偿期内所遭受的损失。由保险双方当事人事先估计企业财产受损后要恢复原有的生产经营状况所需要的时间(例如，从财产受灾之日起，三个月、半年或一年等)，商定赔偿期限。

(三) 保险金额

利润损失保险的保险金额一般按本年度预期毛利润额确定，即根据企业上年度账册中的销售额或营业额、本年度业务发展趋势及通货膨胀因素等估计得出。如果赔偿期限为一年以内，保额为本年度预期毛利润额；若赔偿期限在一年以上，则保额按比例增加。

(四) 保险赔偿

利润损失保险既要赔偿毛利润损失，又要承担中断期间支付的必要费用。毛利润损失的公式为

$$\text{毛利润损失} = (\text{标准营业额} - \text{实际赔偿期内的营业额}) \times \text{毛利润率}$$

式中，标准营业额是指上年度同期的可比营业额；实际赔偿期内的营业额是指从损失发生之日起到安全恢复生产经营为止的营业额，实际赔偿期以保险赔偿期限为限；毛利润率是指上年度的毛利润额与营业额之比。

此外，利润损失保险一般都规定了免赔额，由被保险人自己承担一部分损失。

五、家庭财产保险

(一) 适用范围

家庭财产保险是指为城乡居民家庭开办的以其个人财产为保险对象的财产保险，它属

于火灾保险范畴，简称家财险。凡属于城乡居民、个体工商户、手工业者家庭成员或个人的自有财产、代他人保管财产或与他人共有的财产，都可以投保家财险。

在家财险经营实务中，凡是坐落在保险单上所载明的地点，属于被保险人自有或代保管或负有安全管理责任的财产，均可以投保家财险。家财险保单中将家庭财产划分为可保财产和不保财产两种类型。

1．可保财产

家财险规定的可保财产主要包括自有房屋及其附属设备，各种家庭生活资料，农村家庭的农具、工具和已经收获的农副产品，个体劳动者的营业用器具、工具、原材料和商品，代保管财产或与他人共有的财产(经特约后可予以承保)等。

2．不保财产

家财险的不保财产包括金银、珠宝、首饰、有价证券、票证、邮票、古玩、字画、文件、账册、图表等价值难以确定的财产，正处于危险状态的财产，如危房、处于常年警戒水位以下的财产，应当投保其他专项财产保险的财产，如机动车辆、生长期的农作物等。

(二) 保险责任

家财险的责任范围主要有以下五个方面：

(1) 火灾、爆炸。

(2) 雷击、冰雹、雪灾、洪水、海啸、地面突然塌陷、崖崩、龙卷风、泥石流。

(3) 空中运行物体的坠落及外来建筑物和其他固定物体倒塌、砸坏保险财产的损失，但对保险建筑物在未发生灾害事故条件下自行倒塌所致损失不予赔偿。

(4) 暴风、暴雨使房屋主要结构倒塌造成保险财产的损失。

(5) 在保险事故发生时，为防止灾害蔓延或因施救、保护所采取必要的措施而造成保险财产的损失和支付的合理费用。

家财险的责任免除主要有以下五个方面：

(1) 战争、类战争行为、军事行为或暴力行为。

(2) 被保险人及其家庭成员的故意行为。

(3) 电器、电机、电气设备因使用过度和超负荷等原因造成的本身损毁。

(4) 堆放于露天的保险财产。

(5) 其他不属于保险条款所列保险责任范围的损失。

家财险基本险的责任范围并未将盗窃风险包含在内，但在家财险经营实务中，盗窃风险是城乡居民家庭或个人财产面临的一项主要风险，因此为满足广大投保人的需要，家财险开办了家庭财产盗窃保险。其保险责任主要是承保凡存放于保单所载明的保险地点室内的保险财产，因遭受外来的、有明显痕迹的盗窃行为所致的损失。对存放于保险地点室内、院内、楼道内的自行车遭到全车失窃或部分被盗的损失，保险人亦负赔偿责任。但是，凡是被保险人及其家庭成员、服务人员、寄居人员的盗窃或纵容他人盗窃所致保险财产的损失，保险人不负赔偿责任。

(三) 保额

家财险中家庭财产一般都无账可查，而且财产的品种、质量、新旧程度千差万别，因

此其保额一般由投保人根据财产的实际价值自行估价确定。保额应分项列明，一般可分为房屋及附属设备、室内家庭财产及代保管或与他人共有财产等项目。

(四) 赔款处理

在我国的家财险实务中，普遍采用第一损失赔偿的方式来承保家财险业务。所谓第一损失赔偿方式，是指将被保险人的财产的价值视为两个部分，投保的一部分为保险金额部分，也是保险人应当负责的第一损失部分；而超过的另一部分则为第二部分，应当由被保险人自己负责。当发生家财险损失时，无论是足额投保与否，凡在保险金额限度内的保险标的损失，均由保险人负责赔偿；凡超过保险金额的损失，均由被保险人自己负责。

家庭财产保险中的房屋和装修部分的赔偿，仍然沿用不定值保险的赔偿方式。

(五) 家财险的主要险种

为满足不同投保人的需要，市场上常见的家财险的险种主要有以下三种：

1. 普通家财险

普通家财险是家财险险种中的一种主要险种，其他家财险险种基本上都是从普通家财险的基础上衍生出来的业务。普通家财险的保额并不代表投保人投保标的的实际价值，而是在发生赔案时充当保险人赔偿的最高限额。普通家财险的保险期限为一年，费率通常考虑房屋结构等级分为不同档次，以千分比表示。

2. 家财两全险

家财两全险是兼具家财险和满期还本两全性质的家庭财产保险业务，它是在普通家财险的基础上产生的。它的主要特点是被保险人交纳保险储金，当保险期满时，无论是否发生过保险赔款，该保险储金均要如数退还给被保险人，从而体现满期还本性质。保险人以储金所生利息充当保险费收入。家财两全险的保险期限一般是长期业务，有些为一年期，更多地设计为三年期甚至五年期。市场上还存在一种“长效家财还本保险”业务，在保险期满时，只要被保险人未主动退保，保单自动续保，继续有效。家财两全险在承保方式上有别于普通家财险，但保障内容却完全相同于家财险。

3. 投资型家财险

投资型家庭财产保险产品的引入是保险产品金融性的一种衍生，是财产保险的保险性与金融性融合，是对客户投资偏好的开发运用，是对保险产品消费者潜在保险意识的变现。因此它兼具投资保障双重功能。投保人只需在保险公司存入一定的钱，无需另交保费，当合同终止时，可得到高于同期国债和银行利率的回报，同时在保险期间获得一份家庭财产保险。

第三节　货物运输保险

货物运输保险是以运输过程中的各种货物为保险标的，以运输过程中可能发生的有关风险为保险责任的一种财产保险。

由于货物运输保险保障的是运输过程中的货物，该险种仅适用于收货人和发货人。在

国际贸易中，货物运输保险是由收货人投保还是由发货人投保，通常由贸易合同明确规定。

一、货物运输保险的特点

由于货物运输保险承保的空间范围广阔，加上保险标的多种多样以及保险责任、致损因素和涉及赔偿处理的复杂性，货物运输保险同其他普通财产保险比较，有以下特点：

(一) 保险标的的流动性

普通财产保险(如企业财产和家庭财产保险)的保险标的通常处于相对静止的状态；而货物运输保险为了实现货物的移位，通常不受固定地点的限制，而不断处于流动之中。因此，货物运输保险中的保险标的从一地运到另一地，经常处于运动状态之中。由于保险标的的流动性，其损失往往不发生在承保人所在地，出险查勘工作一般由当地的保险代理人进行。

(二) 保险期限的特定性

普通财产保险的保险期限一般按固定时间计算确定；而货物运输保险是运程保险，其保险期限应按“仓至仓”条款办理，并受该条款约束，即责任以货物运离发货人仓库开始，直至运达目的地收货人仓库或储存地为止所用的航程时间。

(三) 保险责任范围的广泛性

从保险人提供的保险责任范围看，货物运输保险比普通财产保险广泛得多。普通财产保险负责被保险财产的直接损失以及为避免扩大损失而采取施救、保护等措施而产生的合理费用；货物运输保险除承保一般自然灾害和意外事故造成货物的损失外，还包括由于不同运输工具在不同的自然地理环境条件下，发生意外所支付的施救整理费用以及按国际惯例对海上发生的共同海损牺牲和相应分摊的费用。货物运输保险的附加险也较多，几乎包括所有其他外来的和特殊原因所引起的损失。

(四) 承保对象的多变性

普通财产保险的承保对象通常不变，如果变化需经保险人签发批单方可保持保险合同的效力。而由于经营贸易的需要，按照惯例，货物运输保险单可经保险人空白背书同意保险权益随物权单据，即货运提单的转让而随之转移。有时保险单几经辗转，难以确定承保对象，直至最后持有保险单的收货人出现为止。这在其他财产保险业务中是极为少见的。

(五) 保险价值的定值性

普通财产保险通常采用不定值保险方式承保；而货物运输保险通常采用定值保险方式，这是由货物的流动性决定的。因为货物越接近目的地，价值越高。为避免货物在不同地点可能出现的价格差异，其保险金额一般由保险双方按事先约定的保险价值确定。当发生损失时，不再考虑出险时货物价格，而根据约定价值按货物受损程度计算赔款，以利于克服由于不同市场价格以及多种不稳定因素给估价带来的困难。

(六) 被保险人对保险标的风险的不可控性

普通财产保险中的被保险财产多数情况下是在被保险人的直接照看和控制之下；而货

物运输保险则不同，货物一般是交由承运人，一经起运，保险责任便开始，这时，被保险财产往往在承运人控制之下，被保险人根本无法控制其财产。

(七) 业务范围的国际性

普通财产保险的业务范围通常限于国内；而货物运输保险，尤其是海洋货物运输保险，涉及国际贸易经营活动。其国际性具体表现在：保险合同关系涉及不同的国家和地区；保险标的是国际贸易中的货物；保险合同的签订和履行除涉及贸易合同的有关法律规定外，还要遵循有关国际惯例和国际公约的规定等。

二、货物运输保险的分类

(一) 按运输方式分类

货物运输保险根据运输方式可分为水路货物运输保险、陆上货物运输保险和航空货物运输保险。其中水路及铁路运输货物通常单批货物数量大，而采用汽车及陆地其他工具运输的货物则往往批次大，采用航空运输方式运输的货物往往价值较高。各种运输工具因运行方式及运输区域不同，面临的货物损失风险也不同。

(二) 按承保范围分类

根据货物运输保险的承保范围，可分为国内货物运输保险和涉外货物运输保险。前者适用于我国境内的货物运输业务，适用的是我国的法律、规范与政策；后者适用于超过我国国境范围的货物运输业务，在经营实践中需要遵守有关国际法规和国际惯例。

(三) 按保险人承担责任的方式分类

按照保险人承担责任的方式，货物运输保险可划分为基本险、综合险和附加险三类。基本险、综合险均可单独承保，而附加险只能依附于基本险或综合险。

(四) 按运输方式的数量分类

按照运输方式数量，货物运输保险可以划分为直运险和联运险。直运险是为只用一种主要运输工具就直接由起运地运送到目的地的货物提供的保险，如铁路货物运输保险业务只承保用火车运输的货物的保险；联运险是为需要经过两种或两种以上不同的主要运输工具联运才能将其从起运地运送到目的地的货物提供的保险。

三、货物运输保险的保险标的

凡是符合货物运输利益原则的运输货物，均可投保货物运输保险。在经营过程中，保险人通常将保险标的分为一般保险标的、特约可保标的和不保标的。其具体含义分述如下：

(1) 货物运输保险标的：是指不需要经过特别约定就可以直接承保的各种货物。绝大多数货物属于一般保险标的。

(2) 特约保险标的：包括金银、珠宝、钻石、玉器、贵重金属、古玩、古币、古书、古画、艺术作品、邮票及鲜活品(如活牲口、禽鱼类和其他动物及水果、蔬菜)等，需先申报并经保险人认可、明确保险价值后，才能够成为特约保险标的。

(3) 不保标的：包括非法财产、枪支弹药、爆炸物品等。

四、货物运输保险的保险责任及除外责任

（一）货物运输保险的保险责任

对于货物运输保险的保险责任，基本险与综合险有所不同。

货物运输保险基本险的保险责任包括因火灾、爆炸及自然灾害所导致的货物损失；因运输工具发生意外事故而导致的货物损失；在货物装卸过程中的意外损失；按照国家规定或一般惯例应当分摊的共同海损费用；合理的、必要的施救费用等。

货物运输保险综合险除承保上述责任外，还承保盗窃、雨淋等原因造成的货物损失。

（二）货物运输保险的除外责任

无论是货物运输基本险还是综合险，保险人的除外责任均包括战争或军事行动；被保险货物本身的缺陷或自然损耗；被保险人的故意行为或过失；核事件或核爆炸及其他不属于保险责任范围内的损失等。

五、货物运输保险的保险金额及赔偿处理

（一）货物运输保险的保险金额

货物运输保险采用定值保险方式承保，保险金额以货物的保险价值为依据确定。通常按照货物价格或货物价格加运杂费确定，对于某些货物，可由保险双方具体协商确定投保价值。

（二）货物运输保险的赔偿处理

凡按保险价值确定保险金额的，保险人根据实际损失计算赔偿，但最高赔偿金额以保险金额为限；凡保险金额低于保险价值的，按照保险金额与保险价值的比例计算赔偿。货物损失的赔偿与施救保护费用分别计算，各以不超过保险金额为限。货物损失的残值应充分利用，协议作价折归被保险人，并在赔款中扣除。

对属于保险责任的，保险人应在与被保险人达成有关赔偿协议后 10 日内，履行赔偿义务。

发生保险责任范围内的损失，应由其他有关责任方负责赔偿的，保险人自向被保险人赔付之日起，取得在赔偿金额范围内代位请求赔偿的权利。保险人未赔偿之前，被保险人放弃对有关责任方请求赔偿的权利的，保险人不承担赔偿责任。保险人向有关责任方行使代位请求赔偿权利时，被保险人应当积极协助，并提供必要的资料和有关情况。

被保险人对保险人请求赔偿的权利，自其知道保险事故发生之日起两年内不行使而消灭。

六、货物运输保险的责任期限

货物运输保险的责任期限，根据货物运输保险合同，可分为以下两种：

(1) 定期保险：是指承保投保人或被保险人在一定时间内所有运输货物的保险。保险期限一经确定，无特殊原因，一般不得随意更改。

(2) 航程保险：保险责任期间从货物运离发货人仓库开始，直至运达目的地的收货人

仓库或储存地为止，按保险标的实际所需的运输流程为准。

第四节　机动车辆保险

机动车辆保险是以机动车辆本身及机动车辆的第三者责任为保险标的的一种运输工具保险，国外称为汽车保险。机动车辆保险是我国城市商业保险业务中财产保险第一大险种。

一、机动车辆保险的种类

机动车辆保险基本险一般分为车辆损失险和第三者责任险。车辆损失险是指保险车辆遭受保险责任范围内的自然灾害或意外事故，造成保险车辆本身损失，保险人依照保险合同的规定给予赔偿。第三者责任险是指保险车辆因意外事故，致使他人遭受人身伤亡或财产的直接损失，保险人依照保险合同的规定给予赔偿。对于该险种，世界上绝大部分国家实行强制保险，这是为了保护无辜的受害者的利益。

机动车辆保险还有各种附加险，目前车辆损失险的附加险有全车盗抢险、自燃损失险、玻璃单独破碎险、新增加设备损失险、车辆停驶损失险、车身划痕损失险、他人恶意行为损失险等。第三者责任险的附加险包括车上责任险、无过失责任险、车载货物掉落责任险、精神损害赔偿责任险等。在车辆损失险与第三者责任险基础上投保的附加险有不计免赔特约。

二、机动车辆保险的保险责任与除外责任

(一) 保险责任

1. 车辆损失险的保险责任

车辆损失险的保险责任分为三类：一是意外事故造成保险车辆的损失；二是自然灾害造成保险车辆的损失；三是合理的施救、保护费用。

2. 第三者责任险的保险责任

第三者责任险的保险责任是指被保险人或其允许的合格驾驶员在使用保险车辆过程中发生意外事故，致使第三者遭受人身伤亡或财产的直接损毁，依法应当由被保险人支付的赔偿金额，保险人依照《道路交通事故处理办法》和保险合同的规定给予赔偿。

3. 机动车交通事故责任强制保险的保险责任

机动车交通事故责任强制保险简称交强险，是指由保险公司对被保险机动车发生道路交通事故造成受害人(不包括本车人员和被保险人)的人身伤亡、财产损失，在责任限额内予以赔偿的强制性责任保险。交强险主要是承担覆盖面极为广泛的基本保障。对于更多样、更高额、更广泛的保障需求，消费者可以在购买交强险的同时自愿购买商业第三者责任险和车损险等商业车险，使自己具有更高水平的保险保障。

(二) 机动车辆保险的除外责任

1. 车损险和第三者责任保险的除外责任

既适用于车辆损失险，也适用于第三者责任保险的除外责任包括：战争行为、非允许

人员驾驶、故意行为或从事违法活动、竞赛测试、饮酒吸毒、肇事逃逸、无有效驾驶证等。

仅适用于车辆损失险的除外责任包括：自然磨损、锈蚀、故障、轮胎单独损坏；地震、人工直接供油、高温烘烤造成的损失；受本车所载货物撞击的损失；两轮及轻便摩托车停放期间翻倒的损失；自燃以及不明原因产生的火灾；玻璃单独破碎；保险车辆在淹没排气筒的水中启动或被水淹后操作不当致使发动机损坏等。

仅适用于第三者责任险的除外责任包括：被保险人或其允许的驾驶员所有或代管的财产；私有、个人承包车辆的被保险人或其允许的驾驶员及其家庭成员，以及他们所有或代管的财产；车上的一切人员和财产。

2. 交强险的除外责任

交强险的除外责任包括以下几种情况：

(1) 受害人故意造成的交通事故的损失。

(2) 被保险人所有的财产及被保险机动车上的财产遭受的损失。

(3) 被保险机动车发生交通事故，致使受害人停业、停驶、停电、停水、停气、停产、通信或者网络中断、数据丢失、电压变化等造成的损失以及受害人财产因市场价格变动造成的贬值、修理后因价值降低造成的损失等其他各种间接损失。

(4) 因交通事故产生的仲裁或者诉讼费用以及其他相关费用。

三、机动车辆保险的保险金额和赔偿限额

(一) 车辆损失险的保险金额

1. 新车购置价

新车购置价是指在保险合同签订的购置与保险车辆同类型新车的价格，含车辆购置附加费。

2. 实际价值

实际价值是指同类型车辆市场新车购置价减去该车已使用年限折旧金额后的价格，折旧按每满一年扣除一年计算，不足一年的部分不计折旧，其折旧率则按国家有关规定执行，但最高折旧金额不超过新车购置价的80%。

3. 协商价值

协商价值是指由被保险人与保险人协商确定的价值，但保险金额不得超过保险价值，超过部分无效，保险价值是指投保时作为确定保险金额的保险标的价值。

(二) 第三者责任险的赔偿限额

第三者责任险的每次事故最高赔偿限额应根据不同车辆种类选择确定。其具体分类如下：

(1) 对摩托车、拖拉机第三者责任险的赔偿限额分为四个档次：2万元、5万元、10万元、20万元，但在不同的区域，选择原则是不同的，与《机动车辆保险费率表》有关摩托车定额保单销售区域的划分相一致。

(2) 对摩托车、拖拉机以外的机动车辆第三者责任险的赔偿限额分为六个档次：5万元、10万元、20万元、50万元、100万元、100万元以上1000万元以内。

(三) 交强险的责任限额

交强险责任限额是指被保险机动车发生道路交通事故，保险公司对每次保险事故所有受害人的人身伤亡和财产损失所承担的最高赔偿金额。其具体分为以下两种情况：

(1) 被保险机动车在道路交通事故中有责任的赔偿限额为：死亡伤残赔偿限额 110 000 元人民币；医疗费用赔偿限额 10 000 元人民币；财产损失赔偿限额 2000 元人民币。

(2) 被保险机动车在道路交通事故中无责任的赔偿限额为：死亡伤残赔偿限额 11 000 元人民币；医疗费用赔偿限额 1000 元人民币；财产损失赔偿限额 100 元人民币。

四、机动车辆保险的保险费

(一) 保险费的计算

1. 机动车辆损失保险费率

在确定机动车辆保险费率时一般应考虑的因素包括：车辆的用途；地域；车辆类型；车龄；投保人的年龄、性别、职业、驾驶记录和婚姻状况等。但不同国家在具体运用时有所不同。

我国确定机动车辆保险费率主要依据车辆的使用性质和车辆种类两个因素。根据我国《机动车辆保险费率表》及有关规定核定费率，费率表中的车辆使用性质分为两类：营业用车和非营业用车，对于兼有两类使用性质的车辆，按高档费率计算。车辆损失险保险费计算公式为

$$\text{车辆损失保险费} = \text{基本保费} + (\text{保险金额} \times \text{费率})$$

2. 第三者责任险的保险费

第三者责任险的保险费是根据车辆种类、使用性质，按投保人选择的赔偿限额档次从费率表中查出其保险费收费标准，它是一种固定保险费。我国机动车辆第三者责任险的固定保费是按不同车辆种类和使用性质对应的第三者责任险每次最高赔偿限额确定的。最高赔偿限额分为五个档次，即 5 万元、10 万元、20 万元、50 万元、100 万元。保险费按投保时确定的每次事故最高赔偿限额对应的固定保费收取。

3. 交强险费率

交强险费率分为六档，即家庭自用车为 855～1100 元，非营业客车为 900～1320 元，营业客车为 1620～4690 元，非营业货车为 1080～2220 元，营业货车为 1665～4480 元，特种车为 972～3980 元。

(二) 无赔款优待

保险车辆在上一年度的保险期限内无赔款，续保时可享受无赔款减收保险费优待，优待金额为本年度续保险种应交保险费的 10%。被保险人投保车辆不止一辆的，无赔款优待分别按每个车辆的保险单独计算。若上一年度投保的车辆损失险、第三者责任险和附加险中任何一项发生赔款，则续保时均不能享受无赔款优待；若不续保则不享受无赔款优待。如果续保的险种与上一年度相同，但投保金额不同，无赔款优待则以本年度保险金额对应的应交保险费为计算基础。不论保险车辆连续几年无事故，无赔款优待一律为应交保险费的 10%。

无赔款保险车辆优待的规定是为了鼓励被保险人及驾驶员严格遵守交通规则，安全行车，减少保险事故。优待的条件为保险期限必须满一年、保险期内无赔款、保险期满前办理续保等。

五、机动车辆保险的赔偿处理

(一) 机动车辆损失险免赔的规定

1. 规定免赔额(率)

免赔额(率)可分为绝对免赔额(率)和相对免赔额(率)。我国机动车辆保险一般实行绝对免赔额(率)，如某财产保险公司车险条款中规定500元为绝对免赔额。

2. 按责免赔

按照每次保险事故与赔偿计算按责免赔，并实行免赔率累进的方式。负事故全部责任的(包括单方事故)免赔20%；负事故主要责任的免赔15%；负事故同等责任的免赔10%；负事故次要责任的免赔5%。

3. 事故累进免赔

一般规定是每多发生一次事故，在前次事故的免赔率基础上再增加一定的免赔率。

(二) 车辆损失险的赔偿计算

1. 全部损失

全部损失按保险金额计算赔偿，但当保险金额高于实际价值时，以不超过出险当时的实际价值计算赔偿。其具体分为以下两种情况：

(1) 当足额或不足额保险时：保险车辆发生全部损失后，如果保险金额等于或低于出险当时的实际价值，则按保险金额计算赔偿，即

$$\text{赔款}=(\text{保险金额}-\text{残值})\times\text{事故责任比例}\times\frac{1-\text{事故责任免赔率}}{1-\text{绝对免赔率}}-\text{绝对免陪额}$$

(2) 当超额保险时：保险车辆发生全部损失后，如果保险金额高于出险当时的实际价值，则按出险当时的实际价值计算赔偿，即

$$\begin{aligned}\text{赔款}=&(\text{实际价值}-\text{残值})\times\text{事故责任比例}\\&\times(1-\text{事故责任免赔率})\times(1-\text{绝对免赔率})-\text{绝对免赔额}\end{aligned}$$

2. 部分损失

部分损失的赔款计算分为以下两种情况：

(1) 按照新车购置价投保的，无论保险金额是否低于出险当时的新车购置价，发生部分损失均按照实际修复费用赔偿，即

$$\begin{aligned}\text{赔款}=&(\text{实际修复价值}-\text{残值})\times\text{事故责任比例}\\&\times(1-\text{事故责任免赔率})\times(1-\text{绝对免赔率})-\text{绝对免赔额}\end{aligned}$$

(2) 保险金额低于投保时的新车购置价的，则赔款为

$$\begin{aligned}\text{赔款}=&(\text{实际修复价值}-\text{残值})\times\text{事故责任比例}\times(\text{保险金额新车购置价})\\&\times(1-\text{事故责任免赔率})\times(1-\text{绝对免赔率})-\text{绝对免赔额}\end{aligned}$$

保险车辆损失最高赔款金额及施救费分别以保险金额为限。保险车辆按全部损失计算赔偿或当部分损失一次赔款加免赔金额之和达到保险金额时，车辆损失险的保险责任即告终止。但保险车辆在保险期限内，不论发生一次或多次保险责任范围内的部分损失或费用支出，只要每次赔款加免赔金额之和未达到保险金额，其保险责任仍然有效。

(三) 第三者责任保险的赔偿计算

当保险车辆发生第三者责任事故时，按《道路交通事故处理办法》确定的赔偿范围、项目和标准以及保险合同的规定，在保险单载明的赔偿限额内核定赔偿数额。对被保险人自行承诺或支付的赔偿金额，保险人有权重新核定或拒绝赔偿。

当按事故责任比例，被保险人的应负赔偿金额超过赔偿限额时，赔款的计算公式为

$$\text{赔款} = \text{赔偿限额} \times (1 - \text{免赔率})$$

当按事故责任比例，被保险人的应负赔偿金额低于赔偿限额时，赔款的计算公式为

$$\text{赔款} = \text{应负赔偿金额} \times (1 - \text{免赔率})$$

机动车辆保险采用一次性赔偿结案的原则，保险人对第三者责任险保险事故赔偿结案后，对被保险人追加受害人的任何赔偿费用不再负责。

第三者责任险的保险责任为连续责任。即保险车辆发生第三者责任保险事故，保险人赔偿后，每次事故无论赔偿是否达到保险赔偿限额，在保险期限内，第三者责任险的保险责任仍然有效，直至保险期满。

保险车辆、第三者的财产在遭受损失后的残余部分，协议作价折归被保险人，并在赔款中扣除。

举例说明，某单位将一辆大货车投保车损险及第三者责任险，车损险按新车购置价的8万元投保，第三者责任险责任限额为10万元。在保险期限内与一辆轿车相撞，发生货车修复费用为10 000元，货车司机医疗费为500元，轿车修复费用为15 000元，轿车司机的治疗费、误工费、护理费等共计24 000元。经交警队认定，货车负事故主要责任。承担此次事故责任的70%；轿车负次要责任，承担此次责任的30%。双方保险公司赔付处理的计算公式为

$$\text{货车保险公司车损险赔款} = 10\,000 \times 70\% \times (1 - 15\%) = 5950\ \text{元}$$

$$\text{货车保险公司第三者责任险赔款} = (15\,000 + 24\,000) \times 70\% \times (1 - 15\%) = 23\,205\ \text{元}$$

$$\text{轿车保险公司车损险赔款} = 15\,000 \times 30\% \times (1 - 5\%) = 4275\ \text{元}$$

$$\text{轿车保险公司第三者责任险赔款} = (10\,000 + 500) \times 30\% \times (1 - 5\%) = 2992.5\ \text{元}$$

(四) 交强险赔偿

相对于第三者责任险二十多条的免责条款，交强险的免责条款仅为“受害人故意行为造成损失”、“被保险人自身财产损失”、“相关仲裁及诉讼费用”和事故造成的某些间接损失，其保障范围要大许多。而且，无论事故中被保险车辆有没有责任，交强险在责任限额范围内都予以赔偿，并且没有免赔额和免赔率。

根据保监会相关规定，交强险是对第三者的损失的赔偿，在事故发生过程中，将实行交强险先行，第三者责任险补充的原则。

商业车险在扣除交强险赔偿金额后，对剩余理赔金额按照事故责任比例计算免赔率，

最终确定相应理赔金额，但商业车险的理赔原则是有责赔付，无责不赔。

第五节　建筑安装工程保险

工程保险是以各种工程项目为主要承保对象的保险。根据工程项目不同，将工程保险划分为建筑工程保险和安装工程保险。

一、建筑工程保险

建筑工程保险简称建工险，主要承保各项土木工程建筑的整个建筑期间由于发生保险事故造成被保险工程项目的物质损失、列明费用损失以及被保险人对第三者人身伤害及财产损失引起的经济赔偿责任。因此建筑工程保险是一种包括财产损失保险和责任保险在内的综合性保险。

建筑工程保险的被保险人是指在工程建设期承担风险或具有利益关系的各方。其一般包括：建筑单位，即工程项目所有人；工程承包单位，即施工单位；技术顾问，即由工程所有人聘请的建筑师、设计师、工程师等专业顾问，对建筑工程进行设计、咨询和监督；其他关系方，如贷款银行等。当存在多个被保险人时，一般由一方出面投保，主要是承包人或业主，并负责支付保费，申报保险期间风险变动情况，提出原始索赔等。

(一) 保险项目及其保险金额

1. 建筑工程及材料(包括永久和临时工程及工地上的物料)

建筑工程及材料主要包括建筑工程合同内规定建设的建筑主体工程，建筑物内的装修设备、配套的道路和桥梁、水电设施等土木建筑项目，存放在工地的建筑材料、设备及临时建筑工程。该保险项目的保险金额为承包工程合同的总金额，即建设该项目的实际价格，其中包括设计费、材料设备费、施工费(人工及施工设备)、运杂费、税款及其他有关费用。

2. 所有人提供的材料及项目

所有人提供的材料及项目是指未包括在上述建筑工程合同金额内由所有人提供的物料及负责建造的项目。其保险金额按重置价值确定。

3. 安装工程项目

安装工程项目是指建筑工程内部的安装项目，如取暖、照明、空调、电话等机器设备的安装项目。其保险金额按重置价值确定。

4. 建筑用机器、装置及设备

建筑用机器、装置及设备包括施工用的各类机器、装置和设备，如起重机、推土机等。其保险金额按重置价值确定。

5. 场地清理费

场地清理费是指发生灾害事故后为清理场地现场所支付的费用。保险金额可由保险人和投保人根据工程的具体情况协商确定，大的工程一般不超过总保险金额的 50%，小的工程不超过 10%。

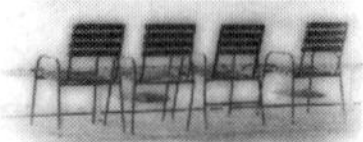

6．邻近财产

在施工场地周围或临近地点的财产。这类财产可能因工程的施工而遭受损坏，但这些财产并未包括在工程造价之内。保险金额可参照上述标准由双方协商确定。

(二) 保险责任

建筑工程保险承保由于下列原因造成的损失和费用：

(1) 洪水、潮水、水灾、地震、海啸、暴雨、雪崩、地崩、山崩、冻灾、冰雹及其他自然灾害。

(2) 雷击、火灾、爆炸。

(3) 飞机坠毁、飞机部件或飞行物体坠落。

(4) 盗窃。

(5) 工人和技术人员违反操作规程或破坏行为。

(6) 原材料缺陷或工艺不善造成的事故。

(7) 责任免除以外的其他不可预料的自然灾害和意外事故。

建筑工程保险第三者责任保险条款主要涉及两方面内容：一是建筑工程在保险期限内，因发生意外事故，造成工地及邻近地区的第三者人身伤亡、疾病或财产损失，依法应由被保险人负责时，以及被保险人因此而支付的诉讼费用或事先经保险公司书面同意支付的其他费用，均可由保险公司负责；二是对每一次事故的赔偿金额以根据法律或政府有关部门裁定的应由被保险人赔偿数额为准，但不能超过保单列明的赔偿限额。

(三) 除外责任

建筑工程保险对以下原因发生的损失和费用不负责赔偿：

(1) 保险人及其代表的故意行为及重大过失引起的损失、费用或责任。

(2) 战争、敌对行为、武装冲突、没收、征用、罢工、暴动引致的损失、费用或责任。

(3) 核辐射或放射性污染引致损失、费用或责任。

(4) 机器、设备及材料的自然磨损、氧化、锈蚀。

(5) 罚金、延误、丧失合同及其后果损失。

(6) 档案、文件、图表、账册、现金、有价证券、图表资料及包装材料的损失。

(7) 盘点时发现的短亏损失。

(8) 设计错误引起的损失、费用或责任。

(9) 因原材料缺陷或工艺不善引起的保险财产本身的损失以及为置换、修理即矫正这些缺点错误所支付的费用。

(10) 非外力引起的机械或电器设备装置损坏或建筑用机器、设备、装置失灵。

(11) 全部停工或部分停工引起的损失，节假日停工及季节性停工不在此列。

(12) 保单中规定的应由被保险人自行负责的免赔额。

(13) 维修保养或正常检修费用。

(14) 领用公共运输执照的车辆、船舶和飞机的损失，因其行驶区域不局限于工地。

(15) 除非另有约定，在被保险工程开始以前已经存在或形成位于工地范围内或其周围的属于被保险人的财产的损失。

(16) 除非另有约定，在保险单保险期限终止前，被保险财产中已由业主签发完工验收证书，验收合格以及被实际占用、使用或接收的部分。

第三者责任保险除外责任具体包括以下内容：

(1) 明细表列明的由被保险人自行负担的免赔额。

(2) 被保险人和其他承包人在现场从事与工程有关工作的职工及他们的家庭成员的人身伤害和疾病。

(3) 被保险人及其他承包人或他们的职工所有的或由其照管控制的财产的损失。

(4) 由于震动、移动或减弱支撑而造成的其他财产、土地、房屋的损失或由于上述原因造成的人身伤亡或财产损失。

(5) 领有公共运输执照的车辆、船舶和飞机造成的事故。

(6) 被保险人根据与他人的协议支付的赔偿或其他款项。

(四) 赔偿限额和免赔额

1. 特种风险赔偿限额

特种风险赔偿限额是指保单中列明的地震、洪水、海啸等特种风险造成各种物质损失的赔偿限额。不论发生一次或多次事故，赔款均不能超过该限额。具体限额的确定主要是根据工地的自然地理条件、以往发生灾害的记录、工程期的长短和工程本身的抗灾能力等因素。一般大的工程掌握在物质损失部分总保额的 50%～80%的幅度内。对于这类风险不大或基本没有的地区，可不做规定。

2. 第三者责任险赔偿限额和免赔额

第三者责任险没有保额，只确定赔偿限额，由保险双方根据工程风险情况协商确定，并在保单中列明。其包括以下两种做法：

(1) 只规定每次事故赔偿限额，无分项限额，无累计限额。

(2) 先规定每次事故人身伤亡及财产损失的分项赔偿限额，进而规定每人的人身伤亡限额，然后将分项的人身伤亡限额加财产损失限额构成总的每次事故的赔偿限额，最后再规定一个保险期限内的累计赔偿限额。累计赔偿限额即保险人对建筑工程在整个保险期限内赔偿第三者责任的总限额。

第三者责任保险对财产损失有免赔额的规定，可按每次事故赔偿限额的 1‰～2‰ 计算，由被保险人和保险人协商确定。除非另有规定，对人身伤害一般不用免赔额。

(五) 保险期限

建筑工程保险期限一般按工期计算。即自投保工程动土或自被保险项目被卸至建筑工地时发生效力，直至建筑工程完工验收完毕时终止。但最晚终止日期不超过保单中所列明的终止日期，如果需延长保险期限，必须事先获得保险公司的书面同意。

二、安装工程保险

安装工程保险简称安工险，主要承保机器和设备在装置过程中因自然灾害和意外事故所造成的损失，包括物质损失、费用损失及第三者损害的赔偿责任。

安装工程保险的被保险人有工程所有人、承包人、供货人、制造商、技术顾问及其他关系方。

(一) 保险项目和保险金额

1. 安装工程项目

安装工程项目是安装工程保险的主要保险项目。它包括被安装的机器、设备、装置、物料、基础工程、安装费以及工程所需的各种设施，如水、电、照明、通信等，保险金额应为该项目的总金额承包合同价。

2. 土木建筑工程项目

土木建筑工程项目是指新建、扩建厂矿必须有的土建项目，如厂房、仓库、道路、水塔、办公楼、宿舍等，保险金额应为工程项目建成的价值。

3. 场地清理费

保险金额一般不超过安装项目的2%(大工程)至5%(小工程)。

4. 所有人或承包人在工地上的其他财产(指上述三项以外的财产)

本项目应在保单中列明名称并附清单，保险金额由保险双方协商约定。

(二) 保险责任

安装工程保险责任与建筑工程保险基本相似，承保各种自然灾害、意外事故以及外来原因和人为的过失造成的损失。安装工程保险的保险责任除与建筑工程保险部分相同外，一般还包括以下内容：

(1) 安装工程出现的超负荷、超电压、碰线、电弧、走电、短路、大气放电及其他电气原因引起的事故。

(2) 安装技术不善引起的事故。技术不善是指按照要求安装但没达到规定的技术标准，在试车时往往出现损失。因此承保时要对安装技术人员进行评价，以保证他们的技术水平能符合被安装设备的要求。

(3) 除外责任规定以外的其他不可预料的突然事故。

(三) 除外责任

安装工程保险的除外责任，多数与建筑工程保险相同，其不同之处有以下两点：

(1) 因设计错误、铸造或原材料缺陷或工艺不善引起的本身损失以及为纠正这些缺点错误所支付的费用建筑工程保险将设计错误造成的损失一概除外，而安装工程保险对设计错误造成本身的损失除外，由此引起的其他保险财产的损失负责赔偿。

(2) 由于超负荷、超电压、碰线、电弧、走电、短路、大气放电及其他电气原因造成电气设备或电器用具本身的损失，安装工程保险对这些电气事故造成的其他财产损失负责赔偿。

(四) 赔偿限额和免赔额

1. 特种风险赔偿限额和免赔额

特种风险是指地震、海啸、洪水、风暴等造成巨大损失的风险。由于特种风险造成的损失巨大，为控制责任，保险人根据具体情况确定最高赔偿限额。赔偿限额一般为物质损失部分总保额的50%～80%，不论发生一次或多次事故，赔款均不能超过该限额。

特种风险的免赔额应根据风险造成安装工程损失的可能程度而定，一般为2000～5000

美元。

2．安装工程项目的免赔额

安装工程项目的免赔额主要包括以下几个方面：

(1) 自然灾害引起的巨灾损失免赔额，一般为 3000～50 000 美元。

(2) 试车期免赔额一般为 10 000～100 000 美元。

(3) 第三者责任部分财产损失的免赔额一般为 200～1000 美元。

(五) 保险期限

安装工程保险期限的起讫与建筑工程保险相同。安装工程保险的保险期一般包括一个试车考核期，考核期的长短根据工程合同的规定来决定，试车考核期的责任以不超过 3 个月为限，若超过 3 个月，另行加费。实践证明，试车考核期的出险率最高，往往占整个工期出险的一半甚至 80%以上。因此，对试车考核期必须格外重视。对于旧的机器设备，则一律不负责试车，试车开始，保险责任即告停止。

第六节　农业保险

一、农业保险的概念

(一) 农业与农业风险

1．农业

农业的概念有狭义与广义之分。狭义的农业是指粮食作物、经济作物、蔬菜等其他作物的生产及其有限延伸。广义的农业是指农林牧渔各业的生产及其有限延伸。农业按照生产对象的不同可以分为种植业和养殖业。农业区别于其他行业的特点在于农业的主要活动在露天进行，农业生产的对象是动植物，这决定了农业生产依赖自然条件，最容易受自然条件的影响。

2．农业风险

农业风险是指自然灾害和意外事故对农业生产所致的损害。农业风险可以分为自然风险、经济风险和社会风险三类。自然风险即自然灾害，包括水、旱、病、虫、鸟、兽、风、雹、霜冻等灾害。种植业面临的主要自然灾害是气象灾害和病虫害。养殖业面临的主要是病害，包括瘟病、炭疽病、口蹄疫、肺疫及结核病等传染病。经济风险是指在农业生产和购销过程中，由于农业生产资料价格上升和农产品价格下降所致的经济损失。社会风险是指由于个人或团体的社会行为所造成的风险，如盗窃、抢劫、动乱、战争等。

农业风险的特点表现在：一是农业风险的损失面积大，我国有 18.26 亿亩耕地，平均每年遭受水旱灾害的面积占总耕地面积的 27%，成灾面积占总耕地面积的 10%；二是农业风险损失额巨大；三是农业风险的损失频率高。

(二) 农业保险

农业保险是指为农业生产者在从事种植业和养殖业生产和初加工过程中，遭受自然灾

害或意外事故所造成的损失提供经济补偿的一种保险制度。

农业生产离不开农业保险，发展农业保险具有积极的经济和社会意义。农业保险可以减少农民因灾害事故导致的收入波动，促进农业资源的合理流动，加快农业新技术的推广和应用，并减轻政府在灾后筹措资金救灾的压力。

二、农业保险的特征

农业保险属于广义的财产保险范畴，它与一般的财产保险有着显著的区别，表现在以下几个方面：

(一) 农业保险的高风险、高费用和高赔付率并存

农业保险的高风险源于农业生产的高风险，农业生产在很大程度上依赖于自然条件，也依赖于经济与技术发展水平，但即使是发达国家，其农业生产尤其是种植业也频繁地遭到自然灾害的袭击。无论国内还是国外，农作物损失率和畜禽死亡率都比较高。

由于农业生产在空间上布局分散，加上农业生产资料和劳动力利用的季节性，使得农业风险单位的划分和保险费率的确定变得极为困难。另外农业保险业务时间上集中，地域上比较广阔，保险人支出的成本费用较高。

(二) 农业保险市场化运作困难

中国是一个农业大国。经过这三十几年的经济发展，沿海发达地区的很多农户已经摆脱了单纯依靠农业生产生活的困境，农业生产的产出不构成其主要的收入来源，农户有购买力但却没有投保的积极性。中西部地区从事农业生产的农户数量多，农业生产的自然条件恶劣，更需要保险保障，但由于经济基础较差，支付能力普遍十分有限。此外，农户一般文化素质较低，风险意识薄弱，而且其或多或少都有一些侥幸思想，这对农户参加农业保险产生了一些消极影响、导致农业保险的有效需求不足。

就商业保险公司而言，追求利润最大化是其无可厚非的目标。农业保险的高赔付率、高费用率使得大部分保险公司望而却步，如果农业保险产品定价偏低，就不能保证保险公司的收益，甚至连成本也保不住；如果定价偏高，又超过了农户的支付能力。由于定价的原因及经营过程中面临的实际困难，在保险业界形成了一种观点，即农业保险“保得多，赔得多”、“多保多赔，少保少赔，不保不赔”。即使考虑到保险企业的社会责任，单独由任何一家商业保险公司来消化农业保险中的巨大风险都是不现实的，也是不可能的。

(三) 农业保险经营过程中的技术障碍

1. 保险费率厘定难

农业灾害在不同年份之间分布不均匀。农业保险作为广义的财产保险的一种，其费率厘定要依赖于平均损失率。而对于农业风险，无论是种植业还是养殖业，其有关资料不完整或者不可信，使得费率厘定变得相对困难。

2. 保险责任确定难

农业保险的责任确定困难，其主要表现包括：第一，农业风险单位划分困难，且常是多种风险同时发生的；第二，各地农业结构、自然地理、社会经济条件和灾害的种类、频率、强度千差万别，而这与保险经营所要求的风险的一致性又相互矛盾。

3．道德风险防范难

农业损失中的道德风险与逆选择现象十分突出。农业保险的保险标的是有生命的植物或动物，其生长离不开人的精心管理。同样的风险，由于被保险人应对态度不同，导致的损失结果会有较大的差距。据统计，农业保险中的道德风险赔款约占总赔款的20%以上。

4．定损理赔难

农业保险的保险标的是由有生命的动植物组成的，其标的价格处于不断变化中，当灾害事故发生时，要正确估算损失程度十分困难。加上人为因素的影响，使得查勘定损工作更加复杂。

三、农业保险的种类

按照承保对象划分，可以将农业保险分为种植业保险和养殖业保险。

(一) 种植业保险

1．粮食作物保险

粮食作物保险是指以粮食作物从出苗到成熟收获期间因各种自然灾害和意外事故所造成的损失为保险标的的保险。按照传统的分类方法可以将其保险标的分为：

(1) 禾谷类作物：包括水稻、小麦、玉米、高粱、薏米、荞麦等。

(2) 豆类作物：包括大豆、蚕豆、豌豆、绿豆、红豆、扁豆等。

(3) 薯类作物：包括甘薯、马铃薯、木薯、莲藕等。

粮食作物保险的主要险种有生长期水稻保险、生长期小麦保险、生长期玉米保险、生长期大豆保险、收获期小麦保险、水稻火灾保险等。

2．经济作物保险

经济作物保险是指以经济作物生产和初加工过程中因自然灾害和意外事故所致损失为保险标的的保险。其保险标的可分为以下几类：

(1) 纤维类作物：包括棉花、苎麻、红麻、天麻、剑麻、焦麻等。

(2) 油料作物：包括油菜、花生、芝麻、向日葵、蓖麻等。

(3) 糖料作物：包括甘蔗、甜菜等。

(4) 嗜好类作物：包括烟草、茶叶、咖啡、可可等。

(5) 绿肥及饲料类作物：包括苕子、紫云英、黄花、苜蓿草、木樨、柽麻、田菁、紫穗槐、绿萍、水花生、水浮莲等。

经济作物保险的主要险种有棉花种植保险、烟草保险、油菜保险、甜菜种植保险、甘蔗种植保险、烤烟保险等。

3．其他作物保险

其他作物如蔬菜作物、园林作物、特种作物(包括中草药)等。其主要险种有露天种植蔬菜保险、塑料大棚种植蔬菜保险。

4．林木保险

林木保险是指以具有经济价值的天然原始森林和各类人工营造林为保险标的的保险。

其主要险种有森林火灾保险。

5．水果及果树保险

水果及果树保险的保险标的可以分为以下七类：

(1) 仁果类：包括苹果、梨、沙果、海棠果、山楂、木瓜等。

(2) 核果类：包括桃、杏、椰子、梅、樱桃、枇杷、橄榄、芒果、海枣等。

(3) 浆果类：包括葡萄、草莓、猕猴桃、无花果、醋栗、石榴、杨桃等。

(4) 坚果类：包括核桃、板栗、银杏、腰果、槟榔、榴莲等。

(5) 柑果类：包括柑橘、甜橙、柠檬、柚、金橘等。

(6) 柿枣类：包括柿、枣、酸枣、君迁子等。

(7) 亚热带及热带水果类：包括香蕉、凤梨、龙眼、荔枝、椰子、芒果、杨桃、木瓜等。

(二) 养殖业保险

养殖业保险是以被保险人在养殖过程中因自然灾害或疾病造成保险标的损失为保险标的的保险。

1．家畜养殖业的保险标的

具体保险标的包括：

(1) 大家畜保险标的：包括役用、肉用、乳用和种用的牛、马、骡、驴、骆驼等。

(2) 中小家畜保险标的：包括猪、羊、兔等。

(3) 家禽养殖保险标的：包括鸡、鸭、鹅、鹌鹑、鸽等。

2．水产养殖业的保险标的

水产养殖业的保险标的包括虾、贝、藻、鱼、蟹、蚌等。

3．特种养殖业的保险标的

特种养殖业的保险标的包括鹿、水貂、鸵鸟、孔雀、蛇、牛蛙、蚯蚓等。

四、农业保险的内容

(一) 保险标的

1．种植业的保险标的

具体保险标的包括：

(1) 粮食作物：包括水稻、小麦、大麦、玉米、高粱、大豆、红薯等。

(2) 经济作物：包括棉花、苎麻、油菜、烟草等。

(3) 蔬菜作物：包括黄瓜、西葫芦、冬瓜、苦瓜、茄子、西红柿等。

(4) 林木及果树：包括原始森林、人工林、苹果、梨、沙果、核桃等。

国外一般承保的农作物多达数百种，我国目前承保的只有几十种，并且在承保时有许多附加条件。

2．养殖业的保险标的

具体保险标的包括：

(1) 家畜养殖保险：包括牛、马、骡、驴、猪、羊、鸡、鸭、鹅等。

(2) 水产养殖保险：包括虾、贝、藻、鱼、蟹、蚌等。

(3) 特种养殖保险：包括鹿、水貂、鸵鸟、蛇、牛蛙、蚯蚓等。

(二) 保险责任

1. 种植业保险的保险责任

具体保险责任包括：

(1) 生长期农作物的保险责任如下：

① 单一责任：保险人只承保一种风险责任，如小麦雹灾保险、棉花雹灾保险、水稻火灾保险等。

② 综合责任：保险人承保两种或两种以上的风险责任，如棉花雹灾、水灾保险等。

(2) 收获期农作物保险责任如下：

① 单一责任：只承保火灾一项风险责任，并包括施救费用和火灾后的整理费用。

② 综合责任：除火灾责任外，另外还承保如洪涝、暴风雨、阴雨、霉烂、雷电等责任。保险人几乎承担了所有的自然灾害和意外事故所致的损失。

我国的种植业保险目前尚未提供综合险。但在农业保险发达的国家，如美国和加拿大，政府的农业保险公司提供综合险，承保风险包括地震、洪水、冰雹、大风、霜冻、雷电、火灾、雨涝、雪灾、飓风、龙卷风、病害、虫害等。

2. 养殖业保险的保险责任

具体保险责任包括：

(1) 大牲畜保险的保险责任如下：

① 自然灾害引起的死亡或灭失责任，包括洪水、雷击、地震、地陷、暴风雪、龙卷风、冰雹等。

② 意外事故引起的死亡责任。在饲养或使役过程中，因触电、互斗、碰撞、窒息、建筑物或其他物体倒塌、摔跌、野兽伤害等造成的损失。

③ 疾病死亡责任。被保险大牲畜因患普通病或传染病，经医治无效死亡或因胎产、阉割所发生技术事故死亡以及发生恶性传染病，为了防止蔓延，当地政府命令捕杀所致的死亡损失。

(2) 中小家畜保险的保险责任如下：

① 自然灾害。

② 意外事故。

③ 疫病：主要包括猪瘟、羊肺疫、兔败血病等。

④ 难产、阉割以及当地政府下令捕杀的。

(三) 除外责任

1. 种植业保险的除外责任

具体除外责任包括：

(1) 生长期农作物保险的除外责任如下：

① 被保险人的故意行为、欺骗行为所致的损失。

② 间作、套种的非保险标的和毁种复播的农作物的损失。

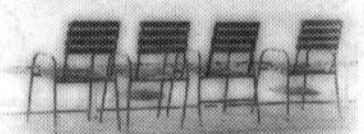

③ 因盗窃、他人毁坏或畜、禽、兽所致的损失。
④ 未尽防范和抢救义务所致的损失。
⑤ 保险责任以外的灾害所致损失。
(2) 收获期农作物保险的除外责任如下：
① 被保险人及其家庭成员的故意行为所致的损失。
② 因管理不善所致的损失。
③ 违反公安、消防、气象、保险等有关部门规定所致的损失。
④ 发生灾害时未积极施救所致的损失。

2．养殖业保险的除外责任

具体除外责任包括：
(1) 大牲畜保险的除外责任如下：
① 不正常的使役、盲目医疗以及故意行为造成的损失。
② 市场价格变动引起的损失。
③ 战争、军事行动、暴乱所致损失。
④ 不采纳保险人提出的安全整改措施所致的损失。
(2) 中小家畜保险的除外责任如下：
① 被保险人及其家庭成员的故意行为所致的损失。
② 因缺草料所致的冻死、饿死损失。
③ 被盗或走失所致的损失。
④ 任何原因所致的伤残。

(四) 保险期限

1．种植业保险的保险期限

主要农作物保险的保险期限如下：
(1) 越冬期小麦冻害保险：冬小麦四叶期起至返青期终止。
(2) 生长期小麦保险：返青期起至蜡熟期终止。
(3) 收获期小麦保险：蜡熟期起至粗加工入库终止。
(4) 水稻浸种保险：稻种落水泡种起至种谷催好芽落田终止。
(5) 水稻育秧保险：催好芽的稻种落田起至秧苗移栽大田终止。
(6) 生长期水稻保险：移栽成活起至蜡熟期收割终止。
(7) 收获期水稻保险：蜡熟期起至进仓入储存库终止。
(8) 棉花保险：棉株定苗后起至采摘完终止。
(9) 油菜保险：齐苗或抽蔓起至角果 2/3 成熟终止。
(10) 甘蔗、甜菜保险：齐苗起至工艺成熟期终止。
(11) 烟草保险：移栽后长出第一片新叶起至工艺成熟期终止。
(12) 竺麻保险：幼苗高 15 厘米起至三季度麻工艺成熟期终止。

2．养殖业保险的保险期限

养殖业保险的保险期限主要包括以下几个方面：

(1) 牲畜保险的保险期限。大牲畜的保险期限一般为一年，并规定有 10～12 天的观察期。中小家畜的保险期限的确定主要依据饲养规律，如草原地区把越冬期间作为承保期限。

(2) 家禽保险的保险期限。该期限一般没有统一规定，但短于家禽的养殖周期，饲养在一年以上的，按一年期承保；不足一年的，在养殖期内确定保险期限。

(3) 水产养殖保险的保险期限。水产养殖保险的保险期限可定为一年，期满后续保，也可以把整个生长期作为保险期限。

(五) 保险金额

农业保险的保险金额一般采取以下几种方式确定。

1．按产量确定保险金额

保险人根据各地的风险情况以及当地的近年(近三年)平均亩产量的 4～8 成确定保险保障的水平，最高不超过 8 成。这种确定保险金额的方式确定出的保障水平较高，被保险人较容易接受。具体计算公式：

$$每亩保险金额 = 国家收购价格 \times 正常年份下前三年的平均亩产量 \times 成数$$

2．按成本确定保险金额

农产品产量的准确资料往往不易获得，因此保险人有时也采取按投入的生产成本来确定保险金额。生产成本包括种子(或种苗)、肥料、人力作业费、机械或畜力作业费等直接费用。

3．按市场价或协商价确定保险金额

在牲畜保险和果树保险中，有时也采用平均市场价格来协商确定保险金额。具体保险金额水平取决于牲畜和果树的当地市场价格。

(六) 保险费和保险费率

农业保险的保险费率以保险标的的损失率为基础。农业保险的保险标的损失率为 2%～15%，是其他财产损失率的十几倍甚至是几十倍。此外，农业生产极大地受制于自然地理条件，这些条件往往千差万别，因此如何厘定保险费率是一件十分复杂的事情。费率过高，被保险人承受不起，费率过低，保险人的经营往往难以为继。从世界范围内来看，由商业保险公司厘定费率，由政府对农业保险费率进行补贴以鼓励被保险人投保的做法较为普遍。

(七) 赔款处理

1．农作物保险的赔款处理

农作物保险的赔款处理分为以下两种情况：

(1) 全部损失。生长期农作物受灾后 80%以上的植株死亡或改种其他农作物的季节已过，视为全损，按保险金额赔偿，其计算公式为

$$每亩赔款 = 单价 \times 每亩平均保险产量$$

或

$$每亩赔款 = 每亩保险成本 - 还未投入的成本$$

(2) 部分损失。对于部分损失，无论是按照成数还是按照成本确定保险金额，一般都在收获前(蜡熟期)测产计算出每亩实际收益额，具体赔偿数额为

每亩赔款 = 单价 × (每亩保险产量 − 每亩实际平均产量)

或

每亩赔款 = 每亩保险成本 − 每亩平均收入

2．牲畜保险的赔款处理

牲畜保险的赔款处理分为以下两种情况：

(1) 按定额承保的，在定额内按相应的档次赔付，不扣残值。

(2) 按变额承保的，以尸体重量乘以略低于国家收购牌价的价格，扣除残值后赔付。

重要概念

财产损失保险	火灾保险	货物运输保险	运输工具保险
工程保险	农业保险	团体火灾保险	机器损坏保险
利润损失险	家庭财产保险	“仓至仓”条款	机动车辆保险
车辆损失保险	交强险	无赔款优待	建筑工程保险
安装工程保险	绝对免赔额	相对免赔额	

思 考 题

1. 论述财产损失保险的特征。
2. 试比较财产保险与人身保险。
3. 财产损失保险的运行包括哪些程序？
4. 财产保险费率厘定有哪些基本原则？包括哪几种方法？
5. 财产损失保险的理赔需要注意哪些事项？
6. 在财产保险中固定资产保额如何确定？
7. 货物运输保险有哪些特点？
8. 为什么在机动车辆保险中要设置无赔款优待原则？
9. 简述农业保险的特征。
10. 农业保险在经营过程中存在哪些技术障碍？

第七章

责任保险、信用保险和保证保险

第一节　责任保险

一、责任保险概述

责任保险是指以被保险人对第三者依法应承担的赔偿责任为保险标的的一种保险。企业、团体、家庭和个人在各种生产活动或日常生活中，由于疏忽、过失等行为对他人造成人身伤亡或财产损失依法应承担的经济赔偿责任，可以通过投保有关责任保险转移给保险人。责任保险属于广义的财产保险范畴。

作为一类自成体系的保险业务，责任保险的适用范围是十分广泛的。具体而言，责任保险的承保对象包括：各种公众活动场所的所有者、经营管理者；各种产品的生产者、销售者、维修者；各种运输工具的所有参与经营管理者或驾驶员；各种需要雇用员工的单位；各种提供职业技术服务的单位或个人；城乡居民家庭或个人。此外，建设工程的所有者、承包者等也对相关责任事故风险具有保险利益；非公众活动场所也存在着公众责任风险等。

责任保险的保险标的是被保险人在法律上应负的民事损害赔偿责任。民事责任就是指公民或法人在不履行自己的民事义务或者侵犯他人的民事权利时按照民法的规定而产生的法律后果。《中华人民共和国民法通则》规定的民事责任包括：违约责任，又称为违反合同的民事责任；侵权责任，又称为违反法律规定的民事责任；其他违反民事义务的责任，凡不属于违约责任和侵权责任的其他民事责任都可以归入这一类(如返还不当得利的责任等)。

责任保险承保的民事责任主要包括侵权的民事责任(即侵权责任)和违反合同的民事责任(即合同责任或违约责任)两种。

责任保险的承保方式有两种：一种是将责任保险作为各种损害赔偿保险的组成部分或将其作为附加险来承保的，不签发专门的责任保险单；另一种是以单独的责任保险方式，签发专门的保险单来承保的。

在责任保险中，责任事故(损失)的各个阶段有的时间间隔很久，因此，对责任保险承保人来说，确定保险的有效期间是至关重要的。通常有两种确定责任保险责任事故有效期间的方法，即承保基础。一种是期内发生式，以损失发生的时间为承保基础，即保险人负责赔偿发生在保单有效期间内应由被保险人负责的损失，保险人不考虑责任事故(损失)发现的时间或提出索赔的时间。按这种承保基础承保的业务须随时准备处理那些保单早已到期，但因发现损失较晚而刚被报来的索赔案件。另一种是期内索赔式，以索赔提出的时间

为承保基础，即保险人负责赔偿在保单有效期间内受害人向被保险人提出的索赔。按这种方式承保的保单可以赔偿在保单起保日期以前发生的责任事故引起的损失。

责任保险的直接赔偿对象是被保险人，间接赔偿对象是第三者，即受害人。当保险事故发生后，受害人有权向被保险人索赔，被保险人有权向保险人索赔。保险人既可以直接对受害人支付赔款，也可以在被保险人赔偿受害人后将赔款支付给被保险人。

责任保险的赔偿范围一般包括两方面：其一，保险人负责赔偿被保险人对第三者造成的人身伤害与财产损失依法应负的赔偿责任。但是，保险人只对第三者财产的直接损失负责赔偿，对于间接损失一般不予负责。第三者人身伤害的赔偿范围可以包括第三者死亡及丧葬费用、残废与医疗费用等。其二，因赔偿纠纷引起的诉讼、律师费用及其他事先经保险人同意支付的费用。

从责任保险的发展实践来看，赔偿限额作为保险人承担赔偿责任的最高限额，通常的类型有：① 每次责任事故或同一原因引起的一系列责任事故的赔偿限额，它又可以分为财产损失赔偿限额和人身伤害赔偿限额；② 保险期内累计的赔偿限额，它也可以分为累计的财产损失赔偿限额和累计的人身伤害赔偿限额；③ 在某些情况下，保险人也将财产损失和人身伤害两个赔偿限额合成一个限额或者只规定每次事故由于同一原因引起的一系列责任事故的赔偿限额而不规定累计赔偿限额。

从责任保险的发展趋势来看，越来越多的国家责任保险承保人对人身伤亡不再规定赔偿限额或者仅规定一个综合性的赔偿限额。在责任保险经营实务中，保险人除通过确定赔偿限额来明确自己的最大承保责任外，还通常有免赔额的规定，以此促使被保险人小心谨慎。责任保险的免赔额通常采用绝对免赔额，即无论受害人是否死亡或者财产是否全部损失，免赔额内的金额均由被保险人自己负责赔偿。责任保险人承担的赔偿责任是超过免赔额之上且在赔偿限额之内的那一部分赔偿金额。

责任保险的主要险别包括产品责任保险、雇主责任保险、职业责任保险和公众责任保险等。

二、产品责任保险

(一) 产品责任保险的概念

1．产品责任

产品责任又称为制品责任、制造物责任或商品制造人责任等。它是指产品生产者或销售者等因该产品的缺陷致使消费者遭受人身伤害或财产损失时应承担的经济赔偿责任。最初的产品责任是一种合同责任，即产品生产者、销售者等不履行或不适当履行合同中规定的产品质量义务，而给消费者造成损害时应承担的赔偿责任。它以合同为基础和条件。受害者只有与生产者具有直接的合同关系，才能就缺陷产品造成的人身伤亡和财产损害，对生产者或销售者等提出赔偿请求。此外，合同中的损害还包括产品本身的损害及由此引起的其他经济损失。

随着经济活动的日益复杂，产品的合同责任已不能适应社会经济的发展需要，于是产品侵权责任便应运而生。产品侵权责任是指产品生产者、销售者等因产品缺陷而侵害消费者人身、财产权利并造成损害时依法应负的民事赔偿责任。它以生产者、销售者等与受害

消费者有直接合同关系为前提条件。产品侵权责任主要赔偿缺陷产品引起的人身伤害、财产损失，一般不赔偿缺陷产品本身损失。产品侵权责任不受合同关系的限制，即便是消费者与生产者、销售者等之间没有合同关系存在，也能够就其所受损害提出赔偿请求。因此，产品侵权责任成为产品责任中重要的不可缺少的组成部分。

2. 产品责任保险

产品责任保险是指以产品生产者或销售者等的产品责任为承保风险的责任保险。产品的生产者或销售者等向保险人投保产品责任保险，缴付一定的保险费后，将这种赔偿风险转嫁给保险人，一旦因产品责任给消费者或其他人造成人身伤害或财产损失，依法应由该生产者或销售者等负责时由保险人予以赔偿。

生产商、出口商、进口商、批发商、零售商及修理商等一切可能对产品责任事故造成损害负有赔偿责任的人，都可以投保产品责任保险。根据具体情况，可以由他们中间的任何一人投保，也可以由他们中间的几个人或全体联名投保。产品责任保险的被保险人，除投保人本身外，经投保人申请，保险人同意后，可以将其他有关方也作为被保险人，必要时将加费，并规定对各被保险人之间的责任互不追偿。各有关方中，制造商应承担最大风险，除非其他有关方已将产品重新装配、改装、修理、改换包装，并因此引起产品事故。凡产品原有缺陷引起的问题，最后都要追溯到该产品的制造商。

(二) 产品责任保险的内容

1. 产品责任保险的责任范围

产品责任保险的责任范围应该从保险责任、除外责任和责任期限三个方面分析，具体分析如下：

(1) 保险责任。产品责任保险承担以下两项保险责任：

① 在保险有效期内，被保险人生产、销售的产品或商品在承保区域内发生事故，造成用户、消费者或其他任何人的人身伤害(包括疾病、伤残、死亡)或财产损失，依法应由被保险人负责赔偿时，保险人在保单规定的赔偿限额内予以赔偿。

保险人在产品责任保险项下承担造成用户损害的责任事故，必须具有“意外”、“偶然”的性质，而非被保险人事先所能预料的。除此之外，事故必须发生在被保险人制造或销售场所以外的地方，而且产品的所有权必须已转移至用户。这是保险人是否承担责任的两个先决条件。但是，承保餐饮、旅馆等行业的产品责任保险，不要求满足第二个先决条件。餐饮、旅馆等行业自己生产或销售的食品、饮料等产品，一般都由食用者在餐厅、旅馆内食用，为了使被保险人由于这类产品事故引起的赔偿责任也能在产品责任保险项下获得保障，可以在保单内加以特别规定并加收一定的保险费后予以承保。承保区域一般由保险合同双方当事人根据具体需要商定。

② 被保险人为产品责任所支付的诉讼、抗辩费用及其他经保险人事先同意支付的费用，保险人也予以赔付。发生产品责任后，是否应由被保险人承担赔偿责任以及赔偿数额的高低，通常都通过诉讼由法院判定。为了避免或减少这项开支，对一些索赔金额不大、责任比较明确的案件，保险人一般应与受害人协商解决。

(2) 除外责任。产品责任保险除外责任主要包括：① 根据合同或协议应由被保险人承担的责任；② 被保险人根据劳工法或雇佣合同对其雇员及有关人员应承担的责任，因为这

种责任应由劳工保险或雇主责任保险承保；③ 被保险人所有或照管或控制的财产的损失，这种损失应由被保险人投保财产保险来解决；④ 被保险人故意违法生产、销售的产品或商品发生事故造成任何人的人身伤害或财产损失，这种损失的赔偿责任理应由被保险人自己承担；⑤ 被保险产品本身的损失以及退换、回收有缺陷产品造成的费用及损失，这类损失及费用属产品保证保险范围；⑥ 被保险产品造成大气、土地、水污染及其他各种污染引起的责任；⑦ 被保险产品造成对飞机或轮船的损害责任。

除此以外，保险人对战争、罢工、核风险引起的产品责任事故造成的损害不予赔偿。另外，因产品缺陷造成责任事故而引致的罚款以及保单规定的免赔额都由被保险人自行负担。

(3) 责任期限。产品责任保险的保险期限通常为三年，期满可以续保。同其他单独承保的责任保险一样，产品责任保险的责任期限也是由不同的承保基础决定的，其具体分为以下两种：

① “期内发生式”下的责任期限。其含义是：保险生效前几年生产或销售的，只要该产品在保险期限内发生事故并导致对用户的损害，不论被保险人何时提出索赔，保险人均负赔偿责任。其具体要点包括：产品责任事故必须发生在保险期限内；不论产品是否在保险期限内生产或销售；不论意外事故或损失何时发现；不论被保险人提出的索赔是在保险期限内，还是期满之后。

② “期内索赔式”下的责任期限。其含义是：不管保险事故发生在保险期限内还是保险期限之前，只要被保险人在保险期限内提出索赔，保险人就承担赔偿责任。

举例说明赔偿责任的界定。假设某制药厂在 2008 年投保了产品责任保险，保险期限为一年。在保险期限内，某患者服用该厂生产的已投保产品责任险的药品，因其配制上的过失致使该患者身体受到了潜在的伤害。该患者于 2011 年发现并提出索赔。而保险事故是在 2008 年发生的，因此，如果该保单是以“期内发生式”为基础承保的，那么，保险人对此索赔要负责赔偿；反之，若该保单是以“期内索赔式”为基础承保的，保险人则不负任何赔偿责任，因为，被保险人的索赔并不在保险期限以内。

传统的产品责任险保单大多采用“期内发生式”作为承保基础。但是，采用这种方式常会出现在保险期限内发生的事故，到保险期间终了后的较长一段时间才提出索赔。因此，保险人必须随时准备处理那些保险期限早已到期但却刚刚报来的索赔案子。这样的案件越多，对保险人越不利。为避免这一弊端，国外产品责任保险的承保人已经逐步转向采取“期内索赔式”作为承保基础。

究竟采用何种方式作为承保基础应根据问题具体情况而定。原则上讲，凡保险事故发生后能够立即得知或发现的，宜采用“期内发生式”；反之，如保险事故发生后不能立即得知或发现的，宜采用“期内索赔式”。例如，某些具有缺陷“潜伏期”的产品(如药品等)投保产品责任保险，保险人应采取“期内索赔式”。

2．保险费率和保险费

保险费率和保险费的具体内容分述如下：

(1) 保险费率的厘定。产品责任保险同其他险种一样，费率的高低，取决于风险的大小。不同产品、不同的承保条件决定不同的保险费率。具体地说，影响其费率的因素包括：

① 产品的特点及其可能对人体或财产造成损害的风险大小；② 赔偿限额的高低。限额高，费率也高，但并非按比例增加；③ 承保地区范围的大小；④ 产品数量多少和产品价格的高低。同类产品，数量多或价格高的，销售额也高，保费收入多，费率就可降低；⑤ 保险公司以往经营此项业务的损失或赔付统计资料；⑥ 产品制造者的技术水平和质量管理情况。优质产品可以避免或减少产品责任风险，因此，技术和管理水平较好的被保险人可以享受优惠费率。

(2) 保险费的计算。产品责任保险的保险费，通常是按上一年的生产、销售总额或营业收入总额及规定的保险费率计算出预收保险费，待保险期满时再按实际营业收入总额计算出实际保险费，多退少补。

3．赔偿限额

产品责任保险承保的是被保险人的经济赔偿责任，而不是有固定价值的资产。因此，保险单均不规定保险金额而仅规定赔偿限额，即保险人所承担赔偿责任的最高限额。被保险人因产品责任事故对受害人应赔偿的金额大小，由法院判定或双方协商确定。保险人在赔偿限额内承担被保险人对受害人的赔偿责任，超过限额的部分，由被保险人自行承担。

赔偿限额由被保险人根据需要提出，经保险人同意后在保单中列明。在产品责任保险保单中，通常规定两项赔偿限额，即每次事故的赔偿限额和保单累计赔偿限额。前者指保险人对每一次产品责任事故可以赔付的最高金额，后者指保险人在整个保单有效期内可以赔付的最高金额。以上每项赔偿限额还可以分别划分为人身伤害和财产损失两项赔偿限额。产品责任事故导致用户或消费者人身伤害或财产损失时，分别适用各自的赔偿限额。

赔偿限额应根据不同产品发生事故后可能引起赔偿责任的大小确定。在确定赔偿限额时应考虑不同产品、不同地区的差异。如食品、药品或某些机电产品，发生事故后可能造成众多的人员伤害或财产损失，应确定较高的赔偿限额。又如销往美国的产品，一旦发生事故，索赔金额巨大。因此，其赔偿限额也应高于销往其他国家的产品。诉讼、抗辩费用在赔偿限额以外赔付。

4．承保地区范围

承保地区范围由保险双方当事人根据具体需要商定，并在保单中列明。保险人仅对投保产品在规定地区范围内发生保险事故引起的赔偿责任负责。如果某种产品仅在某一国家或地区销售或使用，则以该国家或地区作为承保地区范围，如某种产品通过销售或转口可能在世界各地的市场流通或使用，则承保地区范围应规定为全世界，并应在保单中列明司法管辖权。

三、雇主责任保险

(一) 雇主责任保险的概念

1．雇主责任

雇主责任是指雇主对其雇员在受雇期间因发生意外事故或职业病而造成人身伤残或死亡时依法应承担的经济赔偿责任。我国有关劳工赔偿的法规对此也有相关的规定。在雇佣过程中，如果雇主未能或未能全部履行自己对雇员安全的义务致使雇员遭受人身伤亡或疾

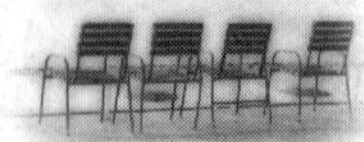

病，雇员有权依法要求雇主赔偿其经济损失。

2．雇主责任保险

雇主责任保险是指以雇主的雇主责任为承保风险的责任保险。它保障雇主对雇员在受雇过程中伤亡、疾病的赔偿。对非因工作或非工作时间内雇员的人身伤亡和疾病，雇主责任保险不予负责，此外，对雇员的财产损失也不负责赔偿。在世界各国和地区，一般都通过立法，详细规定雇主对其雇员在受雇期间的各种义务和责任。例如，英国的工厂法、农业法，1969 年的雇主责任强制保险法，日本的劳工标准法，香港的劳动赔偿法都属于这类立法。美国在其公法和成文法中都有详细的规定，要求雇主从事业务活动时注意雇员安全；并对雇员在受雇期间遭受意外事故的损失予以赔偿。

我国目前开办的雇主责任保险，主要承保雇主根据有关法律或雇佣合同对雇员人身伤害的损害赔偿责任。雇主责任保险的投保人和被保险人都是雇主，但受益人是与雇主有雇佣关系的雇员。保险人与雇主之间存在保险合同关系，与雇员之间不存在保险合同关系 (除非法律或雇佣合同另有规定)。

(二) 雇主责任保险的内容

1．雇主责任保险的责任范围

雇主责任保险的保险责任是雇主根据劳工赔偿法等法令对雇员应负的赔偿责任。在我国，雇主责任保险多以雇佣合同中规定的雇主赔偿责任为保险责任。但如果雇员根据国家有关法律提起诉讼时，保险人对法院判决的有关雇主责任保险项下承保的雇主责任予以负责。具体责任包括以下几个方面：

(1) 保险责任。雇主责任保险的基本责任包括两方面的内容：一是被保险人雇佣的人员(包括长期固定工、临时工、季节工、学徒工)，在保单有效期间、受雇的过程中及保单所列明的地点，从事保单列明的被保险人的业务活动时，遭受意外而受伤、致残、死亡或患有与业务有关的职业性疾病所致伤残或死亡的经济赔偿责任；二是被保险人的有关诉讼费用。

分析雇主责任保险的基本责任时，应注意以下几点：① 受雇过程是指雇员的受雇佣期间(包括节假日和加班)。② 保单载明的业务工作是指在保单中列明的每一个雇员所从事的工种，雇员从事的工种必须是列明的或与列明的有关的。如果雇员在从事非雇主所授意的，或非列明的或与列明工种毫无关系的工作而遭受意外伤残或死亡的，保险人不负责赔偿。因为“业务工作”是保险人制定雇主责任保险费率重点考虑的因素，保险人只对已付保费的具体业务和具体业务活动提供保障。③ 职业性疾病是指经过医院确诊的与职业有关的疾病。④ 雇主责任保险承保的对象是雇主对其雇员应承担的赔偿责任，因而雇主自身(包括企业董事会成员)在工作地点和工作期间的人身伤亡不属于保险责任范围。

(2) 除外责任。我国雇主责任保单对下列原因引起的责任不负责赔偿：战争、类似战争行为、叛乱、罢工、暴动或由于核辐射所致的雇员伤残、死亡或疾病；雇员由于疾病、传染病、分娩、流产以及因这些疾病而施行内、外科治疗手术所致的伤残或死亡；由于雇员自加伤害、自杀、犯罪行为、酗酒及无照驾驶各种机动车辆所致的伤残或死亡；被保险人的故意行为或重大过失；被保险人对其承包商雇员的责任。

(3) 附加责任。我国雇主责任保险经保险双方当事人约定后，可以扩展承保以下两项

保险责任：

① 附加医疗费保险。附加医疗费保险承保雇员在保单有效期间，因患除职业病以外的疾病(包括传染病、分娩、流产)所需的医疗费用，包括治疗、医药、手术、住院费用，并规定只限于在中国境内的医院或诊疗所就诊和治疗，凭单证赔付。

这项附加责任保险提供的保障，正是保单除外责任的第二点。其保障放弃了原保单过失责任的归责原则，而采用严格责任的归责原则(不考虑雇员是否因工作生病，只要雇员生病，雇主就必须负责)。这种保障内容属于医疗保险的保险责任，从而大大扩展了原保单的保险责任范围。

② 附加第三者责任保险。附加第三者责任保险保障被保险人在保单有效期内，因其雇员(或其本人)在从事保单列明的业务或有关工作时，由于意外或疏忽而造成第三者人身伤亡或财产损失，以及由此引起的对第三者的抚恤金、医疗费用和赔偿费用，依法应由被保险人承担的赔偿责任。

这项附加责任保险为雇主在经营业务活动中可能造成的对第三者责任的风险提供保障。在英国和美国，有各种各样的责任保险可供雇主或个人转嫁自己对第三者人身伤害或财产损害的赔偿责任。雇主责任保险附加第三者责任保险就是这类保险的一种。这种第三者责任保险，也可以采用单独的公众责任保险保单承保。

(4) 责任期限。雇主责任保险的保险期限一般多是一年期，以保险双方当事人约定的时间为始终点，也有的合同以承包工程期为保险期间。

国外多以“期内索赔式”承保雇主责任保险，也就是以索赔提出的时间是否在保单有效期内计算保单的责任期限。

国际上经常用“期内索赔式”承保有“长尾巴”风险的业务，如职业责任保险、产品责任保险等。

2. 雇主责任保险的赔偿限额

国外对雇主责任保险多提供无限额赔偿。目前，我国的雇主责任保险没有法律规定的赔偿标准，由被保险人根据雇佣合同的要求，以雇员若干个月的工资额制定赔偿限额。例如，可以将死亡的赔偿限额选定为雇员 36 个月的工资；将伤残的最高限额选定为雇员 4～8 个月的工资。雇主责任保险保单分别规定死亡和伤残两种情况的赔偿限额。其具体内容如下：

(1) 死亡的赔偿：按保单规定的雇员死亡的赔偿限额赔偿。

(2) 伤残的赔偿的分类是：永久性完全残废，按每一雇员的最高赔偿限额赔付；永久性局部残废，按赔偿金额表中规定的百分比赔付；伤害，雇员在工作中受伤，暂时丧失工作能力超过 5 天，经医生证明，按雇员的工资给予赔偿。

在保险单有效期间，不论发生一次或多次赔偿，保险单对每位雇员的赔偿累计不得超过保单规定的赔偿限额。其具体内容如下：

(1) 附加医疗费保险：对每个雇员规定累计赔偿限额。

(2) 附加第三者责任保险：规定每次事故赔偿限额。

3. 雇主责任保险的保险费

雇主责任保险的保险费率须根据被保险人的工资总额(包括奖金、伙食补助等各种津

贴、加班费等)、工作地址、职业性质以及被保险人选定的赔偿限额来确定。

由于雇员从事工种的危险程度不同，对不同工作类别或不同工作的保费计算也很不相同。一般来说，从事危险工作的雇员，费率最高；从事一般工作的雇员，费率中等；办公室职员和从事秘书工作的雇员，费率较低。费率的制定，需详细区别为好。对于扩展的附加责任保险，可以在该责任保险基本费率的基础上按一定比例增加费率，统一计算保险费，也可以按其风险大小确定单独的费率另行计算保险费。

在签订保险单时，保险费是根据被保险人估计的保险期间的工资总额计算的预付保险费交纳的。在保单到期前一个月内，被保险人应把保单有效期间实际付出的工资和各项补贴的准确数字送交保险人，保险人根据这个数字对保险费用进行调整，其差额部分退还给被保险人或由被保险人补交给保险人。保险费的计算公式如下：

预收的保险费 = A 工种年工资总额 × 费率 + B 工种年工资总额 × 费率 + …

附加医疗费保险的保险费 = 每人累计赔偿限额 × 人数 × 费率

附加第三者责任保险的保险费 = 每次事故赔偿限额 × 人数 × 费率

四、职业责任保险

(一) 职业责任保险的概念

1. 职业责任

职业责任是指各种专业技术人员因工作上的疏忽或过失造成他们的当事人或其他人的人身伤害或财产损失，依法应当由提供服务的专业技术人员承担的经济赔偿责任。职业责任，实际上是一种失职行为。在国外，医疗事故或设计事故的经济赔偿责任是一般技术人员难以承受的。因此，投保职业责任保险非常普遍。

2. 职业责任保险

职业责任保险是指以各种专业技术人员的职业责任为承保风险的责任保险。目前国外办理较为普遍的有医生、药剂师、会计师、律师、设计师、工程师等的职业责任保险。不同专业技术人员的职业责任保险，内容皆不相同。保险人常用专门设计的职业责任保险条款来承保。具体内容如下：

(1) 职业责任保险的主要种类。目前开办的职业责任保险主要有以下几种：

① 内科医生、外科医生及牙科医生职业责任保险。该职业责任保险承保医生在履行职责时，因作为或不作为而使他人遭受伤害应当承担的赔偿责任。

② 药剂师职业责任保险。该职业责任保险承保药剂师在配方或出卖成药时，发生错误而使他人遭受损害应承担的赔偿责任。

③ 会计师职业责任保险。该职业责任保险承保会计师因履行职责时作为或不作为而使他人遭受损害依法应承担的赔偿责任。这里的损害必须是被保险人以会计身份为他人服务时所导致的财务损失，不包括他人的伤残、死亡以及实物财产的损毁。

④ 律师职业责任保险。该职业责任保险承保律师因执行业务时的作为或不作为而使他人遭受损害依法应承担的赔偿责任。

⑤ 保险代理人及经纪人职业责任保险。该职业责任保险承保保险代理人及经纪人由于业务上的错误、遗漏或其他过失行为，导致他人财物损失依法承担的赔偿责任。此种保

单又可扩大承保代理人由于未能按照授权或指示所引起的对其保险人的赔偿责任。

(2) 投保人与被保险人。职业责任保险一般是由提供专业技术服务的单位进行投保。如医院替医生投保、勘察设计院替设计师投保等。如果是个体专业技术人员，如私人医生等，则由其本人投保个人职业责任保险。

职业责任保险多以医生、药剂师、会计师、律师、设计师等为被保险人，职业责任保险是责任保险中比较新的一个险种，适用范围正在逐渐扩大。职业责任保险的投保人可以申请增加被保险人，但必须增加一定的保险费。

(二) 职业责任保险的内容

1. 职业责任保险的责任范围

职业责任保险的责任范围包括保险责任、除外责任和责任期限三方面内容，分述如下：

(1) 保险责任。职业责任险在国外并无统一的条款以及保单格式，而是由各保险公司根据不同种类的职业责任设计制定不同的条款承保。但对于保险责任范围，条款通常规定："根据本保单规定的条件、除外责任和赔偿限额，对由于被保险人或其从事该业务的前任或其任何雇员或从事该业务的雇员的前任，在任何时候、任何地方从事该业务时，由于疏忽行为、错误或失职而违反或被指控违反其职业责任所致的损失，在本保险单有效期内向被保险人提出的任何索赔，本公司同意给予赔偿。"

上述条款说明，职业责任险的责任范围，涉及以下几个问题：

① 保单只负责专业人员由于职业上的疏忽行为、错误或失职造成的损失。国外有些保险人准备扩大责任范围，负责被保险人由于一般民事责任引起的赔偿责任，例如，由于违反契约保证条款引起的损失，这就超出了一般职业责任险的范围。

② 保单负责被保险人的职业疏忽行为，除被保险人自己外，还包括被保险人从事该业务的前任、被保险人的雇员及从事该业务的雇员的前任的职业疏忽行为。

③ 职业责任险通常采取"期内索赔式"为承保基础。保险公司仅对在保单有效期内提出的索赔负责，而不管导致该索赔的事故是否发生在该保单有效期内。

④ 职业责任险承担的赔偿责任包括两方面，即赔偿金和诉讼费用。

(2) 除外责任。职业责任险的除外责任一般包括：① 战争；② 罢工；③ 核风险；④ 被保险人的故意行为；⑤ 被保险人的家属、雇员的人身伤害或财物损失；⑥ 被保险人的契约责任(没有该契约被保险人依法所应负责者除外)；⑦ 被保险人所有或由其照管、控制的财产损失。

此外，还有几项特有的除外责任：① 因被保险人或者从事该业务的前任或其任何雇员或从事该业务的雇员的前任的不诚实、欺骗、犯罪或恶意行为所引起的任何索赔；② 因文件的灭失或损失引起的任何索赔(但也可加费后扩展承保)；③ 因被保险人隐瞒或欺诈行为以及被保险人在投保或保险有效期间不如实向保险人报告应报告的情况而引起的任何索赔；④ 因被保险人被指控有对他人诽谤或恶意中伤行为而引起的索赔。但对某些特定的职业责任险，也可承保这种赔偿责任。

(3) 责任期限。职业责任保险的保险期限通常为一年。由于职业责任事故的产生到受害方提出索赔，有可能间隔一个相当长的期限，例如，一年、两年，甚至更长时间。为了能确切地把握保单项下应支付的赔款，对应承担的风险做出比较切合实际的估测，保险人

通常在一定的保险期限之外均规定责任追溯日期，仅对该追溯日期开始后发生的疏忽行为并在保单有效期内提出的索赔负责。假如某保单保险期限为 2009 年 1 月 1 日至 2009 年 12 月 31 日，追溯日期为 2007 年 1 月 1 日。那么，只有在 2007 年 1 月 1 日后发生的责任事故并在 2009 年内提出的索赔，保险人才予以负责；对于追溯日期之前发生的责任事故，保险人概不负责。

美国有些保险人对保险期限内发生的事故引起的损失承担责任，而不管被保险人在保险期限内是否提出索赔。采用这种承保方式，保险人在该保单项下承担的赔偿责任，往往要拖很长时间才能确定，而且因为货币贬值因素，最终索赔的数额可能大大超过疏忽行为发生当时的水准。在这种情况下，如果索赔数额超过保单的赔偿限额，超过部分仍应由被保险人自行负责。

2. 职业责任保险的赔偿限额

职业责任保险承保的是被保险人的赔偿责任，因此，保单上不列示保险金额，而仅规定赔偿限额，即最高赔偿责任限额。职业责任保险的保单的赔偿限额一般为累计的赔偿限额，而不规定每次事故的赔偿限额，但也有些承保人采用每次索赔或每次事故赔偿限额而不规定累计赔偿限额。诉讼费用在赔偿限额以外赔付。

3. 职业责任保险的保险费

保险费的计算方法同其他险种相近。总保险费由纯保险费和附加保险费组成，纯保险费等于损失金额除以保险单位。由于职业责任保险的业务性质差异较大，故保险单位的划分，也根据业务的不同而不同。在计算保险费率时，既要以 5 年期间的平均结果为基础，又要以现行费率为条件，然后再将两者加权平均之后得到保险费率。权数的大小，决定于每一分类团体在计费区域内所发生的赔案件数。资料的多少，决定统计分析结果的精确程度。

五、公众责任保险

(一) 公众责任保险的概念

1. 公众责任

公众责任又称为第三者责任、公共责任或综合责任。它是指公民、企事业单位、机关、团体因自身的疏忽或过失等侵权行为，致使他人的人身或财产受到损害而依法承担的经济赔偿责任。

2. 公众责任保险

公众责任保险又称为普通责任保险或综合责任保险。它是指以损害公众利益的民事赔偿责任为保险标的的责任保险。公众责任保险承保的民事赔偿责任可以是侵权责任，也可以是合同(契约)责任。公众责任保险承保的合同责任通常需要特别约定。

公众责任保险保障被保险人或其雇员在从事所保业务活动时，因意外事故对第三者造成的人身伤害(疾病、残疾和死亡)和财产的损害或灭失所引起的法律赔偿责任。公众责任保险还可以保障妨碍通行阻塞道路、失去舒适环境和非法侵入等原因造成的第三者责任。

公众责任保险适用范围极其广泛，既可以承保不同行业的企业团体在生产、经营活动中因意外事故造成他人人身伤害和财产损失应承担的赔偿责任，也可以承保家庭或个人在日常生活中因意外事故造成他人人身伤害和财产的损失应承担的赔偿责任(这种责任保险又称为个人责任保险)。凡是被保险人对他人造成的人身伤害和财产损失，都可以在公众责任保险中得到赔偿。

公众责任保险的投保人可以是被保险人，但被保险人不仅可以是投保人，还可以是其他人。当为其本身在业务活动或日常生活中的意外事故可能造成第三者的人身伤亡或财产损失的赔偿责任投保公众责任保险时，投保人就是被保险人。公众责任险中的被保险人还可以包括以下几类：

(1) 被保险人死亡后，须负赔偿责任的被保险人的个人代表可以成为被保险人。

(2) 经被保险人的要求，被保险人的董事、合伙人、雇员、或被保险人经营机构的工作人员等均可以成为被保险人。

(3) 工程的承包人和委托人(即业主)可以同时成为被保险人。

(二) 公众责任保险的内容

1. 公众责任保险的责任范围

公众责任保险的责任范围主要包括以下三个方面的内容：

(1) 保险责任。公众责任保险单的基本责任是指保障被保险人在保单有效期间从事所保业务活动因意外事故对第三者造成的人身伤害(包括疾病、残疾、死亡)和财产的损害或灭失引起的法律赔偿责任。另外，保单还负责被保险人因发生损害事故而支出的有关诉讼费用。

(2) 除外责任。由于公众责任保险适用范围非常广泛，所以，很难制定出一张适合所有保险条款和保险市场的除外责任表，这里列举国际上常见的除外责任：① 可以用其他专业保单承保的责任，如航空保险、海上保险、机动车辆保险等；② 由于核燃料、核废料或核爆炸引起的责任；③ 战争、暴乱等后果责任；④ 由被保险人照顾、监护或控制的财产的损失责任；⑤ 包括在产品质量保证范围内的有缺陷产品的回收、修理或置换费用责任。

目前，我国的公众责任保险主要用于场所责任，保单的除外责任规定较多，主要包括：① 被保险人的合同责任，除非该合同责任同时构成法律责任；② 被保险人的雇员所遭受的人身伤害；被保险人或其雇员或其代理人照管、控制的财产的损失；③ 被保险人或其雇员因经营活动一直使用的任何物品、土地、房屋和建筑物的损失；④ 由下列原因所造成的损失或伤害责任：保险单未列明的属于被保险人的或以其名义使用的任何牲畜、脚踏车、机动车、火车、船舶、飞机、电梯、起重机及其他升降装置、火灾、地震、爆炸、洪水、烟熏和水污；任何类型的中毒或不洁的食物或饮料；大气、土地、水污染及其他污染；由被保险人做出的或认可的医疗措施或医疗建议；⑤ 由于震动、移动或减弱支撑引起的土地或财产损失的责任；⑥ 战争、内战等行为引起的后果责任；罢工等行为直接或间接引起的后果责任；⑦ 被保险人及其代表的故意行为或重大过失；⑧ 核风险所引起的责任；⑨ 罚款或惩罚性赔款；⑩ 被保险人自行负担的免赔额。

以上所列除外责任可以概括为三类：一是不能承保的风险，即绝对除外责任，如战争、核风险等；二是不能在公众责任保险中承保，但可以在其他保险中承保的风险，如被保险

人的雇员所遭受的人身伤害；三是一般责任险保单不予承保，但经过特别约定并加收保费后能够承保的风险，如被保险人的合同责任等。

(3) 责任期限。公众责任保险保单的承保责任期限按保险双方当事人约定时间为始终点，多以“期内发生式”为承保基础。如果责任事故发生和导致损害事实之间有一段相隔的时间，只要责任事故发生时间是在保单有效期间，即使伤残或损失是在保单终止日期之后发现的，保险人仍须承担赔偿责任。

2．公众责任保险的主要险种

公众责任保险适用范围极其广泛，保险种类较多。目前，我国开办的公众责任保险可归类为以下几种：

(1) 场所责任保险。它适用于商店、办公楼、旅馆、公共娱乐场所、工厂及农村等。

(2) 电梯责任保险。电梯责任保险包括在场所责任保险内，经被保险人的要求，也可以专项承保。公众责任保险保单规定“被保险人照管的或控制的财产的损失”属于除外责任，但习惯上保险人对电梯事故造成的损失予以赔偿。

(3) 承包人责任保险。它适用于各种建筑工程、装卸作业及修理行业等。建筑工程承包人的损害赔偿责任也可以在建筑工程保险中承保。

(4) 个人责任保险。它适用于个人及其家庭的日常生活活动。

3．公众责任保险的赔偿限额

公众责任保险的赔偿限额的高低由保险双方当事人根据可能发生的赔偿责任风险的大小协商确定。通常，人身伤害的赔偿限额和财产损失的赔偿限额分项制定，也可以将人身伤害和财产损失合并为一个赔偿限额。

通常，对每次责任事故或每年责任事故的累计赔偿金额的限制性规定包括：

(1) 每次责任事故(或事件)的赔偿限额。有的保单规定的赔偿限额适用于一次责任事故。一次责任事故可以是一个最初原因引起的一系列后果。在一个保单有效期内，保单对所有的保险事故(或事件)都负责赔偿，每次所付金额不超过合同赔偿限额，无累计最多赔偿金额限制。

(2) 保单的累计赔偿限额。有的公众责任保险保单除了规定每次事故(或事件)的保单赔偿限额外，同时规定保单的累计赔偿限额，即保单在一个有效期(通常为一年)内能够负责的最高赔偿限额。如果保险期间发生了多次保险事故，当累计赔偿责任超过保单的累计赔偿限额时，保险人对其超过部分不予负责。

(3) 免赔额。公众责任保险一般有免赔额的规定。免赔额的确定以承保业务的风险大小为依据，并在保单上注明。按保障内容划分，免赔额可以分为人身伤害免赔额和财产损失免赔额，有的也将人身伤害和财产损失合并为一个免赔额。按损失情况划分，免赔额分为一次事故免赔额和累计免赔额。在保险实务中，免赔额可能是交叉规定的。例如，按一次事故规定免赔额，并分别规定一次事故中人身伤害的免赔额和一次事故中财产损失的免赔额。

我国的公众责任保险仅对财产损失责任的赔偿规定免赔额，对人身伤害责任的赔偿并无免赔额的规定。我国规定的免赔额为绝对免赔额，即免赔额以内的损失均由被保险人承担。

4．公众责任保险的保险费

公众责任保险计算保费的方法是多种多样的，国内外的情况分别如下：

(1) 国外对商店、旅馆等公共场所一般按营业场所面积的大小计算保费；工厂通常按全年工资总额计算保费；修理、建筑、服务行业多按全年业务总收入计算保费；当然也可以将两种或多种方式结合起来计算保费。计算公众责任保险保费的全部基础是：被保险人经营活动的规模、承保的工作人员(包括被保险人的雇员等)的总数、正常的工作量(业务量)以及雇员的工资总额等。

(2) 我国公众责任保险的费率是以每次事故累计赔偿限额和业务性质分类的，以赔偿限额乘以适当的费率计收保险费。在保险实务中，为了简化保险费计算手续，通常采取按不同承保对象收取固定保险费的做法。

第二节　信用保险

一、信用保险的含义

信用保险是指权利人向保险人投保债务人的信用风险的一种保险。信用保险不同于保证保险，其合同当事人是权利人(被保险人)和保证人(保险人)。信用保险的一个特点是投保人都是权利人。实际上，信用保险就是把债务人的保证责任转移给保险人，当债务人不能履行其义务时，由保险人承担赔偿责任。信用保险主要险别包括一般商业信用保险、投资保险(又称为政治风险保险)和出口信用保险。

我国的信用保险产生于20世纪80年代初期。1983年初，中国人民保险公司上海市分公司与中国银行上海分行达成协议，试办了我国第一笔中长期出口信用保险业务。1986年初，中国人民保险公司上海分公司按有关协议，开始试办有关短期出口信用保险。1988年，国务院正式决定由中国人民保险公司试办出口信用保险业务，该公司设立了信用保险部。1994年成立的中国进出口银行的主要业务之一是经营我国的出口信用保险业务。2000年底正式成立专门经营我国出口信用保险业务的中国出口信用保险公司。

二、一般商业信用保险

一般商业信用保险，又称为国内信用保险。它是指在商业活动中，作为权利人的一方当事人要求保险人将另一方当事人作为被保证人，并承担由于被保证人的信用风险而使权利人遭受商业利益损失的保险。商业信用保险承保的标的是被保证人的商业信用，这种商业信用的实际内容通过列明的方式在保险合同中予以明确，其保险金额根据当事人之间的商业合同的标的价值来确定。如果被保证人发生保险事故，保险人首先向权利人履行赔偿责任，同时自动取得向被保证人进行代位求偿的权利。由于商业信用涉及各种形式的商业活动，商业信用保险也必须针对各种不同的商业活动的需要进行设计，从而开发出为各种商业信用提供保险保障的商业保险业务。

国内信用保险一般承保批发业务，不承保零售业务；承保36个月的短期商业信用风险，不承保长期商业信用风险。其险种主要包括：赊销信用保险、贷款信用保险和个人贷款信

用保险。

(一) 赊销信用保险

赊销信用保险是为国内商业贸易的延期付款或分期付款行为提供信用担保的一种信用保险业务。在这种业务中，投保人是制造商或供应商，保险人承保的是买方(即义务人)的信用风险，目的在于保证被保险人(即权利人)能按期收回赊销货款，保障商业贸易的顺利进行。从国外的保险实践来看，赊销保险适用于一些以分期付款方式销售的耐用商品，如汽车、船舶、住宅及大批量商品等，这类商业贸易往往金额较大，一旦买方无力偿付分期支付的货款，就会造成制造商或供应商的经济损失。因此，需要保险人提供买方信用风险保险服务。赊销信用保险的特点是赊账期往往较长，风险比较分散，承保业务手续也比较复杂，保险人必须在仔细考察买方资信情况的条件下才能决定是否承保。在我国，中国平安保险公司率先于 1995 年开办了这种业务。随着商业体制的改革和商业结算制度的进一步完善，这种信用保险将会得到较快的发展。

(二) 贷款信用保险

贷款信用保险是保险人对银行或其他金融机构与企业之间的借贷合同进行担保并承保其信用风险的保险。在市场经济的条件下，贷款风险是客观存在的，究其原因既有企业经营管理不善或决策失误的因素，又有自然灾害和意外事故的冲击等。这些因素都可能造成贷款不能安全回流，对此必然要建立起相应的贷款信用保险制度来予以保证。在国外，贷款信用保险是比较常见的信用保险业务，它是银行转嫁贷款中的信用风险的必要手段。

在贷款信用保险中，放款方既是投保人又是被保险人。放款方投保贷款信用保险后，当借款人无力归还贷款时，可以从保险人那里获得补偿。贷款信用保险是保证银行信贷资金正常周转的重要手段之一。

贷款信用保险的保险责任一般应包括决策失误、政府部门干预、市场竞争等风险，通常只要不是投保人(或被保险人)的故意行为和违法犯罪行为所致的贷款无法收回，保险人就承担赔偿责任。贷款信用保险的保险金额确定，应以银行贷出的款项为依据。贷款信用保险的保险费率厘定应与银行利率相联系，并着重考虑四个因素：企业的资信情况、企业的经营管理水平与市场竞争力、贷款项目的期限和用途以及所属经济区域。

(三) 个人贷款信用保险

个人贷款信用保险是指以金融机构对自然人进行贷款时，由于债务人不履行贷款合同致使金融机构遭受经济损失为保险对象的信用保险。它是国外保险人面向个人承保的较特别的业务。由于个人的情况千差万别，且居住分散，风险不一，保险人要开办这种业务，必须对贷款人的贷款的用途、经营情况、日常信誉、私有财产物资等做全面的调查和了解，必要时还要求贷款人提供反担保，否则不能轻率承保。

三、投资保险

(一) 投资保险的概念

投资保险是指承保被保险人因投资引进国的政治局势动荡或政府法令变动所引起的投资损失的保险。其承保对象一般是海外投资者。政治风险是指东道国政府没收或征用外国

投资者财产、实行外汇管制、撤销进出口许可证、内战、绑架等风险。

开展投资保险业务的主要目的是为了鼓励资本输出。美国于1948年4月根据《对外援助法》制定了“经济合作法案”，开始实施马歇尔计划，同时设立了经济合作署，专门管理外援及海外投资事务，并开始实行投资风险保险制度。1961年3月，美国国会通过了新的《对外援助法》修正案，并设立了国际开发署，接管投资保险业务；1969年又设立直属国务院的涉外私人投资公司，取代国际开发署主管涉外投资保险。战后，其他国家也仿效美国实行投资保险制度，如英国的出口信用担保局办理此项业务。因此，作为一项独立的新型保险业务，投资保险是于20世纪60年代在欧美国家形成的。此后，它成了海外投资者进行投资活动的前提条件。在我国，投资保险首先是为了适应外国投资者的需要于1979年开办的。从1980年开始，我国对外投资日渐增加，也需要保险人提供投资保险服务。

投资保险承担的是特殊的政治风险，责任重大，因此，通常由政府设立的保险机构办理，商业性的保险公司或民间保险公司很少经营此种业务。

(二) 保险责任范围

1. 保险责任

投资保险的保险责任主要包括以下三种：

(1) 战争风险，又称为战争、革命、暴乱风险，其包括战争、类似战争行为、叛乱、罢工及暴动所造成的有形财产的直接损失的风险。现金、证券等不属于保险财产。

(2) 征用风险，又称为国有化风险，是投资者在国外的投资资产被东道国政府有关部门征用或没收的风险。《日本输出保险法》将其称为“被夺取”的风险，即剥夺投资者所有权的风险。美国的《海外私人投资公司保险手册》明确表明，由投资项目所在国政府所“授权、许可或纵容”的任何行动，若对美国海外企业的财产和经营产生了特定的影响或者对投资者的各种权利和经济利益产生了特定的影响，就被认为是“征用行动”。

(3) 汇兑风险，又称为外汇风险，是投资者因东道国的突发事件而导致其在投资国与投资国有关的款项无法兑换货币转移的风险。我国投资保险承保的这一风险是：“由于政府有关部门汇兑限制，使被保险人不能按投资契约规定将应属被保险人所有并可汇出的汇款汇出”因此引起投资者的损失，由保险公司负责赔偿。

2. 责任免除

我国投资保险条款规定对下列风险造成的损失，保险人不予赔偿：

(1) 由于原子弹、氢弹等核武器造成的损失。

(2) 被保险人投资项目受损后造成被保险人的一切商业损失。

(3) 被保险人及其代表违背或不履行投资合同或故意违法行为导致政府有关部门征用或没收造成的损失。

(4) 被保险人没有按照政府有关部门所规定的汇款期限汇出汇款所造成的损失。

(5) 投资合同范围之外的任何其他财产的征用、没收所造成的损失。

(三) 保险期间

投资保险的保险期间有短期和长期两种。短期为1年；长期的最短为3年，最长为15年。对长期的投资保险来讲，投保3年以后，被保险人有权要求注销保单，但如未到3年

就提前注销保单，被保险人须交足 3 年的保险费。保单到期后可以续保，但条件仍需要双方另行商议。保险人不能中途修正保险合同，除非被保险人违约。

(四) 保险金额与保险费

投资保险的保险金额以被保险人在海外的投资金额为依据确定，一般是投资金额与双方约定比例的乘积，例如，保险金额规定为投资金额的 90%。但长期和短期投资项目有所不同。

投资保险费率的确定，通常要考虑保险期间的长短投资接受国的政治形势、投资者的能力、工程项目以及地区条件等因素。该费率一般分为长期费率和短期费率，我国投资保险的短期年费率曾规定为 8‰、长期年度基础费率曾规定为 6‰。投资保险的保险费通常在当年开始时预收，每年结算一次。

(五) 理赔

1. 赔偿期限的规定

由于各种政治风险造成的投资损失有可能在不久后通过不同途径予以挽救，损失发生与否需经过一段时间才能确定，因此，投资保险通常有赔偿期限的规定：战争、类似战争行为、叛乱、罢工及暴动造成投资项目的损失，在提出财产损失证明后或被保险人投资项目终止 6 个月后赔偿。政府有关部门的征用或没收引起的投资损失，在征用、没收发生满 6 个月后赔偿。政府有关部门汇兑限制造成的投资损失，自被保险人提出申请汇款 3 个月后赔偿。

2. 赔偿金额的规定

在赔偿金额方面通常规定：“当被保险人在保单所列投资合同项下的投资发生保险责任范围内的损失时，保险人根据损失金额按投资金额与保险金额的比例赔付；被保险人所受损失若将来追回，应由被保险人和保险人按各自承担损失的比例分享。”

四、出口信用保险

(一) 出口信用保险的概念

出口信用保险是承保出口商在经营出口业务的过程中因进口商的商业风险或进口国的政治风险而遭受的损失的一种信用保险。这种保险要承担的风险特别巨大，且难以使用统计方法测算损失概率，因此，一般商业性保险公司均不愿经营这种保险。出口信用保险大多数是靠政府支持而经营的。

出口信用保险产生于进出口贸易，是国际贸易发展的客观要求。出口信用保险对各国贸易的发展有着巨大的推动作用，主要表现在：第一，它是国际公认的贸易促销手段；第二，它是出口商获取银行贷款的前提条件；第三，它是出口商采取灵活支付方式，开拓国际市场，增加出口安全的保证。从 1983 年我国试办出口信用保险至今，出口信用保险在支持国家出口创汇以及为出口企业提供外汇贷款保障方面起到了十分重要的作用。

出口信用保险的特殊性质表现在以下几方面：

(1) 开办的目的是鼓励和扩大出口。其业务方针体现着国家的产业政策和国别贸易政策，因此，在做各项具体业务时，要处理好国家利益和自身利益的关系，为被保险人提供良好的服务。

(2) 经营上实行非盈利的方针。通常是以比较低的收费承担比较高的风险，最终由国家财政作为后盾，其经营亏损由国家财政加以解决。

(3) 经营者是政府机构或其他受托保险机构。通常由政府机构或国家财政直接投资设立的出口信用保险公司或国家委托经营的商业保险机构来经营。

(4) 投保者必须是本国国民或本国企业。投保的出口业务应是在本国生产或制造的产品的出口。

(5) 由国家专门立法调整。国家常通过专门立法规定出口信用保险机构的性质、地位、经营方针和承保原则等。

(二) 出口信用保险的经营特点

出口信用保险与其他各种保险在经营上最大的不同点在于它不是以大数法则为基础制定保险费率和做出承保决定的，而是以获取有关风险的各方面信息并据以做出正确判断为前提的，即出口信用保险经营的科学基础不是其他保险所依据的大数法则。因此，出口信用保险的经营具有以下几个特点。

1. 出口信用保险的承保离不开政府的参与

从世界范围看，根据政府支持程度的不同，出口信用保险的承保方式可以分为以下几种：

(1) 政府直接承保方式。在这种方式下，政府设置某些机构直接承保出口信用保险业务。这种方式体现了国家的出口政策，但是由于是官办，易于产生官僚主义的弊端。采用这种方式的国家主要有英国、日本、丹麦、瑞典、瑞士等发达国家。

(2) 政府间接承保方式。在这种方式下，政府投资设立一个独立的机构，制定相应的法律、法规确定其性质、地位，政府只管方针政策，不直接经营，但政府提供最后担保。这种方式的优点在于政府负担轻、补贴少，但对于大额资本性货物的出口和年限较长的贸易信用，这种方式就无力承担。采取这种方式的国家和地区有加拿大、澳大利亚、印度和中国香港特别行政区等。

(3) 政府委托承保方式。这种方式通常是由政府委托商业保险公司来承保的。它既体现了国家政策的支持，又利用了商业保险公司的灵活经营机制。实行这种方式的国家有美国和德国等。

(4) 混合承保方式。这种方式是指信用保险机构自己承保部分信用保险业务，并接受国家委托经营其他信用保险业务。采取这种方式的有法国等。

2. 出口信用保险必须全额投保

全额投保是指出口商必须向信用保险公司投保其所有合格的出口业务。值得注意的是，全额投保要求主要是约束出口商的，对于保险人来说，并不要求全额承保。保险人一般依据国际贸易市场的变化地区风险的大小与国家制定的限制条件决定是否承保。

3. 出口信用保险必须实行风险评估

风险评估包括对买方风险和国家风险的评估。买方风险的评估是出口信用保险的关键。保险人通过审批买方信用限额，综合评估出口企业的经营方针和对象，制定出口信用险费

率。评估买方风险时，首先应掌握买方资信的第一手资料，然后从企业的性质、经营人、经营范围和经营能力等方面，对企业做一个综合评估，并结合买方的国家风险，做出是否承保的决定。买方国家风险的评估是出口信用保险公司制定买方信用限额、厘定保险费率等必不可少的环节。出口信用保险公司要与买方国家的风险评估机构经常协同调查，互通信息。必要时组成国际性的联网组织，如伯尼尔协会。

(三) 出口信用保险的种类

出口信用保险的分类方式有以下几种：

(1) 按责任起讫的时间分类，出口信用险分为出运前的保险和出运后的保险。出运后的保险，货物一旦交付承运人，保险合同即开始生效，一旦出口商安全收汇，保险责任即告结束。在出口合同规定的信用期届满后因保单责任范围内的风险致使出口商不能收到外汇货款，保险人在规定的等待期满后负责赔偿。

出运前的保险从出口合同生效之日开始至货物出运时终止。如果在货物出运前因商业风险或政治风险致使买方取消或中止合同，对于出口商已经采购或组织生产买方原先订购的产品，保险人负责赔偿因产品不能出口而给其带来的直接损失。尤其是对于转卖性差或批量特大的产品的出口，买方在出运前毁约会给出口方带来重大损失。出运前的保险通常作为短期出口信用保险的附加险。

(2) 按出口合同的信用期分类，出口信用险分为短期出口信用保险和中长期出口信用保险。

短期出口信用保险的信用期，一般是在 180 天以内，经扩展也可延长，但最长不超过两年。短期信用保险适用于一般性商品的出口，包括所有消费性制成品、初级产品及工业用原材料的出口，汽车、农用机械、机床工具等半资本性货物出口也可适用。

中长期信用保险适用于资本性货物的出口，如电站、大型生产线等成套设备项目，飞机、船舶等大型运输工具等。信用期为 2～5 年的，一般称为中期出口信用保险；信用期为 5 年以上的，一般称为长期出口信用保险。

短期出口信用险一般采取统保的承保方式，即要求出口商承诺投保其保险适用范围内的全部出口。而中长期出口信用保险一般采取逐个出口合同协商承保的办法。

(3) 按出口信用险的承保风险分类，出口信用险分为商业风险的出口信用保险和政治风险的出口信用保险。商业风险包括进口商资信或信誉方面的风险。政治风险是指买方国家的法律、政策或政局改变的风险。商业风险和政治风险都承保的出口信用保险称为综合出口信用保险。此外，国外的出口信用保险机构有的还提供汇率风险的保障。

(4) 按出口合同的性质分类，出口信用保险分为货物出口的出口信用保险、劳务输出的出口信用保险和建筑工程承包的出口信用保险等。

(四) 短期出口信用保险

短期出口信用保险是指承保信用期不超过 180 天的出口合同的收汇风险的出口信用保险。短期出口信用保险是目前各国出口信用保险机构开办最广泛、承保量最大、运作最规范的出口信用保险。

1. 适用范围

根据出口信用保险条款的规定，投保短期出口信用保险(注意，在我国主要是短期出口

信用综合险)的出口合同必须同时具备以下三个条件：

(1) 付款条件为商业信用方式。这主要是指付款交单(D/P)、承兑交单(D/A)和赊账(O/A)方式。付款交单和承兑交单都是银行跟单托收方式。

(2) 信用期不超过 180 天。信用期是指买卖合同中规定的买方从提单日起或见单日起或交货日起到应该支付货款的最大时间间隔。

(3) 出口产品全部或部分在中国生产或制造。

对于不完全属于上述条件范围内的，例如，以信用证方式结算的出口产品，进口产品的再出口，信用期超过 180 天但不超过 365 天的出口等，也可在短期出口信用险项下承保。

但是，不适用短期出口信用保险的业务包括：① 预收全部货款后发货的出口贸易；② 不通过货币结算的易货贸易；③ 付款金额和付款期限不确定的寄售贸易；④ 通过政府协定设立的清算账户结算的贸易；⑤ 中长期资本性货物的出口贸易；⑥ 进口贸易等。

2. 保险责任和除外责任

保险责任和除外责任的具体内容分述如下：

(1) 保险责任。短期出口信用保险承保被保险人发运货物后由于商业风险和政治风险引起的货款损失。其具体内容如下：

① 商业风险。商业风险包括：买方被宣告破产或实际已资不抵债；买方拖欠货款达 6 个月(或 4 个月)以上；买方违约拒收货物，致使货物被运回，降价转卖或放弃。

② 政治风险。政治风险包括：买方所在国限制汇兑；买方所在国禁止贸易；买方所在国吊销有关的进口许可；买方所在国颁布延期付款令；买方所在国发生战争、动乱等；买方所在国发生非常事件，如大面积严重自然灾害等致使买方无法履行合同。

(2) 除外责任。短期出口信用保险不负责赔偿的损失主要包括：① 货物运输险项下的损失；② 汇率变动损失；③ 被保险人违约或违法所致的损失；④ 买方违约在先情况下被保险人坚持发货所致的损失；⑤ 由于买方违反本国法令未获进口许可证所致的损失；⑥ 被保险人的代理人或买方的代理人所致的损失；⑦ 被保险人未按时办妥投保手续的出口业务发生的损失等；⑧ 被保险人向未经信用保险公司批准买方信用限额，或者不适用被保险人而自行掌握的信用限额的买方出口所发生的损失；⑨ 在损失发生之日两年内，被保险人仍未向信用保险公司索赔的损失。

3. 承保

短期出口信用险的承保工作分为保单的承保、国家的承保、买方的承保和出运的承保。这四个步骤依次进行，由粗到细，由总括到具体。每个步骤缺一不可，不得颠倒。短期出口信用险一般不接受仅投保个别出运或个别买家或个别国家的投保。只有在投保人同意全部投保其保单适用范围内的出口货物的前提下，保险人才会进一步考虑对特定国家和特定买家的出口的承保，其具体承保方式有以下几个方面：

(1) 保单的承保。保险人要认真研究投保人通过投保单提供的资料，并据以正确地签发保险单，尤其是填好保单明细表。保单的承保内容包括：① 保单开始生效的时间。可根据投保人意愿填写，由于这种保单的运作周期是长期的，故不需要规定保单终止时间。② 被保险人自行掌握的每一买家的信用限额。这个数额可根据被保险人的经营规模和在信用控制方面的经验确定。在此数额以下，被保险人投保时可不必每次向保险公司书面申请

买方信用限额。③ 赔偿百分比：通常规定为 80%～90%，但对信誉较差的出口商可规定更低的赔偿百分比。这表明不论发生多少损失，被保险人总得自己负担一定比例的损失。④ 保单赔偿限额。根据被保险人出口业务的规模和平均信用期长短确定，是保险公司在一年内在此保单项下承担的最高赔偿额。⑤ 保险费率。保险费率水平的高低由预计年投保额、市场结构、客户结构、出口商品种类、信用风险控制经验和以往收汇情况等因素决定。每一批出口的保险费率是由进口国别、支付方式和信用期长短决定的。短期出口信用保险的费率通常向被保险人公开，保险公司一般提供给被保险人一份保险费率表，以便被保险人自己计算应付保险费。⑥ 批注。在需要时可利用批注修改保单条款中的某些规定，如扩大或缩小保单适用范围等。

(2) 国家的承保。签发保单时附带的国家表代表了信用保险公司对各特定国家的承保态度。国家表的制定是建立在信用保险公司对各个国家进行风险评估的基础之上。评估国家风险主要考察各国的政治、经济和社会状况，如社会制度、政府稳定性、经济水平、外汇储备、法律环境、商业习惯、对华关系等各个方面。通常用打分的方法将以上种种因素量化，进行分类和排队，得出各国的风险等级。

国家表的制定应符合国家的对外贸易政策。国家表由信用保险公司统一制定，但必须定期更新或随着国际形势的变化不定期调整，承保人员不得擅自改动。

对风险等级较低的国家出口，信用保险公司将按较低的保险费率收取保险费；对风险等级较高的国家出口，信用保险公司将按较高的保险费率收取保险费或规定承保限制条件，如只承保信用证方式的出口等；对政治、经济形势极度混乱的国家出口，信用保险公司将做出暂时不予承保的决定。

国家的承保高于买方的承保。如果某一国家的风险不可接受，就没有必要考虑是否承保该国的某一买方。

(3) 买方的承保。买方的承保是通过逐一审批买方信用限额来实现的。买方信用限额规定了信用保险公司对被保险人向某一特定买方出口所承担的最高赔偿责任。所以，审批买方信用限额是短期出口信用险承保管理中一项重要的工作。

买方信用限额是由被保险人申请的。被保险人申请买方信用限额时，必须认真如实地填写信用限额申请(审批)单中的每一栏目，并提供一切与该买方有关的资信资料，包括以往商业往来的履约情况、资信情况、近期的财务报告和银行或信用机构签发的调查报告等。

买方信用限额是信用保险公司对被保险人向买方出口货物承担的最高赔偿金额。例如，被保险人为某一买方申请了 10 万美元的信用限额。若被保险人向该买方出口收汇损失超过 10 万美元，保险公司只负责赔偿 10 万美元，而超过部分的损失将由被保险人自己承担。被保险人应该慎重地为每一买方向保险人申请适当的信用限额。保险人将根据买方的资信情况和经营情况予以审批，并将审批结果以书面形式通知被保险人。

信用保险公司还需确定被保险人可以自行掌握的信用限额。当被保险人没有为某一买方向信用保险公司申请信用限额或虽然提出申请但不能提供任何有关该买方的资信资料而不能获得信用保险公司批准时，如果被保险人向信用保险公司申报(投保)此类没有信用限额的出口，信用保险公司只能给被保险人一个信用保险公司确定的信用额度。在被保险人向该买方出口的货物发生收汇损失时，信用保险公司将按该信用限额赔偿被保险人的收汇损失。这个信用额度就是被保险人自行掌握的信用限额。

此外，需要明确的是，经批准的信用限额可循环使用。循环使用信用限额是以被保险人的某一指定买方未付款余额不超过信用限额为前提，在此前提下，被保险人可以继续出口货物并受到信用保险公司的保障。

(4) 出运的承保。在完成上述三个步骤的承保后，还要求被保险人于每批货物出运后，及时向信用保险公司申报其每批出口货物的国别、买方、商品、出运时间、支付条件、发票号、发票总值等，以便保险公司计算和收取保险费。承保人员须经常督促检查被保险人是否及时申报其全部适保范围内的出口货物。漏申报将会导致有关出口货物漏保，严重漏申报甚至会造成保单无效，即便已申报出口的收汇损失也有可能得不到保险赔偿。承保人员有权拒绝接受晚于规定时间的申报，其后果被视为漏保。所以，只有在承保人员按照被保险人的申报正确计算和收取保费之后，承保工作才算完成。

4．保险费

短期出口信用险保险费的计算公式为

$$保险费 = 申报发票总值 \times 保险费率$$

确定短期出口信用险保险费率应考虑的因素包括：

(1) 买方所在国或地区所属类别。通常出口信用保险机构将世界各国或地区按其经济情况、外汇储备情况、外汇政策和政治形势的不同划分成五类。第一类国家或地区的经济形势、国际支付能力、政治形势均较好，因而收汇风险较小；第五类国家或地区收汇风险非常明显。大部分信用保险公司不承保向此类国家或地区进行出口贸易的保险业务。

(2) 支付方式。付款交单和承兑交单及信用证方式付款所带来的收汇风险各不相同，因而，信用保险公司确定的保险费率也不相同。

(3) 赊账期的长短。赊账期长的费率高，赊账期短的费率低。

5．赔偿处理

短期出口信用险的赔偿过程主要包括下列几个环节：

(1) 索赔时效。当获悉买方破产的消息、买方拖欠货款已经超过一定时间、买家提出不赎单收货或买方所在国发生事变影响到买方无法按时支付货款时，根据出口信用保险条款的规定，被保险人须及时通知保险公司，并填报“可能损失通知书”，告知信用保险公司其可能受损的每批出口货物的品名、支付条件、出运日期、受损金额等详细情况。索赔时效自损失发生之日起满两年止。保险人收到“可能损失通知书”时起，理赔工作就开始了。

(2) 施救措施。理赔人员首先要考虑的是如何指导被保险人及时采取减少和挽回损失的措施。

对于破产案，一般须要求被保险人通过当地律师向破产清算人或接管人登记债权，以便清算后取得一定补偿。

对于拖欠案，一般须要求被保险人不断催促买方付款，直至发出一封措词强硬、最后通牒式的追讨信，并通过托收委托行(在 D/A 方式下)向买方发出经过公证的“拒付抗议书”，以保留票据项下的权益。必要时，还应及时委托国外的追账代理公司或组织出国小组上门追账。

对于拒收案，一般须要求被保险人依据合同向买方施加压力，迫其赎单收货。如果无效，被保险人还应向买方发出警告信，声明买方必须对因其违约拒收而给对方造成的一切损失承担赔偿责任，为日后在必要时提起法律诉讼做好准备。与此同时，被保险人应努力

寻找新的买主，尽快以合理的价格将货物重新销售出去。

对于政治风险案，往往需要通过政府进行交涉，但被保险人也应尽可能与买方保持联系，争取缩小损失的范围和程度。例如，损失原因是买方国限制汇兑，应要求买方先以当地货币将货款存到某个指定的当地银行，以待限制令解除后兑成硬通货付出。

当损失已无法避免，且损失金额已经可以确定时，理赔人员即应督促被保险人及时填写“索赔申请书”。拖延索赔对保险人、被保险人双方都是不利的。

(3) 索赔文件。索赔时被保险人必须提供的有关证明文件包括：① 证明被保险人已按贸易合同出口的文件，如买卖合同、提单、发票、汇票、报关单、托收委托书等；② 证明有关出口货物已经投保出口信用险的文件，如保险单、买方信用限额审批单、出口申报及保费计算书等；③ 证明损失确实已经发生及损失原因、损失金额的文件，如银行有关买方不赎单、不付款的通知，买方破产的法律文件或报刊报道，转卖货物的发票及有关费用的收据等；④ 证明被保险人已经履行保单条款规定的义务，并采取了一切可以采取的减少损失的措施的文件，如双方往来函电、拒付抗议书等。理赔人员应对被保险人提供的各种索赔单证进行认真仔细的审查。看单证是否真实、齐全，相互之间是否存在矛盾。有问题的，应要求被保险人做出令人满意的解释或补充提供其他有关文件。

(4) 赔偿等待期。短期出口信用保险所承保的收汇风险大多发生在国外，核查损失和调查损失原因需要较长时间，因此，信用保险条款中一般都规定相应的赔偿等待期。被保险人提出索赔后，保险公司要在该赔偿等待期结束之后，才能定损核赔。对于不同原因造成的损失，信用保险公司规定的赔偿等待期不同。

如果造成损失的原因是买方破产，保险公司通常在证实买方确已破产或确定不具备偿付能力之后，即可定损核赔。如果损失原因为买方拖欠货款，赔偿等待期为 4 个月。买方拒收货物或拒付货款的损失，赔偿等待期为该货物重新出售或处理完毕后 1 个月。由于政治风险造成的损失，赔偿等待期为该政治风险事件发生后 4 个月。但是由于贸易纠纷引起的买方拒付货款，保险公司一般不会立即受理索赔，只有等纠纷解决后才予以定损核赔。

被保险人已经投保的出口货物确实受到损失，这一损失的原因又确实属于保单责任范围时，当保单规定的赔偿等待期一到，理赔人员就应编制“赔款计算书”，并在有关领导审定签字后赔付。在计算赔款时需要注意：① 扣除被保险人已经获得的补偿、已经丧失的权利、买方已付的款项、被保险人转卖货物或变卖抵押品所得的款项、被保险人因不必履约而节省的费用、被保险人与买方已商定的让价等。② 按保单规定的赔偿百分比计算。

在支付赔款时，还应要求被保险人签署“权益转让书”和“追讨委托书”，以利于出口信用保险公司赔付后向买方追偿。

(5) 赔款转让。如果被保险人在赔案发生前，要求将其在保险单项下的权益转让给贷款机构，信用保险公司可以将赔款受益人明确为贷款银行，出口企业可以用此作为贷款银行的抵押物。贷款银行因为有了信用保险公司承诺，一般会顺利地向出口企业提供贷款。办理赔款转让手续时，被保险人需向信用保险公司提供赔款转让授权书，并经信用保险公司确认后，赔款转让书方能生效。

出口信用险的赔偿是以债权转让为前提的。但是，被保险人在获得赔偿后，仍有义务继续向买方追索欠款。保险公司在认为必要时才完全接手追偿工作，此时仍要求被保险人提供一切可能的帮助。

(6) 追偿。追偿工作对于出口信用险的重要性高过其他任何保险。这是因为：① 追回款收入可观，在出口信用险的业务收入中占有相当比重，对改善经营成绩有举足轻重的作用。② 积极追偿是对国际贸易正常秩序的维护，如果只赔不追，必将导致更多赔案的发生。③ 通过追偿可以进一步搞清案情，有助于查明错赔和骗赔案件。④ 追偿过程中可以获取大量承保时需要的信息。

出口信用保险公司有效开展追偿的方法有：以被保险人名义写信或发电报敦促买方付款；与被保险人组织联合小组与买方直接谈判；委托国外的追账代理公司追账；委托律师对买方采取法律行动等。采取哪种方法是由案情决定的，争取以最低的成本获得最大的收益。

根据出口信用保险条款规定，追偿款由保险人和被保险人按赔款占全部损失的比例分配，追偿费用也按同样比例分担。

(五) 中长期出口信用保险

1．适用范围

中长期出口信用保险适用于信用期在180天至5年或180天至8年之间的资本性或半资本性货物的出口项目。例如，工厂或矿山的成套生产设备，船舶、飞机等大型运输工具，海外工程承包以及专项技术转让或服务等项目。这类出口项目的金额较大，合同执行期限较长，涉及的产品或服务均需要专门设计、专项制造，货物的交付使用和货款的支付方法也与一般性货物的出口有较大差别。

中长期出口信用保险的承保条件和承保方式不同于短期出口信用保险，其具体包括以下几个方面：

(1) 使用银行买方信贷、卖方信贷或其他方式签订的、收汇期在1～10年之间、贸易金额在100万～1亿美元之间的出口合同。

(2) 出口的大型成套设备和机电产品等资本性或半资本性货物国产化率在70%以上，车辆、船舶和飞机等国产化率在50%以上。

(3) 出口企业所经营的出口产品应获得国家有关部门的批准，出口企业经营状况良好。

(4) 进口商或招标人应为依法注册并获得所在国家政府进口许可证的良好的履约能力的法人。

(5) 信用保险公司视具体合同、具体时间、具体国别而定的其他条件。

2．保险责任

当发生下列情况时，保险人承担赔偿责任：

(1) 买方、借款人或其还款担保人倒闭、破产、被接管或清盘，丧失偿付能力。

(2) 买方、借款人或其还款担保人从商务合同或贷款协议规定的还款日起逾期6个月仍未履行还款义务。

(3) 买方因故单方面停止或终止执行贸易合同。

(4) 买方所在国、借款人所在国或任何与履行商务合同或贷款协议有关的第三国政府颁布政令、法令，实行外汇管制，限制汇兑。

(5) 买方所在国、借款人所在国与中国或任何第三国发生战争、革命、暴乱等事件，发生不可抗拒的特别事件造成进口商不能履行商务合同或借款人不能履行贷款协议项下的还款义务。

3．投保与承保

投保与承保的具体内容分述如下：

(1) 投保。中长期出口信用保险的投保包括以下内容：

① 递交投保申请和相关文件。投保中长期出口信用保险的出口企业，应在对外投标和草签商务合同前，向保险公司提出投保申请，并提交相关文件：第一，有关出口企业的文件，包括出口企业的营业执照和许可经营范围的复印件、国家有关部门关于许可出口或对外承包工程的批件、有关出口企业经营状况的材料等。第二，有关进口商或招标人的文件，包括进口商经营业绩材料、进口商资信评估、进口商还款能力的评价、对招标人的评估、对拟投标项目的总评估、对拟投标项目的市场预测、技术评估、建设条件评估、拟定生产规模评估、市场前景的预测、财务效益评估、宏观经济效益的预测等文件。第三，有关方拟定的贷款银行、借款银行、借款担保人的材料。第四，保险公司所要求的其他文件。

② 审查投保资料并做出承保与否的决定。保险公司将根据出口企业的投保要求及所提供的有关文件进行全面审查，在确认投保的商务合同符合承保条件后，向出口企业开具承保意向书。承保意向书虽不具有法律效力，但出口商可凭承保意向书向银行申请贷款。保险公司在开具承保意向书的同时，向投保人开出参考保险费率，若投保人接受此参考费率，保险公司将直接介入商务合同的谈判及考察活动。

③ 提出承保方案，签订保险合同。在有关商务合同、贷款协议正式签字前，保险公司将对全部合同文件进行最终审查，并提出正式承保方案。如果该承保方案被出口商和贷款银行所接受，保险公司将在商务合同、贷款协议签字后，立即与出口企业和贷款银行签署保险协议和担保协议。

④ 交纳保险费。在保险协议签字生效后，出口企业应在规定时间内一次性全部付清应交纳的保险费；保险费率参照国际水平并根据进口国类别、进口商资信、贷款条件及项目具体情况逐一厘定。

⑤ 发出损失通知和支付赔款。在发生保险责任范围内的损失时，出口企业应立即通知保险公司并提交所需文件。保险公司在确认损失已经发生及损失金额后，将按有关保险条款规定的赔付比例，在规定的时间内尽快赔付。

⑥ 向买方追偿。保险公司支付赔款后，出口商应继续采取一切有效措施向其债务人、债务人的担保人或有关责任方追讨欠款；或按保险公司的要求，签署权益转让书，将保险条款项下被保险人的一切权利转交给保险公司，使保险公司获取对买方追偿的合法地位。

(2) 承保。中长期出口信用保险承保时必须注意以两点：

① 参照国际惯例，保险公司承保中长期出口信用保险比例一般为贸易合同总金额的85%，其余 15%的贸易合同金额应在贸易合同签字后，在买卖双方规定的时间内由买方现汇支付出口商。

② 保险公司对中长期出口信用保险项下银行买方信贷和卖方信贷的本金和利息提供100%无条件担保。

4．赔偿处理

中长期出口信用保险的赔偿处理基本上与短期出口信用保险的赔偿处理相同。

第三节　保证保险

一、保证保险的概述

（一）保证保险的概念

保证保险是被保证人(债务人)根据权利人(债权人)的要求请求保险人担保自己信用的保险。保证保险的保险人代被保证人向权利人提供担保，如果由于被保证人不履行合同义务或者有犯罪行为，致使权利人受到经济损失，由保险人负赔偿责任。保证保险一般由商业保险公司经营，但有些国家规定必须是政府批准的、具有可靠偿付能力的专门保险公司经营。本节重点介绍保证保险的三个主要险别，即合同保证保险、产品质量保证保险和忠诚保证保险。

（二）保证保险和信用保险的区别

保证保险和信用保险承保的标的都是信用风险，但二者存在着明显的区别，主要表现为以下几个方面：

(1) 保证保险是通过出具保证书来承保的，该保证书同财产保险单有着本质区别，其内容通常很简单，只规定担保事宜；而信用保险是通过保险单来承保的，其保险单同其他财产险保险单并无大的差别，同样规定责任范围、责任免除、保险金额(责任限额)、保险费、损失赔偿、被保险人的权利义务等条款。

(2) 保证保险是义务人应权利人的要求投保自己的信用风险，义务人是被保证人，由保险公司出具保证书担保，保险公司实际上是保证人，保险公司为了减少风险往往要求义务人提供反担保(即由其他人或单位向保险公司保证义务人履行义务)。这样，除保险公司外，保证保险中还涉及义务人、反担保人和权利人三方；信用保险的被保险人是权利人，承保的是被保证人(义务人)的信用风险，除保险人外，保险合同中只涉及权利人和义务人两方。

(3) 在保证保险中，义务人交纳保费是为了获得向权利人保证履行义务的凭证。保险人出具保证书，但履约的全部义务还是由义务人自己承担，并没有发生风险转移。保险人收取的保费是凭其信用资格而得到的一种担保费，风险仍由义务人承担，只有在义务人没有能力承担的情况下才由保险人代为履行义务。因此，对保险人来说，经营保证保险的风险是相当小的。在信用保险中，被保险人交纳保费是为了把可能因义务人不履行义务而使自己受到的损失风险转嫁给保险人，保险人承担着实实在在的风险。

二、合同保证保险

（一）合同保证保险的概念

合同保证保险又称为契约保证保险，它是指因被保证人不履行合同义务而造成权利人经济损失时，由保险人代被保证人进行赔偿的一种保证保险。合同保证保险主要用于建筑

工程的承包合同。根据建筑工程的不同阶段划分，合同保证保险可分为以下几种：

(1) 供应保证保险。承保供货方未能按照合同的规定向需求方供货而造成需求方的经济损失。

(2) 投标保证保险。承保工程所有人因中标人不签订承包合同而遭受的经济损失。

(3) 履约保证保险。承保工程所有人因承包人不能按质按量交付工程而蒙受的经济损失。

(4) 预付款保证保险。承保工程所有人因承包人不能履约而遭受的预付款损失。

(5) 维修保证保险。承保工程所有人因承包人不履行规定的维修义务而蒙受的经济损失。

一般来说，投保人既可以按阶段投保上述险种，又可一次性投保综合性的合同保证保险。

(二) 保险责任和除外责任

1. 保险责任

合同保证保险根据工程承包合同内容来确定保险责任。合同保证保险承保被保证人因违约行为所造成的经济损失。违约是指被保证人因自己的过错致使其与权利人签订的合同不能履行或不能完全履行。被保证人因违约而依法承担的经济赔偿责任由保险人负责赔偿。

2. 除外责任

合同保证保险的除外责任主要包括：第一，因人力不可抗拒的自然灾害造成的权利人的损失；第二，工程所有人提供的设备、材料不能如期运抵工地，延误工期而造成的损失。

(三) 保险金额和保险费

合同保证保险的保险金额与工程合同中规定的被保证人应承担的经济赔偿责任一致，一般不超过工程总造价的 90%。

保证保险业务实际上是建立在“没有损失”这一概念基础上的。保险人只是出借信用，因此合同保证保险所收取的保险费，实际上是一种劳务费或手续费。这与其他保险的保险费在本质上是不同的。合同保证保险采用年度费率。

(四) 赔偿处理

在合同保证保险中，保险人的赔偿责任仅以工程合同规定的承包人对工程所有人承担的经济责任为限。如果承包合同中规定了承包人若不能按期保质完工就要向工程所有人支付罚款，那么保险人的赔偿金额就以该罚款数额为限。

三、产品质量保证保险

(一) 产品质量保证保险的概念

产品质量保证保险，又称为产品保证保险。它是指因被保险人制造或销售丧失或不能达到合同规定效能的产品给使用者造成经济损失时，由保险人对有缺陷的产品本身以及由此引起的有关损失和费用承担赔偿责任的一种保证保险。

(二) 保险责任和除外责任

产品质量保证保险的保险责任包括以下几个方面：

(1) 使用者更换或修理有质量缺陷的产品所蒙受的损失和费用。

(2) 使用者因产品质量不符合使用标准而丧失使用价值的损失和由此引起的额外费用。如运输公司因汽车销售商提供的汽车质量不合格所引起的停业损失和为继续营业而临时租用他人汽车所支付的租金等。

(3) 被保险人根据法院的判决或有关政府当局的命令，收回、更换或修理已投放市场的存有缺陷的产品所承受的损失和费用。

产品质量保证保险的除外责任包括以下几个方面：

(1) 产品购买者故意行为或过失引起的损失。

(2) 不按产品说明书安装、调试和使用引起的损失。

(3) 产品在运输途中因外来原因造成的损失或费用等。

(三) 保险金额和保险费率

产品质量保证保险的保险金额一般按投保产品的购货发票金额或修理费用收据金额来确定，如产品的出厂价、批发价、零售价等都可以作为确定保险金额的依据。

确定产品质量保证保险的保险费率应考虑的因素有：产品制造者、销售者的技术水平和质量管理情况；产品的性能和用途；产品的数量和价格；产品的销售区域；保险人承保的该类产品以往的损失记录。

对一些家用电器产品在投保产品质量保证保险时，其保险费是按件(个、台)数收取的固定保险费。

(四) 赔偿处理

赔偿处理包括以下几个方面：

(1) 对保险产品因内在质量缺陷，在使用过程中发生产品本身损坏时，保险人在保险单规定的保险金额内按实际损失赔付。

(2) 对属于可修理范围内的产品，保险人按更换的零配件材料费和人工费予以赔偿。其中零配件按成本价计算，人工费按定额计算。

(3) 由于产品质量风险不易估算和控制，保险人通常在保险合同中列明有共保条款，要求被保险人共同承担损失、分担赔偿责任。

(五) 产品质量保证保险与产品责任保险的区别

产品质量保证保险与产品责任保险都与产品有关，而且都与产品的质量有关，但却是两个不同的险种。二者的区别主要表现在以下几个方面。

1．标的不同

产品责任保险的保险标的是产品在使用过程中因缺陷而造成用户、消费者或公众的人身伤害或财产损失时，依法应由产品制造商、销售商或修理商等承担的民事损害赔偿责任。简言之，产品责任保险的保险标的是产品责任。产品质量保证保险的保险标的是被保险人因提供的产品质量不合格依法应承担的产品本身损失的经济赔偿责任。简言之，产品质量保证保险的保险标的是产品质量违约责任。

2．性质不同

产品责任保险是保险人针对产品责任提供的替代责任方承担因产品事故造成对受害方

经济赔偿责任的责任保险；产品质量保证保险是保险人针对产品质量违约责任提供的带有担保性质的保证保险。

3. 责任范围不同

产品责任保险承保的是因产品质量问题导致用户财产损失或人身伤亡依法应负的经济赔偿责任，产品本身的损失则不予赔偿；产品质量保证保险则承保投保人因其制造或销售的产品质量有缺陷而产生的对产品本身的赔偿责任，也就是承保因产品质量问题所应负责的修理、更换产品的赔偿责任。

由于产品质量保证保险和产品责任保险的赔偿责任是紧密联系在一起的，因此，我国现行的产品质量保证保险可与产品责任保险一起承保。

四、忠诚保证保险

(一) 忠诚保证保险的概念

忠诚保证保险，又称为雇员忠诚保险，它是指因雇员的不法行为，如盗窃、贪污、伪造单据和挪用款项等，而使雇主遭受经济损失时，由保险人承担赔偿责任的一种保证保险。它以雇员的品德为承保对象；雇主是权利人，雇员是被保证人，雇主既可以投保所有雇员，也可以只投保指定的雇员。

(二) 保险责任与除外责任

1. 保险责任

忠诚保证保险承保雇员的不法行为致使雇主遭受的经济损失。其保险责任范围包括：

(1) 被保险人(雇主)的货币和有价证券损失。

(2) 被保险人拥有的财产损失。

(3) 被保险人有权拥有的财产或对其负责任的财产损失。

(4) 保单指定区域的可移动财产损失。

2. 除外责任

对于下列原因造成雇主经济损失的，保险人不负赔偿责任：

(1) 因雇主擅自减少雇员工资待遇或加重工作任务导致雇员不诚实行为所带来的损失。

(2) 雇主没有按照安全预防措施和尽职督促检查而造成的经济损失；

(3) 雇主及其代理人和雇员勾结而造成的损失。

(4) 超过了索赔期限仍未索赔的损失。

(5) 因核裂变、核聚变、核辐射等引起的损失。

(6) 由于武装力量、暴乱造成的损失。

(7) 因地震、火山爆发、风暴等自然灾害引起的损失。

(三) 保险金额和保险费率

1. 保险金额

忠诚保证保险的承保方式可分为指名保证、职位保证和总括保证，其具体含义如下：

(1) 指名保证是指以特定个人为被保证人的忠诚保证。它可以分为个人保证和表定保

证两种。

(2) 职位保证是指保险人承保某一职位上的若干被保证人，但可不列明被保证人的姓名，并按职位确定保证金额，凡担任该职位职务的人，都按约定的保证金额自动承保。它可以分为单一职位保证和职位表定保证两种。

(3) 总括保证是指在一个保险合同内承保雇主所有的正式雇员。用这种方式承保，所有雇员的担保额相等。

无论是指名保证保险，还是职位保证保险或总括保证保险，对每个人或职位均由雇主与保险人商定一个固定的保险金额。

2．保险费率

确定忠诚保证保险保险费率的因素主要是职业和岗位。一般而言，有较大机会实施不法行为的岗位的雇员，保险人将确定较高的费率；反之，则相反。

(四) 保险期限

忠诚保证保险的保险期限一般为一年，期满可以续保。忠诚保证保险通常规定有发现期。有些损失往往在很长一段时间内不易被发现，而保险人又不能一直无限期地承担责任。因此，在忠诚保证保险保单中通常有以下规定：

(1) 发现期不是从损失发生时开始，而是从忠诚保证保险合同终止时开始。

(2) 任何不诚实行为必须是发生在雇员连续无中断的工作期间。

(3) 任何不诚实行为引起的损失必须是在雇员被辞退、退休或死亡之后 3 个月内或忠诚保证保险合同期满 3 个月内发现。

根据上述规定，如果雇主与保险人签订了不间断总括忠诚保证保险合同，在雇主能够证明自己的损失时，对已离开雇主 3 个月的雇员，在十年前给他造成的损失，也可获得保险人的赔偿。

(五) 赔偿处理

赔偿处理具体包括以下几个方面：

(1) 雇主及其代理人在发现雇员有不诚实行为并造成财产损失时，应及时通知保险人，并自发现之日起，应在 3 个月内提交完整的索赔单证。

(2) 雇主只能提出一次索赔请求，保险保证金额不累计计算。例如，某雇员连续工作 5 年，事后发现其每年非法占有雇主钱财约为 7000 元，如果该雇员的保证金额是 10 000 元，则仅以 10 000 元为最高补偿金额。

(3) 雇主向保险人索赔时，应协助保险人向有不诚实行为的雇员进行追偿。

(4) 自发现雇员有不诚实行为之日起，若雇主还有应付给雇员的薪金或佣金或其他钱财时，应在保险赔偿金额中扣除。

(5) 忠诚保证保险可规定免赔额。保险人在处理赔偿时，应先扣除免赔额，然后对超出免赔额部分的损失负责赔偿。

重要概念

责任保险	产品责任保险	期内发生式	期内索赔式
雇主责任保险	职业责任保险	公众责任保险	信用保险

保证保险	一般商业信用保险	投资保险	出口信用保险
合同保证保险	产品质量保证保险	忠诚保证保险	

思考题

1. 论述责任保险与法律之间的关系。
2. 简述责任保险赔偿限额的种类。
3. 简述责任保险的两种承保方式。
4. 试比较公众责任保险、产品责任保险、雇主责任保险和职业责任保险的异同。
5. 试分析信用保险与保证保险的区别。
6. 简述出口信用保险的责任范围。

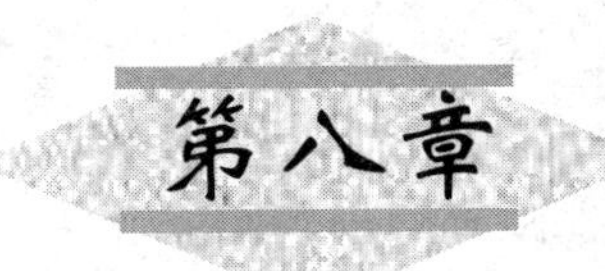

第八章 人身保险

近几十年来，人身保险在世界范围内迅速发展，对于稳定社会经济生活起到了特殊的作用。由于保险标的的特殊性，人身保险在风险责任、合同条款及经营实务等方面都与财产保险有着重要的区别。

第一节　人身保险概述

人身风险的客观存在是人身保险产生、存在和发展的前提。人身风险包括人的年老、疾病、伤残、死亡等。这些风险事故一旦发生，会使一些人减少以至丧失经济收入或者增加一些人的经济负担。其结果是使发生人身风险的人或家庭生活受到影响，严重时会使生活陷入困境。因此，人身保险的保险责任包括人的生存、死亡、伤残、疾病、年老等各个方面。

一、人身保险的概念

人身保险是以人的生命和身体为保险标的的一种保险。当人们遭受不幸事故或因疾病、年老以致丧失工作能力、伤残、死亡或年老退休时，根据保险合同条款的规定，保险人对被保险人或受益人给付预定的保险金或年金，以解决病、残、老、死等所造成的经济困难。

人身保险的保险标的包括人的生命和身体两部分。当以人的生命作为保险标的时，以生存和死亡两种状态存在；当以人的身体作为保险标的时，以人的健康和劳动能力两种状态存在。2012 年，我国人身保险费收入为 15 500 亿元，其中，人身险业务保费收入为 10 200 亿元，占保费总收入的 65.8%，由此可看到人身保险的重要性及其发展前景。

二、人身保险的特征

与财产保险相比较，人身保险具有以下几方面的特征。

(一) 投保人与保险人协商确定保险金额

在财产保险中，保险标的在投保时的实际价值是确定保险金额的客观依据，即投保人和保险人根据保险标的的实际价值(有时是重置价值或账面价值)商定保险价值，在保险价值限度内确定保险金额，作为保险人承担赔偿责任的最高限额。但是，人身保险的保险标的是人的生命或身体，由于人的生命或身体很难用货币准确地衡量出其实际价值的大小，因此，人身保险的保险金额无法根据保险标的的实际价值确定，而是由投保人依据被保险人的实际需要和投保人的缴费能力与保险人协商确定。一般情况下，人们对人身保险的需

要包括丧葬费用、医疗费用、子女教育费用、遗属生活费用、退休养老费用、债务等。投保人的缴费能力则与其收入水平和负担状况有关。正是人身保险的这一特征，人身保险只能采用定额给付保险金的方式。

在财产保险中，只有当发生保险责任范围内的保险事故造成保险标的损失时，保险人才负责赔偿，而且其赔偿金额不能超过其实际损失。人身保险是定额给付性保险(医疗保险除外)，其保险金额由投保人根据需要和缴费能力协商确定，当发生保险合同约定的保险事件时，不论被保险人有无损失及损失金额是多少，保险人都要按照保险合同约定的金额给付保险金。因此，人身保险不适用补偿原则，不存在代位追偿问题，也不受重复保险的限制。

(二) 保险金额的给付性

人身保险是定额给付性保险(补偿性的医疗保险除外)，当保险事故发生时，被保险人既可以有经济上的损失，也可以没有经济上的损失。即使有经济上的损失，也不一定能用货币来衡量。因此，人身保险不适用补偿原则，也不存在财产保险中比例分摊和代位求偿原则的问题，被保险人可同时持有若干份相同的保单，保险事故发生后，即可从若干保单同时获得保险金。如果保险事故是由第三方造成，并依法应由第三方承担赔偿责任，那么被保险人可以同时获得保险人支付的保险金和第三方支付的赔偿金，保险人不能向第三方代位求偿。

(三) 保险合同中应当指定受益人

受益人是保险合同中由被保险人指定为接受保险金的人。投保财产保险，保险合同中被保险财产出险受损，提出保险金诉求者就是被保险人自己，通常不需要另外指定受益人，保险公司确定赔偿额后由被保险人本人领取保险金。但是，人身保险以人的生命或身体作为保险标的，绝大多数险种都包括死亡责任，如果被保险人因保险责任事故而死亡，保险人承担给付保险金的责任。这就要求在订立保险合同时，明确指定当被保险人死亡后由谁来领取保险金，以免引发不必要的争议。为此，投保人身保险时，应当由被保险人或者投保人指定受益人。投保人指定受益人时应征得被保险人同意。

(四) 保险期限的长期性

一般地，财产保险的保险期限为一年或一年以内，是短期保险。而在人身保险中，占其业务绝大部分的人寿保险都是长期保险，其保险期限短则几年，长则十几年甚至几十年，甚至有的险种还会为人们提供终身保障。

(五) 人身保险具有储蓄性

传统财产保险的保险期限一般比较短，保险事故发生频繁且具有不确定性，因此保险人向投保人收取的保险费不能进行长期投资，财产保险不具有储蓄性。而人身保险中的人寿保险期限较长，由于在实际业务中采取均衡保险费(投保人每年交纳相同金额的保险费)的缴费方法，这使得在投保后的前一阶段，投保人实际支付的保险费大于应交保险费(即自然保险费，是依据被保险人在每一年内的死亡概率计算的应在当年交纳的保险费)，多余的部分形成了保险费的预交部分，此预交部分仍属于投保人所有，但由保险人保管使用，并取得收益，收益的一部分应以利息的形式返还给投保人，因此人身保险具有储蓄性。长期人身保险分期交付的保险费都要根据一定的利率，按复利计算利息。这样，每年都有一部

分利息转化为本金，不断扩大储蓄积累。

近几年，我国保险公司推出投资型的险种较多，如投资连结保险、分红保险等。此类保险最早于1776年由英国的Ole Equitable保险公司以分红的形式出现，所收保险费中的第一部分相当于传统人寿保险中的净保费，保险人用于保险金的给付；第二部分相当于传统人寿保险中的附加保费，保险人用于公司的各项开支；第三部分是传统寿险所没有的，即被保险人委托保险人进行投资以期有较高收益的部分。

(六) 人身保险的被保险人都为自然人

财产保险的被保险人可以是法人，也可以是自然人，因为法人与自然人都可能是财产的权利主体。人身保险以被保险人的生、老、伤、病、死为保险标的，法人则不存在此类标的物。所以人身保险的被保险人都为自然人，法人不可能成为人身险的被保险人。

三、人身保险的分类

对于众多的人身保险险种，如何进行科学的分类，世界上还没有统一的标准。实际上，人身保险险种的归类可以从不同的角度、按不同的标准来分类。

(一) 按照保险责任划分

按照保险责任划分，人身保险可以分为人寿保险、人身意外伤害保险和健康保险。这是一种最常见的人身保险的分类方法。

人寿保险是指以被保险人的寿命为保险标的，以人的生存、死亡两种形态为给付保险金条件的保险。当发生保险合同约定的事故或合同约定的条件满足时，保险人对被保险人履行给付保险金责任。在保险实务中，人们习惯把人寿保险分为定期寿险、终身寿险、两全保险和年金保险。人寿保险是人身保险中最重要的部分。

人身意外伤害险，简称意外伤害保险。它是指被保险人在保险有效期内，因遭受意外事故，致使身体蒙受伤害而残废或死亡时，保险人按照保险合同的规定给付保险金的一种人身保险。在全部人身保险业务中，意外伤害保险只需支付少量保费就可获得高保障，投保简便，无需体检，因此承保人次较多，其包括旅行意外伤害保险、航空意外伤害保险等。

健康保险是指以被保险人的身体为保险标的，保证被保险人在疾病或意外事故所致伤害时的费用或损失获得补偿的一种人身保险。它包括重大疾病保险、住院医疗保险、手术保险、意外伤害医疗保险、失能收入损失保险等。

(二) 按照实施方式划分

按照实施方式划分，人身保险可以分为强制保险和自愿保险。商业性人身保险的绝大部分业务都是自愿保险，只有非商业性的一些人身保险或者将保险费计入旅程车船票费中一并出售的旅客意外伤害保险等极少数险种才具有强制性质。

(三) 按照保险期限划分

按照保险期限划分，人身保险可以分为长期业务、一年期业务和短期业务。人寿保险一般是长期业务，人身意外伤害保险一般是一年期业务，但旅行意外伤害保险的期限则因旅程长短而异。健康保险中既有长期业务，也有一年期业务。短期业务一般是指那些只保一次航程、一次旅程的游客、旅客或公共场所游客意外伤害保险。

(四) 按照投保方式划分

按照投保方式划分，人身保险可以分为个人保险和团体保险。个人保险是指一张保险单只为一个人提供保险保障的保险。团体保险是指一张保险单为某一单位所有职工或其中绝大多数职工提供保险保障的保险。人寿保险、人身意外伤害保险和健康保险都有个人保险和团体保险之分。

(五) 按照有无分红划分

按照有无分红划分，人身保险可以分为分红保险和不分红保险。分红保险是指投保人在实现风险转移的同时又参与寿险公司利润分红的一种投资型保险。只单一为转移风险而投保，不附带投资的目的，不参与寿险公司的利润分红的人身保险是不分红保险。

第二节 人寿保险

人寿保险是指以被保险人的生命为保险标的，以被保险人死亡或生存至合同约定的年限时，由保险人给付保险金的保险。

人寿保险通常被简称为寿险，是人身保险中产生最早的一个险种。早期由于人们认为死亡是其面临的最大的人身风险，因而最先的寿险专指以被保险人死亡为给付条件的死亡保险。随着社会的发展，家庭日益小型化，人的寿命不断延长，人们越来越多地考虑起维持个人老年生存、家庭生活开支的经济负担，因而人的生存成为了保险需要保障的一项人身风险，寿险品种也从单一的死亡保险发展到生存保险及两者兼顾的两全保险。

寿险业的发展在现代社会中具有重大意义，对于安定人民生活，促进社会稳定起着重要作用。随着社会经济的不断发展，寿险业的地位在整个保险业中愈发重要。从各国保险业的统计资料中表明，经济越发达的国家，其保险业中寿险保费收入的比例越趋向于超出财产保险保费收入的比例。

一、传统型人寿保险

(一) 死亡保险

死亡保险通常简称为寿险，是指以被保险人在保险有效期内死亡为保险金给付条件的人寿保险。死亡保险按照保险期限的不同分为定期寿险和终身寿险。

1. 定期寿险

定期寿险提供特定期间的死亡保障。按特定期间表示不同分为以特定的年数表示(如5年期)和以特定的年龄表示(如保至50岁)。无论以哪种方法表示期间，只有被保险人在保险有效期内死亡，保险人才承担保险金给付责任。如果被保险人生存至保险期限届满或合同约定的年龄，保险合同即告终止，保险人不承担任何给付责任。

定期寿险由于保障期限较短，通常没有现金价值，不具备储蓄因素，其保费一般只含保障因素和附加费用，不计利息。由于定期寿险是在短期内死亡给付保险金，因此大多数投保此险种的被保险人都有较为严重的逆选择，即死亡风险概率高于标准风险的人倾向于投保定期寿险。为防止发生逆选择，定期寿险一般要求办理承保时经过严格体检和核保选

择。相比较其他寿险险种，定期死亡险的保费较低，此险种适宜于经济能力较差的个人与家庭或在特定期间内对被保险人的生命具有经济利益关系的人投保，如合伙人之间相互投保或雇主为特殊雇员投保。同时，强调保险保障功能，偏重死亡保障的人也倾向于购买定期寿险。

2. 终身寿险

终身寿险是一种不定期的死亡保险。保险单签发后除非应缴的保险费不缴，否则被保险人在任何时候死亡，保险人都给付保险金。由于人的死亡不可避免，因此终身寿险的给付必然会发生，受益人始终会得到一笔保险金。终身寿险的保险单都具有现金价值，带有储蓄性。该险种适宜于有一定经济能力，有储蓄倾向，考虑为子女积累遗产的投保人。终身寿险按其保费缴纳的方法可分为以下三种：

(1) 连续缴费的终身寿险，又称为普通终身寿险，这是一种投保人一直缴费至被保险人死亡为止的终身寿险，只要被保险人活着，就得继续缴费。不过，习惯上若被保险人生存至生命表的终极年龄，保险人将自动放弃此后的保险费，并给付全额的保险金。

(2) 限缴保费的终身寿险。该险种与普通终身寿险类似，只是保险费限定在特定期间内缴付。特定期间可以是特定的年数，也可以是特定的年龄。特定期间的表示方法以及缴费期的长短可视投保人的需求及具体情况而定。它适宜于收入期间有限而又需要长期死亡保障的人投保。

(3) 趸缴保费的终身寿险。这是一种投保人在投保时一次将全部保险费交付完毕的终身寿险。趸缴保费的终身寿险具有较高的储蓄性，因此，对于偏重储蓄的人较有吸引力。在国外，它还常被用来抵消遗产税的税负问题。

(二) 生存保险

生存保险是指被保险人如果生存至保险期满(如至一定年限或一定年龄)，保险人给付保险金的一种保险。如果被保险人在保险期限内死亡，则保险人不给付保险金。生存保险这个险种设计的目的是为了满足被保险人生存至保险期满后的各项费用开支，如成年人的养老金需求、未成年子女的教育金或婚嫁金等。相比较死亡险种，生存保险保费较高，储蓄性最强。在保险实务中，当生存保险的被保险人在保险期限内死亡时，保险人一般会退还保费。

生存保险的一类险种是现代社会中很重要的寿险品种，即年金保险。年金保险同样是以被保险人期满生存为保险金给付条件的，但其保险金是按合同规定的，是在被保险人生存期间内，每隔一定的周期(通常为一年)支付一定的保险金于被保险人而非一次性给付的一种生存保险。生存保险设计成年金保险，主要有两个优点：一是分期支付，可避免被保险人使用不当，而造成保险金不能充分保障其整个生存期间的生活需要；二是年金保险只要被保险人生存，每年均可领取，因此无论其寿命多长，都可获得保险金保障老年生活，保险金领取总额也不受固定金额的限制，保障充分。

年金保险一般有以下分类：

(1) 年金保险按年金给付的期限划分可分为定期年金保险和终身年金保险，具体定义分述如下：

① 定期年金保险是指保险人在合同规定的期限内，被保险人如果生存，保险人按期给

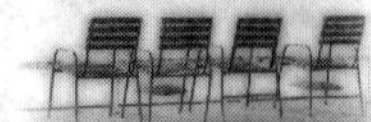

付约定的年金额；若期限届满或被保险人在约定的期限内死亡，则保险人停止给付(以两者先发生的日期为准)。

② 终身年金保险年金的给付没有期限的规定，保险人给付年金额至被保险人死亡时为止。

(2) 年金保险按年金给付是否有保证可划分为有保证年金保险和无保证年金保险，具体定义分述如下：

① 有保证年金保险是为防止被保险人在领取年金的早期死亡所带来的损失而设计的年金品种，具体分为两种：一种是期间保证年金，它是指无论被保险人寿命长短，年金的给付都有一个保证期，若被保险人在保证期内死亡，保险人继续给付年金于其受益人，直到保证期届满时为止；另一种是金额保证年金，它是指如果被保险人死亡时，其所领的年金数额不足所缴的年金现金价值，余下的由其受益人领取。

② 无保证年金保险是指年金给付以被保险人生存为条件，死亡则停止给付。

(3) 年金保险按年金给付开始期的不同划分可分为即期年金保险和延期年金保险，具体定义分述如下：

① 即期年金保险是指投保后立即开始领取年金，其年金现价采取趸缴的形式。一次缴清年金现价需要的数额较大，一般投保人难以负担，因而即期年金通常采用较少。

② 延期年金保险是指合同订立后，经过一段时间后才开始进入年金的领取期的保险。延期年金通常有两种情况：一种情况是缴费期结束后立即进入领取期；另一种情况是在缴费期结束后先经历等待期再进入领取期。

(4) 年金保险按被保险人的人数划分可分为个人年金保险、联合生存者年金保险、联合最后生存者年金保险，具体定义分述如下：

① 个人年金保险是指被保险人只有一人的年金，通常这种年金的被保险人就是年金受领人。

② 联合生存者年金保险是指两人或两人以上的被保险人联合投保的年金保险。即当联合被保险人全部活着时，年金全数给付；如果其中任何一个被保险人死亡，保险人即停止年金给付。

③ 联合最后生存者年金保险是指两人或两人以上的被保险人联合投保的年金保险。在约定的给付开始日起，只要有一个被保险人生存，保险人就全数给付保险金，直至被保险人全部死亡，保险人才终止给付保险金。

(三) 两全保险

两全保险是指被保险人无论在保险期内死亡还是生存至期满，保险人都给付保险金的一种人寿保险。两全保险都是定期的，可用一定年数或一定年龄来限制。两全保险与终身寿险相同，保险金的给付是确定的、必将发生的。两全保险可以保障被保险人死亡给家庭经济生活带来的困难，也可保障被保险人生存至期满后所需的日后经济开支需要，保障最全面，同时保费最高，相当于定期寿险与生存保险两者保费之和，保费当中既有保障的因素，又有储蓄的因素。因此，两全保险适应于经济能力强的投保人的全面保险需求。

二、新型人寿保险

传统的寿险产品在厘定保单费率时都存在固定的预定利率因素，对人寿保险公司的经营有着诸多不利因素。若市场实际利率低于保单的预定利率，寿险公司就必将承担利率差异所导致的利差损，威胁到保险公司的经营安全；在市场实际利率高于保单的预定利率时，投保人为追求更高的资金收益，往往会集体性地退保或以保单贷款来灵活使用保单的现金价值，影响保险公司的经营稳定性。因而，我国市场上在1999年以后逐步由各家寿险公司推出销售了分红寿险、变额寿险和万能寿险等新型人寿保险。

(一) 分红人寿保险

分红保单最早出现在18世纪的英国，其推出的目的是为抵御通货膨胀和利率波动风险，分红保单中的投保人通常要缴纳略高于非分红保单的保费，被保险人在可获得固定现金价值的同时，还可获得保险公司在经营此项业务过程中发生的盈余，保险公司将以分红的方式返回给投保人。分红保险可分配的红利主要来源于利差益、死差益和费差益三个方面，其表示公式分别为

利差益 = (实际资金运用收益 − 预定利率) × 责任准备金

死差益 = (预定死亡率 − 实际死亡率) × 风险保额

费差益 = (预定费用率 − 实际费用率) × 保险金额

保险公司分红保险的红利除了上述盈余来源之外，其他还有解约益、投资收益及资产增值、残疾给付、意外加倍给付及年金预计给付额与实际给付额之间的差额等。每一会计年度末，分红保险业务的盈余计算结果由公司董事会讨论决定当年的可分配盈余，并在分红保单持有人和公司股东之间进行分配。按照我国保险监督管理委员会的规定，保险公司每一会计年度向保单持有人实际分配盈余的比例不低于当年可分配盈余的70%。

保单的所有人领取红利的方式主要有现金领取、累积生息、抵交保险费和缴清增值保险(根据被保险人当时的年龄将红利作为趸缴保险费购买非分红保险，此方式不适用于次标准体保单)。

分红保单每年派发的红利是不可预见和不可保证的，会随保险公司的实际经营绩效而波动，与保险公司业务经营水平相关，因而投保人与保险公司共担风险。分红保单由于可以提供高于非分红保单的收益，因而在寿险业中的比重上升很快。我国市场上的分红保险品种是在2000年以后推出销售的，目前是寿险市场上份额最大的主流品种。

(二) 变额人寿保险

变额人寿保险(Variable Life Insurance)是一种终身寿险，其保险金额随其保费分立账户中投资基金的投资绩效不同而变化。20世纪70年代初该险种出现在欧洲和加拿大，其在英国被称为投资连结保险(Unit-linked Insurance)，1976年变额人寿保险首次在美国市场上销售。该险种目前已是国外保险市场上重要的销售品种，被认为可以抵消因通货膨胀导致人寿保险死亡给付不足的问题，因为该保单的投资股票价值会随通货膨胀而上升。在我国，该类型的产品均被称为投资连结保险。我国市场上最先推出销售的该类寿险产品是1999年10月由中国平安保险公司推出的“平安世纪理财投资连结保险”。

按照我国保险方面相关法规的规定，投资连结保险被简称投连险，是包含保险保障功能，并至少在一个投资账户拥有一定资产价值的人身保险。投资连结保险及投资账户均不得保证最低投资回报率。按照目前有关精算规定，投资连结保险可以并且仅可以收取以下七种费用：

(1) 初始费用，即保险费进入投资账户之前扣除的费用。

(2) 买入卖出差价，即投保人买入和卖出投资单位的价格之间的差价。

(3) 死亡风险保险费，即保单死亡风险保额的保障成本。风险保险费应通过扣除投资单位数的方式收取，其计算方法为死亡风险保额乘以死亡风险保险费费率。保险公司可以通过扣除投资单位数的方式收取其他保险责任的风险保险费。

(4) 保单管理费，即为维护保险合同向投保人或被保险人收取的管理费用。保单管理费应当是一个与保单账户价值无关的固定金额，但在保单的首年度与续年度可以不同。保险公司不得以保单账户价值一定比例的形式收取保单管理费。

(5) 资产管理费，其按账户资产净值的一定比例收取。

(6) 手续费，即保险公司可在提供账户转换、部分领取等服务时收取，用以支付相关的管理费用。

(7) 退保费用，即保单退保或部分领取时保险公司收取的费用，用以弥补尚未摊销的保单获取成本。

变额寿险产品与传统寿险产品相比较，具有以下几个特点：

(1) 其保费的缴纳与传统寿险产品相同，是固定的，但保单的保险金额在保证一个最低限额的条件下，却是可以变动的，变额寿险产品因此而得名。变额寿险的保险金额的变动取决于投保人所选择的投资账户的投资收益。

(2) 开设分立账户或投资账户。对应于传统终身寿险的保单责任准备金的资产都记入保险公司的综合投资账户，为得到较为稳定的资产回报率，其被投资于一系列较为安全的项目。而对应于变额寿险保单责任准备金的资产则单独开立一个或多个分立账户，由投保人或保单所有人自由选择，投保人缴纳的保费，在减去初始费用及保障保费后被存入所选择的投资分立账户，由保险公司本身或委托基金公司专业经营。

(3) 变额寿险保单的账户价值随着所选择的投资组合中投资业绩的状况而变动，某一时刻保单的账户价值取决于该时刻其投资组合中分立账户资产的市场价值。在这种保单的死亡给付中，一部分是保单约定的固定最低死亡给付；另一部分是其分立账户的投资收益额。保险人根据资产运用状况，对投资分立账户的资产组合不断进行调整，保单所有人也可以随时在各种投资产品中自由选择调整组合。变额寿险产品的投资风险是由保单所有人承担的，保险人只是负责管理投资账户。保单的账户价值可能因投资账户的收益下降而为零。正因如此，在美国变额寿险产品被认为是一种有价证券投资产品，经营变额寿险产品的保险公司必须作为投资公司经纪商在美国证券交易委员会注册，同时，在美国出售的各种变额寿险保单也必须在美国证券交易委员会注册，而且只有根据美国的《联邦证券法》取得经纪人或交易商许可证的销售代理人才有资格销售这类产品。

(三) 万能人寿保险

万能人寿保险(Universal Life Insurance)是一种缴费灵活、保险金额可调整的寿险。自1922 年始，精算学界不断有精算师发表论文、推导公式，逐步形成设计万能寿险的成熟想法。随着计算机技术的进步，为弹性保费保单创造了销售的条件。1975 年，美国精算师安德生在第七次太平洋保险会议上提出“万能寿险保单”的设想方案，1979 年美国的 Life of California 寿险公司开始销售万能寿险保单。万能寿险保单销售从 1979 年始至 1985 年一跃而至38%的比例，其后逐步降至个人寿险新单保费的25%左右。

万能寿险保单的出现是为了满足保费支出较低、缴纳方式要求灵活的消费者的需求。万能寿险的保费缴纳方式很灵活，保险金额也可以调整，而且保险人的经营费用非常透明。投保人在缴纳首期保费后可选择在任何时候缴纳任何数量的保费，只要保单的账户价值足以支付保单的相关费用，投保人就可以选择不缴纳保费，而使保单继续有效。投保人还可以在具有可保性的前提下，提高保额或降低保额。

万能人寿保险的运行模式是：在投保人缴纳首期保费后，首期的各种费用、当年死亡保障保费等从首期保费中扣除，剩余部分为保单最初的账户价值。该部分价值按保险公司定期公布的结算利率复利累积升值，成为期末账户价值，同时也是下一周期的期初账户价值。在第二个周期，投保人根据自己的情况缴纳或不缴纳保费，若该周期的期初账户价值足以支付第二期的费用及死亡保障保费，投保人就不用缴费；若账户价值不足，投保人不缴纳保费时，保单会因此而失效。若投保人在第二期的期初缴纳了保费，则第二期的期初账户价值为上期末账户价值加上第二期保费减去费用和死亡保费。第二期的期初账户价值按新的利率计息累积到期末，成为第二期的期末账户价值。该过程不断重复，一旦其保单的账户价值不足以支付保单的费用及死亡保障保费，投保人又未缴纳新的保费，则保单失效。通常情况下，保险人规定的首期保费较高，一方面是为了支付足够的首期费用和死亡给付；另一方面是为了避免保单因为对保费缴纳没有严格的限制而导致保单过早失效。

万能人寿保险具有很大的灵活性，不仅表现在保费的缴纳方式上，还表现在可以在一定的限制范围内选择所需要的保额。其客户可以在任意时候减少或增加保险金额(增加保险金额时需要重新核保)，因此它能适应客户对保险的个性化需求。例如，客户可以在结婚、生子、买房时申请提高死亡保障金额，而在子女长大成人并还清债务时申请降低死亡保额。由于保障金额可随着客户需求灵活变动，因而实现一张保单提供一生保障需求的设计思想。

按照我国相关精算规定，万能人寿保险所收取的费用基本同于投资连结保险，但不得收取投资连结保险中的买入卖出差价和资产管理费。

第三节　健康保险

一、健康保险概述

(一) 健康保险的定义

健康保险是以人的身体为对象，保证被保险人在保险期限内因疾病或意外事故所致伤害时的费用或损失获得补偿的一种保险。并不是每一笔健康保险保单的承保内容都包含所有费用和损失，否则其成本相当大。一般来说，健康保险承保的主要内容有以下两大类：

(1) 由于疾病或意外事故所致的医疗费用，习惯上将承保医疗费用的健康保险统称为医疗保险或医疗费用保险。

(2) 由于疾病或意外伤害事故所致的收入损失。如果被保险人不能参加任何工作，则其收入损失是全额的；如果被保险人只能从事比原工作收入低的工作，那么收入损失则是部分的，其损失数额即为原收入与新收入之差，称这种健康保险为残疾收入补偿保险。

在健康保险单中，有的给被保险人支付临时的残疾补偿、长期的(每月或每周)生活补助；有的提供全部的或部分的收入损失补偿；有的是在被保险人残废时，给付一笔保险金，如双目失明或肢体残缺等情况，相当大部分的健康保单则集中在承保医疗费用方面。

(二) 疾病的成立条件

疾病是指由于人体内在的原因而造成精神上、肉体上的痛苦或不健全。构成健康保险所指的疾病必须有以下三个条件：

(1) 必须是由于明显的非外来的原因所造成的。由于外来的、剧烈的原因造成的病态视为意外伤害，而疾病是由身体内在的生理的原因所致的。但若因饮食不慎、感染细菌引起疾病，则不能简单视为外来因素。因为外来的细菌还是经过体内抗体的抵抗以后，最后才形成疾病的。因此，一般来讲，要以是否是明显的外来的原因，作为疾病和意外伤害的分界线。

(2) 必须是由于非先天的原因所造成的。健康保险仅对被保险人的身体由健康状态转入病态承担责任。由于先天原因，身体发生缺陷，例如，视力、听力的缺陷或身体形态的不正常，这种缺陷或不正常，则不能作为疾病而由保险人负责赔偿。

(3) 必须是由于非长存的原因所造成的。在人的一生中，要经历生长、成年、衰老的过程，因此在机体衰老的过程中，也会显示一些病态，这是人生必然要经历的生理现象。对每一个人来讲，衰老是必然的，但在衰老的同时，诱发出其他疾病却是偶然的，需要健康保险来提供保障。而属于生理上长存的原因，即对人到一定年龄以后出现的衰老现象，则不能称之为疾病，这也不是健康保险的保障范围。

(三) 健康保险的特征

1. 保险金额和保险期限

人寿保险的给付金额一般是固定的，在保险事故发生时，按照规定的金额全数给付。而健康保险既有对患病给付一定保险金的险种，也有对医疗费用和收入损失的补偿的险种，其给付金额往往是按照实际发生的费用或收入损失而定。也就是说，健康保险的一些险种具有人寿保险的属性，另外一些具有损害保险的属性。正因为如此，有些国家把医疗费用保险列入损害保险，允许损害(财产)保险公司承保健康保险。

2. 代位求偿

健康保险中保险人拥有代位求偿权。代位求偿权主要是防止被保险人通过保险而获取额外利益。对于具有损害性质的保险，保险人所支付的保险金至多只是保险事故造成的实际损失的赔偿，被保险人不能因保险事故发生而得到额外的赔偿。在健康保险中，被保险人发生医疗费用支出后，若医疗费用已经从第三方得到了全部或部分赔偿，保险人可以不再给付保险金或只给付第三方赔偿后的差额部分。若保险人已经支付了医疗保险金，而保险事故责任应当由第三方承担时，被保险人应当将向第三方的追偿权转移给保险人。

3. 承保标准

健康保险的承保条件一般比寿险的承保条件更要严格，其对疾病产生的因素，需要相当严格的审查，一般是根据被保险人的病历来判断。另外，为防止已经患有疾病的被保险人投保，保单中常规定一个等待期或者观察期，这个等待期或观察期一般为 180 天(不同国

家的规定有所不同)，被保险人在等待期或观察期内因疾病支出医疗费用或收入损失，保险人不负责任。在等待期或观察期结束后，健康保险保单才正式生效，亦即观察期内所患疾病推定为投保以前患有的。在健康保险中，对在体检中不能达到标准条款规定的身体健康要求的被保险人，一般按照次健体保单来承保，可提高保费或重新规定承保范围。对于被保险人所患的特殊疾病，可单独制定特种条款，额外收费或注明列为责任免除。

4．成本分摊

健康保险的基本责任主要是指疾病(通常不包含分娩)医疗给付责任，即对被保险人的疾病医治所发生的医疗费用支出，保险人按规定给付相应的疾病医疗保险金。由于健康保险有风险大、不易控制和难以预测的特性，因此在健康保险中，保险人对所承担的疾病医疗保险金的给付责任往往带有很多限制或制约性条款，通常使用的条款包括：

(1) 免赔额条款。即在健康保险中，一般均对一些金额较低的医疗费用采用免赔额的规定，即保险人只负责超过免赔额的部分。这样做，一方面是被保险人在经济上可以承受金额较低的医疗费用，同时也可以省去保险人因此而投入的大量工作；另一方面，免赔额的规定可以促使被保险人加强对医病费用的自我控制，避免不必要的浪费。免赔额的计算一般有三种：一是单一赔款免赔额，其针对每次赔款的数额；二是全年免赔额，其按全年赔款总计，超过一定数额后才赔付；三是集体免赔额，其针对团体投保而言，规定了免赔额之后，小额的医疗费用由被保险人自负，大额的医疗费用由保险人承担。

(2) 比例给付条款，又称为共保比例条款。在健康保险中，由于是以人的身体为保险标的，不存在是否足额投保问题，同时由于健康保险的危险不易控制性，因此，在大多数健康保险合同中，对于保险人医疗保险金的支出均有比例给付的规定，即对超过免赔额以上的医疗费用部分采用保险人和被保险人共同分摊的比例给付办法。比例给付既可以按某一固定比例(例如，保险人承担 70%，被保险人自负 30%)给付，也可按累进比例给付。即随着实际医疗费用支出的增大，保险人承担的比例累计递增，被保险人自负的比例累计递减。这样既有利于保障被保险人的经济利益，解除其后顾之忧，也有利于保险人对医疗费用的控制。

(3) 给付限额条款。由于健康的危险大小差异很大，医疗费用支出的高低也相差很大，为了加强对健康保险的管理，保障保险人和广大被保险人的利益，一般对保险人医疗保险金的最高给付均有限额规定，以控制总支出水平。然而在以某些专门的大病为承保对象的健康保险中，也可以没有赔偿限额的规定，但这种合同的免赔额则比较高，被保险人自负的比例一般也较高。

5．健康保险的除外责任

健康保险的除外责任一般包括战争或军事行动，故意自杀或企图自杀造成的疾病、死亡或残废，堕胎导致的疾病、残废、流产、死亡等。在健康保险中之所以将战争或军事行动除外，是因为战争所造成的损失程度，一般来讲是较高的，而且难以预测，在制定正常的健康保险费率时，不可能将战争或军事行动的伤害因素以及医疗费用因素计算在内，因此，战争或军事行动被列为除外责任。而故意自杀或企图自杀均属于故意行为，与健康保险所承担的偶然事故相悖，故亦为除外责任。

二、健康保险的种类

(一) 医疗保险

医疗保险是指提供医疗费用保障的保险，是健康保险的主要内容之一。医疗费用是病人为了治病而发生的各种费用，它不仅包括医生的医疗费和手术费用，还包括住院、护理、医院设备等费用。医疗保险就是医疗费用保险的简称。

医疗保险的范围很广，医疗费用则一般依照其医疗服务的特性来区分，主要包含医生的门诊费用、药费、住院费用、护理费用、医院杂费、手术费用、各种检查费用等。各种不同的健康保险保单所保障的费用一般是其中的一项或若干项的组合。

医疗费用保险一般规定一个最高保险金额，保险人在此保险金额之限度内支付被保险人所发生的费用，超过此限额时，则保险人停止支付，免赔额条款则是医疗保险的主要特征之一。在此基础上，比例给付条款经常被采用。如果是一个家庭投保，则免赔额可规定在整个家庭成员费用之和的基础上。下面介绍的是几种常见的医疗保险，即普通医疗保险、住院保险、手术保险、综合医疗保险和特种疾病保险。

1. 普通医疗保险

普通医疗保险给被保险人提供治疗疾病时所相关的一般性医疗费用，主要包括门诊费用、医药费用、检查费用等。由于医药费用和检查费用的支出控制有一定的难度，因此这种保单一般也具有免赔额和比例给付规定，保险人支付免赔额以上部分的一定百分比(如80%)。保险费用则每年规定一次。每次疾病所发生的费用累计超过保险金额时，保险人不再负保险责任。

2. 住院保险

由于住院所发生的费用是相当可观的，故将住院的费用作为一项单独的保险，住院保险的费用项目主要是每天住院房间的费用、住院期间医生费用、利用医院设备的费用、手术费用、医药费等。住院时间长短将直接影响其费用的高低，而且住院费用比较高，因此，这种保险的保险金额应根据病人平均住院费用情况而定。为了控制不必要的长时间住院，这种保单一般规定保险人只负责所有费用的一定百分比(如 90%)。

3. 手术保险

手术保险提供因病人需做必要的手术而发生的费用。这种保单一般是负担所有手术费用。

4. 综合医疗保险

综合医疗保险是指保险人为被保险人提供的一种全面的医疗费用保险，其费用范围则包括医疗和住院、手术等的一切费用。这种保单的保险费较高。一般确定一个较低的免赔额连同适当的分担(如比例为 85%)。

5. 特种疾病保险

某些特殊的疾病往往给病人带来的是灾难性的费用支付，如癌症、心脏疾病等。这些疾病一经确诊，必然会产生大范围的医疗费用支出。因此通常要求这种保单的保险金额比较大，以足够支付其产生的各种费用。特种疾病保险的给付方式一般是在确诊为特种疾病

后，立即一次性支付保险金额。

(二) 残疾收入补偿保险

1．残疾收入补偿保险的意义

残疾收入补偿保险也称为丧失劳动能力收入补偿保险。如果一个人因疾病或意外伤害事故所致而不能参加工作，那么他就会失去原来的工资收入。这种收入的损失数额可能是全部的，也可能是部分的；其时间可能较长，也可能较短。提供给被保险人在残废、疾病或意外受伤后不能继续工作时所发生的收入损失补偿的保险称为残疾收入补偿保险(或称为丧失劳动能力收入补偿保险)。

残疾收入补偿一般可分为两种：一种是补偿因伤害而致残废的收入损失；另一种是补偿因疾病造成的残废而致的收入损失。在实践中，因疾病而致的残废比因伤害所致的残废更为多见一些。收入补偿保险的给付一般规定为以下三种方式：

(1) 按月或按周进行补偿。这是根据被保险人的选择而定，每月或每周可提供金额相一致的收入补偿。

(2) 给付期限。给付期限可以是短期的，也可以是长期的，短期补偿是为了补偿在身体恢复前不能工作的收入损失，而长期补偿则规定较长的给付期限，一般是补偿全部残废而不能恢复工作的被保险人的收入，通常规定给付到60周岁或退休年龄，如被保险人死亡则停止给付。短期给付期限一般为1～2年。

(3) 推迟期。在残废后的前一段时间称为推迟期，在这期间不给付任何补偿，推迟期一般为3个月或6个月，这是由于在短时间内被保险人还可以维持一定生活，同时，它通过取消对短期残废的给付而减少保险成本。

2．残疾的定义

在残疾收入补偿保险保单中，关于残疾的定义有很多方式，这里讨论完全残废和部分残废的定义。

(1) 完全残废。完全残废一般是指永久丧失全部劳动能力，不能参加工作(原来的工作或任何新工作)以获得工资收入。

关于永久丧失劳动能力的定义有许多不同，通常可采用的标准有：不能从事任何职业；不能从事与其正规教育培训、经验相关的职业；不能从事个人喜欢职业等，保险公司一般采用较为严格的定义。对于双眼、双手或双脚等完全失去正常功能的情况，一般也被认为是完全残废。全部残废给付金额一般比残废前的收入少一些，经常是原收入的75%～80%。

(2) 部分残废。部分残废是与全部残废的定义相对而言，是指部分丧失劳动能力。如果把全部残废认为是全部的收入损失，部分残废则意味着被保险人还能进行一些有收入的其他职业(显然这种职业会比原来的收入少)。在这种情况下，保险人给付的将是全部残废给付的一部分，其计算表达式为

$$\text{部分残废给付}=\text{全部残废给付}\times\frac{\text{残废前的收入}-\text{残废后的收入}}{\text{残废前的收入}}$$

这种给付被称为“比例给付”。

(3) 其他给付类型。收入补偿保险是对被保险人的收入损失进行有效的补偿，通常因条件的不同而具有不同类型。例如，收入补偿额可以随物价指数的变化而进行调整，或者

被保险人在住院期间，由于医疗费用较高，则可以支付一笔较大数额的补偿。如果被保险人通过其他渠道得到一定的收入补偿，则收入补偿保险扣除已获得的部分，只负责支付其余额部分，因此收入保险是一种损失补偿保险。

(三) 重大疾病保险

一般情况下，疾病保险具有以下几个基本特点：

(1) 个人可以任意选择投保疾病保险，作为一种独立的险种，它不必附加于其他某个险种之上。

(2) 疾病保险条款一般都规定了一个等待期或观察期，等待期或观察期一般为 180 天(不同的国家规定可能不同)，被保险人在等待期或观察期内因疾病而支出的医疗费用及收入损失，保险人概不负责，观察期结束后保险单才正式生效。

(3) 疾病保险为被保险人提供切实的疾病保障，且保障程度较高。疾病保险保障的重大疾病，均可能是给被保险人的生命或生活带来重大影响的疾病项目，如急性心肌梗死、恶性肿瘤。

(4) 保险期限较长。疾病保险一般都能使被保险人“一次投保，终身受益”。保费交付方式灵活多样，且通常设有宽限期条款。

(5) 疾病保险的保险费可以按年、半年、季、月分期交付，也可以一次缴清。

(四) 长期护理保险

长期护理保险承保被保险人在医院或家中因接受各种个人护理服务而发生的相关护理费用。商业性长期护理保险于 20 世纪 80 年代首先在美国出现，由残疾收入保险发展而来，20 世纪 90 年代在西欧相继出现，日本于 2000 年开始实行名为“介护保险”的公共长期护理保险制度，属于社会保险。经过 20 余年的发展，长期护理保险在发达国家已经由纯粹的商业性质的保险产品逐渐发展成为一种全新形式的社会保障制度，在解决长期护理问题方面起到了显著效果。长期护理保险有以下几方面的特征：

(1) 具有多种形式的保险责任，充分满足被保险人的各种护理需要。长期护理保险的保险责任一般包括三种护理类型，即专业家庭护理、日常家庭护理和中级家庭护理。

(2) 提供抵御通货膨胀的保障措施，尽可能地避免其不利影响。

(3) 保单被保险人享有现金价值的权利，不因保险效力的变化而丧失。

(4) 承诺保单的可续保性，保证了长期护理保单的长期有效性。

尽管各保险公司销售各种样式的长期护理保险，但其主要条款基本上是一致的，年缴保险费一般也都随着承保方式、被保险人的年龄、保险金的给付额、等待期等的不同而变化。具体包括以下几个方面：

(1) 承保方式。有的保单的被保险人为指名被保险人，有的则将其配偶也作为被保险人，显然后者的保险费率要比前者的高。

(2) 被保险人的年龄。保险公司往往将被保险人投保时的年龄限制在 50～70 岁，承保期按照被保险人投保时的年龄和他们的实际需要分为 40～84 岁、50～84 岁、55～85 岁等年龄段。投保时被保险人年龄越低，则其费率越低。

(3) 保险金给付额。绝大多数保单标明每日最高给付额及给付日中给付的总额。给付额越高，费率越高。

(4) 等待期。当选择保单时，被保险人通常必须选择等待期。例如，选择20天等待期的保险，被保险人在护理室中或在其他合格的设备条件下受护理的情况，前20天不属保障范围。等待期越长，保费越低。显然这是一种免赔的形式，目的在于消除投保人的小额索赔，减少保险人的工作量。

近年来，发达国家都是在人口的老龄化而产生的长期护理需求的背景下，用长期护理保险制度来解决这一世界各国面临的难题。他们都建立了相应的长期护理保险法律制度，使整个体系的运行做到有章可循，从而充分发挥其维护老年人社会保障、缓解人口老龄化所带来压力的职能。目前，我国老龄化问题日趋突出，家庭养老将面临愈来愈严峻的经济压力，我国传统的家庭养老模式已无法适应新形势下人口老龄化迅速发展的需要，社会发展的未来趋势将是越来越多的问题要依靠社会保障及商业保险来解决。发达国家长期护理保险的发展及其成功经验为解决我国人口老龄化提供了借鉴。

第四节 意外伤害保险

一、意外伤害保险的含义及特征

(一) 意外伤害保险的含义

意外伤害保险是人身意外伤害保险的简称，是指在被保险人没有预见到或违背被保险人意愿的情况下，突然发生的外来致害物对被保险人的身体明显、剧烈侵害的客观事实。意外伤害包含“意外”和“伤害”两个必要条件。目前，在我国寿险公司的条款中通常对“意外伤害”的界定是：“意外伤害”是指遭受外来的、突发的、非本意的、非疾病的使被保险人身体受到剧烈伤害的客观事件。具体包括以下三个要点：

(1) 客观上必须有意外事故发生，事故原因为意外的、偶然的、不可预见的。

(2) 被保险人必须有因客观事故造成人身死亡或残疾的结果。

(3) 意外事故的发生和被保险人遭受人身伤亡的结果之间存在着内在的、必然的联系，即意外事故的发生是被保险人遭受伤害的原因，而被保险人遭受伤害是意外事故的必然后果。

(二) 意外伤害保险的特征

意外伤害保险具有以下特征：

(1) 短期性。意外伤害保险的保险期限一般不超过一年。有的保险期限不超过几周、几天，甚至不超过几小时。

(2) 给付条件的差异性。意外伤害保险必须以意外伤害为近因，且给付金额需要依据死亡和伤残的程度而定。

(3) 保险费率测定基础的不同。意外伤害保险费率测定取决于被保险人的职业、工种或所从事的活动。

(4) 保险金的定额性。保险金额采用定额的方式，由保险人和投保人共同协商确定。

二、意外伤害保险的种类

(一) 按照保险对象的不同划分

按照保险对象的不同，意外伤害保险可以分为个人意外伤害保险和团体意外伤害保险。

1. 个人意外伤害保险

个人意外伤害保险是指以个人作为保险对象的各种意外伤害保险。这类险种的主要特点是保险费率低而保障程度较高，投保人只要交纳少量的保险费，即可获得较大程度的保障。

2. 团体意外伤害保险

团体意外伤害保险是指以团体为保险对象的各种意外伤害保险。团体意外伤害保险是我国意外伤害保险中最主要和最基本的险种。它的基本特点是：以投保人的单位为投保人；以对团体的选择取代了对个别被保险人的选择；规定最低保险金额；保险费率低，依据工作性质的不同可采用不同的费率标准。

(二) 按保险承保风险的不同划分

按保险承保风险的不同，意外伤害保险可以分为普通意外伤害保险和特种意外伤害保险。

1. 普通意外伤害保险

普通意外伤害保险又称为一般意外伤害保险。该类意外伤害保险是为被保险人在日常生活中因一般风险导致的意外伤害而提供保障的一种保险。在实际业务中，大多意外伤害保险均属普通意外伤害保险。这类险种属于意外伤害保险的主要险种，其主要特点是保险费率低、可承保一般可保的意外伤害。

2. 特种意外伤害保险

特种意外伤害保险是指以特定时间、特定地点或特定原因而导致的意外伤害事件的保险，该保险与普通意外伤害保险相比较为特殊，故称为特种意外伤害保险。这类险种的主要特点是承保危险较广泛、保险期限短、意外伤害的概率较大。在实际业务中，大多采取由投保方和保险方协商一致后临时签订协议的方式办理。其种类主要有旅行意外伤害保险、交通事故意外伤害保险、电梯乘客意外伤害保险及特种行业意外伤害保险等。

(三) 按照实施方式的不同划分

按照实施方式的不同，意外伤害保险可以分为法定意外伤害保险和自愿意外伤害保险。

1. 法定意外伤害保险

法定意外伤害保险又称为强制意外伤害保险，是指政府通过颁布法律、行政法规、地方性法规强制施行的人身意外伤害保险。强制保险是基于国家保险法令的效力构成的被保险人与保险人的权利和义务关系。2006 年 7 月 1 日起实施的机动车交通事故责任强制保险(简称交强险)是我国第一个法定强制险种。

2. 自愿意外伤害保险

自愿意外伤害保险是指投保人和保险人在自愿基础上通过平等协商订立保险合同的人

身意外伤害保险，即由投保人根据自己的意愿和需求投保的意外伤害保险。我国目前开办的意外伤害保险的险种绝大多数都属于自愿形式。

(四) 按照保险期限的不同划分

按照保险期限的不同，意外伤害保险可以分为长期意外伤害保险和短期意外伤害保险。

1. 长期意外伤害保险

长期意外伤害保险是指保险期限超过一年的意外伤害保险。

2. 短期意外伤害保险

短期意外伤害保险一般是指保险期限为一年的人身意外伤害保险，可以分为一年期和极短期两种意外伤害保险。在人身意外伤害保险中，一年期意外伤害保险占大部分。极短期意外伤害保险是指保险期限不足一年，只有几天、几小时甚至更短时间的意外伤害保险。极短期意外伤害保险大多是特种意外伤害保险。

(五) 按照保险承保的责任不同划分

按照保险承保的责任不同，意外伤害保险可以分为意外伤害死亡残疾保险、意外伤害医疗保险、综合性意外伤害保险和意外伤害失能收入损失保险。

1. 意外伤害死亡残疾保险

意外伤害死亡残疾保险是指保险人仅以被保险人遭受意外伤害而致死亡或残疾保险金给付条件的一种保险。

2. 意外伤害医疗保险

意外伤害医疗保险是指当被保险人由于遭受意外伤害需要治疗时，保险人给付医疗保险金的一种保险。

3. 综合性意外伤害保险

综合性意外伤害保险是指保险人除了承担被保险人因意外伤害的身故保障、残疾保障之外，还提供意外医疗保险金，即在普通意外伤害保险的基础上扩大了保障范围的一种保险。它具有投保范围广、保障全面的特点，既保障意外死亡，又保障意外伤残和医疗。

4. 意外伤害失能收入损失保险

意外伤害失能收入损失保险是指当被保险人由于遭受意外伤害暂时丧失劳动能力不能工作时，保险人给付误工损失保险金的一种保险。由于薪金标准不好掌握，因此目前在我国这类险种并不多见。

三、意外伤害保险的内容

(一) 保险责任

人身意外伤害保险的保险责任通常有以下两个方面。

1. 死亡保障

被保险人因遭受意外伤害而造成死亡时，保险人给付死亡保险金。被保险人死亡，即机体生命活动和新陈代谢的终止。在法律上发生效力的死亡包括两种情况，一种是生理死

亡，即已被证实的死亡；另一种是宣告死亡，即按照法律程序推定的死亡。《中华人民共和国民法通则》第二十三条规定：“公民有下列情形之一的，利害关系人可以向人民法院申请宣告他死亡：(一) 下落不明满四年的；(二) 因意外事故下落不明，从事故发生之日起满二年的。”

2．残疾保障

被保险人因遭受意外伤害造成残疾时，保险人给付残疾保险金。残疾包括两种情况：一是人体组织的永久性残缺(或称为缺损)，如肢体断离等；二是人体器官正常机能的永久丧失，如丧失视觉、听觉、语言机能、运动障碍等。

根据意外伤害易产生医疗费用的特点，有些意外伤害保险的险种以附加合同的方式将医疗费用一并承保，即被保险人因遭受意外伤害所支出的、符合有关规定可报销的医疗费用，保险人在扣除免赔额后，按一定比例给付医疗保险金。

(二) 除外责任

人身意外伤害保险的除外责任有以下两个方面。

1．不可保意外伤害

不可保意外伤害一般是指被保险人因违反法律规定和社会公共道德规范而引发的道德风险，保险人一般不承担这类风险的给付责任。例如，被保险人在犯罪活动中所遭受的意外伤害，被保险人在寻衅殴斗中所受到的意外伤害，被保险人在酒醉、吸食(或注射)毒品(如海洛因、鸦片、大麻、吗啡等麻醉剂、兴奋剂或致幻剂)后发生的意外伤害，被保险人的自伤和自杀行为造成的意外伤害。

2．特约可保意外伤害

特约可保意外伤害一般列为普通意外伤害保险的除外责任，不予承保。被保险人确实需要投保的，可选择特种意外伤害保险或在办理普通意外伤害保险的基础上经与保险人特别约定，以在保险单上特别批注的方式，并另外加收保险费后予以承保。特约可保意外伤害一般包括战争造成的意外伤害，被保险人从事登山、跳伞、滑雪、江河漂流、赛车、拳击、摔跤等剧烈的体育活动或在比赛中造成的意外伤害，核辐射造成的意外伤害，医疗事故造成的意外伤害等。

(三) 意外伤害保险保险金的给付

人身意外伤害保险属于定额给付性保险。由于意外伤害事故可能造成不同的损害结果，因此保险人给付保险金的方式也就不同。

1．死亡保险金的给付

在人身意外伤害保险合同中，死亡保险金的数额是在保险合同中规定的，被保险人在保险有效期内因发生保险单规定的意外事故而死亡的，保险人按照保险合同规定如数给付保险金。按照我国人身意外伤害保险条款的规定，死亡保险金为保险金额的100%。

死亡保险金的给付要具备两个前提：被保险人因约定的意外事故而死亡；死亡的时间必须在保险期限或责任期限内。

当保险人承担身故保险金给付责任后，保险责任即告终止；如果在死亡给付保险金之前，已经给付过伤残保险金，则应当从死亡保险金中扣除已给付的伤残保险金；如果被保

险人因意外事故而被依法宣告失踪或死亡，保险人给付死亡保险金后，被保险人如生还，则被保险人应当向保险人退还死亡保险金；如果意外伤害保险中附加了医疗保险，则保险人在给付保险金时，应当分别计算医疗保险金与死亡或伤残保险金。

2. 残疾保险金的给付

残疾保险金的给付比较复杂，保险公司要将残疾分为暂时性残疾和永久性残疾，并只对永久性残疾负给付责任。所以，在给付前要对被保险人的残疾状况进行认定，然后再确定残疾程度。残疾程度一般以百分率来表示。残疾保险金的数额由保险金额和残疾程度两个因素确定，其计算公式为

$$残疾保险金=保险金额\times残疾程度百分率$$

人身意外伤害保险的保险金额不仅是确定死亡保险金、残疾保险金数额的依据，而且也是保险人给付保险金的最高限额，即保险人给付每次被保险人的死亡保险金和残疾保险金，累计以不超过该被保险人的保险金额为限。当一次意外伤害造成被保险人身体若干部位残疾时，保险人按保险金额与被保险人身体各部位残疾程度百分率之和的乘积计算残疾保险金；如果各部位残疾程度百分率之和超过100%，则按保险金额给付残疾保险金。被保险人在保险期间内多次遭受意外伤害时，保险人对每次意外伤害造成的残疾或死亡均按保险合同中的规定给付保险金，但是，给付的保险金以累计不超过保险金额为限。

被保险人的身体损伤在医疗终结时间内彻底治愈的不予以伤残给付。在医疗终结时间结束后仍不能治愈的，留有不同程度后遗症的，可按180天的有效鉴定，对照给付标准给付伤残保险金。这里的180天是残疾鉴定的等待期，该等待期的设置可以减少理赔纠纷，既保障了客户的利益，也为保险公司的实务操作提供了便利。

重要概念

人身保险　人寿保险　人身意外伤害保险　健康保险　分红保险　死亡保险
定期寿险　终身寿险　生存保险　年金保险　定期年金　终身年金　两全保险
变额人寿保险　万能人寿保险　医疗保险　残疾收入补偿保险　重大疾病保险
长期护理保险

思 考 题

1. 与财产保险相比较，人身保险具有些什么特点？
2. 简述人身保险的主要分类。
3. 简述健康保险的含义及特点。
4. 试述健康保险中保险人为了控制所承担的疾病医疗保险金给付责任而设置的条款内容。
5. 简述健康保险的基本类型及特点。
6. 简述意外伤害保险的含义及特点。

保险合同条款

保险条款是保险合同的重要组成部分，是对投保人和保险人权利义务做出的具体约定。保险人根据不同的保险种类事先制定相应的保险条款。

第一节 财产保险合同的条款

财产保险合同条款是指财产保险合同中对于某些事项的规定。这些规定长期被使用，逐渐固定化和规范化，它是合同当事人履行财产保险合同的法律依据，也是处理财产保险合同纠纷的依据。财产保险合同中的条款有些在保险合同中明示，有些则是在有关保险法规中有明确规定。其可以分为常见条款和扩展条款。

一、财产保险合同的常见条款

财产保险合同的常见条款有责任免除条款、责任承担方式条款、重复保险条款、共同保险条款、代位求偿条款和保证条款等。

(一) 责任免除条款

在财产保险合同中，除了列明保险责任外，还须对保险人不承保的危险事故作为除外责任列于合同中。一般来说，财产保险的除外责任包括：① 投保人或被保险人的故意行为；② 地震；③ 战争、军事行动或暴力行为；④ 核辐射和污染；⑤ 堆放在露天或罩棚下的保险财产由于暴风、暴雨而造成的损失；⑥ 因保险财产本身存在缺陷、保管不善所导致的损坏，如保险财产的变质、霉烂、受潮、虫咬、自然磨损以及损耗；⑦ 因遭受保险责任范围内的灾害或事故造成停工、停业等一切间接损失，这些间接损失主要是指工资、利润、收益以及对外签订合同所需承担的各项经济责任；⑧ 恐怖袭击。

在财产保险合同中，由于保险人承担的保险责任通常为列明的风险责任，因此，在保险条款的除外责任的最后，往往约定“其他不属于保险责任范围内的损失和费用”，以进一步明确对不是保险责任范围内的损失和费用，保险人一概不承担赔偿责任。

(二) 责任承担方式条款

由于财产保险标的的价值可以按账面价值、重置价值和市价等确定，因此有必要在财产保险合同中约定保险公司承担责任的方式。保险人的责任承担方式主要有比例责任承担方式、第一危险责任承担方式、免责限度(即超限额)赔偿方式和限额责任(即不足限额)承担方式等。

1. 比例责任承担方式

比例责任承担方式是指以保险金额与出险时保险标的完好的实际价值的比例来计算赔

偿额，即赔偿不仅取决于损失金额，还和保险金额与保险价值的比例有关。其计算公式为

$$赔偿金额 = 损失金额 \times \frac{保险金额}{实际价值}$$

2. 第一危险责任承担方式

第一危险责任承担方式是指在保险金额的限度内按实际损失赔偿。赔偿金额等于损失金额。采用此种赔偿方式，必须明确区分第一危险部分的财产，否则容易引发道德风险。

3. 免责限度承担方式

免责限度承担方式又称为超限额赔偿方式，是指对一些保险标的的损失，参考它的自然损耗，规定一个最小限度，损失额只有超过这个限度，保险人才承担赔偿责任，如果损失额没有超过这个限度，则保险人不承担赔偿责任，这一限度又称为免赔额或免赔率。免赔限度赔偿又具体分为相对免赔限度赔偿和绝对免赔限度赔偿两种，即也称为相对免赔额赔偿和绝对免赔额赔偿。相对免责限度赔偿的计算公式为

$$赔偿金额 = 保险金额 \times 损失率$$

绝对免责限度赔偿的计算公式为

$$赔偿金额 = 保险金额 \times (损失率 - 免赔率)$$

因为免责限度赔偿方式能消除许多小额索赔，大为减少了损失理赔费用，从而降低保费，同时也能促进投保人减低损失率，因而在财产保险合同中得到广泛使用。

4. 限额责任承担方式

限额责任承担方式又称为不足限额赔偿方式，主要用于农作物保险之中。一般双方预先规定一个固定的额度作为被保险人取得收益的标准，被保险人实际收益达不到规定额度，视为发生保险事故，保险人赔偿实际收益额与标准额度之间的差额；反之，实际收益达到或超过规定额度的，视为未发生保险事故，保险人不承担赔偿责任。限额责任赔偿的计算公式为

$$赔偿金额 = 限额责任 - 实际收获$$

(三) 重复保险条款

我国《保险法》第五十六条规定："重复保险的投保人应当将重复保险的有关情况通知各保险人。"这是重复保险的投保人应当履行的一项重要的法定义务。我国《保险法》规定这项义务的目的是防止投保人利用与不同保险人分别订立保险合同的方式，进行保险欺诈，谋取不正当利益。投保人进行重复保险后，虽然每一个保险合同中的保险金额不超过保险标的的保险价值，但由于各个保险合同的保险标的都相同，各个保险合同的保险金额累计起来，其总和就会超过保险价值，形成超额保险。重复保险的责任分摊方式主要有三种：比例责任分摊、比例责任与优先承保兼顾分摊、限额责任与连带责任兼顾分摊。

(四) 共同保险条款

共同保险原本是指由两方或者多方联合提供的保险。在财产保险中，共同保险的另一种含义是指如果保险金额低于保险价值，保险人和被保险人以一个特定的比例来共同分担免赔额以外的保单损失。在这种情况下，被保险人被看成是保险标的的共同保险人，这是不足额投保情况下保险人与被保险人之间按比例分配损失的一种方法。

共同保险的概念起源于海上保险，它也同样适用于以火灾保险为代表的一般财产保险。美国财产保险合同中的共同保险条款规定，被保险人应该按照共同保险条款载明的共同保险比率、根据保险标的的保险价值计算出的金额投保，保险价值是承保损失发生时保险标的的实际现金价值或重置成本或保单规定的其他价值。通常使用的共同保险比率为 80%，有时也可达到 90%或 100%，保险人按照保险金额与共同保险条款规定的最低投保金额之间的比例承担赔偿责任。如果被保险人的投保金额没有达到共同保险条款中规定的最低比例金额，其保险标的的部分损失就不能得到足额赔偿。

共同保险条款在我国财产保险业务中极少体现，这与我国保险市场的实际发展状况有关。我国《保险法》第五十五条规定："保险金额低于保险价值的，除合同另有约定外，保险人按照保险金额与保险价值的比例承担赔偿责任。"即一般情况下，以保险价值作为界定是否足额保险的依据。目前我国财产保险中以不定值保险居多，这种不定值保险是否为足额保险，是以损失发生时财产实际价值的全值作为标准的，只要保险金额低于财产实际价值，就被视为不足额保险，只能获得比例赔偿。与美国的比例价值共同保险比较可以看出，我国财产保险中的不定值保险实际上就是共保比例为 100%的共同保险。

(五) 代位求偿条款

代位求偿是指保险公司在给付赔偿金之后，接受被保险人对第三者具有的索取补偿的权利。通过向第三者索赔，保险公司便可抵消或缩小其支付赔偿金的损失。代位求偿适用于所有构成损失补偿合同的险种。保险人代位求偿权利的行使，必须以被保险人得到补偿为前提。一般认为，被保险人的这种补偿是指其实际损失的全部补偿。保险人支付了赔偿金后，被保险人即丧失从第三人手中取得赔偿的权利，为保障保险人行使代位权，被保险人不能作任何不利于保险人的行为。

代位求偿条款是保险合同赋予保险人所特有的一项权利。保险代位求偿权的规定，从保险人的角度看，保证了保险人在出现因第三者过错所致保险事故时，不会因为支付了过多的赔款而减弱其经济实力，降低其经济补偿能力；从被保险人的角度看，避免了其获得不当得利的可能；从第三者责任人的角度看，使其不能因为有保险人的赔款而摆脱自己应承担的民事法律责任。

(六) 保证条款

在财产保险合同中，保证是指被保险人对做或不做特定的事情、是否履行某项条件或是否确认某些事实的特定状态的存在的一种承诺。保证可以用明示或默示的方式。保证的事项必须切实遵守，否则不管被保险人是否违反了保证，也不管是否造成损失，保险人就有权使整个合同无效。

保证条款是海上保险合同的重要条款。除《中华人民共和国海商法》以外，我国其他有关保险的法律规范并没有对保证做出明文规定，但存在可以视为"保证"的内容。如我国《保险法》第五十一条规定："被保险人应当遵守国家有关消防、安全、生产操作、劳动保护等方面的规定，维护保险标的的安全。……投保人、被保险人未按照约定履行其对保险标的的安全应尽的责任的，保险人有权要求增加保险费或者解除合同。"这可以看成是被保险人对履行保险合同过程中特定义务的承诺。在实际的保险条款中，也存在可归属于保证的相应内容。例如，中国人民财产保险公司的《机动车辆保险条款》第十二条明确规定：

“被保险人及其驾驶人员应严格遵守交通规则，安全驾驶，做好车辆的维修、保养工作，按期进行检查和修理，使保险车辆经常保持适宜驾驶状况。”又如，中国人民财产保险公司的《国内货物运输保险条款》第九条规定：“凡是应当包装的货物，被保险人必须保证其包装符合政府有关部门规定的标准。”这一类规定很明显要求被保险人在保险合同存续期间保证必须做某些行为，否则保险人可以保险合同未被恰当履行为由解除合同，并对违反该类条款后的损失不负赔偿责任。

二、财产保险的扩展条款

财产保险除了常见条款外，还有一些扩展条款。扩展条款包括被保险人定义条款、保护受押人权益条款和空房条款等。

(一) 被保险人定义条款

被保险人可以是指名的被保险人及其法定代表。指定被保险人的法定代表作为被保险人的目的是为了预防在被保险人死亡、精神错乱或破产情况下保险人拒绝赔偿的情况发生。因此，使用被保险人定义条款，将被保险人的定义扩展至被保险人的法定代表是很有必要的。被保险人的遗产管理人、监护人、财产接管人等属于法定代表。

在汽车保险中，常使用被保险人条款，该条款将被保险人的定义扩展至被保险人的家庭成员以及被保险人认可的驾驶人员。

(二) 保护受押人权益条款

按照可保利益原则，受押人对抵押财产也有可保利益。受押人通常是向抵押人发放购置房地产的贷款，以房地产作为抵押贷款的担保品。一旦作为担保品的房地产遭受损失，受押人有可能得不到贷款的偿还。

保护受押人权益的办法有多种，如由受押人购买等于其可保利益的保险或由被保险人(抵押人)把保单转让给受押人等。在我国，针对个人购置商品住房，保险公司相继开办了抵押商品房保险和住房抵押贷款保证保险。在抵押商品房保险中，受押人通过保单上的批注优先取得等于其可保利益的保险赔款权利。事实上，只要在家庭财产保险合同中设置这一条款或批单，就无需单独开办这类抵押商品房保险。如今，企业通过向银行取得抵押贷款来购置房地产屡见不鲜，比较可行的办法是在条款或合同中设置与前述的标准抵押条款类似的条款或批单。

(三) 空房条款

空房条款是指当建筑物无人居住或未被占有连续超过一定天数后所发生的损失，保险合同应予以除外不赔的免责条款。因为在房屋空置情况下损失发生的概率会增加，并且部分损失容易成为全损。目前，中国平安财产保险公司的家庭财产保险产品已使用该责任免除，在我国的企业财产保险条款中也包括该条款。

第二节　寿险保单的常用条款

除了一般保险合同共有的一些条款以外，人寿保险合同还有以下十四种常见的条款。

(一) 犹豫期条款

犹豫期是指投保人可以撤销保险合同全额收回已交保费的约定期限，起算日期是自保单送达日或接受邮局邮戳日期的次日。我国《健康保险管理办法》规定，长期健康保险产品应当设置合同犹豫期，并在保险条款中列明投保人在犹豫期内的权利，长期健康保险产品的犹豫期不得少于10天。

(二) 不可争议条款

规定在保险合同开始一段时间(一般为两年)后，除非投保人不缴付保险费，或保险人发现投保方有欺诈行为存在，否则保险人不得以被保险人违反诚信原则等原因为理由废除保险合同或拒绝赔偿。换言之，在保险单生效后两年之内，即为保险单争议期，其间保险公司如发现投保人所报告的重要事实有误报或漏报情况，仍有权废除合同。若被保险人在此期间发生死亡事故，保险公司只需退还全部保险费，而无需负赔偿责任。总之，该条款旨在保障被保险人的利益，以防止个别不负责任的保险公司在有赔偿事故发生时，故意与被保险人为难，以逃避赔偿之责。

(三) 年龄误报条款

投保人申报的被保险人年龄不真实，并且其真实年龄不符合合同约定年龄限制的，保险人可以解除合同，并在扣除手续费后，向投保人退还保险费，但是自合同成立之日起逾两年的除外。年龄误报条款实际上是不可争议条款的延伸。

(四) 宽限期条款

由于人身保险合同多数是长期性的，因此投保人要在相当长的时期内持续不断地缴纳保险费。为避免投保人因故不能如期缴费而使保险合同轻易失效，保险公司通常都允许投保人有一个月的迟缴续期保费期限，期限由保费到期日开始计算，称为宽限期。只要投保人在宽限期内补交到期的保费，保单就不会失效。假如保单已累积有现金价值，当宽限期已过，而到期保费仍未交纳，保险公司便会引用自动垫缴保费条款来使保单继续生效。宽限期条款是保险公司降低保险合同失效率的一个重要手段。

(五) 保险合同效力的恢复条款

保险合同效力中止后的两年内，投保人申请恢复合同效力的，在按保险人要求提供被保险人健康声明书或由保险人指定医疗机构出具的体检报告书后，经保险人审核同意，双方达成复效协议的，自投保人补缴保险费及其利息次日起，合同效力恢复。自合同效力中止之日起两年内双方未达成协议的，保险人有权解除合同。投保人已缴足两年以上保险费的，保险人按照合同约定退还保险单的现金价值；投保人未缴足两年保险费的，在扣除手续费后退还保险费。

(六) 不丧失价值条款

不丧失价值条款规定，即使保险单失效，保险单的现金价值所有权仍归投保人所有。投保人在交足两年以上保险费后，保单会积存一定的现金价值。这种现金价值不因保单效力的变化而丧失，其投保人若有退保，这部分现金价值应由寿险公司退还给投保人。

(七) 保单贷款条款

保单贷款是指投保人以责任准备金为抵押，在其金额范围内向保险人申请贷款的一种行为。申请贷款时须出示保险单，以便保险人在批注栏内注明日期及贷款金额等，因此习惯上称之为保险单抵押贷款。保险单本身并无抵押价值，作为抵押标的的实质是保险单的现金价值。在美国、日本等国家，保险单贷款金额以退保金为限。保险单贷款按时收取利息，还债期限可依投保人的意思延长，但当贷款本息超过责任准备金时，保险合同效力即终止。投保人或被保险人领取保险给付金或解约金时，如有保单贷款，保险人则先扣除贷款本息，保险单抵押贷款制度可使投保人以简化手续借款，有利于提高人寿保险的使用价值，从而吸引更多的潜在客户投保。对于人寿保险公司而言，可以运用的资金将相对减少。

(八) 保单提现条款

一般而言，除了定期死亡保险外，其他类型的人寿保险单只要投保人缴足两年保险费后，就开始具有现金价值，这是因为属于长期性质的人寿保险都具有储蓄性质，保险人为履行合同责任提存了责任准备金。如果被保险人中途退保，可以领取当时保险单应有的现金价值。

(九) 自动垫缴保费条款

投保人在宽限期满后仍未支付到期保费，当其保险单已具有现金价值，同时其现金价值已足够缴付所欠保费时，除非投保人事先有不同意垫缴的声明，不然，保险人应自动垫缴其所欠缴的保费而使保险合同继续有效。如果此时保单的现金价值已不够缴付所欠保费，则从宽限期终了的翌日起，保险合同失效。自动垫缴保费条款的主要目的是防止保单的非故意失效。

(十) 红利及保险金给付的选择条款

分红保险的红利有多种处置方式可以选择，它们是领取现金、累积生息、抵交续期保费、自动增加保额、自动购买定期死亡寿险、并入准备金以提前满期等。保险金任选条款规定，被保险人或者受益人在领取保险金时，可选择的方式包括收入利息(领款人死亡后，受益人领回本金)、定期收入(年金)、定额收入(年金)、终身收入(年金)。

(十一) 除外责任条款

为了防止故意行为，违反道德或违法行为所造成的事故，以及危险难以预测的事故，寿险公司一般不予承保，称为除外责任或责任免除。寿险公司不是无所不保的。由于寿险种类繁多，险种各有特色，因此，即使是常用条款也会有所变化，所以，在购买寿险时一定要详细阅读条款的各项内容。

(十二) 自杀条款

在保险合同成立之后的两年内，若被保险人是自杀的，保险人则不承担给付保险金的责任，但是对投保人已支付的保险费，保险人应按照保险单退还；自保险合同成立起两年以后，若被保险人是自杀的，保险人则可以按合同给付保险金。自杀条款的目的既是为了防止道德危险的发生，也是为了保障受益人不会因为亲人的自杀而得不到生活保障。

(十三) 受益人条款

受益人由被保险人或者投保人指定。投保人指定受益人需经被保险人同意。受益人可以是一人或数人；受益人为数人的，可以指定受益的顺序和受益的份额；未确定受益份额的，受益人按照相等份额享有受益权。如果没有指定受益人，或者受益人先于被保险人死亡没有其他受益人的或受益人依法丧失受益权或放弃受益权，没有其他受益人的情况下，被保险人死亡后的保险金视为被保险人的遗产，由继承人领取。

(十四) 战争不包括条款

战争不包括条款是指保险公司无需对由战争引起的死亡负赔偿责任，战争不包括条款的产生是由于人寿保险的保费计算，是以非战争时期的死亡率为基础的，因为战争时期的死亡往往无法预测。有的保险公司在此条款基础上将其分为两种条款：第一种称为身份条款，规定只要被保险人在军队中服役，在此期间如发生死亡事故，则不论被保险人的死亡是否由战争所引起，保险公司一概不负赔偿责任；第二种称为结果条款，规定只要被保险人的死亡是由战争引起的，保险公司就不负赔偿责任。当然，对于投保人所支付的保费，保险公司均须全部退还。

第三节 人寿保险合同的选择性条款

一、不丧失权益选择权条款

不丧失权益选择权条款的基本内容是：不丧失权益属于具有现金价值保单持有人的一种权益。如果投保人不愿意或没有能力继续缴付保费维持合同的效力时，可以在保单所提供几种不丧失选择权中任选一种处理保单的现金价值。

(一) 退保金不丧失选择权

退保金不丧失选择权是指投保人停止缴付保险费时，保单持有人可以选择退保，并以现金方式领取退保金。

(二) 减额缴清保险不丧失选择权

减额缴清保险不丧失选择权是指当投保人停止缴付保险费后，保单持有人可以选择减额缴清保险来延续保险保障。减额缴清保险是指以保单所累积的净现金价值作为趸缴保费来购买与原保单设计相同的保险，其保费根据选择权生效时被保险人的到达年龄计算。减额缴清保险的保险责任和保险期限与原保单一致，但其保险金额的大小由保单的净现金价值的大小来决定。

(三) 展期保险不丧失选择权

展期保险不丧失选择权是指当投保人停止缴付保险费后，保单持有人可以选择展期保险来延续保险保障。展期保险是指以保单所累积的净现金价值作为趸缴保费来购买与原保单具有相同保额的定期保险，其保险期限的长短取决于保险金额、现金价值、被保险人的性别以及保单持有人行使本选择权时被保险人所达到的年龄。

二、红利选择权条款

红利选择权条款的基本内容是：分红保险的红利选择权条款为分红保险持有人领取红利提供了多种选择的方式，保单持有人可以根据自己的意愿选择其中的一种红利领取方式分享保险人的经营成果。

(一) 现金红利选择权

现金红利选择权是指保单持有人以现金方式领取保险人已公布的保单红利。

(二) 抵减保费红利选择权

抵减保费红利选择权是指保险公司将已公布的红利用于缴付续期保费。保险公司向保单持有人寄送一份红利通知书，列明红利金额和扣除红利后应缴的保险费。

(三) 累积利息红利选择权

累积利息红利选择权是指将红利留存于保险公司用于累积生息，但允许保单持有人在任何时候提取累积的红利和利息。如果保单持有人要求退保，保险人将退保金和累积保单红利一起退还给保单持有人。如果被保险人死亡，累积的红利连同保险金给付受益人。

(四) 增额缴清保险红利选择权

增额缴清保险红利选择权是指将红利作为趸缴保费购买增额缴清保险。购买增额缴清保险的保险费不包含营业费用，也不需要提供可保证明，而且用保单红利购买的增额缴清保险还能累积现金价值。

(五) 增额定期保险红利选择权

增额定期保险红利选择权是指将红利作为趸缴净保费购买一年期定期保险。但是每年可购买的一年期定期保险的最高保额不能超过保单的现金价值。

三、保险金给付选择权条款

保险金给付选择权条款的基本内容是：人寿保险单中规定了多种保险金的领取方式，当被保险人死亡时，由受益人选择合适的方法来处置保险金。

(一) 一次性以现金方式给付保险金

被保险人死亡时，保险人以现金形式一次性给付保险金。

(二) 利息收入方式给付保险金

由保险人将保险金进行投资，并向受益人定期支付保险金的利息。利息可以按年、按季支付，但保证支付一个最低利率的利息。

(三) 按固定期限向受益人分期给付保险金

保险人在规定期间内向受益人分期给付等额保险金，每次的给付金额由保险金的数额、利率以及保单持有人或受益人选择的给付期间长度而定，保险人保证一个最低利率。

(四) 按固定金额向受益人分期给付保险金

保险公司按约定金额定期进行等额给付，直到保险金本息付清为止。保险人的付款次

数取决于保险金的数额、利率以及约定的等额支付金额，保险人也保证一个最低利率。

(五) 按终身年金方式给付保险金

保险公司将受益人领取保险金作为趸缴保费投保一份终身年金，在受益人生存期间定期给付保险金。

四、保费缴付选择权条款

保费缴付选择权条款的基本内容是：人寿保险是长期性的保险业务，保费采用均衡保险费制，为了给投保人提供方便，保单中规定了多种保费缴付方式、缴付频率和缴付方法，由投保人根据自己的实际情况进行选择。

人寿保险保费的缴付方式有趸缴、年缴和限期缴付三种。缴费的频率可以是年付、半年付、季付或月付，投保人在投保时可以选择其中的一种方式。一般情况下，保险代理人只收取首期保险费，对于续期保险费的收取，为了节省保险人的管理费用支出和避免投保人遗忘缴费，投保人可以选择邮寄、自动转账、从储蓄账户中扣除和从薪金中扣除等缴费方法。

第四节　健康保险合同的特有条款

健康保险中有些条款与人寿保险和意外伤害保险不一致，有其特有的条款。

一、责任期限

责任期限是意外伤害保险和健康保险特有的概念，是指自被保险人遭受意外伤害之日起的一定时期(如 90 或 180 天等)。在此期间内，被保险人因意外伤害导致的死亡或残疾或医疗费用或收入损失由保险人承担。

二、观察期条款

观察期又称为试保期，是指健康保险合同成立之后到正式开始生效之前的一段时间。由于保险人仅凭借过去的病历难以判断被保险人是否已经患有某些疾病，为防止已经患有疾病的人带病投保，保证保险人的利益，通常在首次投保的健康保险单中规定一个观察期(如 90 或 180 天等)。被保险人在观察期内所患疾病都推定为投保之前已经患有，其所支出的医疗费或所致收入损失保险人不负责，只有观察期结束后保险单才正式生效。及时续保的健康保险合同不再设置观察期。

如果被保险人在观察期内因疾病或者其他免责事项死亡，则保险人在扣除手续费后退还保险费，保险合同终止。如果被保险人没有死亡，保险人可根据被保险人的身体状况决定是否继续承保，也可以危险增加为由解除保险合同。

三、等待期条款

等待期又称为免赔期，是指健康保险中因疾病、生育及其导致的疾病、全残、死亡发生后到保险金给付之前的一段时间。等待期的时间长短视健康保险种类及其规定有所不同。

规定等待期的目的，既可以为保险金申请人准备资料，申请索赔提供充足、有效的时间，又可以防止被保险人以轻微的小病或小额的医疗费用领取医疗保险金。同时，防止被保险人自加伤害等道德风险的发生，也有利于保险人调查取证、核实情况，控制不合理保险金给付，防范保险欺诈，保证健康保险稳健经营。

四、犹豫期

犹豫期又称为冷静期，是指投保人收到保单之日起10日内，投保人可以无条件地要求保险公司退还保费，保险公司除收取最多 10 元的成本费以外，不得扣除任何费用(过了犹豫期以后退保的，保险公司通常要扣除较多的手续费)。但对于投资连结保险，如在此期间投资账户的资产价值减少，减少的部分将由投保人承担。规定犹豫期是为了防止客户因一时冲动而做出购买保险的决定，因此，对于客户来说它无疑起到了“缓冲器”的作用。

我国《健康保险管理办法》第十五条规定：“长期健康保险产品应当设置合同犹豫期，并在保险条款中列明投保人在犹豫期内的权利。长期健康保险产品的犹豫期不得少于10天。”

五、免赔额条款

在健康保险合同中通常对医疗费用保险有免赔额条款的规定，在规定的免赔额以内的医疗费用支出由被保险人自己负担，保险人不予赔付。免赔额有两种：一种是相对免赔额；另一种是绝对免赔额。在健康保险业务中通常都采用绝对免赔方式，该条款能够促使被保险人努力恢复身体，节省不必要的医疗费用，减少道德风险的发生，还可以减少保险人的工作量，从而减少成本，这一规定对保险人和被保险人双方都有利。

六、共保比例条款

比例给付条款又称为共同分摊条款，其类似于保险人与被保险人的共同保险。它是指按照医疗保险合同约定的一定比例由保险人与被保险人共同分摊被保险人医疗费用的保险赔偿方式。例如，共保比例为80%，表明保险人只对医疗费用负担80%，被保险人要自负20%。这一规定可以促使医生和病人在治疗过程中节约和减少费用开支，避免医疗资源浪费。如果同一份健康保险合同既有共保条款又有免赔额条款，则保险人对超出免赔额以上部分的医疗费用支出，采用与被保险人按一定比例共同分摊的方法进行保险赔付。

七、给付限额条款

健康保险的被保险人的个体差异很大，其医疗费用支出的高低差异也很大，为保障保险人和大多数被保险人的利益，在补偿性质的健康保险合同中通常实行补偿性原则，即对于医疗保险金的给付通常有最高给付限额的规定，以控制总的支出水平。如单项疾病给付限额、住院费用给付限额、外科手术费用给付限额、门诊费用给付限额等。

八、续保条款

为方便客户获得保险保障，对于有些希望长期投保健康保险合同的客户，保险人一般

可以通过在保险单中设定有关保险条款使健康保险保单成为连续有效的保单，常见的方式有以下几种。

(一) 定期保险条款

定期保险条款规定有效期限，如一年期保险单，保险人承诺在保险期限内不能提出解除或终止合同，也不能要求改变保险费或保险责任。一旦保险期限届满，被保险人必须重新投保，这时保险人有权拒绝承保或要求改变保费或保险责任。这一规定既避免了被保险人每年重复的、复杂的手续以及各项杂费，也相应地延长了平均保险期限，保险双方均可获益。

(二) 可取消条款

可取消条款规定被保险人或保险人在保险期间内任何时候均有权提出终止合同或改变保险费、合同条件、保障范围，但是，必须事先通知对方。对于已经发生、尚未处理完毕的保险事故仍按原来规定的合同条件、保障范围承担责任。同时，应按比例退还未满期保费。该条款灵活性强、承担的风险小、成本低，对于保险人比较有利。

(三) 续保条款

续保条款有两种不同的续保规定：一种是只要被保险人符合合同规定的条件就可以续保，直到某一特定的时间或年数，称其为条件性续保；另一种是只要被保险人继续交纳保险费，合同可继续有效，直到一个规定的年龄，在此期间保险人不能单方面改变合同中的任何条件，称其为保证性续保或无条件续保。

保证续保条款是指在前一保险期间届满后，投保人提出续保申请，保险公司必须按照约定费率和原条款继续承保的合同约定。

(四) 不可取消条款

不可取消条款规定保险双方都不得要求取消保险合同，被保险人不能要求退保、退费。但是，如果被保险人不能交纳保费，则保险人可自动终止合同。

重要概念

共同保险条款　宽限期　观察期　等待期　犹豫期　展期保险

思考题

1. 简述财产保险合同中常见条款的内容。
2. 简述人身保险合同中的不可争议条款。
3. 试述不丧失价值条款的含义。
4. 简述健康保险中几种方式的续保条款的内容。

第十章　保险公司业务经营的主要环节

第一节　保险销售

一、保险销售的含义

(一) 保险营销、保险销售

保险营销是指以保险产品为载体，以消费为导向，以满足消费者的需求为中心，运用整体手段，将保险产品转移给消费者，以实现保险公司长远经营目标的一系列活动，包括保险市场的调研，保险产品的构思、开发与设计，保险费率的合理厘定，保险分销渠道的选择，保险产品的销售及售后服务等一系列活动。保险营销体现的是一种消费者导向型的理念。

保险销售是指将保险产品卖出的一种行为，是保险营销过程中的一个环节。这一环节可能是通过保险销售人员(包括保险公司的直接与间接销售人员)推荐并指导消费者购买保险产品完成的，也可能是消费者通过获取相关信息后主动购买保险产品而完成的。

(二) 保险销售的意义

保险销售是保险经营中至关重要的一个环节。首先，保险公司“生产”保险产品的目的不是给自己消费，而只有通过销售环节才能达到保险公司的“生产”目的。其次，保险产品只有转移到消费者手中，才能使保险产品产生效用，实现保险活动的宗旨。第三，保险销售是实现保险经营目标的重要条件。只有做好保险销售，才能不断扩大承保数量，拓宽承保面，实现保险业务的规模经营，满足大数法则的要求，保持偿付能力，实现保险公司的利润目标。

二、保险销售的主要环节

专业化保险销售流程通常包括四个环节，即准保户开拓、调查并确认准保户的保险需求、设计并介绍保险方案、疑问解答并促成签约。

(一) 准保户开拓

准保户开拓就是识别、接触并选择准保户的过程。准保户开拓是保险销售环节中最重要的一个步骤，可以说，保险销售人员最主要的工作是进行准保户的开拓。

1．准保户的鉴定

对保险销售人员来说，合格的准保户有四个基本标准：有保险需求、有交费能力、符合核保标准、容易接近。

2. 准保户开拓的步骤

准保户开拓工作可以分五个步骤进行：第一，获取尽可能多的人的姓名；第二，根据这些姓名，了解情况，即确认他们是否有可能成为保险的购买者；第三，建立准保户信息库，将准保户的资料储存起来；第四，经人引见，拜访准保户；第五，淘汰不合格的准保户。

3. 准保户开拓的途径

保险销售人员一般依据自己的个性和销售风格进行准保户开拓。常被用来供选择的准保户开拓途径有陌生拜访、缘故开拓、连锁介绍、直接邮件和电话联络等。陌生拜访是一种无预约性的拜访；缘故开拓是利用已有的关系，如亲朋关系、工作关系、商务关系等从熟人那里开始推销，这是准保户开拓的一条捷径；连锁介绍是让每一个所认识的人把自己带到我们不相识的人群中去，这是一种无休止的连锁式准保户开拓方法；直接邮件的方法是指利用事前拜访信与事后反馈信引导准保户并与之接近；电话联络是指通过打电话给事先选定的准保户，了解他们感兴趣的产品，以发现他们的真实需求，从而决定是否需要面谈或约定面谈的具体时间。

(二) 调查并确认准保户的保险需求

为了确认准保户的保险需求，必须对其进行实况调查。即通过对准保户的风险状况、经济状况的分析，来确定准保户的保险需求，从而设计出适合准保户的保险购买方案。准保户调查与分析的内容主要有以下几个方面。

1. 分析准保户所面临的风险

不同的风险需要不同的保险计划，每个人的工作状况、健康状况不同，每个企业的生产情况不同，决定了他们面临的风险也各不相同。保险销售人员要通过调查获取相关信息，分析准保户所面临的风险。

2. 分析准保户的经济状况

一个家庭或一个企业究竟能安排多少资金购买保险，取决于其资金的充裕程度。通过就准保户的财务问题及其财务目标建立的可行性分析，可以帮助准保户了解其财务需求和优先考虑的重点。

3. 确认准保户的保险需求

在对准保户面临的风险和经济状况进行分析后，需要进一步确认其保险需求。就准保户面临的风险而言，可以将其分为必保风险和非必保风险。对于必保风险，最好采取购买保险的解决方式，而且有些风险只能通过购买保险才能有效处理。例如，汽车第三者责任风险就是必保风险，因为购买汽车第三者责任保险是强制性的。而对于非必保风险，则可以自由选择决定是否采取购买保险的方式。又例如，对于那些虽然会给家庭或企业带来一定损失和负担，但尚可承受的财产风险，如果家庭或企业具有购买保险的支付能力，就可以投保；如果没有购买保险的支付能力，也可以不投保。

(三) 设计并介绍保险方案

1. 保险方案的设计既要全面，又要突出重点

保险销售人员根据调查得到的信息，可以设计几种保险方案，并说明每一种可供选择方案的成本和可以得到的保障，以适应准保户的保险需求。一般来说，设计保险方案时应

遵循的首要原则是“高额损失优先原则”，即某一风险事故发生的频率虽然不高，但造成的损失严重，应优先投保。一个完整的保险方案至少应该包括：保险标的情况、投保风险责任的范围、保险金额的大小、保险费率的高低、保险期限的长短等。

2. 保险方案说明

保险方案说明是指对拟定的保险方案向准保户做出简明、易懂、准确的解释。一般而言，保险方案说明主要是对所推荐的产品作用的介绍，包括以图表形式表示出来的图示，书面的、口头的解释，或书面与口头兼而有之的解释。在向准保户表述保险方案时，应尽量使用通俗的语言和图表解释方案，避免使用专业性太强的术语和复杂的计算。对于有关重要的信息则要解释准确，尤其是涉及有关保险责任、责任免除、未来收益等重要的事项，一定要确认准保户确切了解方案的相关内容，以免产生纠纷。

(四) 疑问解答并促成签约

1. 有针对性地解答准保户疑问

准保户对保险方案完全满意以至于毫无异议地购买的情况是极为少见的，有异议是销售过程的正常情况。如果准保户提出反对意见，保险销售人员要分析准保户反对的原因，并有针对性地解答准保户的疑问。

2. 促成签约

促成签约是指保险销售人员在准保户对于投保建议书基本认同的条件下，促成准保户达成购买承诺的过程。

3. 指导准保户填写投保单

投保人购买保险，首先要提出投保申请，即填写投保单。虽然投保单在保险公司同意承保并签章之前并不具有法律效力，投保人不能基于自己填写的内容提出任何主张，但投保单是投保人向保险人要约的证明，也是保险人承诺的对象并确定保险合同内容的依据。投保单是构成完整保险合同的重要组成部分，一旦投保单存在问题就可能导致合同无效，或者是部分内容无效。为了体现客户的真实投保意愿，维护客户的利益，避免理赔纠纷，如实、准确、完整地填写投保单是非常重要的，保险销售人员有责任和义务指导和帮助客户填写好投保单。

投保人在填写投保单时，应当遵守保险法所规定的基本原则，如实填写各项内容，确保所填写的资料完整、内容真实。需要特别约定时，要特别说明或注明。填写完毕并仔细核对后，投保人应当在投保单上亲自签名或盖章。切忌投保人代被保险人签字、保险代理从业人员代投保人签字，这样将使保险合同无效。

三、保险销售渠道

保险销售渠道是指保险商品从保险公司向保户转移过程中所经过的途径。保险销售渠道的选择直接制约和影响着其销售策略的制定和执行效果。选择适当的销售渠道，不仅会减少保险公司经营费用的支出，而且还会促成保险商品的销售。

保险销售渠道按照有无保险中介参与，可分为直接销售渠道和间接销售渠道，与之相对应的销售方式就有直接销售和间接销售之分。直接销售是指保险公司通过自己的销售渠

道获得业务的销售模式；间接销售是指保险公司通过中介渠道(如保险代理人、保险经纪人)获得业务的销售模式。

(一) 直接销售渠道

直接销售渠道(又称为直销制)是一种能够使保险公司和消费者彼此进行直接交易的销售渠道。在直接销售渠道中，保险公司致力于直接与准保户而不是通过销售代理人来建立联系，利用一个或多个媒体，引导消费者或潜在购买者产生立即反应或适当反应，如咨询或购买保险产品。可供采用直接销售渠道的保险公司运用的具体方法有以下几个方面。

1. 人员销售

直销人员销售是指保险公司利用自己的职员进行保险产品销售的方式。这是一种传统的保险销售方式，即保险公司自己的销售职员通过上门或者柜台方式销售保险产品。

2. 直接邮寄销售

直接邮寄销售是一种以印刷品形式通过邮政服务来分销保险产品或提供相关信息的销售方式。直接邮寄销售使用的是一种包括准保户需要用来做出投保决策及投保申请的所有信息及表格的套装邮件，一般的材料包括：一份产品介绍信，即母信；一份描述特定产品的小册子；一种反馈手段，如投保单或获取更多信息的咨询表；一个商业回复信封。套装邮件的设计首先从外观风格上要对目标客户群具有吸引力，使其有兴趣从众多的邮件当中被选出。套装邮件被邮寄发送至清单中的潜在客户。

3. 电话销售

电话销售是利用电话来进行销售的。它一般是指利用特定电话线进行销售，这样可以享受特定号码区的直拨电话的折扣优惠。电话销售包括拨入、拨出及两者结合使用的方式。

(1) 拨出电话销售。拨出电话销售是公司为销售而同目标市场中的个人进行电话联络，建立与潜在客户之间的联系，招揽生意，促成新的签约或老客户的保额增加。同时还可以利用拨出电话对发出的邮件进行跟踪，督促对已收到邮件但尚未回应的客户做出反馈。

(2) 拨入电话销售。拨入电话销售是一种允许消费者使用免费电话进行产品咨询或订购产品的销售方式。保险公司通常利用电信部门提供的免费电话提供相关服务。当消费者将电话打入公司询问有关保险产品或其他事项时，公司会利用拨入电话来向消费者进行产品销售或者鼓励客户通过增加保险金额或增加保障范围而将现有保单升级，进而通过提供主动服务来保持现有业务、拓展新业务。

4. 网络销售

网络销售是保险公司利用互联网的技术和功能，销售保险产品，提供保险服务，在线完成保险交易的一种销售方式。具体来讲，网络销售就是这样一个过程：客户通过登录保险公司开设的专业保险服务网站，在网上选择该公司所提供的保险产品。如有意愿投保某一险种，则在网上填写投保单，提出投保要约。经保险公司核保后，做出同意承保或拒绝承保的回复，由投保人在网上或通过其他方式支付保险费，保险公司收到保费后，向其寄发保险单。随着 IT 技术的发展，可以预见，网络作为“第四媒体”将成为 21 世纪全新的保险销售工具。

(二) 间接销售渠道

间接销售渠道(又称为中介制)是指保险公司通过保险代理人、保险经纪人、保险营销员等中介销售保险产品的方式。保险中介不能代替保险人承担保险责任，只是通过参与代办、推销、提供专门技术服务等各种保险活动，来促成保险销售的实现。间接销售渠道的具体方法有以下几个方面。

1. 代理人销售

保险代理人是指根据保险人的委托，向保险人收取手续费，并在保险人授权的范围内代为办理保险业务的单位或者个人。广义而言，目前我国保险市场上的代理人主要有专业保险代理机构、兼业保险代理机构和保险营销员三种类型。

2. 保险经纪人销售

保险经纪人是基于投保人的利益，为投保人与保险人订立保险合同提供中介服务，并依法收取佣金的单位。我国目前只允许法人单位从事保险经纪活动。保险人通过保险经纪人争取保险业务，从而实现保险的销售。

第二节　保险承保

一、保险承保的含义

保险承保是保险人对愿意购买保险的单位或个人(即投保人)所提出的投保申请进行审核，做出是否同意接受和如何接受的决定的过程。可以说，保险业务的要约、承诺、核查、订费等签订保险合同的全过程，都属于承保业务环节。实际上，进入承保环节，就进入了保险合同双方就保险条款进行实质性谈判的阶段。承保是保险经营的一个重要环节，承保质量的好坏直接关系到保险人经营的财务稳定性和经营效益的高低。

二、保险承保的主要环节与程序

(一) 核保

保险核保是指保险公司在对投保的标的信息全面掌握、核实的基础上，对可保风险进行评判与分类，进而决定是否承保、以什么样的条件承保的过程。核保是保险公司承保环节的核心，通过核保，可以防止带入不具有可保性的风险，排除不合格的保险标的。核保的主要目标在于辨别保险标的的危险程度，并据此对保险标的进行分类，按不同标准进行承保、制定费率，从而保证承保业务的质量。核保工作的好坏直接关系到保险合同能否顺利履行，也关系到保险公司的承保盈亏和财务稳定。因此，严格规范核保工作是降低赔付率、增加保险公司盈利的关键，也是衡量保险公司经营管理水平高低的重要标志。

保险核保信息的来源主要有三个途径，即投保人填写的投保单、销售人员和投保人提供的情况、通过实际查勘获取的信息。首先，投保单是核保的第一手资料，也是最原始的保险记录。保险人可以从投保单的填写事项中获得信息，以对风险进行选择。其次，销售

人员实际上是前线核保人员，其在销售过程中获取了大量有关保险标的情况，其寻找准客户和进行销售活动的同时实际上就开始了核保过程，可以视为外勤核保。因此必要时核保人员可以向销售人员直接了解情况。对于投保单上未能反映的保险标的物和被保险人的情况，也可以进一步向投保人了解。第三，除了审核投保单以及向销售人员和投保人直接了解情况外，保险人还要对保险标的、被保险人面临的风险情况进行查勘，被称为核保查勘。核保查勘可由保险人自己进行，也可委托专门机构和人员以适当方式进行。

由于寿险和非寿险的标的特征、业务性质不同，各自核保的要求各异，本节将对此分别做专门讨论。

(二) 做出承保决策

保险承保人员对通过一定途径收集的核保信息资料加以整理，并对这些信息经过承保选择和承保控制之后，做出以下承保决策：

(1) 正常承保。对于属于标准风险类别的保险标的，保险公司按标准费率予以承保。

(2) 优惠承保。对于属于优质风险类别的保险标的，保险公司按低于标准费率的优惠费率予以承保。

(3) 有条件地承保。对于低于正常承保标准但又不构成拒保条件的保险标的，保险公司通过增加限制性条件或加收附加保费的方式予以承保。例如，在财产保险中，保险人要求投保人安装自动报警系统等安全设施才予以承保；如果保险标的低于承保标准，保险人采用减少保险金额、使用较高的免赔额或较高的保险费率的方式承保。

(4) 拒保。如果投保人投保条件明显低于保险人的承保标准，保险人就会拒绝承保。对于拒绝承保的保险标的，要及时向投保人发出拒保通知。

(三) 缮制单证

承保人做出承保决策后，对于同意承保的投保申请，由签单人员缮制保险单或保险凭证，并及时送达投保人手中。缮制单证是保险承保工作的重要环节，其质量的好坏，直接关系到保险合同双方当事人的权利能否实现和义务能否顺利地履行。单证的缮制要及时，采用计算机统一打印，做到内容完整、数字准确、不错不漏无涂改。保单上注明缮制日期、保单号码，并在保单的正副本上加盖公、私章。如有附加条款，可将其粘贴在保单的正本背面，加盖骑缝章。同时，要开具“交纳保费通知书”，并将其与保单的正、副本一起送复核员复核。

(四) 复核签章

任何保险单均应按承保权限规定由有关负责人复核签发。它是承保工作的一道重要程序，也是确保承保质量的关键环节。复核时要注意审查投保单、验险报告、保险单、批单以及其他各种单证是否齐全，内容是否完整、符合要求，字迹是否清楚，保险费计算是否正确等，力求准确无误。保单经复核无误后必须加盖公章，并由负责人及复核员签章，然后交由内勤人员分发。

(五) 收取保费

交付保险费是投保人的基本义务，向投保人及时足额收取保险费是保险承保中的一个重要环节。为了防止保险事故发生后的纠纷，在签订保险合同中要对保险费交纳的相关事

宜予以明确，包括保险费交纳的金额及交付时间以及未按时交费的责任。尤其对于非寿险合同，要在合同中特别约定并明确告知投保人若不能按时交纳保险费，保险合同将不生效，发生事故后保险人不承担赔偿责任；若不足额交纳保险费，保险人将有限定(如按照实交保费与应付保费的比例)地承担保险责任。

三、财产保险的核保

(一) 财产保险的核保要素

在财产保险核保过程中，需要对有些因素进行重点风险分析和评估，并实地查勘。其中，主要的核保要素有以下几个方面：

(1) 保险标的物所处的环境。保险标的物所处的环境不同，直接影响其出险几率的高低以及损失的程度。例如，对所投保的房屋，要检验其所处的环境是工业区、商业区还是居民区；附近有无诸如易燃、易爆的危险源；救火水源如何以及与消防队的距离远近；房屋是否属于高层建筑，周围是否通畅，消防车能否靠近等。

(2) 投保财产的占用性质。查明投保财产的占用性质，可以了解其可能存在的风险；同时要查明建筑物的主体结构及所使用的材料，以确定其危险等级。

(3) 投保财产的主要风险隐患、关键防护部位及防护措施状况。这是对投保财产自身风险的检验，其具体包括以下几个方面：

① 认真检查投保财产可能发生风险损失的风险因素。例如，投保财产是否属于易燃、易爆品或易受损物品；投保财产对温度和温度的灵敏度；机器设备是否超负荷运转；使用的电压是否稳定；建筑物的结构状况等。

② 对投保财产的关键部位要重点检查。例如，建筑物的承重墙体是否牢固；船舶、车辆的发动机的保养是否良好。

③ 严格检查投保财产的风险防范情况。例如，有无防火设施、报警系统、排水排风设施；机器有无超载保护、降温保护措施；运输货物的包装是否符合标准；运载方式是否合乎标准等。

(4) 有无处于危险状态中的财产。正处在危险状态中的财产意味着该项财产必然或即将发生风险损失，这样的财产保险人不予承保。这是因为保险承保的风险应具有损失发生的不确定性。必然发生的损失，属于不可保风险。如果保险人予以承保，就会造成不合理的损失分布，这对于其他被保险人是不公平的。

(5) 检查各种安全管理制度的制定和实施情况。健全的安全管理制度是预防、降低风险发生的保证，可减少承保标的损失，提高承保质量。因此，核保人员应核查投保方的各项安全管理制度，核查其是否有专人负责该制度的执行和管理。如果发现问题，应建议投保人及时解决，并复核其整改效果。若保险人多次建议投保实施安全计划方案，但投保方仍不执行，保险人则可调高费率，增加特别条款，甚至拒保。

(6) 查验被保险人以往的事故记录。这一核保要素主要包括被保险人发生事故的次数、时间、原因、损失及赔偿情况。一般从被保险人过去的3～5年间的事故记录中可以看出被保险人对保险财产的管理情况，通过分析以往损失原因找出风险所在，督促被保险人改善管理，采取有效措施，避免损失。

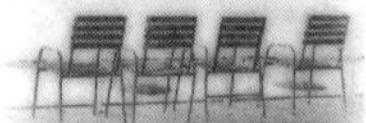

(7) 调查被保险人的道德情况。特别是对经营状况较差的企业，摸清其是否存在道德风险。一般可以通过政府有关部门或金融单位了解客户的资信情况，必要时可以建立客户资信档案，以备承保时使用。

(二) 划分风险单位

风险单位是指一次风险事故可能造成保险标的损失的范围。一般地说，风险单位有四项构成条件：一是面临损失的价值；二是引发损失的风险事故；三是财务损失的影响程度；四是遭受损失的法律权益主体。在保险经营中，合理划分风险单位，不仅是必要的，而且对于保险公司评估风险及做出承保决策具有重要的意义。在保险实践中，风险单位的划分一般有以下三种形式：

(1) 按地段划分风险单位。由于保险标的之间在地理位置上相毗连，具有不可分割性，当风险事故发生时，承受损失的机会是相同的，那么这一整片地段就为一个风险单位。

(2) 按标的划分风险单位。与其他标的无相毗连关系，风险集中于一体的保险标的。如一架飞机。

(3) 按投保单位划分风险单位。为了简化手续，对于一个投保单位，不需要区分险别，只要投保单位将其全部财产足额投保，该单位就为一个风险单位。

四、人寿保险的核保

(一) 人寿保险的核保要素

人寿保险的核保要素一般分为影响死亡率的要素和非影响死亡率的要素。非影响死亡率的要素包括保额、险种、交费方式、投保人财务状况、投保人与被保险人及受益人之间的关系。影响死亡率的要素包括年龄、性别、职业、健康状况、体格、习惯、嗜好、居住环境、种族、家族、病史等。在寿险核保中尤其重点考虑影响死亡率的要素，其具体包括：

(1) 年龄和性别。年龄是人寿保险核保所要考虑的最重要的因素之一。因为死亡概率一般随着年龄的增加而增加，各种死亡原因在不同年龄段的分布是不一样的，而且不同年龄组各种疾病的发病率也不相同。因此，保险金给付的频数与程度有很大的差异。另外，性别不同对死亡率和疾病种类也有很大影响。有关统计资料表明，女性平均寿命要长于男性4～6年，各国的生命表中的死亡概率的计算也充分反映了这一点。因此，性别因素使保险人所承担给付义务不同。

(2) 体格及身体情况。体格是遗传所致的先天性体质与后天各种因素的综合表现。体格包括身高、体重等。经验表明，超重会引起生理失调，导致各种疾病的发生。因此，超重使所有年龄的人都会增加死亡概率，对中年人和老年人尤甚。为此，保险公司可编制一张按照身高、年龄、性别计算的平均体重分布表。体重偏轻一般关系不大，但核保人员应注意对近期体重骤减者进行调查，以确定其是否由疾病引起。除体格以外的身体情况也是核保的重要因素，如神经、消化、心血管、呼吸、泌尿、内分泌系统失常等会引起较高的死亡概率。保险人应收集各种疾病引发死亡的统计资料，在不同时期引起死亡的疾病的排列顺序是不同的，目前，癌症和心血管疾病是引起死亡的最主要原因。

(3) 个人病史和家族病史。如果被保险人曾患有某种急性或慢性疾病，往往会影响其寿命，所以在核保中一般除了要求提供自述的病史外，有时还需要医师或医院出具的病情报告。了解家族病史主要是了解家庭成员中有无可能影响后代的遗传性或传染性疾病，如糖尿病、高血压病、精神病、血液病、结核、癌症等。

(4) 职业、习惯嗜好及生存环境。首先，疾病、意外伤害和丧失工作能力的概率在很大程度上受被保险人所从事的职业的影响。一些职业具有特殊风险，虽不会影响被保险人死亡概率的变化，但却会严重损害被保险人的健康而导致大量医疗费用的支出，如某些职业病。另外，有些职业会增加死亡概率或意外伤害概率，如高空作业工人、井下作业的矿工及接触有毒物质的工作人员等。其次，如果被保险人有吸烟、酗酒等不良嗜好或从事赛车、跳伞、登山、冲浪等业余爱好，核保人可以提高保费承保或列为除外责任，甚至拒绝承保。第三，被保险人的生活环境和工作环境的好坏，对其身体健康和寿命长短也有重要影响。如被保险人居住在某种传染性疾病高发的地区，其感染这种传染病的可能性就比其他人大得多；如果被保险人的工作地点与居住地点距离很远，其遭受交通事故伤害的可能性也就大许多。

(二) 风险类别划分

核保人员在审核投保方所有相关的资料并进行体检以后，要根据被保险人的身体状况进行分类。在人寿保险中，由专门人员或指定的医疗机构对被保险人进行体检，实际测定被保险人的身体健康状况。体检后由医生提供的体检报告就是一种核保查勘结果。被保险人是否需要体检，一般是由其年龄和投保金额决定的，投保年龄越大、投保金额越高，体检的必要性就越大。根据体检结果，决定是否承保以及按照什么条件或采用不同费率承保。风险分为以下几个类别：

(1) 标准风险。属于标准风险类别的人有正常的预期寿命，对其可以使用标准费率承保。大多数被保险人面临的风险属于这类风险。

(2) 优质风险。属于这一风险类别的人，不仅身体健康，且有良好的家族健康史，无吸烟、酗酒等不良嗜好。对该类被保险人，在基本条件与标准相同的情况下，保险人在承保时可以考虑适当给予费率的优惠，即可以按照低于标准的费率予以承保。

(3) 弱体风险。属于弱体风险类别的人在健康和其他方面存在缺陷，致使其预期寿命低于正常的人，对其应按照高于标准的费率予以承保。

(4) 不可保风险。属于该类风险的人有极高的死亡概率，以致承保人无法按照正常的大数法则分散风险，只能拒保。

第三节　保险理赔

一、保险理赔的含义

保险理赔是指保险人在保险标的发生风险事故后，对被保险人或受益人提出的索赔要求进行处理的行为。保险理赔并不等于支付赔款，但是保险理赔对于保险人来说具有重要的意义。从法律角度看，保险人无论是否支付赔款，保险理赔是履行保险合同的过程，这是法律行为。也就是说，被保险人或受益人提出索赔要求，保险人就应按照法律或合同约定进行处理。从经营角度看，保险理赔充分体现了保险的经济补偿职能作用，是保险经营

的重要环节。保险理赔是对承保业务和风险管理质量的检验，通过保险理赔可以发现保险条款、保险费率的制定和防灾防损工作中存在的漏洞和问题，为提高承保业务质量、改进保险条件、完善风险管理提供依据。保险理赔还可以提高保险公司的信誉，扩大保险在社会上的影响，促进保险业务的发展。

二、保险理赔的基本原则

对被保险人来说，参加保险的目的是在保险事故发生时能够及时获得保险补偿，解除自己的后顾之忧。对保险人来说，理赔功能的切实发挥足以体现保险制度存在的价值。因此作为保险经营过程中的关键环节，保险理赔必须坚持以下三项原则。

(一) 重合同、守信用

保险人和被保险人之间的权利和义务关系是通过保险合同建立起来的。在处理赔案中，对保险人而言，实际上是保险人履行合同中所约定的赔偿或给付义务的过程；而对被保险人而言，则是实现保险权利、享受赔偿或领取保险金的过程。因此，保险人在处理赔案时要重合同、守信用，即按照保险合同条款处理赔案。保险合同对保险责任、赔偿处理及被保险人的义务等做了原则性的规定，保险人应遵守条款，恪守信用，既不要任意扩大保险责任范围，也不要惜赔。

(二) 主动、迅速、准确、合理

所谓“主动、迅速”，是指保险公司在处理赔案时积极主动，及时深入现场进行查勘，对属于保险责任范围内的灾害损失，要迅速估算损失金额，及时赔付；所谓“准确、合理”，就是保险人应正确找出致损原因，合理估计损失，科学确定是否赔付以及赔付额度。任何拖延赔案处理的行为都会影响保险公司在被保险人心目中的声誉，从而影响、抑制其今后的投保行为，甚至造成不良的社会影响和后果。因此，保险人在理赔时，应主动了解受灾损失情况，及时赶赴现场查勘，分清责任，准确定损，迅速且合情合理地赔偿损失。

为了保护被保险人的利益，《中华人民共和国保险法》第二十四条明确规定：“保险人收到被保险人或者受益人的赔偿或者给付保险金的请求后，应当及时作出核定，并将核定结果通知被保险人或者受益人；对属于保险责任的，在与被保险人或者受益人达成有关赔偿或者给付保险金额的协议后十日内，履行赔偿或者给付保险金义务。”其第二十六条规定：“保险人自收到赔偿或者给付保险金的请求和有关证明、资料之日起六十日内，对其赔偿或者给付保险金的数额不能确定的，应当根据已有证明和资料可以确定的最低数额先予支付；保险人最终确定赔偿或者给付保险金的数额后，应当支付相应的差额。”上述法规的规定，也体现了贯彻“主动、迅速、准确、合理”的原则。

(三) 实事求是

被保险人或受益人提出的索赔案千差万别，案发原因也错综复杂。对于某些损失发生的原因交织在一起的赔案，有时根据合同条款很难做出是否属于保险责任的明确判断，加之合同双方对条款的认识和解释上的差异，会出现赔与不赔、赔多与赔少的纠纷。在这种情况下，保险人应既要严格按照合同条款办事，又不违背条款规定，还应合情合理、实事求是地对不同案情的具体情况进行具体分析，灵活处理赔案。

三、保险理赔的流程

(一) 寿险理赔的流程

从保险事故的发生到保险人做出赔款决定以及被保险人或受益人领到保险金的整个过程，需要经过一系列工作环节和处理流程。在通常情况下，一个索赔案件的处理一般要经过从接案，立案，初审，调查，核定，复核、审批，结案、归档七个环节。在每个环节都有不同的处理要求和规定，以保证理赔有序和高效地进行。

1. 接案

接案是指发生保险事故后，保险人接受客户的报案和索赔申请的过程。报案和索赔申请这两个环节具体的含义如下：

(1) 报案。报案是指保险事故发生后，投保人或被保险人、受益人通知保险人发生保险事故的行为。《中国人民共和国保险法》第二十二条规定："投保人、被保险人或者受益人知道保险事故发生后，应当及时通知保险人。"报案的具体内容包括以下几个方面：

① 报案的方式。报案人可以采用多种方式将保险事故通知保险人，可以亲自到保险公司当面口头通知，可以用电话、电报、传真、信函等方式通知保险公司，也可以填写保险公司事先印制的事故通知书。其目的是将保险事故信息及时传递到保险公司，以便保险公司采取相应措施及时处理。

② 报案的内容。报案人应在保险条款规定的时间内，及时将有关的重要信息通知保险公司的接案人。报案时需要提供的信息包括：投保人的姓名、被保险人或受益人的姓名及其身份证件号码、被保险人的保单号、险种名称、出险时间、地点、简要经过和结果、就诊医院、病案号、联系地址及电话等。

③ 接案的要求。接案人员对报案人提供的信息应做好报案登记，准确记录报案时间，引导和询问报案人，尽可能掌握必要的信息。接案人员应根据所掌握的案情，依据相关的理赔规定，判断案件性质以及是否需要采取适当的应急措施，并在《报案登记表》中注明。对于应立即展开调查的案件(如预计赔付金额较大、社会影响较大的案件)，应尽快通知理赔主管及调查人员展开调查；对于应保留现场的案件，还应通知报案人采取相应的保护措施。

(2) 索赔申请。索赔是指保险事故发生后，被保险人或受益人依据保险合同向保险人请求赔偿损失或给付保险金的行为。客户报案只是履行将保险事故及时通知保险公司的一项义务，但并不等同于保险索赔。报案是投保人、被保险人或受益人的义务，索赔是保险事故发生后被保险人或受益人的权利，其具体包括以下几个方面：

① 对索赔申请人资格的要求。索赔申请人是对保险金具有请求权的人，如被保险人、受益人。例如，人身保险身故保险金的给付申请应由保险合同约定的身故受益人提出。没有指定受益人时，则由被保险人的法定继承人作为申请人提出申请；如果受益人或继承人系无民事行为能力者，则由其法定监护人提出申请。人身保险中被保险人在生存状态下的保险金给付申请，如伤残保险金给付、医疗保险(津贴)给付、重疾保险金案件，受益人均为被保险人本人，应由被保险人本人提出申请。如被保险人系无民事行为能力者，则由其法定监护人提出申请。

② 索赔时效期间。在保险事故发生后，被保险人或受益人，必须在规定的时间内向保险人请求赔偿或给付保险金，这一期间称为索赔时效期间。在索赔时效期间内，被保险人或受益人享有向保险人索赔的权利。超过索赔时效期间以后，被保险人或受益人向保险人索赔的权利丧失，保险人对索赔不再受理。

对于索赔时效，《中华人民共和国保险法》第二十七条规定："人寿保险的被保险人或者受益人对保险人请求给付保险金的权利，自其知道保险事故发生之日起五年不行使而消灭。"

③ 索赔的举证责任。索赔的举证责任指索赔权利人向保险人索赔时应承担的提供证据的义务，证明保险事故已经发生，保险人应当承担赔偿或给付保险金的责任。《中华人民共和国保险法》第二十三条规定："保险事故发生后，依照保险合同请求保险人赔偿或者给付保险金时，投保人、被保险人或者受益人应当向保险人提供其所能提供的与确认保险事故的性质、原因、损失程度等有关的证明和资料。保险人依照保险合同的约定，认为有关的证明和资料不完整的，应当通知投保人、被保险人或者受益人补充提供有关的证明和资料。"

2. 立案

立案是指保险公司核赔部门受理客户索赔申请，进行登记和编号，使案件进入正式的处理阶段的过程，其具体包括以下几个方面：

(1) 索赔资料的提交。申请人按一定的格式要求填写《索赔申请书》，并提交相应的证明和资料给保险公司；如果申请人不能亲自到保险公司办理，而是委托他人代为办理，受托人还应提交申请人签署的《理赔授权委托书》。

(2) 索赔资料受理。保险公司的受理人员在审核材料后，在一式两联的《理赔资料受理凭证》上注明已接收的证明和资料，注明受理时间并签名，一联留存公司，另一联交由申请人存执，以作为日后受理索赔申请的凭据；受理人如发现证明材料不齐，应向申请人说明原因，并通知其尽快补齐证明材料。

(3) 立案条件。对要进行立案处理的索赔申请，必须符合的条件有：保险合同责任范围内的保险事故已经发生；保险事故在保险合同有效期内发生；在保险法规定时效内提出索赔申请；提供的索赔资料齐备。

(4) 立案处理。对经审核符合立案条件的索赔申请，进行立案登记，并生成赔案编号，记录立案时间、经办人等情况，然后将所有资料按一定顺序存放在案卷内，移交到下一步工作环节。

3. 初审

初审是指核赔人员对索赔申请案件的性质、合同有效性初步审查的过程。初审的要点包括以下几个方面：

(1) 审核出险时保险合同是否有效。初审人员根据保险合同、最近一次交费凭证或交费记录等材料，判断申请索赔的保险合同在出险时是否有效，特别注意出险日期前后，保险合同是否有复效或其他变动的处理。

(2) 审核出险事故的性质。初审人员还应该审核出险事故是否在保险责任条款约定的事故范围之内、出险事故是否属于保险合同责任免除条款、是否属于保险合同责任免除条款或者是否符合约定的免责规定。

(3) 审核申请人所提供的证明材料是否完整、有效。首先，根据客户索赔申请和事故材料，判断出险事故索赔申请的类型，如医疗给付、残疾给付等。其次，检查证明材料是否为相应事故类型所需的各种证明材料。第三，检查证明材料的效力是否合法、真实、有效，材料是否完整，是否为相应的机关部门(如公安、医院等)所出具。

(4) 审核出险事故是否需要理赔调查。初审人员根据索赔提供的证明材料以及案件的性质、案情的状况等判断该案件是否需要进一步理赔调查，并依判断结果分别做出相应处理。对需要调查的案件，提出调查重点、调查要求，交调查人员进行调查。待调查人员提交调查报告后，再做初审意见。对不需要调查的案件，在做出初审意见后，将案件移交理算人员做理赔计算的处理。

4．调查

调查在核赔处理中占有重要的位置，对核赔处理结果有决定性的影响。调查是对客观事实进行核实和查证的过程，在进行调查时需要注意几个方面：调查必须本着实事求是的原则；调查应力求迅速、准确、及时、全面；调查人员在查勘过程中禁止就理赔事项做出任何形式的承诺；调查应遵循回避原则；调查完毕及时撰写调查报告，真实、客观地反映调查情况。

5．核定

核定的含义是对索赔案件做出给付、拒付、豁免处理和对给付保险金额进行计算的过程。理赔人员对案卷进行理算前，应审核案卷所附资料是否足以做出正确的给付、拒付处理。如资料不完整，应及时通知补齐相关资料；对资料尚有疑义的案件，需通知调查人员进一步调查核实。理赔人员根据保险合同以及类别的划分进行理赔计算，缮制《理赔计算书》和《理赔案件处理呈批表》。具体地说，核定的内容具体包括：

(1) 给付理赔计算。对于正常给付的索赔案件的处理，应根据保险合同的内容、险种、给付责任、保额和出险情况等计算出给付的保险金额。例如，身故保险金根据合同中的身故责任进行计算；伤残保险金则根据伤残程度及鉴定结果，按规定比例计算；医疗保险金则根据客户支付的医疗费用进行计算。

(2) 拒付。对于拒付的案件，理赔人员做出拒付确认，并记录拒付处理意见及原因。对于由此终止的保险合同，应在处理意见中注明，并按条款约定计算应退还保费或现金价值以及补扣款项及金额；对于继续有效的保险合同，应在处理意见中注明，将合同置为继续有效状态。

(3) 豁免保费计算。对于应豁免保费的案件，理赔人员应做出豁免的确认，同时将合同置于豁免保险费状态。

(4) 理赔计算的注意事项。理赔计算的结果直接涉及客户的经济利益，因此必须保证给付保险金额计算的准确无误；同时理赔计算中涉及补扣款的项目，需一并计算。在理赔计算时，应扣款的项目包括：在宽限期内出险，应扣除欠交保险费；客户有借款及应收利息，应扣除借款及利息；有预付赔款应将付赔款金额扣除；其他应扣除的项目。应补款项目包括：预交保险费；未领取满期保险金；领取红利、利差等其他应补款项目。

6．复核、审批

复核是核赔业务处理中一个具有把关作用的关键环节。通过复核，能够发现业务处理

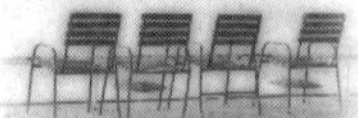

过程中的疏忽和错误并及时予以纠正；同时，复核对核赔人员也具有监督和约束的作用，防止核赔人员个人因素对核赔结果的影响，保证核赔处理的客观和公正性，从而也是核赔部门内部风险防范的一个重要环节。复核的内容及要点包括：出险人的确认；保险期间的确认；出险事故原因及性质的确认；保险责任的确认；证明材料完整性与有效性的确认；理赔计算准确性与完整性的确认。

审批是根据案件的性质、给付金额、核赔权限以及审批制度对已复核的案件逐级呈报，由有相应审批权限的主管进行审批的环节。一般对于一些重大、特殊、疑难案件，还需成立赔案审查委员会集体对案件进行审理。根据审批的结果，进行相应的处理：批复需重新理赔计算的案件，应退回，重新进行理赔计算；批复需进一步调查的案件，应通知调查人员继续调查；批复同意的案件，则移入下一个结案处理环节。

7. 结案、归档

首先，结案人员根据理赔案件呈批的结果，缮制《给(拒)付通知书》或《豁免保险通知书》，并寄送申请人。拒付案件应注明拒付原因及保险合同效力终止的原因。如有退费款项，应同时在通知书中予以反映，并注明金额及领款人，提示其前来领款；给付案件应注明给付金额，受益人姓名，提示受益人凭相关证件前来办理领款手续。领款人凭《给(拒)付通知书》和相关证件办理领款手续，保险公司应对领款人的身份进行确认，以保证保险金正确支付给合同规定的受益人。领款人可以通过现金、现金支票、银行转账或其他允许的方式领取应得款项，并由保险公司的财务部门按规定支付相应金额的款项。其次，结案人员根据保险合同效力是否终止，修改保险合同的状态，并做结案标识。最后，结案人员将已结案的理赔案件的所有材料按规定的顺序排放，并按业务档案管理的要求进行归档管理，以便将来查阅和使用。

(二) 非寿险的理赔流程

非寿险理赔的程序主要包括接受损失通知、审核保险责任、进行损失调查、赔偿保险金、损余处理及代位求偿等步骤。

1. 接受损失通知

损失通知是指保险事故发生后，被保险人或受益人应将事故发生的时间、地点、原因及其他有关情况，以最快的方式通知保险人，并提出索赔请求的环节。发出损失通知同样是非寿险被保险人必须履行的义务，其具体要素包括以下几个方面：

(1) 损失通知的时间要求。根据险种不同，发出损失通知书有时会有时间要求，例如，被保险人在保险财产遭受保险责任范围内的盗窃损失后，应当在24小时内通知保险人，否则保险人有权不予赔偿。此外，有的险种没有明确的时限规定，只要求被保险人在其可能做到的情况下，尽快将事故损失通知保险人，如果被保险人在法律规定或合同约定的索赔时效内未通知保险人，可视为其放弃索赔权利。《中华人民共和国保险法》第二十六条规定："人寿保险以外的其他保险的被保险人或者受益人，向保险人请求赔偿或者给付保险金的诉讼时效期间为二年，自其知道或者应当知道保险事故发生之日起计算。"

(2) 损失通知的方式。被保险人发出损失通知的方式可以是口头的，也可用函电等其他形式，但随后应及时补发正式书面通知，并提供各种必需的索赔单证。如保险单、账册、发票、出险证明书、损失鉴定书、损失清单、检验报告等等。如果损失涉及第三者责任时，被保险人还需出具权益转让书给保险人，由保险人代为行使向第三者责任方追偿的权益。

(3) 保险人受理。接受损失通知书意味着保险人受理案件，保险人应立即将保险单与索赔内容详细核对，并及时向主管部门报告，安排现场查勘等事项，然后将受理案件登记编号，正式立案。

2. 审核保险责任

保险人收到损失通知书后，应立即审核该索赔案件是否属于保险人的责任，审核的内容包括以下几个方面：

(1) 保险单是否仍有效力。例如，我国的财产保险基本险条款规定，被保险人应当履行如实告知义务，否则，保险人有权拒绝赔偿或从解约通知书送达15日后终止保险合同。

(2) 损失的财产是否为保险财产。保险合同所承保的财产并非被保险人的一切财产，即使是综合险种，也会有某些财产列为不予承保之列。例如，我国的财产保险综合险条款规定，土地、矿藏、水产资源、货币、有价证券等不属于保险标的范围之内；金银、珠宝、堤堰、铁路等要通过特别约定，并在保险单上载明，否则也不属于保险标的范围。可见，保险人对于被保险人的索赔财产，必须依据保险单仔细审核。

(3) 损失是否发生在保单所载明的地点。保险人承保的损失通常有地点的限制。例如，我国的家庭财产保险条款规定，只对在保单载明地点以内保险财产所遭受的损失，保险人才予以负责赔偿。

(4) 损失是否发生在保险单的有效期内。保险单上均载明了保险有效的起讫时间，损失必须在保险有效期内发生，保险人才能予以赔偿。例如，我国海洋运输货物保险的保险期限通常是以仓至仓条款来限制的，即保险人承担责任的起讫地点，是从保险单载明的起运地发货人的仓库运输时开始，直到保险单载明的目的地收货人仓库为止，并以货物卸离海轮后满60天为最后期限。又例如，责任保险中常规定期内发生式或期内索赔式的承保方式。前者是指只要保险事故发生在保险期内，而不论索赔何时提出，保险人均负责赔偿；后者是指不管事故发生在何时，只要被保险人在保险期内提出索赔，保险人即负责赔偿。

(5) 请求赔偿的人是否有权提出索赔。要求赔偿的人一般都应是保险单载明的被保险人。因此，保险人在赔偿时，要查明被保险人的身份，以决定其有无领取保险金的资格。例如，在财产保险合同下，要查明被保险人在损失发生时，是否对于保险标的具有保险利益；对保险标的无保险利益的人，其索赔无效。

(6) 索赔是否有欺诈。保险索赔的欺诈行为往往较难察觉，保险人在理赔时应注意的问题有：索赔单证的真实与否；投保人是否有重复保险的行为；受益人是否故意谋害被保险人；投保日期是否先于保险事故发生的日期等。

3. 进行损失调查

保险人审核保险责任后，应派人到出险现场实际勘查事故情况，以便分析损失原因，确定损失程度，具体环节包括以下几个方面：

(1) 分析损失原因。在保险事故中，形成损失的原因通常是错综复杂的。例如，船舶发生损失的原因有船舶本身不具备适航能力、船舶机件的自然磨损、自然灾害或意外事故的影响等。只有对损失的原因进行具体分析，才能确定其是否属于保险人承保的责任范围。

可见，分析损失原因的目的在于保障被保险人的利益，明确保险人的赔偿范围。

(2) 确定损失程度。保险人要根据被保险人提出的损失清单逐项加以查证，合理确定损失程度。例如，对于货物短少的情况，要根据原始单据、到货数量，确定短少的数额；对于不能确定货物损失数量的、受损货物仍有部分完好的或经加工后仍有价值的，要估算出一个合理的贬值率来确定损失程度。

(3) 认定求偿权利。保险合同中规定的被保险人的义务是保险人承担赔偿责任的前提条件。如果被保险人违背了这些事项，保险人可以此为由不予赔偿。例如，当保险标的的危险增加时，被保险人是否履行了通知义务；在保险事故发生后，被保险人是否采取了必要的合理的抢救措施，以防止损失扩大等。这些问题直接影响到被保险人索赔的权利。

4．赔偿保险金

保险人对被保险人请求赔偿保险金的要求应按照保险合同的规定办理，如保险合同没有约定时，就应按照有关法律的规定办理。若损失属于保险责任范围内，经调查属实并估算赔偿金额后，保险人应立即履行赔偿给付的责任。保险人可根据保险单类别、损失程度、标的价值、保险利益、保险金额、补偿原则等计算赔偿金额。财产保险合同赔偿的方式通常是货币补偿。不过，在财产保险中，保险人也可与被保险人约定其他方式，如恢复原状、修理、重置或以相同实物进行更换等方式。

5．损余处理

一般来说，在财产保险中，受损的财产会有一定的残值。如果保险人按全部损失赔偿，其残值应归保险人所有或是从赔偿金额中扣除残值部分；如果按部分损失赔偿，保险人可将损余财产折价给被保险人以充抵赔偿金额。

6．代位求偿

如果保险事故是由第三者的过失或非法行为引起的，第三者对被保险人的损失须负赔偿责任。保险人可按保险合同的约定或法律的规定，先行赔付被保险人，然后被保险人应当将追偿权转让给保险人，并协助保险人向第三者责任方追偿。

第四节　保险客户服务

一、保险客户服务的定义

保险客户是指现实存在和潜在的保险产品的消费者，例如，潜在客户、保单持有人、被保险人和受益人等。保险客户服务是指保险人在与现有客户及潜在客户接触的阶段，通过畅通有效的服务渠道，为客户提供产品信息、品质保证、合同义务履行、客户保全、纠纷处理等项目的服务以及基于客户的特殊需求和对客户的特别关注而提供的附加服务。

二、保险客户服务的主要内容

客户服务是保险公司业务经营最重要的内容之一。保险公司提供优质客户服务的能力对建立和保持积极、持久和紧密有力的保险客户关系是十分重要的。保险客户服务以实现客户满意最大化，维系并培养忠诚保险客户，实现客户价值与保险公司价值的共同增长为目标。保险客户服务包括保险产品的售前、售中和售后三个环节的服务，在每一个环节上又都包含着具体详细的内容。售前服务是指保险人在销售保险产品之前为消费者提供各种有关保险行业和保险产品的信息、资讯，以及提供咨询、风险规划与管理等服务。售中服务是指在保险产品买卖过程中保险人为客户提供的各种服务。如在寿险客户服务中，包括协助投保人填写投保单、保险条款的准确解释、免费体检、保单包装与送达、为客户办理自动交费手续等。售后服务是指在客户签单后保险人为客户提供的一系列服务。在寿险客户服务中，售后服务的方式主要有提供免费查询热线、定期拜访、契约保全、保险赔付等。

(一) 提供咨询服务

客户在购买保险之前需要了解有关的保险信息，如保险行业的情况、保险市场的情况、保险公司的情况、现有保险产品、保险条款内容等。保险人可以通过各种渠道将有关的保险信息传递给客户，而且要求信息的传递准确、到位。在咨询服务中，保险销售人员充当着非常重要的角色，当客户有购买保险的愿望时，一定要提醒客户阅读保险条款，同时要对保险合同的条款、术语等向客户进行明确的说明。尤其对责任免除、投保人、被保险人义务条款的含义、适用的情况及将会产生的法律后果，特别要进行明确的解释与说明。

(二) 风险规划与管理服务

首先，帮助客户识别风险，包括家庭风险的识别和企业风险的识别。其次，在风险识别的基础上，帮助客户选择风险防范措施，既要帮助他们做好家庭或企业的财务规划，又要帮助他们进行风险的防范。特别是对于保险标的金额较大或承保风险较为特殊的大中型标的，应向投保人提供保险建议书。保险建议书要为客户提供有用的风险评估服务，并从客户利益出发设计专业化的风险防范与化解方案，方案要充分考虑市场因素和投保人可以接受的限度。

(三) 接报案、查勘与定损服务

保险公司坚持“主动、迅速、准确、合理”的原则，严格按照岗位职责和业务操作实务流程的规定，做好接客户报案、派员查勘、定损等各项工作，全力协助客户尽快恢复正常的生产经营和生活秩序。在定损过程中，要坚持协商的原则，与客户进行充分的协商，尽量取得共识，达成一致意见。

(四) 核赔服务

核赔人员要全力支持查勘定损人员的工作，在规定的时间内完成核赔。核赔岗位和人员要对核赔结果是否符合保险条款及国家法律法规的规定负责。核赔部门在与查勘定损部门意见有分歧时，应共同协商解决，赔款额度确定后要及时通知客户。如发生争议，应告知客户解决争议的方法和途径。对拒赔的案件，经批复后要向客户合理解释拒赔的原因并发出正式的书面通知，同时要告知客户维护自身权益的方法和途径。

(五) 客户投诉处理服务

保险公司各级机构应高度重视客户的抱怨、投诉。通过对客户投诉的处理，应注意发现合同条款和配套服务上的不足，提出改进服务的方案和具体措施，并切实加以贯彻执行。

(1) 建立简便的客户投诉处理程序，并要确保让客户知道投诉渠道、投诉程序。

(2) 加强培训，努力提高一线员工认真听取客户意见和与客户交流、化解客户不满的技巧，最大限度地减少客户投诉现象的发生。

(3) 要了解投诉客户的真实要求。对于上门投诉的客户，公司各级机构职能部门的负责人要亲自接待，能即时解决的即时解决，不能即时解决的，要告知客户答复时限。对于通过信函、电话、网络等形式投诉的客户，承办部门要限期答复。

(4) 建立客户投诉回复制度，使客户的投诉能及时、迅速地反馈。

(5) 在赔款及其他问题上，如果客户和公司有分歧，应本着平等、协商的原则解决，尽量争取不启用或少启用诉讼程序。

(6) 在诉讼或仲裁中，应遵循当事人地位平等原则，尊重客户，礼遇客户。

三、财产保险客户服务的特别内容

对承保标的防灾防损是财产保险客户服务的重要内容。

(一) 制定方案

防灾防损要以切实可行的防灾防损方案、周密详实的实施计划和具备技术特长的专业人员为保障，并根据时间的推移和现实情况的变化定期或不定期地调整防灾防损对策。

(二) 重点落实

(1) 定期对保险标的安全状况进行检查，及时向客户提出消除不安全因素和隐患的书面建议。切实做好火灾、爆炸等重点风险的防范工作，要向企业提出切实可行的整改方案并督促其贯彻落实。

(2) 对重要客户和大中型保险标的，要根据实际需要开展专业化的风险评估活动。风险评估活动应遵循全程参与、共同配合、保守客户商业秘密和不影响客户正常的生产、经营的原则，运用科学的理论和方法，组织专业化的评估小组，依照切实可行的评估方案和评估程序进行。

(三) 特殊服务

财产保险公司可以主动或应客户要求提供一些特殊的服务。例如，收集中长期气象、灾害预报及实时的天气预报信息，协助客户做好灾害防御工作；针对可能发生的暴风、暴雨、台风、洪涝等重大灾害，事先制定出详细、可行的预案，建立防洪协作网并逐项贯彻落实。

四、人寿保险客户服务的特别内容

(一) 寿险契约保全服务

“保全”一词在人寿保险实务中分为广义和狭义两种含义。就广义而言，自人寿保险契约成立时起至终止时止，凡在保险期间内发生的一切事物都可称为保全。故广义的保全不仅包括保险费的收交、契约内容的变更，还包括保险金、给付金、保单贷款、退保金、红利等各类给付事务。狭义的保全仅仅包括契约内容的各种变更、保单错误的更正以及保险金和退保金的给付。

保全服务是寿险公司业务量最大的服务，寿险公司一般都设有处理全业务的职能部门。

在遵循客户满意最大化原则的基础上，寿险契约保全的具体工作内容如下：

(1) 合同内容变更。合同内容变更是对已成立合同的维护。在保险合同生效后，为适应内部、外部环境的变化，客户和保险公司经过协商，在不改变保险合同效力和主要保险责任的前提下，可对合同的部分内容进行更正与修改，以最大限度地满足客户的保障需求。合同变更的内容包括：姓名、性别、年龄、证件、职业、交费方式、交费期间、领取方式、领取年龄、联系方式等项目的变更，以及变更投保人(受益人)、增减保额、增加或取消附加险、对合同内容做补充告知等。

(2) 行使合同权益。寿险公司除提供基本的保险保障以外，为了帮助客户更加顺利地维持合同的效力，增加产品吸引力，更好地为客户服务，一般还会提供涉及保单权益的信息供客户在必要时行使。常见的合同权益包括保单借款、现金价值(红利)利益、自动垫交保费、交清保险、展期保险、险别转换等。

(3) 续期收费。续期收费服务包括续期保费收取过程中的续期交费通知、续期保费催交、续期保费划款、保费预交转实收、保费豁免、保费抵交、保险合同效力恢复等。对绝大多数客户而言，最关心的保全服务就是续期收费的服务。对寿险公司而言，续期收费服务是一项最基本的服务。对客户的续期交费提醒应该多种方式并用，既要有公司的信函通知，也要有客户服务人员的电话及上门服务。其中有两个问题对提高续期收费服务的质量尤为重要：一是确实掌握信函投递情况；二是经常主动联络客户。

(4) 保险关系转移。客户因住所变动或其他原因，可将保险合同转移到原签单公司以外的其他机构并继续享受保险合同权益、履行合同义务。一些机构网络齐全、业务管理和计算机数据高度集中统一的寿险公司，已将保险关系转移的方便快捷作为一项竞争优势。即使是一些网点较少的新兴公司，随着信息和网络技术的不断发展，也通过委托第三方代为服务的方式来解决保险关系转移的问题。

(5) 生存给付。在保险合同有效期内，被保险人生存至保险期满或约定领取年龄、约定领取时间，寿险公司根据合同约定向受益人给付满期保险金或年金。这类保险金的受益人一般是被保险人本人或其他被指定的监护人。生存给付是客户在保险有效期内能看到的实实在在的保险利益。因此，及时、准确、方便地为客户提供生存给付服务是留住客户、体现公司服务水准的重要手段之一。

(二) “孤儿”保单服务

“孤儿”保单是指因为原营销人员离职而需要安排人员跟进服务的保单。“孤儿”保单服务具体包括保全服务、收展服务和全面收展服务三种。

(1) “孤儿”保单保全服务。寿险公司成立专门的“孤儿”保单保全部(组)，集中办理“孤儿”保单续期收费和其他保全工作。“孤儿”保单采取按应收件数均衡分配方式，落实到每一个保全员。寿险公司对保全员进行单独管理、单独考核。

(2) “孤儿”保单收展服务。寿险公司设专门的收展员或成立专门的收展部，并按行政区域安排“孤儿”保单的客户服务工作。

(3) “孤儿”保单全面收展服务。寿险公司内设专门的收展部门，并按行政区划安排“孤儿”保单及全部保单若干年的客户服务工作。

重要概念

保险营销　保险销售　保险代理人　保险经纪人　核保　保险理赔　保全　“孤儿”保单

思 考 题

1. 简述保险销售的主要环节。
2. 保险销售有哪几种渠道？简述其内容。
3. 保险公司应从哪些方面进行承保控制？
4. 为什么保险要进行核保？
5. 简述保险理赔与承保、防灾防损之间的关系。
6. 保险理赔要遵循哪些原则？
7. 简述保险理赔的流程。
8. 分别阐述人身保险与财产保险核保的因素。

第十一章

再　保　险

第一节　再保险及其作用

一、再保险及其相关术语

(一) 再保险的定义

再保险(Reinsurance)又称为分保，是指保险人在原保险合同的基础上，通过订立合同，将其所承保的部分风险和责任转让给其他保险人承担，当发生保险责任范围内的损失时，从其他保险人处取得相应部分的赔偿补偿的一种保险业务。

在再保险业务中，分出保险业务的保险人称为原保险人(Original Insurer)或分出公司(Ceding Company)，接受分保业务的保险人称为再保险人(Reinsurer)或分入公司(Ceded Company)。与直接保险一样，原保险人通过办理再保险将其所承保的一部分风险责任转移给再保险人，相应地也要支付一定的保险费，这种保险费称为再保险费或分保费(Reinsurance Premium)；同时，为了弥补原保险人在直接承保业务过程中支出的费用开支，再保险人也必须向原保险人支付一定的费用报酬，这种费用报酬称为分保手续费或分保佣金(Reinsurance Commission)。

同样，为了分散风险、控制责任及避免巨额损失，再保险人也可以将分入的保险业务再转分给其他保险人，这种经营活动称为转分保(Retrocession)。双方当事人分别称为转分保分出人和转分保接受人，通过转分保，巨额风险责任就在众多保险人之间得到分散。再保险分散风险示意图如图 11-1 所示)。所以，无论是原保险人还是再保险人都需要开展再保险业务，都可能充当再保险的分出人或分入人。

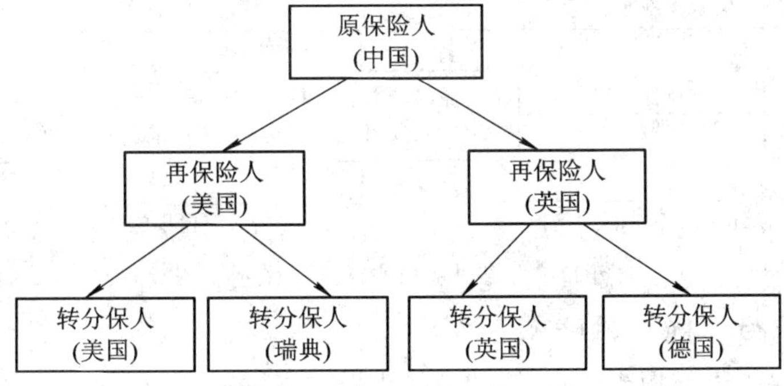

图 11-1　再保险分散风险示意图

再保险可以发生在一国范围内，也可以发生在国家与国家之间。尤其对于一些超过国内保险市场承受能力的巨额风险，如航天飞机、万吨巨轮、大型工程、核电站、卫星发射等在试验和运行过程中的风险，通常要超越国界进行分保。因此，再保险具有明显的国际性。

(二) 再保险的相关术语

1. 危险单位

危险单位是指保险标的发生一次灾害事故可能造成的最大损失范围。危险单位的划分既重要又复杂，应根据不同的险别和保险标的来决定。例如，船舶险以一艘船为一个危险单位，车辆险以一辆汽车为一个危险单位，人寿保险以一个人为一个危险单位等。关于火险，通常以一栋独立的建筑物为一个危险单位，但如果数栋建筑物在一起毗连，则应根据其使用性质、间距、周围环境等因素决定划分为一个或数个危险单位。

危险单位划分的恰当与否，直接关系到再保险当事人双方的经济利益，甚至影响到被保险人的利益，因而是再保险实务中一个技术性很强的问题。

2. 自留额与分保额

对于每一危险单位或一系列危险单位的保险责任，分保双方通过合同按照一定的计算基础对其进行分配。分出公司根据偿付能力所确定承担的责任限额称为自留额；经过分保由接受公司所承担的责任限额称为分保额。

自留额与分保额可以以保额为基础计算，也可以以赔款为基础计算。计算基础不同，决定了再保险的方式也不同。以保险金额为计算基础的分保方式属比例再保险；以赔款金额为计算基础的分保方式属非比例再保险。自留额与分保额可以用百分率表示，如自留额与分保额分别占保险金额的30%和70%；或者用绝对数表示，如自留额为100万元，分保额为200万元。而且，根据分保双方承受能力的大小，自留额与分保额均有一定的控制，如果保险责任超过自留额与分保额的控制线，则超过部分应由分出公司自负或另行安排分保。

二、再保险与原保险的联系与区别

再保险与原保险之间的关系，如图11-2所示。

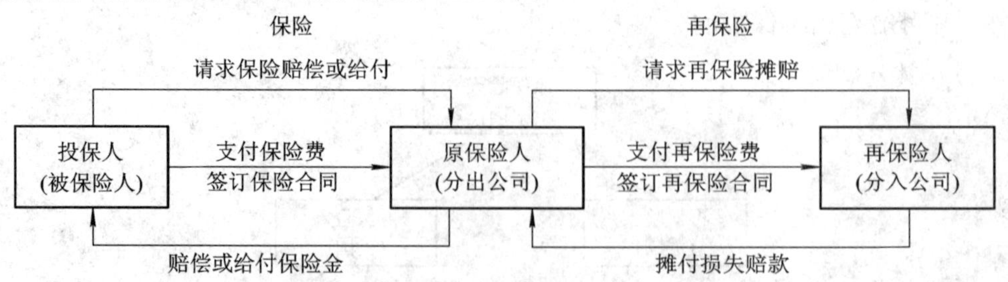

图11-2　再保险与原保险关系示意图

(一) 再保险与原保险的联系

再保险是指保险人将原保险业务(即直接保险业务)分给其他保险人的过程。当原保险合同约定的保险事故发生时，再保险人按照再保险合同的规定对原保险人承担的损失给予

补偿。可见，再保险与原保险具有十分密切的关系，二者是相辅相成，相互促进的。其具体表现为以下两个方面：

(1) 原保险是再保险的基础，再保险是由原保险派生的。从保险发展的历史逻辑上看，先有保险，而后才有再保险。再保险的产生和发展，是基于原保险人分散风险的需要。再保险是以原保险人承保的风险责任为保险标的、以原保险人的实际赔款和给付为摊赔条件的。所以，其保险责任、保险金额、保险期限等，都必须以原保险合同为基础，没有原保险就没有再保险。

(2) 再保险是对原保险的保险，再保险支持和促进原保险的发展。保险人将自己所承保的一部分风险责任向再保险人分保，从而也将一部分风险责任转移给再保险人。当原保险人承保的保险标的发生损失时，再保险人必须按保险合同的规定分担相应的赔款。原保险人从再保险人那里摊回分保部分的赔款，有利于保障原保险人经营的安全和稳定。可见，再保险作为原保险的保险，是对原保险人所承保的风险的进一步分散，原保险人通过再保险可以控制自己的保险责任，扩大承保能力，从而支持和促进了原保险的发展。

(二) 再保险与原保险的区别

原保险和再保险都是为了分散风险，补偿损失，但在保险经营中两者还是有很大的区别：

(1) 保险主体不同。原保险关系的主体是保险人与投保人或被保险人，原保险体现的是保险人与被保险人之间的经济关系；而再保险关系的主体是原保险人与再保险人，再保险体现的是保险人之间的经济关系。

(2) 保险标的不同。原保险的保险标的包括财产、人身、责任、信用以及有关的利益，既有财产保险、人身保险，也有责任保险和信用保证保险；而再保险的保险标的则是原保险人所承担的风险责任，是一种具有责任保险性质的保险。

(3) 保险合同性质不同。原保险人在履行赔付职责时，对财产保险是损失补偿性的，而对人身保险则是给付性的，所以原保险合同包括补偿性合同和给付性合同两种；而再保险人对原保险合同的分摊，无论是财产再保险还是人身再保险，都是对原保险人承担的风险损失的补偿，所以再保险合同均为补偿性合同。

三、再保险的作用

再保险的基本职能是分散风险，是将保险人所承担的风险在同业之间进行分散，以补偿可能遭遇的巨灾损失和巨额损失。其作用主要表现在以下几个方面：

(一) 再保险可以分散风险

保险是人们将自己本身的风险转嫁给保险公司，保险公司通过聚集众多具有相同风险的人，使风险得以分散，使保户得到保险保障。保险公司是经营风险的企业，在其经营过程中同样也会面临各种风险，这些风险主要是巨额风险、巨灾风险和经营风险。保险人通过再保险可以使这些风险得以分散，其具体含义如下：

(1) 分散巨额风险。当标的价值巨大时，其保险赔款金额巨大，一份保单的责任也就很重大。如果标的遭遇保险风险，那么，保险人一次将要支付巨额赔款，这类风险诸如宇宙卫星、航天飞机、核电站、高额寿险、责任险等。通过再保险，原保险人可以将超过自

己承保能力的保险金额分由再保险人来承担，从而分散巨额风险。

(2) 分散巨灾风险。尽管一些单一风险保单的标的价值额与保额并不算巨大，但很多保单所保标的风险单位集中，某些保险事故发生，波及这些集中的标的，就会使众多遭灾受损标的的损失累积赔款金额巨大，同样会使保险人在一次事故后给付巨额保险金。如洪水对沿岸聚居区财产、生命的威胁，火灾对密集的商业区、街区、工业区的侵袭，核泄漏、核爆炸等有毒物质泄漏对聚居区生命、财产的危害，以及所有责任保险、意外伤害保险的保险人都将可能面临累积赔款、给付总额巨大的风险。

(3) 分散经营风险。由于保险人受地域与经营性质等因素影响，往往难以承保到大数法则所要求的足够多的保险标的的数量和同质性的风险。而预定的费率将可能与实际所发生的损失补偿和给付之间存有较大的差异，损失补偿和给付间的差异甚大，对于新成立或成立时间不长的公司来说，虽达到资本金方面的要求，但仍会出现因财力的限制而难以提留到足够的应付经营风险的准备金的情况。对此，可以通过分保，将那些风险同质性较差、标的数量太少、保额过高的保险业务部分或全部地转嫁给其他保险人，以分散风险。

(二) 再保险可以控制保险责任

再保险可以根据保险人自己的技术、资金能力确定自留额度，从而控制保险人的保险责任额度，保证经营的稳定性与安全。其具体包括以下几个方面：

(1) 控制每个风险单位的责任。控制每个风险单位的责任又称为险位责任控制。保险人在决定分保时，通常是根据有关法律、条例以及自身的承保能力，首先确定对每个风险单位的自留额，将超过自留额以上的部分进行分保。这样，自留额尺度将所有风险单位的责任整齐划一了，从而增强了标的与风险的同质性。

(2) 控制一次巨灾事故的责任累积。控制一次巨灾事故的责任累积又称为事故责任控制。因巨灾风险事故可能使大量风险单位的标的一次受损，如果仅用险位责任控制则难以控制巨灾造成的责任累积。对此，通过确定一次事故的累积责任自留额，将超过累积责任自留额的部分通过再保险方式分由再保险人来承担，这样就可以将巨灾风险的累积责任加以控制。

(3) 控制全年的责任累积。灾害事故极易造成损失的年度的不平衡性，使保险人各年度承担的赔偿、给付责任不均衡，甚至会出现很大的差异。险位责任控制与事故责任控制还难以平衡年度责任的差异，一年内多次责任事故累积责任的平衡，可以通过分保方式来确定年度累积自留责任限额，保险人将超过部分分保出去，就可以稳定保险公司的经营。

(三) 再保险可以扩大经营能力

保险公司的承保能力是受资本金和总准备金等自身财务状况的限制的。由于保险公司的自有资金额是有限的，因而其自身的承保能力也就是一定的。

通常各国都通过保险的有关立法，制定资本金、偿付能力等对保险公司的限制标准，以此来控制保险公司的经营额度和经营范围。例如，《中华人民共和国保险法》第一百零二条规定："经营财产保险业务的保险公司当年自留保险费，不得超过其实有资本金加公积金总和的四倍。"有些国家的法律通常规定，每个保险人承保的业务总量即保险费总额不得超过资本额(包括公积金)的 10 倍。也就是说，资本额不能低于业务量的 10%，即资本额与业务量之比应大于 10%或业务量与资本额之比小于 10 倍。否则，保险公司的业务经营将潜伏

着危机，需要清理。保险公司的资本额占业务量的10%这一界限又称为清理线。

由上述可见，保险人的业务发展是有限的，不可能无限制地承揽业务，而是要受到其资本量的限制。但是，如果利用再保险，不仅可以扩大保险人的业务发展，突破限额，而且还能合法地保证经营的稳定性。因为在计算保费收入时可扣除分出保费，只计算自留保费。因此，在不增加资本的情况下，可利用分保增加业务量。例如，当保险人的资本额为50万元时，如果按照10%的法律限定，保险人的业务量最高只能做到500万元，倘若超过500万元，就表明超越了清理线，潜伏危机。然而，如果保险人利用分保则可将业务量突破500万元的限制。当业务量为2000万元时，只要保险人自留保费额保留在500万元以内，那么，其资本额与业务量的比例仍然维持在法定的10%，即使大于或等于10%，保险人只需将超过500万元以上的部分分出去就可以了。这样，由于有了分保，保险人可将原来只能做到500万元的业务量提高到2000万元的业务量。由此可见，再保险可以扩大保险人的经营能力，增加保险人的承保量。

另外，由于保险人可利用分保增加承保数额，使保费收入增加，而管理费用并未按比例增加，从而降低了经营成本。保险人将业务分出，再保险人返还分保佣金；当分出业务良好时又可再得到盈余佣金。对保险人来说，有了分保，降低了成本，增加了保费及各项佣金，提高了经营利润，增大了保险人的承保能力。

(四) 再保险可以增加保险公司的净资产和提高保险公司的偿付能力

再保险的这一作用主要表现在以下两个方面：

(1) 再保险可以使分出公司通过提取未到期赔付责任准备金、未决赔款准备金、分摊赔款和分摊保险经营费用而聚集大量资金并加以适当运用，来增加保险公司的收益。

(2) 在再保险业务中，分出公司所分出业务的各类准备金，可以扣除经营费用，这样，就减少了准备金的提留数额，即降低了公司的负债。同时，分出公司在分保业务中还可以得到一定数量的分保佣金，从而增强了分出公司的财务力量。

保险公司的偿付能力是以公司的净资产来衡量的，即资产减负债。通过办理再保险可以增加公司资产，降低公司负债，从而提高偿付能力。

(五) 再保险可以增进国际间的交流和提高保险技术

对于保险业正处于发展中的国家以及一些新成立的保险公司来说，由于保险的经验、资料、技术和财力都比较薄弱，在保险的经营方面会遇到很多障碍因素。通过再保险的方式，可以获得再保险公司在业务、技术方面的指导和协助，避免一些失误，少走一些弯路，从而迅速发展起来。由于再保险业务是超越空间与国界的，主要又是在国际范围内进行的，因此，通过再保险纽带，可以增进对国际保险市场、再保险市场的了解。通过业务往来，学习发达国家的保险先进经验和技术，促进同业之间的技术交流和友好往来。

(六) 再保险可以形成巨额联合保险基金

现代科学技术的高速发展，使财富得以迅速积累的同时也带来了更大的风险。例如，美国的“9·11”事件所造成的主要损失包括人身伤害、各种财产损失及责任保险类赔付，若把这三项加总，则保险公司在此次事件中的赔付是一个十分巨大的数字。伦敦劳合社保险市场因“9·11”事件所遭受的损失约为19亿美元，相当于2001年度该保险市场承受能力的12%；美国 Seattle Csafeco 保险公司在当年第三季度的报表中显示，第三季度因受

"9·11"事件的影响，共损失1006万美元；美国标准普尔公司认为，此次事件的全球保险公司的总计赔偿额接近500亿美元。然而，美国保险公司在如此巨额的索赔面前，并没有人们所预想的捉襟见肘。在此次事件中，美国保险公司正是通过早已签订的再保险合同，将大部分损失进行转移分散。例如，美国Zenith保险公司的税前损失为3550万美元，但扣除被再保险合同所承保的部分，则仅为1000万美元。如此巨大的风险，如果仅靠一家或几家保险公司独自积累的保险基金，是难以应付的。而通过再保险则可以将各保险集团集合成更大的分散风险的网络，在更大范围内将保险基金积累起来，使保险基金由分散走向联合，形成同业性或国际性的联合保险基金，增强保险的整体经营能力和抗御巨大风险的能力。

第二节　再保险的种类

原保险人将其直接承保的业务转让给再保险人的方法可从两个方面加以分类：一是从责任限制上分类；二是从分保安排上分类，如图11-3所示。

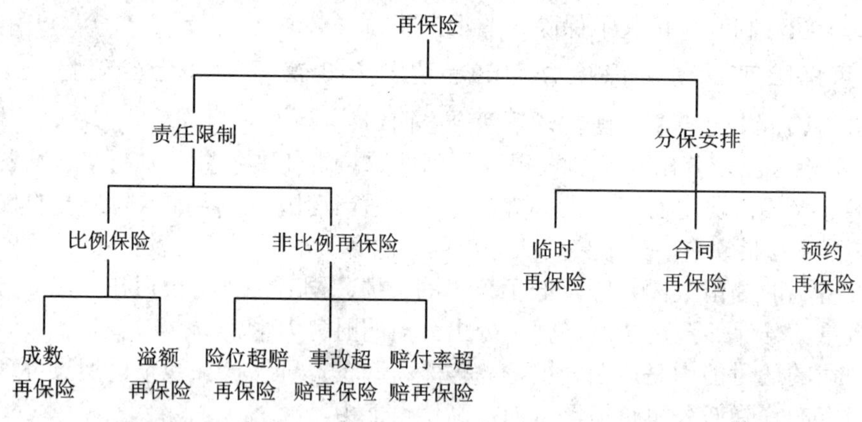

图11-3　再保险的种类

一、从责任限制上分类

再保险按分出公司与分入公司的责任限制来划分，可以分为比例再保险和非比例再保险。

(一) 比例再保险

比例再保险(Proportional Reinsurance)是以保险金额为基础来确定分出公司自留额和接受公司责任额的再保险方式，因此其又称为金额再保险。在比例再保险中，分出公司的自留额和接受公司的责任额都表示为其所占保额的一定比例，该比例也是双方分配保费和分摊赔款时的依据。也就是说，分出公司和接受公司对于保费和赔款的分配，按照其分配保额的同一比例进行，这就充分显示了保险人和再保险人利益的一致性。所以，比例再保险最能显示再保险当事人双方共命运的原则，因而其应用范围十分广泛。比例再保险分为成数再保险和溢额再保险两种形式。

1. 成数再保险

成数再保险(Quota Share Reinsurance)是指原保险人将每一危险单位的保险金额，按照约定的比率分给再保险人的再保险方式。按照成数再保险方式，不论分出公司承保的每一危险单位的保额大小，只要是在合同规定的限额之内，都按双方约定的比率进行分配和分摊。总之，成数再保险方式的最大特征是"按比率"再保险，它是比例再保险的代表方式，同时也是最简便的再保险方式。

由于成数再保险对每一危险单位都按一定的比率分配责任，因此在遇到有巨额风险责任时，原保险人和再保险人承担的责任仍然很大。因此，为了使承担的责任有一定范围，每一份成数再保险合同都按每一危险单位或每张保单规定一个最高责任限额，分出公司和接受公司在这个最高责任限额中各自承担一定的份额。习惯上，若自留比例为40%，分出比例为60%，则称合同为60%的成数再保险合同。

假设某一成数再保险合同，每一危险单位的最高限额规定为 500 万元，自留部分为45%，分出部分为 55%(即为 55%的成数再保险合同)。则合同双方的责任分配如表 11-1 所示。

表 11-1 成数分保责任分配表 单位：元

保险金额	自留部分 45%	分出部分 55%	其他
800 000	360 000	440 000	0
2 000 000	900 000	1 100 000	0
5 000 000	2 250 000	2 750 000	0
6 000 000	2 250 000	2 750 000	1 000 000

在本例中，当原保险金额为 600 万元时，原保险自留及再保险接受部分，与原保险金额为 500 万元时相同，但还剩下 100 万元的责任需寻找其他方式处理。否则，这 100 万元的责任将由原保险人承担。

一旦各公司承担责任的百分比率确定，则保费和赔款就按相应百分比率来计算。表 11-2 可以表示成数分保的计算。假定表中的原保险金额均在合同最高限额之内。

表 11-2 成数分保计算表 单位：万美元

船名	总额 100%			自留 20%			分出 80%		
	保险金额	保费	赔款	自留额	保费	自负赔款	分保额	分保费	摊回赔款
A	200	2	0	40	0.4	0	160	1.6	0
B	400	4	10	80	0.8	2	320	3.2	8
C	600	5	20	120	1.2	4	480	4.8	16
D	800	6	0	160	1.6	0	640	6.4	0
E	1000	10	0	200	2	0	800	8	0
总计	3000	30	30	600	6	6	2400	24	24

2．溢额再保险

溢额再保险(Surplus Reinsurance)是指由保险人与再保险人签订协议，对每个危险单位确定一个由保险人承担的自留额(保险金额超过自留额的部分称为溢额)，分给再保险人承担的再保险方式。

溢额再保险与成数再保险相比较，其最大区别在于：如果某一业务的保险金额在自留额之内时，就无需办理分保，只有在保险金额超过自留额时，才将超过部分分给溢额再保险人。也就是说，溢额再保险的自留额，是一个确定的自留额，不随保险金额的大小变动，而成数再保险的自留额表现为保险金额的固定百分比，随保险金额的大小而变动。

溢额再保险是以保险金额为基础来确定再保险当事双方的责任。对于每一笔业务，自留额已先定好，将保险金额与自留额进行比较，即可确定分保额和分保比例。例如，溢额分保的自留额确定为 40 万元，现有三笔业务，保险金额分别为 40 万元、80 万元和 200 万元，第一笔业务在自留之内无需分保，第二笔业务自留 40 万元，分出 40 万元，第三笔业务自留 40 万元，分出 160 万元。溢额和保险金额的比例即为分保比例，第二笔业务的分保比例为 50%，第三笔业务分保比例为 80%。

溢额再保险关系成立与否，主要看保险金额是否超过自留额，超过自留额的部分即由溢额再保险吸收承受。但溢额再保险的吸收承受，并非无限制，而是以自留额的一定倍数为限度。这种自留额的一定倍数，称为线数(Lines)。因此，危险单位、自留额和线数是溢额再保险的三大关键项目或三要素。

溢额再保险的合同容量或合同限额，通常以自留额的倍数计算。换句话说，自留额是厘定再保险限额的基本单位，在溢额再保险中称为“线”(Line)，上述的一定倍数，即指此线数。例如，某溢额再保险合同的限额厘定为 20 线，则一线的责任为再保险限额的 5%，假定自留额为 100 万元时，该合同的限额即为 2000 万元。为简便之计，保险同业之间通常仅以线数表示溢额再保险合同，在本例中，可称为 20 线的合同(20 Lines Treaty)。但每线的金额大小，要同时予以注明，以便真正掌握合同容量(Capacity)的大小。

综上所述，在溢额再保险合同中，再保险人的责任额和原保险人的自留额与总保险金额之间存在一定的比例关系，这是溢额再保险归属于比例再保险的原因所在。但溢额再保险的比例关系随着承保金额的大小而变动，这是与成数再保险的比例固定不变所不同的。

一般而言，分出公司根据其承保业务和年保费收入来制定自留额和决定溢额分保合同的最高限额的线数。由于承保业务的保额增加或是业务的发展，有时需要设置不同层次的溢额，依次称为第一溢额、第二溢额等。当第一溢额的分保限额不能满足分出公司的业务需要时，则可组织第二甚至第三溢额，作为第一溢额的补充，以适应业务的需要。

在了解了溢额再保险的危险单位、自留额、线数和合同的最高限额及其关系，以及溢额分保比例之后，如何计算各自的责任、保费的分配和确定赔款的分摊就比较容易了。下面举例来予以简单说明。

现组织一份海上货运险溢额分保合同，危险单位按每一船每一航次划分，自留额为 10 万美元。第一溢额合同限额为 10 线，第二溢额合同限额为 15 线，有关责任、保费和赔款的计算如表 11-3 所示。

表 11-3 溢额分保计算表 单位：美元

		A 轮 50 000	B 轮 500 000	C 轮 200 000	D 轮 2 500 000	共计
总额	保险金额 总保费 总赔款	 500 0	 5 000 10 000	 20 000 20 000	 25 000 100 000	 50 500 130 000
自留部分	保险金额 比例 保费 赔款	50 000 100% 500 0	10 000 20% 1000 2000	100 000 5% 1000 1000	100 000 4% 1000 4000	 3500 7000
第一溢额	分保额 分保比例 分保费 分摊赔款	0 0 0 0	400 000 80% 4000 8000	1 000 000 50% 10 000 10 000	1 000 000 40% 10 000 40 000	 24 000 58 000
第二溢额	分保额 分保比例 分保费 分摊赔款	0 0 0 0	0 0 0 0	900 000 45% 9000 9000	1 400 000 56% 14 000 56 000	 23 000 65 000

现以第三笔业务 C 轮为例对表 11-3 进行说明。C 轮保险金额为 200 万美元，自留 10 万美元，第一溢额承受 10 线计 100 万美元，分保比例为 50%，自留额与第一溢额之后尚余 90 万美元的责任，由第二溢额承受，第二溢额分保比例为 45%。现发生赔款 20 000 美元，保险人承担 5%为 1000 美元，第一溢额再保险人分摊 50%为 10 000 美元，第二溢额再保险人分摊 45%为 9000 美元。其他可依此类推。

从表 11-3 统计的保费收入及支付的赔款来看，这是一个亏损严重的合同，整个合同的赔付率为 257.43%。但对于亏损的程度，原保险人、第一溢额再保险人、第二溢额再保险人各不相同。由计算可知，其赔付率分别为 200%、241.67%、281.61%。这显示出高层次溢额再保险的危险度比低层次危险度大，这是由于进入高层次溢额的标的数量减少所致，说明溢额再保险合同双方的利益并非是完全一致的。因此，在保险实务中，各层次的溢额再保险，除次序有先后差别外，其再保险条件可能不相同，但责任、保费和赔款的计算方法是一样的。

(二) 非比例再保险

非比例再保险(Non-proportional Reinsurance)以损失为基础来确定再保险当事人双方的责任，故又称为损失再保险，一般称为超过损失再保险(Excess of Loss Reinsurance)。非比例再保险分为险位超赔再保险、事故超赔再保险和赔付率超赔再保险三种方式。

1. 险位超赔再保险

险位超赔再保险(Risk Excess or Working Excess of Loss)是指以每一危险单位所发生的赔款来计算自负责任额和再保险责任额的再保险方式。假若总赔款金额不超过自负责任额，全部损失由分出公司赔付；假若总赔款金额超过自负责任额，超过部分由接受公司赔付。但再保险责任额在合同中的规定，也是有一定限度的。关于险位超赔在一次事故中的赔款计算有两种情况：一是按危险单位分别计算，没有限制；二是有事故限额，即对每次事故总的赔款有限制，一般为险位限额的 2～3 倍，即每次事故接受公司只赔付 2～3 个单位的损失。下面举例说明。

现有一超过 100 万元以后的 900 万元的火险险位超赔分保合同，在一次事故中有三个

危险单位遭受损失，每个危险单位损失 150 万元。如果每次事故对危险单位没有限制，则赔款的分摊如表 11-4 所示。

表 11-4　险位超赔的赔款分摊　　单位：元

危险单位	发生赔款	分出公司承担赔款	接受公司承担赔款
I	1 500 000	1 000 000	500 000
II	1 500 000	1 000 000	500 000
III	1 500 000	1 000 000	500 000
共　计	4 500 000	3 000 000	1 500 000

但如果每次事故有危险单位的限制，如为险位限额的两倍，则超赔的赔款的分摊如表 11-5 所示。

表 11-5　限额险位超赔的赔款分摊　　单位：元

危险单位	发生赔款	分出公司承担赔款	接受公司承担赔款
I	1 500 000	1 000 000	500 000
II	1 500 000	1 000 000	500 000
III	1 500 000	1 500 000	0
共　计	4 500 000	3 500 000	1 000 000

在此情形下，由于接受公司已承担了两个危险单位的赔款，因此第三个危险单位的损失全部由分出公司自己负责。

2．事故超赔再保险

事故超赔再保险(Catastrophe Excess of Loss)是指以一次巨灾事故所发生赔款的总和来计算自负责任额和再保险责任额的再保险方式。事故超赔再保险的责任计算，关键在于一次事故的划分。例如，有的巨灾事故如台风、洪水和地震，有时间条款来规定多长时间作为一次事故，有的还有地区规定。又如有的规定台风、飓风、暴风连续 48 小时内为一次事故；地震、洪水连续 72 小时内为一次事故；洪水还有地区上规定，如以河谷或以分水岭来划分洪水地区；其他巨灾事故连续在 168 小时内为一次事故。对于事故持续较长时间的，如森林大火和地震，按一次事故或几次事故，在责任分摊上是不同的。

假设有一超过 100 万元以后的 100 万元的巨灾超赔分保合同，一次台风持续了 6 天，该事故共损失 400 万元。若按一次事故计算，原保险人先自负 100 万元赔款，再保险人承担 100 万元赔款，剩下 200 万元赔款仍由原保险人自负，即原保险人共承担 300 万元赔款。若按二次事故计算，例如，第一个 72 小时损失 150 万元，第二个 72 小时损失 250 万元。则对于第一次事故，原保险人和再保险人分别承担赔款 100 万元和 50 万元，第二次事故分别承担赔款 150 万元和 100 万元，即分出公司共负责 250 万元赔款，接受公司负责 150 万元赔款。但在实际情况中，可能无法区分一次台风在某一时间内的损失，则应该由分出公司和接受公司各负责 200 万元赔款。在超额赔款再保险方式中，有一种分“层”(Layering)的安排方法，即将整个超赔保障数额分割为几层，便于不同的再保险人接受。例如，某保险人对他承保的 500 万英镑的业务，分为四层安排超额再保险：第一层为超过 10 万英镑以

后的40万英镑；第二层为超过50万英镑以后的50万英镑；第三层为超过100万英镑以后的100万英镑；第四层为超过200万英镑以后的300万英镑。

3．赔付率超赔再保险

赔付率超赔再保险(Excess of Loss Ratio or Stop Loss)是指按赔款与保费的比例来确定自负责任和再保险责任的一种再保险方式。即在约定的某一年度内，对于赔付率超过一定标准时，由再保险人就超过部分负责至某一赔付率或金额。赔付率超赔再保险的赔付按年度进行，有赔付率的限制，并有一定金额的责任限制。由于这种再保险可以将分出公司某一年度的赔付率控制于一定的标准之内，因此，对于分出公司而言，又有停止损失再保险或损失中止再保险(Stop Loss Reinsurance)之称。

在赔付率超赔再保险合同中，分出公司的自留责任和接受公司的再保险责任，都是由双方协议的赔付率标准限制的。因此，正确地、恰当地规定这两个标准，是该再保险的关键。议定的标准既要能够使分出公司在赔款较多，遭受过重损失时给予保障，又不能使分出公司借此从中谋利，损害再保险人的利益。通常，当营业费用率为30%时，再保险的起点赔付率规定为70%，最高责任一般规定为营业费用率的两倍，即60%，也就是说，再保险责任是负责赔付率在70%至130%部分的赔款。

例如，分出公司与分入公司订立了一个超过70%以后的50%的赔付率超赔分保合同。假设分出公司某年的净保费收入为1 000 000元，赔款净额为800 000元，则赔款分担为：分出公司负责70%，即700 000元；接受公司负责10%，即100 000元。

二、从分保安排上分类

再保险按安排的方式来划分，可以分为临时再保险、合同再保险和预约再保险。

(一) 临时再保险

临时再保险(Facultative Reinsurance)是最早采用的再保险方式，是指在保险人有分保需要时，临时与再保险人协商，订立再保险合同的再保险方式。其合同的有关条件也都是临时议定的。

临时再保险有两个显著的优点：一是灵活性。在临时再保险关系中，原保险人和再保险人双方对每笔保险业务的分出和分入都有自由选择的权利，原保险人是否办理分保、分出什么险别、分出多少，可以根据自身所能承受的程度来决定；而再保险人是否接受原保险人分出的业务、接受多少、是否需要调整再保险的条件等，也完全可以视业务的性质、自身的承担能力以及已接受业务的责任积累状况自主决定。二是针对性。临时再保险通常是以一张保险单或一个危险单位为基础逐笔办理分保，分保的风险责任、摊赔的条件等都具有很强的针对性，便于再保险人了解、掌握业务的具体情况，正确做出分入与否的决策。

临时再保险方式特别适用于高风险的业务、新开办的业务或不稳定的业务。但是由于临时分保是逐笔办理，逐笔审核，所以手续繁琐，工作量比较大，费用开支也大，对双方来说在人力、时间及费用上都不经济。而且临时分保时间性比较强，要求办理分保要及时，否则，原保险人将承担较大的风险。因为在临时分保未办妥之前，如果原保险合同已经生效，一旦损失发生，损失将全部由原保险人自己承担。而如果原保险人与再保险人在达成

分保协议后才决定接受原保险业务，则原保险人将可能失去获取业务的良机，从而限制了原保险人的业务接受能力，不利于原保险人对业务的竞争。

(二) 合同再保险

合同再保险(Treaty Reinsurance)又称为固定再保险，由原保险人和再保险人事先签订再保险合同，约定分保业务范围、条件、额度、费用等。在合同期内，对于约定的业务，原保险人必须按约定的条件分出，再保险人也必须按约定的条件接受，双方无需逐笔洽谈，也不能对分保业务进行选择，合同约定的分保业务在原保险人与再保险人之间自动分出与分入，合同再保险是一种长期性的再保险，但订约双方都有终止合同的权利，通常是要求终止合同的一方于合同期满前三个月以书面形式通知对方，从而终止合同。

由于合同再保险的长期性、连续性和自动性，对于约定分保的业务，原保险人无需逐笔办理再保险，从而简化了分保手续，提高了分保效率。同时，通过合同再保险，分保双方建立了长期稳定的业务关系。一方面使原保险人能及时分散风险，从而增强了原保险人的承保能力；另一方面也使再保险人获得稳定的业务来源。因此，目前国际再保险市场广泛采用这种方式安排再保险。临时再保险只是合同再保险的一种补充。

(三) 预约再保险

预约再保险(Open Cover)又称为临时固定再保险(Facultative Obligatory Reinsurance)，它是指一种介于临时再保险和合同再保险之间的再保险。它规定对于约定的业务，原保险人可以自由决定是否分出，而原保险人一经决定分出，再保险人就必须接受，不能拒绝。也就是说，对于合同约定的业务，原保险人有选择是否分出的权利，而再保险人则没有选择的权利。这种再保险的特点是，对原保险人没有强制性，而对再保险人则具有强制性。因此，预约再保险对原保险人来说是有利的，既可以享有临时再保险的灵活性，又可以享有合同再保险及时分散风险的优点。但对于再保险人来说则较为不利，因为原保险人可能将业务分给再保险人，也可能不分，使得再保险人业务来源的稳定性差；而且原保险人通常会选择将风险大、质量欠佳的业务分给再保险人，而再保险人却没有对分入的业务进行选择的权利，业务的质量难以控制，因而预约再保险并不受再保险人的欢迎。

预约再保险实际上是合同再保险的一种补充。当有的业务虽然已经列入固定分保合同，但由于合同分保限额不能满足需要，则需将溢额另行安排分保，若采用临时再保险，手续繁琐又难以及时分散风险，而采用合同再保险，业务量又不够，在这种情况下，可以采用预约再保险。

第三节　再保险的组织经营形式

当今国际上经营再保险的组织形式有很多，主要包括以下几种。

(一) 经营直接保险业务的保险公司

经营直接保险业务的保险公司是再保险最早的组织形式，在保险业务经营中，保险人为了进一步分散风险，均衡业务，求得经营的稳定，均须采用再保险。在 19 世纪中期专业再保险公司产生之前，通常都是由直接承保公司兼营再保险的。现在经营直接业务的保险公司更多的是以互惠交换(Reciprocity)的方式进行再保险。它们在再保险市场上既是分出公司，也是接受公司。

(二) 专业再保险公司

专业再保险公司(Professional Reinsurer)自身并不承保直接业务，而是专门接受原保险人分出的业务，有时也将接受的一部分再保险业务进行转分。专业再保险公司的资金雄厚，具有较强的技术能力，信誉好，能够获得保险人的信任，有稳定的业务来源。目前全球约有 200 多家专业再保险公司，主要集中在欧洲一些国家、美国和日本，像德国的慕尼黑再保险公司、瑞士再保险公司等都是世界著名的专业再保险公司。

(三) 再保险集团

再保险集团(Reinsurance Pool)是由同一国家或不同国家的许多家保险公司联合组成的。有全球性的，也有地区性的。如亚非再保险集团、美国核保险集团、英国超额赔款集团等。再保险集团的一般做法是：集团中每一个成员公司将自己承保的业务全部或在扣除自留额后，通过集团在成员公司之间分保，各成员公司按约定的比例接受，也可根据业务性质的不同，逐笔协商接受，共同分担每一公司的分入业务。

(四) 专属保险公司

专属保险公司(Captive Insurance Company)是由大企业、大财团自己设立的保险公司，经营其母公司本系统的直接保险业务，并办理再保险。由于专属保险公司的资金及风险单位的数量有限，无法独立承担母公司巨大的风险，也难以在大范围内有效地分散风险，因此在其经营中必须依赖再保险。

(五) 伦敦劳合社承保人

伦敦劳合社是世界上最大的再保险市场，有水险、非水险、航空险等各类承保人组合。同时伦敦劳合社的承保人也是英国最大的接受再保险的组织，有些承保人可以通过费率左右伦敦再保险的卖方市场。

第四节 再保险合同

再保险合同又称为分保合同，是分出公司和接受公司为实现一定经济目的而订立的一种在法律上具有约束力的协议。它由法律确认并保证实施。在法律关系中，再保险双方的权利与义务具有对价性。

一、再保险合同双方的权利义务

(一) 分出公司的权利与义务

1. 分出公司的权利

分出公司的权利包括：

(1) 全权负责处理有关保险业务的权利。

(2) 有权依照再保险合同的规定向分保接受人要求摊回赔款。

(3) 在比例再保险中，有权要求接受公司支付分保佣金并提存保费准备金和赔款准备金。

(4) 有权在遇到巨额赔款，赔偿责任超过约定金额时，要求接受公司以现金摊赔。

2. 分出公司的义务

分出公司的义务包括：

(1) 如实告知、通知义务。

(2) 按照规定支付再保险费的义务。

(3) 定期编送业务账单、业务报表和赔款通知书的义务。

(4) 在归还保费准备金和赔款准备金时有支付议定利息的义务。

(5) 如有损余收回或在向第三者责任方追回款项时，有按分保比例向接受公司退回的义务。

(二) 接受公司的权利与义务

1. 接受公司的权利

接受公司的权利包括：

(1) 有权按规定向分出公司收取再保险费。

(2) 有权要求分出公司履行分保合同中约定的义务。

(3) 当分出公司不履行法定或约定义务时，有权根据具体情况提出解除或终止分保合同。

(4) 如有损余收回或在向第三者责任方追回款项时，有权要求分出公司按分保比例退回有关款项。

(5) 在必要时有权行使检查的权利。

2. 接受公司的义务

接受公司的义务包括：

(1) 按合同规定向分出公司摊回赔款的义务。

(2) 按合同规定支付分保佣金及盈余佣金的义务。

(3) 按合同规定对保费准备金和赔款准备金提存与管理的履行承认义务。

(4) 对分出公司为维护双方共同利益而支出的合理必要费用有承担义务。

(5) 现金摊赔的义务。

二、再保险合同的主要条款

再保险双方约定的权利和义务，是通过再保险合同的条款体现出来的。再保险合同的条款可以分为共同条款与非共同条款。

(一) 共同条款

再保险合同的种类繁多，合同条款根据不同的再保险方式和业务类别各有差异。不过，有些条款在国际再保险业务中是通用的，这些条款为保险界所熟知，因此不用事先约定，只需在合同中列明。这些条款可以称为再保险合同的共同条款。

1. 共命运条款

共命运(Follow the Fortunes)条款通常表述为："兹特约定凡属于本合同约定之任何事宜，再保险人在其利害关系范围内，与原保险人同一命运"。根据该条款再保险人与原保险人在利益与义务方面共命运。这是由于在再保险业务中，再保险人与原保险人往往属于不同的国家和地区，再保险人难以介入原保险业务，因此将标的审核、费率制定、保费收取以及赔款处理等诸多事宜都授权给原保险人单独处理，而由此产生的一切权利和义务均按再保险双方达成的协议共同分享和分担。不过，由原保险人单方面利益而产生的费用，再保险人就无需与其共命运。此外，共命运是基于再保险合同基础上的保险命运，而不是基于原保险人财务的问题而引起的其自身的商业命运。对于原保险人在财务上出现的困难甚至破产、倒闭，分入公司对分出公司的债务并不承担连带责任。

2. 错误与遗漏条款

再保险合同中普遍订有错误与遗漏(Errors and Omissions)条款，规定原保险人和再保险人缔约双方不能因为一方在工作中发生了错误、遗漏或延迟而推卸其对另一方原应承担的责任。只要发生的错误、遗漏或延迟不是故意过失造成的，就不影响再保险合同的有效性。在实践中，发生错误与遗漏的一般情形包括应纳入分保合同的业务而来办理分出、应予登记而未登记的业务或登记错误、赔款发生后应通知而未通知或未及时通知等。但是，错误、遗漏与疏忽一经发现，分出人应立即采取相应的措施予以纠正。

规定本条款的主要目的在于保护分出公司避免由于偶然的错误和遗漏而导致对其十分不利的后果，同时对分出公司非故意过失或疏忽造成的错误、遗漏或延迟给予弥补的机会，以利于再保险业务的发展。

3. 保护再保险人利益条款

保护再保险人利益条款规定："一切有关本合同的账册、登记本、记录单证和文件，在任何时候均可由接受公司所授权的代表进行检查。"该条款的目的在于保护再保险人的利益。在接受公司对合同的经营发生怀疑或产生争执需要进行查账时，接受公司应先通知分出公司，并承担查账的所有费用。除非在接受公司和分出公司之间因存在分歧，发生争执而提交仲裁，接受公司仅可指派非公司雇佣人员作为代表进行查账。

4. 仲裁条款

仲裁条款(Arbitration Clause)规定再保险合同的仲裁范围、仲裁地点、仲裁机构、仲裁程序和仲裁效力等。如果再保险双方对合同项下的业务发生争执或分歧，当不能友好解决时，则按本条款规定办理。

(二) 非共同条款

与共同条款不同，非共同条款是由合同双方当事人约定，并写进再保险合同中。

1. 执行条款

执行条款(Operative Clause)是用以规定再保险方式、再保险业务种类、地区范围以及责任范围和责任限制的条款。

再保险方式有成数再保险、溢额再保险和超赔再保险之分，后者又可分为险位超赔再保险、事故超赔再保险和赔付率超赔再保险。究竟是采取哪一种再保险方式的分出和分入

业务，在合同中要做出明确规定。

保险业务种类包括火险业务、水险业务、各种责任保险业务、人身保险业务，分出公司与分入公司究竟对哪一种业务进行分出和分入，在合同中也要有明确的规定。

在再保险合同中要明确规定列入再保险合同的业务的地区范围，即这些业务是来自某个国家或地区的业务，还是来自世界各地的业务。明确规定再保险业务的地区范围，有利于分入公司控制自己的责任，避免责任过度累积，保持其财务上的稳定。

对于责任范围，除应规定保险责任外，还要规定除外责任，以进一步明确责任，以免在保险标的发生损失需要分摊赔款时因保险责任范围不清而产生纠纷。

责任限制是指对分出公司和分入公司的责任限制，即在合同中规定每一危险单或每一次事故的自留责任和最高分保责任。这也是在合同中必须明确规定的。

2．佣金条款

佣金条款是比例再保险合同的重要条款。再保险佣金是接受公司根据分保费支付给分出公司的一定费用，用以分担分出公司为招揽业务及经营管理等所产生的费用开支。分保佣金有固定佣金、浮动佣金及纯益佣金。对于分保佣金，再保险双方都很重视。就接受公司而言，佣金支出对分保合同的利润有直接影响；对分出公司而言，各种佣金收入与其收益密切相关，因此再保险的双方当事人应在合同中明确佣金的比例及其计算办法。

3．共同保险条款

共同保险条款是非比例再保险合同的特有条款，设立该条款的目的在于限制分出公司在赔款已经超过合同规定的自负责任额时，由于分出公司不负责任处理赔案而损害接受公司利益的行为。例如，在合同中规定：“分出公司保证和接受公司成为共同再保险人接受人，且所占成分至少为本合同所承保的超赔额的10%。此份额作为分出公司所自留的责任而不分保。”由于分出人对超过合同规定的自负责任额的赔偿责任也承担其中的一部分，因而与接受人有共同的利害关系。这可以促使分出公司在理赔时会采取谨慎的态度。

4．物价指数条款

物价指数条款(Index Clause)，又称为稳定条款(Stability Clause)，是指再保险合同生效时与赔款发生时货币价值往往不同，超赔分保合同中通常附加物价指数条款，规定分出公司的自负额和接受公司的分保额要按赔款支付时的物价指数进行调整，使赔款受币值影响而超出部分，由原保险人和再保险人共同来分担。

5．汇率变动条款

再保险的国际性决定了分保业务往往涉及多种货币，这就给超赔分保的责任计算带来了很多不便。为了使合同的责任限额保持在较为稳定的水平，减少货币兑换的风险，超赔分保合同一般都有汇率变动条款(Exchange Rate Fluctuation Clause)，规定不同货币要折成合同中所规定使用的货币。

6．除外责任条款

除外责任条款(Exclusion Clause)主要载明再保险合同不保的危险和责任。除外责任条款因国家、地区、业务种类及分保方式的不同而有所差异，但大多数再保险合同包括的除外责任有：① 战争、类似战争行为、敌对行为、武装冲突、罢工、暴动和民变等引起的损

失；② 直接或间接由于核反应、核辐射和放射性污染引起的损失；③ 政府当局的没收、征用等命令造成的损失；④ 被保险人及其代表的故意行为及重大过失引起的损失。

7. 赔款条款

规定原保险人处理赔款的权利和赔款发生后及时通知再保险人的义务。如果发生巨额赔款，原保险人可向再保险人请求现金摊赔(Cash Call)。

对于一切赔案分出人必须按照原保单条款的规定处理。接受人只对分出人负有法律责任的赔款进行摊付。除非事先征得接受人的同意，分出人不按原保单条款的规定通融处理的赔案，接受人有权拒付赔款。近些年国际保险市场上对通融赔款的处理都十分谨慎，一般都要求事先征得再保险人的同意，才可以做通融赔付处理。

8. 账务条款

账务条款规定关于账单的编制、寄送及账务结算事宜。分出公司应在每季度结束后的 60 天内编制业务账单寄送接受人。接受人在收到账单后应予证实，如在 15 天不予证实，即视为证实。账单按原币编制并按原币结算。

账务条款虽然规定由分出人编制业务账单送交接受人，但实际上分出人通常是向经纪人提供保费、赔款等资料，由经纪人编制业务账单送交接受人。为简化手续，有的合同规定每半年期编送一次账单。

业务账单有两个作用：一是向接受人提供有关合同项下的保费、赔款等金额以便进行统计和核算业务的经营结果；二是为分出人与接受人之间的账务结算提供依据。

9. 保险费条款

保险费条款(Premium Clause)详细说明计算再保险费的基础和方法，包括再保险人需要支付给保险人的税款及其他费用。

10. 期限条款款

比例再保险与非比例再保险合同都有期限条款，但规定略有不同。比例再保险合同一般是只有起期日，而不订明期限，合同具有长期性。任何一方有意终止再保险合同，则必须在年终前三个月向对方发出注销通知，经对方证实后终止。在非比例再保险合同中，由于超赔分保接受人不愿意承诺长期的责任，因此通常规定合同的期限为一年。但险位超赔合同也有不订明合同期限的，任何一方不发出注销通知，合同连续有效。

重要概念

再保险　自留额　分保额　分保佣金　危险单位　线数　成数分保　溢额分保
超赔分保　临时分保　预约分保　合同分保　比例再保险　非比例再保险
再保险合同　现金摊赔　专业再保险公司　专属保险公司　再保险集团

思 考 题

1. 简述原保险与再保险之间的关系。

2. 再保险有何基本职能与作用？
3. 在溢额分保各保险人如何分配双方的责任？
4. 在事故超赔分保合同中，原保险人与再保险人如何分配责任？
5. 在赔付率超赔分保合同中，原保险人与再保险人如何分配责任？
6. 阐述再保险合同中双方的权利与义务。
7. 简述再保险的组织经营形式。
8. 如何理解再保险合同中的共命运条款。

第十二章　保险投资

第一节　保险投资运用的概述

保险投资主要是指保险资金的运用。投资业务是保险企业经营的重要组成部分，已经成为现代保险公司生存和发展的重要手段。一方面，保险投资业务的发展，将扩大保险公司的盈利、增加保险公司偿付能力和促进经营的稳定性；另一方面，保险公司投资收入的增加，将使保险公司有能力降低保险费率，减轻被保险人的负担，提高保险公司的竞争能力。

一、保险投资的必要性及原则

保险投资是指保险企业在组织经济补偿过程中，将积聚的各种保险资金加以运用，使资金增值的活动。

保险企业可运用的保险资金是由资本金、公积金、未分配利润及各项准备金和其他可积聚的资金组成。运用暂时闲置的大量准备金是保险资金运用的重要一环。保险投资能增加收入、增强赔付能力，使保险资金进入良性循环。

(一) 保险投资的必要性

1．保险投资最根本的原因是由资金(资本)本身属性决定的

资本只有在运动中才能增值。保险企业将暂时闲置的资金加以运用，以增加利润，这是资本自身的内在要求。

2．保险投资是由保险业务自身性质决定的

保险基金用于未来的补偿和给付，是货币形态的。在商品经济条件下，存在着通货膨胀问题。如果保险基金不能正常运用，不仅无法取得收益，连保值都难以保证，势必影响保险经济补偿职能的实施。

3．保险投资是市场竞争的必然结果

保险市场竞争日益激烈，已呈现出承保能力过剩、承保利润下降的态势。保险人必须重视保险资金运用，追求投资效益。对于投资利润的获得，一方面可以扭转承保利润下降的趋势，保持和提高企业盈利水平；另一方面可以为降低保费提供空间，增强保险企业的竞争实力。

(二) 保险投资的原则

保险投资原则是保险投资的依据。早在1862年，英国经济学家贝利(A.A.Bailey)就提

出了寿险业投资的五大原则，即安全性、最高的实际收益率、一部分资金投资于能迅速变现的证券、另一部分资金可投资于不能迅速变现的证券、投资应有利于寿险事业的发展。

随着资本主义经济发展，金融工具的多样化，以及保险业竞争的加剧，保险投资面临的风险性、收益性也逐步提高，投资方式的选择范围也更加广阔。1948 年，英国精算师佩格勒(J.B.Pegler)修正了贝利的观点，提出寿险投资的四大原则：获得最高预期收益、投资应尽量分散、投资结构多样化、投资应经济效益和社会效益并重。

目前理论界一般认为保险投资有四大原则：安全性、收益性、流动性及分散性原则。

1．安全性原则

保险企业可运用的资金，除资本金外，主要是各种保险准备金，它们是资产负债表上的负债项目，是保险信用的承担者。因此，保险投资应以安全为第一条件。安全性，意味着资金能如期收回，利润或利息能如数收回。为保证资金运用的安全，必须选择安全性较高的项目。

2．收益性原则

保险投资的目的，是为了提高自身的经济效益，使投资收入成为保险企业收入的重要来源，增强赔付能力，降低费率和扩大业务。但在投资中，收益与风险是同增的，收益率高，风险也大，这就要求保险投资，把风险限制在一定程度内，实现收益最大化。

3．流动性原则

用于赔偿给付的保险资金，受偶然规律支配。因此，保险投资在不损失价值的前提下，应具有较强的投资变现能力，应付支付赔款或给付保险金的要求。保险投资要根据不同险种特点，设计多种资产组合方式，寻求多种渠道，按适当比例投资，进行最佳资产配置。如人寿保险一般是长期合同，保险金额给付也较固定，对流动性要求可低一些。国外人寿保险资金投资的相当部分是长期的不动产抵押贷款。财产险和责任险一般是短期的，理赔迅速，赔付率变动大，应特别强调流动性原则。国外财产和责任保险资金投资的相当部分是商业票据、短期债券等。

4．分散性原则

为了更好地体现保险投资原则，保证投资资产的流动性，分散性原则也是必要的。分散性原则要求保险企业在投资中，注意投资项目的分散、投资地区的分散、投资行业的分散等。分散性原则本身也是投资组合管理理论在保险投资实践中具体的体现。

二、保险投资的组织模式

保险投资组织结构为保险投资提供组织保障，也就是说，一定的保险投资模式只有建立与之相适应的投资组织结构，才能提高投资效益。保险投资的模式主要包括集权投资模式、分散投资模式、分权投资模式三种。

(一) 集权投资模式

集权投资模式是与投资决策高度集中相对应的，即统一决策，集中交易。这种投资模式的特点在于投资主体单一，决策机制简单迅速，易于统一管理。但投资决策权的过度集中，使得决策风险增大。集权投资模式适用于投资品种较少、投资规模不大的市场。与集权投资模式相对应的组织结构是"直线式"的简单组织结构。我国现阶段保险投资一般都是采取这种组织结构。

(二) 分散投资模式

分散投资模式是与集权投资模式相对立的一种模式，投资的决策权完全由各个职能部门负责行使，即各个职能部门根据市场的情况自行决定投资工具和投资数量。这种模式的优点在于能避免决策权过度集中所带来的决策风险。但是，过度分散的决策和投资增加了管理上的难度。与这种模式相对应的组织结构是扁平式的结构框架。

(三) 分权投资模式

分权投资模式是一种介于集权投资模式和分散投资模式之间的一种投资方式。日常性的投资决策由各个职能部门行使，资金管理的总部负责在各个职能部门之间的协调管理，并仅对一些重大项目进行投资决策。这种模式的投资主体是多元化的，即形成了总部与职能部门两个层次的投资决策主体。与这种模式相对应的组织结构为事业部制或超事业部制的组织结构。

保险公司的资金规模不同、管理资金的能力不同，所处经济环境、法律环境各不相同，这就决定了各保险公司必须根据自身的情况选择适合自己的投资模式，进行投资活动。

三、保险投资管理的含义与目标

(一) 保险投资管理的含义

保险投资的管理是指各保险企业在运用保险资金的过程中，通过对投资活动进行分析、衡量，有效地安排投资的方向及比例，监测控制投资风险，在保证安全性的前提下，用最低的投资成本获得最大收益的管理过程。

(二) 投资管理的总目标

1. 防范处理风险，保证投资资产的质量

保险企业负债经营的性质决定了保险企业投资必须遵循审慎稳健的原则，要确保投资资产的增值保值。此外，保险公司投资收益水平不仅关系到保险企业自身，还涉及保险企业的经济补偿能否实现。因此，保险企业必须加强投资管理，检查管理企业投资工作，关注投资风险动态，保证投资质量。

2. 获取投资利益

保险企业作为自负盈亏、自主经营的企业，要求实现经济效益，获得盈利。投资和承保是当代保险企业获得经营利润的两个来源。在保证安全性的前提下，加强投资管理，可以通过资本市场分散经营风险，获得投资盈利。

(三) 保险投资管理的指标

1. 资金运用率

资金运用率公式可表示为

$$资金运用率=\frac{资金运用总额}{应运用资金总额}\times 100\%$$

应运用资金总额是指保险公司各项准备金和保户储金；资金运用率主要评价保险公司是否将应运用的保险资金全部进行运用，有无占用应运用资金进行固定资产投资等行为，通常情况下，该指标值应大于100%。

2. 单类资金运用的指标

单类资金运用的指标的公式可分别表示为

$$单类资金运用率=\frac{单类资金运用金额}{资产总额}\times 100\%$$

$$单类资金运用变化率=本期单类资金运用率-上期单类资金运用率$$

以上这两个指标主要用于监测保险公司是否按国家法律法规限定的保险投资项目运用保险资金以及各资金运用项目在总资金运用中的比重，监控资金运用风险不至于过分集中。

3. 资金运用收益率

资金运用收益率公式可表示为

$$资金运用收益率=\frac{资金运用净收益}{\dfrac{年初资金运用余额+年底资金运用余额-长期债券应计利息}{2}}\times 100\%$$

资金运用收益率主要用于评价保险投资的效益状况。财险公司的这一指标范围一般在3%～10%。寿险公司指标范围一般为4%～12%。

4. 资金运用收益的指标

资金运用收益的指标的公式可分别表示为

$$资金运用收益充足率=\frac{资金运用净收益}{预定资金运用收益}\times 100\%$$

$$预定资金运用收益=\frac{(年初责任备金+年末责任准备金)}{2}\times 各险种预定利率加权平均数$$

以上这两个指标主要用于评价寿险公司寿险资金运用实际收益与预期最低收益的比较状况。在正常情况下，该指标应大于100%，表示实际的投资收益大于预定的投资收益；如果其小于100%，则意味着保险公司将产生利差损，必须引起警惕。

5. 投资收益率

投资收益率公式可表示为

$$投资收益率=\frac{净投资收益}{保费}$$

净投资收益是指投资收益减去与投资有关的费用。投资收益率反映保险公司投资活动的实绩。

四、保险投资的资金来源

从我国的保险法律法规来看，保险公司可以自由运用的资金主要有以下几种。

1. 权益资产

权益资产是指资本金、公积金、公益金和未分配利润等保险公司的自有资金，其具体定义分别如下：

(1) 资本金。根据《中华人民共和国公司法》的规定，资本金是指在公司登记机关登记的全体股东实缴的出资额。它是投资人作为资本投入到企业中的各种资产的价值，又称为注册资本。资本金按照投资主体可分为国家资本金、法人资本金、个人资本金及外商资本金。

(2) 公积金。公积金包含资本公积金和盈余公积金。资本公积金是在公司的生产经营之外，由资本、资产本身及其他原因形成的股东权益收入。股份公司的资本公积金，主要来源于股票发行的溢价收入、接受的赠与、资产增值、因合并而接受其他公司资产净额等。其中，股票发行溢价是上市公司最常见、最主要的资本公积金来源。

(3) 盈余公积金是指企业按照规定从税后利润中提取的积累资金。盈余公积按其用途，可分为法定盈余公积和公益金。

(4) 未分配利润是企业未进行分配的利润。它在以后年度可继续进行分配，在未进行分配之前，属于所有者权益的组成部分。从数量上来看，未分配利润是期初未分配利润加上本期实现的净利润，减去提取的各种盈余公积和分出的利润后的余额。

未分配利润包含两层含义：一是留待以后年度处理的利润；二是未指明特定用途的利润。相对于所有者权益的其他部分来说，企业对于未分配利润的使用有较大的自主权。

2．保险准备金

保险准备金是指保险人为保证其如约履行保险赔偿或给付义务，根据政府有关法律规定或业务特定需要，从保费收入或盈余中提取的与其所承担的保险责任相对应的一定数量的基金。为了保证保险公司的正常经营，保护被保险人的利益，各国一般都以保险立法的形式规定保险公司应提存保险准备金，以确保保险公司具备与其保险业务规模相应的偿付能力。保险准备金包含以下三个方面：

(1) 未到期责任准备金。它是指在会计年度决算时，对未到期保险单提存的一种准备金制度。之所以规定这种资金准备，是因为保险业务年度与会计年度是不一致的。例如，投保人于 2011 年 10 月 1 日缴付一年的保险费，其中的 3 个月属于 2011 年会计年度，其余的 9 个月属于下一个会计年度。这一保险单在下一会计年度的前 9 个月是继续有效的。因此，要在当年收入的保险费中提存相应的部分作为下一年度的保险费收入，作为对该保险单的赔付资金来源。按照我国保险精算的规定：会计年度末未到期责任准备金按照本会计年度自留毛保费的 50%提取。未到期责任准备金应在会计年度决算时一次计算提取，提取的计算方法有年平均估算法、季平均估算法和月平均估算法。

(2) 未决赔款准备金。它又称为赔款准备金，是指在会计年度决算以前发生保险事故但尚未决定赔付或应付而未付的赔款，而从当年的保险费收入中提存的准备金。它是保险人在会计年度决算时，为该会计年度已发生保险事故应付而未付赔款所提存的一种资金准备。之所以提取未决赔款准备金，是因为赔案的发生、报案、结案之间存在着时间延迟，有时该时间延迟会长达几年。按照权责发生制和成本与收入配比的原则，保险公司必须预先估计各会计期间已发生赔案的情况，并提取未决赔款准备金。未决赔款准备金包括已发生已报案赔款准备金，已发生未报案赔款准备金和理赔费用准备金。

(3) 再保险准备金。再保险准备金实际上就是保证金。分出公司为备付再保险接受人在再保险合同下应负责的赔款，从应付的再保险费中扣存的一项基金，称为再保险准备金。

3．保险保障基金

保险保障基金是指保险机构为了有足够的能力应付可能发生的巨额赔款，从年终结余中专门提存的后备基金。保险保障基金与未到期责任准备金及未决赔款准备金不同。未到期责任准备金和未决赔款准备金是保险机构的负债，用于正常情况下的赔款，而保险保障基金则属于保险组织的资本，主要是应付巨大灾害事故的特大赔款，只有在当年业务收入和其他准备金不足以赔付时方能运用。为了保障被保险人的利益，支持保险公司稳健经营，保险公司应当从本公司当年保费收入中提取1%作为保险保障基金。该项基金提取金额达到保险公司总资产的10%时可停止提取。保险保障基金应单独提取，专户存储于中国人民银行或中国人民银行指定的商业银行。保险保障基金应当集中管理，统筹使用。

4．其他资金

在保险公司的经营过程中，还存在其他用于投资的资金来源，如结算中形成的短期负债，这些资金虽然数额不大，而且需要在短期内归还，却可以作为一种补充的资金来源。

第二节　保险投资的方式

从理论上说，保险资金运用可以选择资本市场上的任何投资工具。但纵观世界各国保险公司的投资情况，它们选择的往往是那些收益性、风险水平及流动性与公司经营战略、产品特色相适应的投资工具，并受到各国保险法律法规的制约和资本市场发达程度的影响，其投资形式虽然多种多样，但主要包括债券、股票、基金、不动产、贷款、银行存款等几种方式。

一、债券

债券的利率固定，利息支付与发行主体的业绩无直接关系，有些发行者还建立了偿债基金，收益有保证，债券的市场价格较稳定，而且债券还是一种流动性较强的证券，证券市场越发达，债券的流动性也越强，因此，长期以来购买债券一直是保险资金运用的主要方式。保险资金一般都有一定比例用于购买政府债券、金融债券和公司债券。在这三种债券中，政府债券信用度高，风险几乎为零，而且利息可享受免税优惠，但收益率相对较低，在资产组合中的地位不如其他高收益的公司债券，而在对保险资金运用流动性需求日益增加的今天，政府债券占某些国家保险公司资产组合的比例出现了上升的势头；金融债券的信用度也较高，收益率比政府债券还要高一些，但不能要求提前偿还，可以进入市场流通；公司债券的票面利率更高，可以流通转让，其风险比政府债券和金融债券高，存在信用风险，投资者对这些债券不可能拥有完全的信息，只能通过评级判断其信用程度。

从保险公司债券投资的实践来看，它拥有比股票更好的自由流动性和收益安全性，因此债券的行情时刻反映着整个投资市场的全貌。以美国为例，其寿险公司以往对债券的投资一直占总投资的30%～35%，后来虽然不断下降，但依然是仅次于股票的投资渠道，1997年美国寿险公司投资于债券的金额占总投资额的17.4%。由此可见，债券投资是保险公司有价证券投资的主体项目。

二、股票

股票是股份有限公司公开发行的用以证明投资者股东身份和权益，并借以获得股息和红利的凭证。股票是投资人对发行公司“所有权”的反映，它与债券不同，是一种浮动收益的投资工具，股息的多少与发行公司的经营状况、股利政策密切相关。股票有较好的流动性，只能转让，不能退股，虽然预期收益率可能高于债券，但投资风险比较高。股票通常分为普通股和优先股两种：普通股是指每一股份对公司财产都拥有平等权益并能随股份有限公司利润的多少而分取相应股息的股票，没有固定的股息，持有人有权参与公司的经营决策，并可能获得丰厚的股息回报，但因其收益随发行公司的经营状况而变化以及二级市场上影响因素多且价格波动大，存在巨大的市场风险；优先股是指在分配公司收益和剩余资产方面比普通股具有优先权的股票，其特色在于发行时即已约定了固定的股息率且不受公司经营状况和盈利水平的影响，同时可以优先分派股息和清偿剩余资产，但不能分享超过固定股息率的收益增长份额，表决权亦会受到一定限制。对投资者而言，优先股的意义在于投资收益有保障，收益率一般会高于公司债券及其他债券的收益率。

保险公司进行股票投资的优点在于可转让，方式灵活，能够享有股东所具有的盈余分配权、剩余财产分配请求权、新股认购权、表决权等多项权利，能够获得较高的投资收益。股票投资的缺点在于股票价格的变动往往难以准确预测，风险较高，安全性低于其他有价证券。因此，保险资金投资股票要谨慎，应着眼长线，不宜短线追求暴利。为控制风险，一般各国对保险公司进行股票投资的比例都有所限制，有的国家甚至禁止寿险公司投资于股票。不过，国外保险公司对股票投资的重视程度一直在持续增强，股票投资占西方国家保险资金运用的比例也在不断增加。

三、基金

广义的投资基金即投资组织称为投资公司，是通过发售基金份额，汇集众多分散投资者的资金形成独立的基金财产，委托投资专家(如基金管理人)，由投资管理专家按其投资策略统一进行投资管理，并由托管人托管，为众多投资者谋利的投资组织。狭义的投资基金是一种利益共享、风险共担的集合投资方式，是一种间接的投资工具。投资基金集合大众资金，以资产组合方式进行投资，基金份额持有人按其所持份额享受收益和承担风险。根据投资对象可以将基金划分为直接股权投资基金(在我国称为产业投资基金、产业基金)和证券投资基金。产业投资基金是一种向特定投资者(通常是机构投资者)筹集资金，主要对未上市企业进行股权投资的集合投资方式；证券投资基金即专门投资于可流通证券的基金，其投资对象既可以是资本市场上的上市股票和债券，也可以是货币市场上的短期票据、金融期货、黄金、期权交易等。保险投资的主要对象是证券投资基金。

与债券、股票两种直接投资方式相比，保险公司购买证券投资基金实际上是一种委托投资行为，即通过购买专门投资管理公司的基金完成投资行为，基金管理公司负责资金的运营，保险公司凭借所购基金份额分享证券投资基金的投资收益，同时承担证券投资基金的投资风险。股票、债券与证券投资基金并称为有价证券市场上的三大品种，但它们所反映的关系是有区别的，由此带来的收益和风险亦有所不同。例如，股票反映的是一种产权

关系，其收益取决于多种因素的影响，投资收益是不固定的，风险性较大；债券反映的是债权人与债务人之间的借贷关系，双方通常事先确定利率，债务人到期必须还本付息，债权人的收益是固定的；证券投资基金反映的是一种信托关系，除公司型基金外，购买基金券并不是取得所购基金券发行公司的经营权，也不参加证券的发行、销售工作，只是分享基金公司的投资收益或分担其投资风险，同时还可以通过赎买方式抽回基金，故证券投资基金的投资风险要小于股票大于债券，其收益一般也大于债券投资。

四、不动产

不动产投资又称为房地产投资，是保险公司投资购买土地、房产，并从中获取收益的投资形式。保险业对不动产的投资大体包括两类：一类是保险公司因自身经营所需取得的不动产，包括办公楼及附属建筑；另一类是为了取得投资收益而投资的不动产，如投资于可改良或开发的地产，从事与正常营业无关的商业性房地产买卖等。这种投资的优点是保值程度高，其价值一般都是看涨的，往往成为抵御通胀的手段之一。不动产投资还具有长期性特点，对于寿险公司的长期资金运用比较适合，只要投资项目选择准确，便可获得长期、稳定的较高收益回报。但不动产投资流动性弱，单项投资占用资金较大，且因投资期限长，还存在着难以预知的潜在风险。因此，各国保险法规对保险人的不动产投资，尤其是纯粹为收益而进行的不动产投资往往加以严格限制，主要目的是使保险资产保持一定的流动性。

保险公司的不动产投资在19世纪中叶的欧洲已经出现，其在日本寿险公司资金运用中曾起到过非常重要的作用。进入21世纪以来，该投资方式开始为其他国家的保险公司所重视，如英国保险业投资于不动产的资金占其总资产的20%左右，美国不动产投资占保险业总资产的5%～15%。可见，不动产投资也是保险公司投资的主要项目之一。

五、贷款

贷款是指保险公司作为信用机构，以一定的利率和必须归还等为条件，直接将保险资金提供给需要者的一种放款或信用活动。保险公司进行贷款可以获得利息收入，可以和借款者建立稳定良好的客户关系，促进保险业务的开展。通过与借款者协商贷款利率、期限等还可以实现资产和负债的匹配。另外，还可以提高保险企业的知名度，树立良好的企业形象。保险公司的贷款可以分为信用贷款和抵押贷款两种形式，信用贷款的风险主要是信用风险和道德风险，而抵押贷款的主要风险是抵押物贬值或不易变现的风险。贷款的收益率则取决于市场利率水平。在20世纪70年代，贷款曾是日本保险投资最主要的方式，1975年日本保险企业贷款占总资产的比例是70%，到1984年以前，贷款占总资产的比例一直在50%以上。但随着证券市场的发展和完善，债券、股票大量发行，贷款投资的比例不断下降，有价证券逐渐成为保险投资的主要方式。

六、银行存款

银行存款是指保险公司将暂时闲置的资金存放于银行等金融机构并获得利息收入的保险资金运用方式，这是最简单的投资方式。这种方式安全性好，流动性强，能满足保险公

司保险金支付的需求，但其收益率低，不能满足保险资金保值增值的要求。因此，一般除了作为根据现金流量测算确定的日常支付所需外，不应该将太多的资金存在银行。世界上许多国家的保险公司并不把银行存款看成是保险投资的一种方式。

第三节　中国保险投资的发展历程

自从 1980 年中国国内保险业务恢复以来，保险投资发展大致可分为四个阶段。

一、初步发展阶段

初步发展阶段是从 1980 年到 1987 年。在这一阶段国家对保险公司的投资实行较严格的管理。1980 年到 1984 年，保险资金全部存入银行。1984 年国务院批准从保险公司收取的保费中，扣除赔额、赔款准备金、费用开支和缴纳税金后，余下的部分可自己运用，但国家对投资规模采取的是计划控制的方法，对投资的方式也作了严格的限制。1986 年中国人民保险公司的资金运用被限定为投资地方自筹的固定资产项目。1987 年批准试办流动资产贷款和购买金融债券。这一阶段的资金运用率和投资收益率都较低。

二、无序投资阶段

无序投资阶段是从 1988 年到 1995 年。由于保险业可用资金规模迅速增加，保险业竞争加强，加上国家对保险资金运用的政策法规不够健全，为防范通货膨胀风险、提高保险资金运营效率，各保险公司的资金运用异常活跃，房地产、有价证券、信托甚至借贷等投资无所不及，违规运用保险资金现象严重，如“以贷促保”，形成大量不良资产。

三、逐步规范阶段

逐步规范阶段是从 1995 年到 2004 年。1995 年我国颁布了《中华人民共和国保险法》(以下简称《保险法》)，对保险资金运用做了严格的规定，只允许用于在银行存款、买卖政府债券、金融债券和国务院规定的其他资金运用形式，并禁止用于设立证券经营机构和向企业投资。据此规定，保险公司的资金大多投资于银行存款。随着银行连续降息，保险公司的收益率下降，并出现利差损风险。业内人士呼吁要拓宽保险公司的投资渠道。1998 年国务院批准，保险公司可在中国保监会申请、国务院批复的额度内购买信用评级在 AA+ 以上的中央企业债券，并可在沪深两家证券交易所交易此类上市债券。保险公司可进入银行间债券市场办理国债回购业务。1999 年 10 月 27 日，国务院批准保险公司可以购买证券基金，间接进入股票二级市场，保险公司可在二级市场上买卖已上市的证券投资基金和在一级市场上配售新发行的证券投资基金。投资比例为公司资产的 5%。2000 年 3 月 6 日，中国保监会批准平安保险等五家保险公司将证券投资基金的比例提高到 10%；2000 年 6 月，中国保监会批准太平洋保险公司证券投资基金比例提高到 15%。2001 年 3 月，中国保监会批复平安保险等三家寿险公司的投资连结保险占证券投资基金的比例从 30%放宽到 100%。2002 年 10 月修订的《保险法》对保险投资做了新的规定：“保险公司的资金不得用于设立证券经营机构，不得用于设立保险业以外的企业。”虽然新的《保险法》并没有赋予保险公

司直接投资股票的权利，但修改了原《保险法》中的禁止性条款，为国务院适时出台保险资金投资于股票等资本市场工具的政策扫除了部分法律障碍。

四、全面创新阶段

全面创新阶段始于2004年。2004年7月31日，中国保监会发布通知，允许保险公司投资可转债，可转债投资规模计入企业债券投资余额内，合计不得超过该保险公司上月总资产的20%。

2004年10月24日，中国保监会联合中国证监会正式发布了《保险机构投资者股票投资管理暂行办法》(以下简称《办法》)。该《办法》允许保险机构投资者在严格监管的前提下直接投资股票市场，参与一级市场和二级市场交易，买卖人民币普通股票、可转换公司债券及中国保监会规定的其他投资品种。同时规定，保险机构投资者不得投资下列类型的人民币普通股票：

(1) 被交易所实行“特别处理”、“警示存在终止上市风险的特别处理”或者已终止上市的。

(2) 其价格在过去12个月中涨幅超过100%的。

(3) 存在被人为操纵嫌疑的。

(4) 其上市公司最近一个年度内财务报表被会计师事务所出具拒绝表示意见或者保留意见的。

(5) 其上市公司已披露业绩大幅下滑、严重亏损或者未来将出现严重亏损的。

(6) 其上市公司已披露正在接受监管部门调查或者最近一年内受到监管部门严重处罚的。

(7) 中国保监会规定的其他类型股票。

根据该《办法》，保险机构投资者持有一家上市公司的股票不得达到该上市公司人民币普通股票的30%。保险机构投资者投资股票的具体比例，由中国保监会另行规定。保险机构投资者为投资连结保险设立的投资账户，投资股票的比例可以为100%。保险机构投资者为万能寿险设立的投资账户，投资股票的比例不得超过80%。

2005年2月15日，中国保监会同中国证监会下发了《关于保险机构投资者股票投资交易有关问题的通知》及《保险机构投资者股票投资登记结算业务指南》，明确了保险资金直接投资股票市场涉及的证券账户、交易席位、资金结算、投资比例等问题。

2005年2月17日，中国保监会联合中国银监会下发了《保险公司股票资产托管指引(试行)》和《关于保险资金股票投资有关问题的通知》，明确了保险资金直接投资股市涉及的资产托管、投资比例、风险监控等问题。自此，我国保险资金进入包括股市在内的整个证券市场，已无法律障碍，其余的只是技术操作问题与风险规避问题。

2005年9月，中国保监会颁布了《保险外汇资金境外运用管理暂行办法实施细则》(以下简称《细则》)，这标志着保险外汇资金境外运用进入实质性操作阶段。该《细则》规定，保险外汇资金投资境外股票，只限于中国企业在纽约、伦敦、法兰克福、东京、新加坡和中国香港证券交易所上市的股票；投资这类股票可采用一级市场申购和二级市场交易方式。一级市场申购包括配售、定向配售和以战略投资者身份参与配售等。同时在投资比例上，该《细则》规定，保险公司外汇资金投资中国企业在境外发行股票的总额，按照成本价格

计算最高可达到国家外汇管理局核准投资付汇额度的10%，投资单一股票最高可达该股票发行总额的5%。另外，该《细则》还首次将结构性存款、住房抵押贷款证券(MBS)、货币市场基金等成熟投资品种纳入保险外汇资金投资范围，并对这些品种的信用等级和投资比例进行了规定。结构性存款的比例最高可达投资付汇额度的5%；住房抵押贷款债券的比例最高可达投资付汇额度的20%。此前出台的《保险外汇资金境外运用管理暂行办法》规定，保险外汇资金主要投资于银行存款；国际公认评级机构评定的信用级别在A级或者相当于A级以上的外国政府债券、国际金融组织债券、公司债券；中国政府和企业在境外发行的债券；信用级别在AAA级(含)以上的银行票据、大额可转让存单等货币市场产品。保险外汇资金境外运用的可投资总额不得超过该保险公司上年末外汇资金余额的80%。

2006年1月，保险业间接投资基础设施和渤海产业投资基金已获国务院批准。保险资金未来可以通过物权、产权、股权三种方式投资基础设施建设。相关试点管理办法除了规定投资重点、投资比例、投资方式、操作流程外，还将建立严格有效的风险控制机制。

2006年6月，国务院发布了《关于保险业改革发展的若干意见》(以下简称《意见》)，对中国保险业改革发展做了全面规划。该《意见》明确表示，在风险可控的前提下，鼓励保险资金直接或间接投资资本市场，逐步提高投资比例，稳步扩大保险资金投资资产证券化产品的规模和品种，开展保险资金投资不动产和创业投资企业试点。支持保险资金参股商业银行。支持保险资金境外投资。根据需要不断拓宽保险资金运用的渠道和范围，为国民经济建设提供资金支持。

2007年7月，中国保监会会同中国人民银行、国家外汇管理局正式发布了《保险资金境外投资管理暂行办法》，允许保险公司运用总资产15%的资金投资境外，并将境外投资范围从固定收益类拓宽到股票、股权等权益类产品，支持保险机构自主配置、提高收益，抵御人民币升值风险，标志保险资产管理步入新的发展阶段。

2008年12月，国务院办公厅发布了《国务院办公厅关于当前金融促进经济发展的若干意见》(以下简称“金融30条”)，以落实国务院关于进一步扩大内需、促进经济增长的十项措施，加大金融支持力度，促进经济平稳较快发展。在保险方面，“金融30条”提出“发挥保险保障和融资功能，促进经济社会稳定运行”。在“金融30条”涉及保险业的细化措施中，除了积极发展“三农”保险，稳步发展与住房、汽车消费等相关的保险，积极发展个人、团体养老等保险业务，鼓励和支持有条件企业通过商业保险建立多层次养老保障计划外，还包括鼓励保险公司购买国债、金融债、企业债和公司债；引导保险公司以债权等方式投资交通、通信、能源等基础设施项目和农村基础设施项目。

2009年10月修订的《保险法》，对原有资金运用的禁止性规定做了修改。第一百零六条第二款规定：“保险公司的资金运用限于下列形式：(一)银行存款；(二)买卖债券、股票、证券投资基金份额等有价证券；(三)投资不动产；(四)国务院规定的其他资金运用形式。”

根据《保险法》第一百零六条的规定，2010年8月，中国保监会颁布了《保险资金运用管理暂行办法》(以下简称《办法》)。该《办法》依据修订后的《保险法》规定，系统总结了多年来保险资金运用改革发展的成果，吸收了现行有关规定，明确了保险资金运用的原则、目的、运作模式、风险管控和监督管理。该《办法》共六章70条，主要内容包括四个方面：一是深化保险资金运用改革。确立了委托人、受托人和托管人三方协作制衡的

保险资金运用管理模式，确定了三方的基本职责和法律关系，构建了决策、执行、监督有效分离的风控机制，明确了董事会和经营管理层的各自职责，推动保险机构完善公司治理，严格落实责任主体；二是细化保险资金投资渠道。依据修订后的《保险法》有关规定，允许保险资金投资无担保债、不动产、未上市股权等新的投资领域，整合并简化了保险资金投资比例，进一步扩大了保险资产配置的弹性和空间，有利于改善保险资产负债匹配状况，促进保险资金投资收益增长，支持保险市场稳健持续发展；三是确立保险资金运用托管制度。规定保险投资性资产实施第三方托管，确定托管资产的独立地位，充分发挥第三方监督作用，提高资金运作的规范度和透明度，进一步降低操作风险，防范道德风险，提升监管质量和效能；四是规范运用风险管理工具。严格限制保险资金参与衍生品交易，强化保险资金运用风险管控，《办法》规定了衍生产品交易，仅限于对冲风险，不得用于投机和放大交易，具体办法由中国保监会制定。

2010 年 9 月，中国保监会颁布了《保险资金投资股权暂行办法》和《保险资金投资不动产暂行办法》，允许保险资金投资未上市企业股权和不动产，并对投资主体、资质条件、投资方式、投资标的、投资规范、风险控制和监督管理等事项，进行了全面和系统的规定。这两个办法的主要内容有以下四个方面：

(1) 明确投资主体。要求保险公司作为投资主体，应当在公司治理、内部控制、风险管理、资产托管、专业团队、偿付能力、财务指标等方面达到监管标准，体现了从严管理和能力优先的原则。为防范交易对手风险，办法对涉及的投资管理机构和中介服务机构的资质做了明确规定。

(2) 界定投资标的。明确保险资金只能投资处于成长期或成熟期的企业股权，不能投资创业风险投资基金，不能投资高污染、高耗能等不符合国家政策和技术含量较低、现金回报较差的企业股权；规定保险资金投资的不动产，应当是产权合法清晰、管理权属相对集中、能够满足投资回报的不动产，不能投资商业住宅，不能直接参与房地产开发，不能投资设立房地产企业。

(3) 规定投资方式。允许保险公司直接投资企业股权和不动产，但对投资团队、偿付能力、财务指标、净资产规模等提出了较高的资质要求；支持保险公司借助投资管理机构的特长和优势，通过间接投资方式，实现股权和不动产投资目标，防范道德风险和操作风险。

(4) 健全风险控制机制。针对股权和不动产的投资特点及风险特征，这两个办法对风险控制做了系统性安排，要求保险机构完善决策制度，建立风险控制机制，规范操作程序，加强后续管理，持续监控风险，制订应急预案，防范操作风险和管理风险。这两个办法还明确了投资比例、退出机制、信息披露等事项，规定监管机构可以通过能力评估、监管检查、违规处罚、责任追究等方式，加强投资运作监管，防范系统性风险。

从保险投资的收益率看，我国保险资金投资收益率并不理想，2005 年之前均在 5%以下。在 2005 年保险资金获准直接入市后，投资收益率有所提高，但波动率也随之增大。2007 年，在股市的“牛市”行情中虽然达到了 12.2%的历史最高水平，可到 2008 年股市转为“熊市”之后，投资收益率陡降。近几年收益率一直在 4%～6%徘徊，2011 年更是跌至 3.5%的低谷，低于当年 5.4%的 CPI 涨幅。由此可见，在保险投资政策大大放松，保险投资渠道不断拓展的背景下，保险公司加强保险投资研究，加强资产配置能力和抗风险能力的培养十分重要。

重要概念

资本金　公积金　保险准备金　未到期责任准备金　未决赔款准备金
再保险准备金

思考题

1. 试述保险投资的必要性与可能性。
2. 保险投资应遵循哪些原则？
3. 简述保险投资的几种组织模式。
4. 保险投资的资金有哪些来源？
5. 说明我国法律允许的保险投资渠道及具体规定。
6. 谈谈我国保险投资的现状与发展趋势。

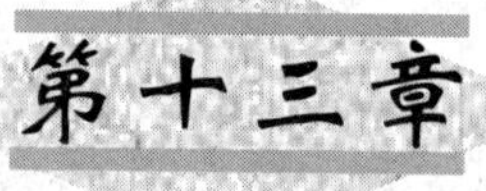

第十三章 保险市场

保险是一种商品，凡是有商品的地方就必然有市场。保险市场是商品经济发展的产物。保险市场与其他商品市场一样，也是由供求双方和中介方共同构成的保险供求关系的总和。保险市场的形成，对于促进保险交换的完成、提高保险服务的效率具有非常重要的意义。保险市场是保险供给与保险需求博弈的场所，供求双方的力量对比和相互关系决定着市场整体运行的状况。

第一节 保险市场概述

市场是随着商品经济的发展而发展的，是商品经济的范畴。保险作为商品，就必然有市场。保险市场是商品经济发展到一定阶段的产物。与其他商品市场相比，保险市场有其自身的特点和类型。保险市场供求双方及中介方必须建立在充分了解和熟悉保险市场的基础上，才能进行保险交易活动。

一、保险市场的概念

市场是商品经济的产物，凡是有商品的地方就必然有市场。市场有狭义和广义之分。狭义的市场是指商品和劳务交换的场所；广义的市场则是指在一定的时间、地点和条件下，商品和劳务交换关系的总和。保险市场自然也有狭义和广义之分。狭义的保险市场是从空间概念上理解保险市场的，它是人们进行保险交易活动的场所；广义的保险市场是保险商品交换关系的总和，它是促进保险交易实现的整个运行机制。

保险市场虽然其含义、特点和表现形态与一般商品市场相同，但保险市场所从事的交易，即买卖的商品是无形的，保险市场进行交易对象是一种特殊商品——风险保障，具体是指一种经济利益。投保人或被保险人通过向保险人缴纳保险费来获得保险人对其所可能面临的风险和损失的经济保障，而保险人提供保障的基础就是向投保人或被保险人收取的保险费而形成的保险基金。

在保险市场中，不但有保险商品交换的场所，也有保险商品交换中供给与需求的关系及其活动。它既包括了供给者、需求者、中介者、政府，又包括了各类保险业务和保险方式。同时，它还受到市场机制的制约，即受价值规律、供求规律和竞争规律三者之间相互制约、相互调节、相互作用关系的制约。这一客观存在的关系形成一种力量，调节着保险经济活动。

二、保险市场的特征

保险市场是市场的一种，但它不同于一般的商品市场，也不同于金融市场，保险市场可表现出其自有的特征。

(一) 保险市场具有抽象性

保险市场是保险商品交换关系的总和，但保险活动的全过程不受一定时间的限制，也不可能固定集中于某一场所。尤其是现代保险市场，由于现代科技的广泛运用，保险活动的全过程已经远远突破了交易场所的限制，业务已延伸到社会经济生活的各个方面、业务进行的本身也突破了时间和地域的限制，现代通信手段已经连接了世界各国的保险市场。

(二) 保险市场业务具有公开性

保险经营的对象是风险，保险市场交易的对象是保险经济保障，即投保人通过购买保险将保险标的所面临的风险转嫁给保险人。保险标的在投保前后都处于投保人的控制之下，保险人却了解不多。正是由于保险商品的这种特殊性，要求保险双方当事人在进行交易活动时必须遵循最大诚信原则，要遵循业务公开的原则，因此市场透明度比较高。当事人双方在进行保险交易过程中必须遵守平等、公平、互利的原则。同时，保险人之间同样也要公平、合理地进行竞争。普通的商品市场不具备这种特征，其交易大都通过交易双方协议进行，不需要公开。

(三) 保险商品的特殊性

保险商品不同于一般的商品，它并不提供有形的实物，而是一种以服务形式存在的特殊商品。保险市场所成交的任何一笔交易，都是保险人对未来风险事故发生所致经济损失进行补偿的承诺。投保人购买保险商品后，只是购买了一种服务、一种承诺。当被保险人在保险期限内发生保险责任范围内的损失或达到保险期限时，保险人才进行经济补偿或给付保险金。而且，由于保险具有射幸性，并不是购买了保险商品，就能获得保险公司的赔偿，保险是否履约即是否对某一特定的现象给予经济补偿，取决于保险合同约定期限内是否发生约定的风险事故，以及这种风险事故造成的损失是否达到保险合同约定的条件。只有在保险合同所约定的未来时间内发生保险事故，保险人才能进行经济补偿。这就给保险带来了不同于其他市场的特点，这也是保险市场最为显著的特征。

(四) 市场机制在保险市场上具有特殊的作用

市场机制是价值规律、供求规律与竞争规律相互作用、相互制约的关系。市场机制已成为现代市场的主体，在保险市场上市场机制的作用则具有特殊性。一方面，保险市场上保险商品的价格，即保险费率并不是完全由市场供求状况决定的，而是由风险发生的频率和保险商品的供求情况共同决定的。保险人不能与一般商品一样，根据需求情况的变化随意调整保险费率。另一方面，保险市场从某种程度上限制了价格竞争机制。一般的商品市场竞争，就其手段而言，价格是最有力的竞争手段，在保险市场上，由于交易的对象和风险直接相关联，使得保险商品的价格即费率的形成并不完全取决于供求力量的对比，相反，风险发生的频率和事故的损失程度才是决定费率的主要因素，供求仅是费率形成的次要因素。因此，一般商品市场价格竞争机制，在保险市场上必然受到某种程度的限制。

三、保险市场的类型

按照经济学的观念，保险市场的类型可以分为完全垄断型、寡头垄断型、垄断竞争型和完全竞争型四种。由于保险市场的特殊性，现代保险市场不存在完全竞争型，也不太可能存在完全垄断型，这种市场类型只是在特殊条件下个别的国家和地区存在。

（一）完全垄断型

完全垄断型是指完全由一家企业控制的市场模式。保险市场的完全垄断型是指保险市场完全由一家保险人控制，不存在丝毫竞争因素的市场模式，这家保险公司既可以是国有保险公司，也可以是私营等其他形式的保险公司。由于保险市场是由独家保险公司控制的，没有竞争，没有可接受的保险替代品，其垄断者根据掌握的供给与需求情况，自由采取经营策略，以取得最大限度的利润。而且，新的保险人进入保险市场极不容易。

完全垄断型有两种变通形式：一是专业型垄断，即在一个国家的保险市场上，虽然有几家或多家保险公司，但其各自垄断某一类型保险业务，如波兰、古巴、朝鲜等国家设立两家保险公司，一家专营国内保险业务，另一家专营涉外保险业务；二是地区型垄断，即在一个国家的保险市场上，几家保险公司各垄断某一地区的保险业务，彼此之间业务没有交叉，如印度设立四家地区性非寿险公司。

目前，世界上采取完全垄断型的国家并不很多，主要有罗马尼亚、越南、蒙古、缅甸、斯里兰卡、叙利亚等。

（二）寡头垄断型

寡头垄断型是指少数几家保险人控制了保险市场，其他保险保险人进入市场较难。每个保险人在保险市场上都具有举足轻重的地位，对其险种的价格具有相当影响力，保险人之间利害关系直接，相互依存，任何一家保险人在进行决策时，都必须考虑竞争对手的反应。他们既不是价格的制定者，也不是价格的接受者，而是价格的寻求者。这种模式主要是国家保险监督管理机构对保险市场控制比较紧，市场结构相对稳定，是为了发展本国保险业而采取的措施。如埃及、伊朗等某些发展中国家采取的就是这种模式。

（三）垄断竞争型

垄断竞争型是许多保险人经营有差别的同类保险商品，垄断与竞争并存。在这类保险市场上，保险人比较多，规模不是很大，进退比较容易，保险人提供的保险商品存在着差异性，彼此之间具有一定程度的替代性。同时，国家一般不对保险市场进行垄断控制，管理比较宽松，国有公司同样跻身于保险市场的竞争行列。虽在某些地区、某些险种存在一定程度的垄断，但垄断程度不高，多家公司之间仍然存在激烈的竞争。纵观当今世界保险市场，垄断竞争型已成为最现实、最普遍的市场模式。这类市场的国家主要有韩国、马来西亚、巴基斯坦、新加坡、阿根廷、巴西等。

（四）完全竞争型

完全竞争型的保险市场是指保险市场完全不受阻碍和干扰，不存在丝毫垄断因素的市场机构。在这种市场条件下，大小保险公司并存，竞争非常激烈。每一个保险人和投保人的行为不能影响市场价格，都是价格的接受者，而非价格的决定者。保险市场对内对外完

全开放，任何国内的保险人、国外的保险人、投保人都可以自由进退保险市场，不受任何阻碍。保险人提供的保险险种基本一致，投保人也没有特殊的偏好。完全竞争型保险市场是一种理想状态的市场，它能使各种保险自愿配置达到最优化。但是，由于其要求的条件十分严格，真正意义的完全竞争模式是非常罕见的，早期英国保险市场是这种类型的代表。

四、保险市场的作用

保险市场的形成是在现代保险业出现之后，世界各国保险市场已经经历了相当长的发展时期。实践表明保险市场发挥了重要作用，主要表现在以下三个方面。

(一) 便于保险交换过程的完成，提高保险服务效率

保险市场是保险供给与保险需求综合反映的场所。市场信息越大、越完善，保险商品交换就越便利。保险人、投保人根据市场上的信息传导，采用灵活、快捷的保险交换方式，提高了保险交易的效率，同时降低了保险供求的成本。

(二) 促进保险业的发展，完善保险机制

保险交易活动只有在保险市场中，才能得到正常、快速的发展。国家或政府强制性的保险交易活动是不能推动保险业发展的，在市场经济条件下，发挥市场的功能，确实能促进保险业的发展，保险业的发展同时也促进保险市场的发育和成熟。

(三) 稳定社会经济秩序，实施政府政策

价值规律、供求规律和竞争规律调节着保险市场，保险市场是保险供求双方平等竞争的场所。通过竞争，实现了优胜劣汰，稳定了社会经济秩序机制，同时，各国政府利用保险机制实现了既定的经济政策。

第二节 保险市场的组织形式

保险市场的组织形式是指在一国或地区的保险市场上，保险人采取何种组织形式经营保险业务。在国际上，保险市场的组织形式多种多样，按所有制关系不同一般可将经营保险业务的保险主体的组织形式分为国有保险形式、股份制保险形式、相互制保险形式、合作制保险形式和个人保险形式等。

一、国有保险形式

国有保险形式是指国家授权投资机构或国家直接投资经营保险业务的组织形式，通常为有限责任保险公司。国有独资保险公司只设董事会、总经理和监事会，因其除政府外，再没有其他股东，故不设股东大会。国有独资保险公司多为资金雄厚的大型或巨型公司，经营规模大，分散风险能力强。国有保险组织在经营过程中注重社会效益，有利于国家政策的实施。原中国人民保险公司、中国人寿保险公司等都是国有保险形式，随着股份制改革的推进，我国纯粹的国有保险公司越来越少，大多都改革成了股份制保险公司。该所有制形式也普遍存在于世界保险市场中，如日本厚生省管辖的国营健康保险机构、美国联邦政府设立的存款保险公司等。该类保险公司一般都经营政策性的或者商业保险，不愿意承

保的强制保险或巨灾保险。

二、股份制保险形式

(一) 股份制保险形式的内涵

股份制保险公司的资本以股东认购股票的形式集资而成，股东以领取股息的方式分配利润，并以出资额为限对公司承担责任，保险公司则以其全部资产对公司债务承担民事责任。股份保险公司是现代保险采用的最普遍的组织形式，世界各国保险业都广泛采用。经过近 300 年的发展，股份保险公司已经成为成熟的保险组织形式，产权关系明晰，透明度大，能够聚集巨资承担巨额风险，并能够进行大规模经营以保证投资的利益，因而备受各国保险业的推崇。

(二) 股份制保险形式的特点

1. 采用资合公司形式

股份制保险公司是典型的资合公司，公司的所有权与经营权相分离，有利于提高经营管理效率，增加保险利润，进而扩展保险业务，使风险更加分散，经营更加安全，对被保险人的保障更强。

2. 规模大

股份制保险公司通常规模较大，财力雄厚，可以有效地分散风险，保障被保险人的利益。但其也存在不足之处：由于公司的权利由股东控制，股东可能为了自身的利益最大化而无法实现公司的利益最大化，并且很可能损失被保险人的利益。

3. 资金来源广泛

股份保险公司资金来源广泛，来自不同的股东，更容易分散风险和进行筹资融资。另外，股份保险公司向社会发行股票，这样不仅获得了资金，而且可以提高公司知名度，起到宣传作用。

此外，相比于其他股份制企业，股份保险公司有其自身的特点：在保险公司刚营业时，由于尚未有足够的保费收入，因此股东投入的资本金就作为公司的经营资本，用于支付营运费用和损失的赔偿；随着保费收入的不断增长，资本金将成为保险公司偿付能力的保证，同时，资本金的规模也直接决定了经营的保险业务的规模大小；当出现保险准备金不足以支付赔款时，资本金又将成为保险公司稳定经营的最后防线，用于支付超出预期规模的赔款。

(三) 股份制保险形式的组织结构

组织结构是指保险公司为了达到经营目的，确定各个部门及其组成人员的职责以及不同职责之间的相互关系，从而使全体参加者既有一个明确的分工，又能通力合作的一种形式。股份保险公司的组织机构包括股东大会、董事会、监事会和经理。

1. 股东大会

股东大会是由股份制保险公司的全体股东组成的，它是股份保险公司的最高权力机构。对公司重大事项进行决策，有权选任和解除董事，并对公司的经营管理有广泛的决定权。股东大会既是一种定期或临时举行的由全体股东出席的会议，又是一种非常设的由全体股东所组成的公司制企业的最高权力机关。公司所有者通过股东大会行使经营决策权和财产管理权，企业一切重大的人事任免和重大的经营决策都需要经股东大会认可和批准才有效。

2．董事会

董事会是由股东大会选举的，一般由5～19名成员组成，设董事长1人，副董事长1～2人，董事长、副董事长由董事会选举产生。董事任期为五年，任期届满，可连选连任，董事在任期届满前，股东大会不得无故解除其职务。董事会是公司组织的主要统治集团，它受股东的委托执掌决策大权，董事会是权力机构股东大会的业务执行机关，负责公司和业务经营活动的指挥与管理，对公司股东大会负责并报告工作。股东大会所做的关于公司重大事项的决定，董事会必须执行。董事长为股份保险公司的法定代表人，负责主持股东大会和召集、支持董事会会议，检查董事会会议的实施情况，签署公司股票、公司债券。

3．监事会

监事会由股东代表和适当比例的公司职工代表组成，成员一般不得少于3人。监事会行使的职权主要有：检查公司财务；对董事、高级管理人员执行公司职务的行为进行监督，对违反法律、行政法规、公司章程或者股东大会决议的董事、高级管理人员提出罢免的建议；当董事、高级管理人员的行为损害公司的利益时，要求董事、高级管理人员予以纠正；提议召开临时股东大会会议，在董事会不履行召集和主持股东大会会议职责时召集和主持股东大会会议；向股东大会会议提出提案；依照《中华人民共和国公司法》(以下简称《公司法》)第一百五十二条的规定，对董事、高级管理人员提起诉讼；列席董事会会议，对所议事项提出质询和建议；调查公司异常经营情况。监事的任期每届三年，任期届满，可连选连任。监事会应当依照国家法律、行政法规、公司章程，忠实履行监事职责。

4．经理

经理由董事会聘任或解聘，负责执行公司的经营方针，并向董事会负责。经理是公司的代理人，有权以公司名义签约，但应当遵守公司的章程，忠实履行职务，维护公司利益，不得利用其在公司的地位和职权为自己牟私利。

三、相互制保险形式

(一) 相互制保险形式的内涵

相互制保险形式是保单所有人为了给自己办理保险而合作成立的，降低投保人成本的保险形式。相互制保险公司(简称相互保险公司)是由所有参加保险的人自行设立的保险法人组织，也是保险业特有的公司组织形式。它是指有可能发生某些风险的经济组织为达到共同保险保障的目的采取公司形式建立的非营利性的保险组织。相互保险公司是以会员之间相互保险为目的的一种社会互助行为，是由相互保险社的形式演变而来。人们通过购买保单而成为公司的所有人并可以从公司得到分红，利润由公司的所有人共享。相互保险公司按其制定的费率不同和缴付不同，可以分为分摊收取保险费的相互保险公司、预收足量保险费的相互保险公司和永久性保险制的相互保险公司。

相互保险公司历史悠久，起源于中世纪欧洲的基尔特组织——为组织会员及其家庭成员在生老病死时提供经济保障的行会。相互保险公司是保险业特有的组织形态，没有股东，投保人根据公司章程的规定向公司交纳保险费后成为会员，又称为保东，公司根据合同约定进行赔付，从事相互保险活动。公司会员是保险人和被保险人的统一体，当保险合同终止时，会员与公司的保险关系随之消失。

(二) 相互制保险形式的特点

1. 投保人具有双重身份

相互保险公司的投保人具有双重身份，相互保险公司的参加者既是保险公司的所有者(保险人)也是被保险者。他们只要缴纳保险费，就可以成为公司成员，而一旦解除保险关系，也就自然脱离公司，成员资格随之消失。

2. 公司具有非营利性

相互保险公司是一种非营利性公司，没有资本金，以各成员缴纳的保险费形成公司的责任准备金，来承担全部保险责任，成员以缴纳的保险为依据，参与公司的盈余分配和承担公司的亏损，因此没有盈利问题的存在，故而相互制保险公司是一种不以盈利为目的的组织。

3. 会员大会是最高权力机构

相互保险公司的最高权力机构是会员大会或会员代表大会，由保单持有人组成，会员大会选举董事会，由董事会任命高级管理人员。

4. 经营成本较低

相互保险公司通过所有权关系取代市场交易，为降低费率提供了条件。同时，没有利润压力使得相互保险公司更为重视那些对被保险人有利的长期保险项目。另外，由于相互保险公司投保人与保险人的同一身份，公司能够灵活地调整保险费率，可以有效避免利差损、费差损等问题。正是因为这些特点，相互保险公司为经济条件相对较差的人们寻求保险保障提供了机会。

5. 保障能力有限

由于相互保险公司不能以发行股票的形式向社会筹集资金，主要依靠留存盈余扩大承保能力，利用资本市场的能力有限，限制了相互保险公司的发展速度，保障能力随之受到制约。随着市场的发展，目前相互保险公司的相互性逐渐淡化，与股份保险公司差别越来越小，甚至也开始具有一定的营利性，相互保险公司与股份保险公司的区别如表 13-1 所示。相互保险公司始建以来，曾经被发达国家的保险业所采用，特别是人寿保险公司。作为现代人寿保险公司开端的英国公平保险公司就是于 1962 年以相互保险公司的形式成立的。直到现在，世界上较大的几家人寿保险公司，如美国的大都会人寿保险公司、日本的第一生命人寿保险公司等都是相互性质的保险组织机构。在我国，监管部门取消了对保险公司组织形式的具体规定，也开始出现相互保险公司，如 2005 年 1 月 11 日经中国保监会批准成立的阳光农业相互保险公司。

表 13-1 相互保险公司与股份保险公司的区别

项 目	相互保险公司	股份保险公司
企业主体	会员，会员与保险参加者是同一人	股东，股东并不限于保险参加者
权力机关	会员大会	股东大会
董事	不以会员为限	只能是股东
资金来源	会员	股东
经营目的	非营利，互助性	营利性
保险费的形式	不定额保险费，资金剩余时向会员摊还，不足时向会员征收	定额保险费，剩余时计入营业利润，不足时由股东填补
利益处理	保险公司的剩余必须先支付借入资金及其利息后，才能由会员享有	股东对利益有全权处理权

四、合作制保险形式

(一) 合作制保险形式的内涵

合作制保险形式，即保险合作社，是由一些对某种风险具有同一保障要求的人，自愿集股设立的保险组织。保险合作社是一种特殊的相互组织形式，要求社员加入时必须缴纳一定金额的股本，社员认缴股本后即使不是保单持有人也具有社员资格，与合作社保持长久密切的关系。保险合作社一般属于社团法人，是非营利机构。合作社当年保费如有盈余，原则上应留为准备金，在不影响赔付的情况下，可参加金融流通，如短期拆借、投资、贷款等，以提高保险资金的使用效率，增强合作社自负盈亏的能力。若发生亏损，可在合作社之间互相调剂；如无能力调剂时，可向国家保险公司申请有偿调剂，以保证其经营的稳定性和连续性。

(二) 合作制保险形式的特点

1. 社员缴纳股本

保险合作社是由社员共同出资入股设立的，加入保险合作社的社员必须缴纳一定金额的股本。社员作为保险合作社的股东，对保险合作社的权利以其缴纳的股本为限。

2. 社员是被保险人

只有保险合作社的社员才能作为保险合作社的被保险人，保险合作社只承保合作社社员的风险。但是社员也可以不与保险合作社建立保险关系。也就是说，保险关系的建立必须以社员为条件，但社员却不一定要与之建立保险关系，同时保险关系的消失也不影响社员关系的存在，不丧失社员身份，因此保险合作社与社员之间的关系比较长久。

3. 固定保险费率

保险合作社采取固定保险费制，事后不补缴。

五、个人保险形式

个人保险形式是以自然人的名义承保风险的一种组织形式。从保险的发展历史来看，个人经营保险也曾经在相当长的时间内存在，但随着世界经济的发展，保险金额日益增大，

个人的承保能力毕竟有限，难当此任。各国为了保护国家的利益和公民的利益，加强对保险人的管理，一般不允许个人经营保险业务。目前，只有伦敦劳合社仍保留个人保险人的形式。

伦敦劳合社(简称劳合社)是世界上最大的个人保险组织，创建于 1688 年 2 月 18 日，其前身是爱德华·劳埃德在伦敦泰晤士河畔开设的咖啡馆。1871 年议院通过《劳合社法》，劳合社以劳埃德公司的名义取得法人资格。劳合社成立迄今已有 300 余年历史，已成为国际保险业历史最悠久和最有影响的保险组织。但劳合社不是一家保险公司，而是一个社团，确切地说，是一个保险市场。劳合社本身并不直接经营业务，仅为其成员提供保险交易场所与有关服务，劳合社的社员都是以个人名义承保风险，是一个采取特殊承保方式的保险和再保险市场。1995 年之前，其成员都是具有雄厚财力，并愿承担无限责任的个人，但自 1995 年起，也开始吸收实力雄厚的法人承担，负有限责任，目前法人资金已经占劳合社总资金一半以上。劳合社的经营方式是由其成员组成辛迪加进行承保，一般不允许投保人和承保人直接签订保险合同，而是由劳合社经纪人替投保人寻找承保组合。

劳合社自建立以来，不断根据社会需要扩张业务范围，勇于创新，使自身得到了很大发展，在国际保险市场享有盛誉。其优势表现在：第一，拥有雄厚的实力和财力，能够承保最大的风险单位；第二，特别擅长于海上运输和航空等高技术、高风险的承保，在业务上敢于开拓和创新；第三，有良好的及时、迅速、准确赔偿的传统和业绩，信誉高；第四，拥有完整的技术部门和人才，在世界范围内为保险经营提供海洋、航空灾害风险的信息资料；第五，社内有严格的管理制度和财务保障制度，以确保社员的清偿能力。

劳合社的业务来自世界 100 多个国家和地区，其承保的国际保险业务保费约占伦敦保险市场国际保险业务的一半，同时它也是英国最大的机动车辆保险市场。历史上第一张飞机险保单、第一张盗窃险保单等都是由劳合社设计的，其设计的保单为世界各国所效仿。总体来说，劳合社对世界保险业的繁荣和发展起着举足轻重的作用。

第三节　保险市场的供给与需求

一个完整意义上的保险市场，应该包含有迫切需求的买方、有充足供给的卖方、公平合理的价格以及健全完备的保险中介等四大因素。

一、保险市场供给

(一) 保险市场供给的概念

供给，就是指在一定时期和一定条件下，生产者或劳务提供者对某一产品或某种劳务可能提供的数量。保险市场供给，就是在一定保险价格条件下，保险市场上各家保险公司愿意并且能够提供的保险商品的数量。保险市场供给如果用保险市场上的承保能力来表示，它就是各个保险企业承保能力之和。

(二) 影响保险供给总量的因素

从根本上说，保险需求是制约保险供给的最基本因素，在存在保险需求的前提下，影响保险供给的主要因素有以下几个方面。

1. 资本因素

资本因素即社会可用于经营保险业的资本量，它制约着保险供给的总体规模。经营保险业资本总量与保险供给总量成正方向变动。

2. 从业人员因素

从业人员因素是指保险从业人员的数量与质量。保险经营活动是人的经济活动。在一定时期内，社会劳动总量是确定的。用于经营保险活动的劳动量也是确定的，制约着保险供给规模。同时，保险经营活动又是具有特殊专业性保险人才的复杂劳动，专业素质水平也影响着保险供给的总量。保险从业人员的数量和质量与保险供给成正方向变动。

3. 偿付能力

由于保险经营的特殊性所在，各国法律对保险企业都有最低偿付能力额度的规定，因此保险供给会受到偿付能力的制约，另外企业的业务容量比率也制约着保险企业不能随意、随时扩大供给。

4. 互补品、替代品的价格

互补品价格与保险供给成正相关关系：互补品的价格上升，引起保险需求减少，保险费率上升，使保险供给增加；互补品的价格下降，引起保险需求增加，保险费率下降，使保险供给减少。替代品价格与保险供给成负相关关系：替代品的价格上升，引起保险需求增加，保险费率下降，使保险供给减少；替代品的价格下降，引起保险需求减少，保险费率上升，使保险供给增加。

5. 经营管理因素

具有丰富的承保经验和先进的管理水平的保险公司可以不断推出新的保险品种，满足社会出现的新的保险需求。保险业的经营管理水平与保险供给成正方向变动。

6. 缴费能力因素

投保人缴纳保费的能力直接影响保险供给的规模。投保人缴费能力强，保险供给就充足；反之，保险供给就匮乏。投保人缴费的能力与保险供给成正方向变动。

7. 保险费率因素

在市场经济的条件下，决定保险供给的因素主要是保险费率。保险费率是保险商品价值的货币表现，也就是保险人用于履行经济补偿，弥补营业费用，而由投保人支付的货币额。保险费率由价值决定，受保险市场供求关系的影响，同时对供给和需求产生反作用。保险费率对供给的影响是费率偏高会刺激保险供给和费率偏低会抑制保险供给。

8. 保险利润率因素

保险利润是指保险企业从当年保险费中扣除当年的赔款、税金、费用支出和提留各项准备金后的纯收入与投资纯收入之和，包括营业利润和投资利润两部分。保险利润率是制约保险供给总量的最重要因素。在市场经济条件下，平均利润率规律支配着一切经济活动，市场竞争的结果使保险经营的利润趋于平均化。

9. 政府行为因素

政府行为因素包括国家政策、法制建设等。国家制定的经济发展政策从宏观上对保险

供给有重要影响。在国家不同的经济政策的指导下，保险供给的总量发生不同的变化。健全的法制建设能使保险供给维持应有的正常水平。此外，政治和经济秩序的稳定、国家对保险的有效管理，都能制约保险供给的规模。

(三) 保险市场供给的形式和内容

1．保险市场供给的形式

保险市场供给的形式包括有形与无形两种经济保障形式。有形的经济保障是指保险人对遭受损失或损害的被保险人，按照保险合同规定的责任范围给予一定金额的补偿或给付，体现在物质方面；无形的经济保障是指保险人对所有被保险人提供心理上的安全感，体现在精神方面。一般而言，无形的经济保障是大量的，而有形的经济保障则是少量的。

2．保险市场供给的内容

保险市场供给的内容包括“质”和“量”两个方面。保险市场供给的“质”既包括保险企业提供的各种不同的保险商品品种，也包括每一具体的保险商品品种质量的高低；保险市场供给的“量”既包括保险企业为全社会所提供的保险商品的经济保障总额，也包括保险企业为某一保险商品的品种提供的经济保障额度。

(四) 保险供给函数和弹性

1．保险供给函数

保险供给函数表示保险供给量与制约保险供给量诸因素之间的关系。在一定时期内保险供给总量是保险业的资本额、从业人员数量与质量、投保人的缴费能力、保险费率、保险企业管理水平、政府行为等因素的线性函数。保险供给量是所有影响该供给量因素的函数，因此，保险供给函数可表示为

$$S = F(C,\ L,\ M,\ P,\ U)$$

式中，S 为保险供给量；F 为函数关系；C 为保险业的资本额；L 为保险从业人员的数量和素质；M 为保险业的经营技术和管理水平；P 为保险价格即保险费率；U 为其他因素，如保险企业管理水平、政府行为等因素。

2．保险供给弹性

保险供给弹性通常是指保险商品供给的费率弹性，即保险费率变动所引起的保险商品供给量变动，它反映了保险供给费率变动的反应程度，一般用供给弹性系数来表示，其计算公式为

$$E_s = \frac{\Delta s / s}{\Delta p / p}$$

式中，E_s 为保险供给弹性；s 为保险供给量；Δs 为保险供给量变动；p 为保险费率；Δp 为保险费率变动。

3．保险供给弹性的种类

由于保险商品的形式和结构、保险对象、设计的难易程度等诸多因素的影响，使得保险供给弹性表现出不同的情况，具体表现为以下几个方面：

(1) 保险供给的价格弹性。它是指某种保险商品价格每变动1%所引起的该种保险商品供给量变化的百分率。一般来讲，根据保险价格与保险供给的函数关系，两者成正比例关系，并同时受到保险商品的必需程度、可替代性和货币投入量三项因素的影响。

(2) 保险供给的资本弹性。它是指保险资本每变动1%所引起的保险供给量变动的百分率。两者成正比例关系。但强制保险的资本弹性小而自愿保险的资本弹性较大。

(3) 保险供给的利润弹性。它是指保险利润每变动1% 所引起的保险供给量变动的百分率。两者成正比例关系。一般而言，保险供给的利润弹性是正值。

4. 保险供给弹性的特征

虽然保险供给弹性表现为不同的种类，但从保险商品的总体而言，其供给弹性又有自身特殊性。首先，保险供给弹性较为稳定。由于保险商品向人们提供的是风险保障，并且其供给与需求几乎同时存在，它不易受经济周期的影响，因此，无论繁荣期还是衰退期，保险供给并无显著不同，弹性较为稳定。其次，保险供给弹性较大。由于保险业属于国民经济第三产业，生产中的固定资产比例较低，供给不必经由调整生产规模就能适应社会需求，因此，保险供给弹性较大。

二、保险市场需求

(一) 保险市场需求的含义

需求是指在一定时期内和一定条件下，消费者愿意并且能够购买某种商品或某种劳务的要求。保险市场需求(量)就是个人或经济单位在一定时间内及一定费率水平上，愿意并且能够购买保险服务的需要(总量)。它是消费者对保险保障的需求量，可以用投保人投保的保险金额总量来计量。保险市场虽是一个总括性、集合性的概念，但它又不是所有保险需求的简单相加，而是在各种不同的费率水平上消费者购买的保险商品数量表。即在特定时间内，在不同的费率水平上，保险需求的集合形成了保险市场需求。与一般需求的表现不同，保险需求有两种表现形式：一种是有形的经济保障，体现在物质方面，即在自然灾害和意外事故发生之后，参加保险的个人或单位所得到的经济补偿和给付；另一种是无形的经济保障，体现在精神方面，即在获得保险经济保障之后，参加保险的个人或单位获得心理上的安全感。从企业、个人及至整个社会来说，保险需求无形的经济保障是经常的、大量的，而有形的经济补偿则是局部的、少量的，两者都是客观存在和同等重要的。然而，由于保险商品的特殊性所在，消费者除了要有投保欲望与缴费能力以外，保险利益的存在成为保险需求的首要前提。

保险市场需求包括三个要素：有保险需求的人、为满足保险需求的购买能力和购买愿望。这三个要素相互制约、缺一不可，结合起来构成现实的保险市场需求，决定市场需求的规模和容量。人口众多但收入很低，购买力有限，不能成为容量很大的保险市场需求；反之，购买力虽然很高，但人口很少，也不能成为很大的保险市场需求。既有众多的人口，又有很强的缴费能力，才能形成一个有潜力的保险市场需求。但是，如果保险商品不适合保险消费者需要，不能引起人们的购买愿望，对保险企业来说，仍然不能成为现实的保险市场需求。所以保险市场需求是上述三个要素的统一体。

（二）影响保险市场需求的主要因素

影响保险市场需求的因素有许多，其中最主要的有风险因素、保险费率因素、保险消费者的货币收入因素、互补品与替代品价格因素、文化传统因素、经济发展因素、经济制度因素、科学技术因素、风险管理因素和利率因素等。

1．风险因素

“无风险，无保险”，风险是保险产生、存在和发展的前提条件与客观依据，从而也就成为产生保险需求的触发条件。而且，风险程度越高，范围越广，保险需求总量也就越大；反之，保险需求总量越小。保险需求总量与风险程度成正方向变动。

2．保险费率因素

保险商品的价格就是保险费率。保险需求总量取决于可支付的保险费的数量，而不是愿意购买保险的数量。保险费率上升，保险需求下降；保险费率下降，保险需求回升。保险需求总量与保险价格成反方向变动。

3．保险消费者的货币收入因素

保险消费者的货币收入直接关系到购买力的大小。当国民收入增加时，作为保险商品的个人的货币收入、企业的利润也会随之增多，会有更强的缴费能力，保险的需求也就随之扩大。因而，保险消费者的货币收入是影响保险需求的主要因素之一。

4．互补品与替代品价格因素

财产保险的险种是与财产相关的互补商品，例如，汽车与汽车保险，当汽车的价格下降时，会引起汽车需求量的增加，从而导致汽车保险需求量的扩大；反之，则会引起汽车保险需求量的减少。另外，一些保险商品特别是人寿保险商品是储蓄的替代品，当储蓄利率上升时，人寿保险商品品种的需求就会减少；反之，则会增加。

5．文化传统因素

保险需求在一定意义上受人们风险意识和保险意识的直接影响，而人们的风险意识与保险意识又是受特定的文化环境影响和控制的。

6．经济发展因素

经济发展既是刺激保险需求产生的因素，也是促成保险需求总量扩充的因素。社会总产值的增长程度，特别是可用于保险的剩余产品的价值的增长幅度和居民收入增长幅度，是保险需求增长的决定性因素。保险需求总量与国民生产总值的增长成正方向变动。

7．经济制度因素

现代保险属于商品经济范畴。保险发展的历史表明，现代保险随着商品经济的产生而产生，随着商品经济的发展而发展。保险需求总量与商品经济制度发展程度成正方向变动。

8．科学技术因素

科学技术是第一生产力，科学技术的不断进步及在经济生活中应用，会不断开拓出新的生产领域，从而产生新的保险需求。保险需求总量与科学技术进步之间成正方向变动。

9．风险管理因素

风险管理对保险需求总量的增减有直接影响。一般说来，风险管理好，出险频率低，保险需求量减少；反之，保险需求量增加。保险需求总量与风险管理优劣成反方向变动。

10．利率因素

现代保险的相当部分是投资性保险，特别是长期性人寿保险业务，银行利率是操纵投资者闲置资金流向的杠杆。如果利率高于保险公司收益，资金就会流向银行，保险需求减少；反之，则会投向保险公司，从而使保险需求扩大。保险需求总量与利率高低成反方向变动。

此外，宗教信仰、文化水平等对保险需求总量也会产生不同的影响。在上述诸多因素中，既有内生变量，也有外生变量。其中起最主要作用的是个人货币收入和保险价格两个因素。

(三) 保险市场需求的类型

保险市场需求可以从很多不同的层次进行测量。某一地区或某一险种的市场需求规模是由购买者人数决定的，有多少人成为该地区或该险种的消费者，将涉及其兴趣、收入和通路三个特性。据此，保险市场需求可分为以下几种类型。

1．潜在的保险市场需求

潜在的保险市场需求是由一些对保险商品或某一具体险种具有一定兴趣的消费者构成的。一般通过随机询问的调查方法取得有关信息。

2．有效的保险市场需求

仅仅有兴趣还不足以确定一个保险市场需求。潜在的保险消费者还必须有足够的收入来供购买保险商品使用。除投保兴趣外，还必须有缴费能力。费率越高，消费者人数会越少。因此，有效的保险市场需求是关于“兴趣”与“收入”这两个变量的函数。

有效保险市场需求的规模还取决于消费者是否容易接近保险商品或某一具体险种，即是否有通路。通路障碍可以阻止消费者对市场所提供的险种的响应，因而会使需求规模缩小。需求规模与通路障碍成反比。例如，居住在偏僻山区的散户人家，他们对需要的险种虽有兴趣，但是限于保险企业的人力和物力，在风险勘查、理赔勘查等诸多方面有困难，无力对他们的风险进行承保，因而这些潜在的消费者仍然不能成为现实的消费者。因此，有效的保险市场需求是指既有保险商品的购买兴趣又有足够的缴费能力，并有可能接近保险商品的保险消费者的需求总和。

3．合格有效的保险市场需求

在某些保险商品的供给中，保险企业可能会对一些消费者做出投保限制。例如，虽然所有的消费者都需要人寿保险，但是，只有那些能付得起保费、身体健康、具有责任感并容易接近的人才能成为合格的投保人或被保险人。因此，合格有效的保险市场需求，是指具有保险商品的购买兴趣、有足够的缴费能力、能接近保险商品同时还有资格成为投保人或被保险人的消费者的需求总和。

4．已渗透的保险市场需求

一个保险企业应尽量满足全民有效的需求，但是在一定时期内，它只能根据自己的资

源选择其中的某些部门作为为之服务的对象。即确定自己的目标市场，并与其他竞争者展开角逐，在目标保险市场上，那些已经成为本企业的投保人或被保险人是该企业已渗透的保险市场需求。

(四) 保险需求函数和弹性

1．保险需求函数

保险需求函数表明了保险需求量与影响保险需求量诸因素间的关系。用公式表示为

$$Q = aA + bB + cC + eE + fF + pP$$

式中，Q 为一定时间内保险经济需求总量；A 为风险因素；B 为经济增长因素；C 为经济制度因素；D 为技术进步因素；E 为风险管理因素；F 为利息率因素；P 为价格因素；a、b、c、d、e、f、p 分别表示各项影响参数。该方程表明，Q 是其余变量的线性函数。

2．保险需求弹性

在影响保险需求量的众多变量中，个人收入和保险商品的价格是两个最重要的影响因素。保险需求弹性主要是指因保险价格的变动或消费者收入的变化所引起的对保险需求的变动率。其包括以下几个方面：

(1) 保险需求的费率弹性。它是指保险商品的价格每变动 1%所引起的需求量变化的百分率。一般来讲，强制保险的价格弹性被认为完全缺乏弹性，而自愿保险则比较复杂，由于各人的认识不一样，可投入的货币量不一样等原因导致对价格变化的敏感性不同，对保险需求价格弹性产生一定的影响。

(2) 保险需求的收入弹性。它是指因国民收入和个人收入变化引起对保险需求的变动率或收入每变动 1%所引起的需求量变化的百分率。一般来说，保险需求的收入弹性大于一般商品。这是因为：首先，保险商品特别是人身保险带有很大的储蓄性。储蓄与消费者的货币收入呈正方向变动。其次，人们的消费结构会随货币收入的增加而变化，一些高额财产、文化娱乐、旅游等精神支出的比例会由此增大，而与其具有互补作用的消费会随消费者货币收入的增加而增加。

(3) 保险需求的交叉弹性。它是指因其他商品和劳务价格的变动所引起的保险需求量的变动率。保险商品与其他商品是互补品、替代品或是相互独立。不同的关系决定了其弹性不一样。一般而言，保险需求与替代商品的价格呈正方向变动，即交叉弹性为正，且交叉弹性越大，替代性也越大，如自保与保险就互为替代品。保险需求与互补商品价格呈反方向变动，即交叉弹性为负。例如，汽车保险与汽车具有互补作用，当汽车价格提高时，汽车保险需求量减少。

此外，保险需求还有商品制度弹性、技术进步弹性、利率弹性、风险程度弹性等。

三、保险市场的供求平衡

保险市场供求平衡应包括供求的总量平衡与结构平衡两个方面，而且平衡还是相对的。所谓保险供求的总量平衡，是指保险供给规模与需求规模的平衡。所谓保险供求的结构平衡，是指保险供给的结构与保险需求的结构相匹配，其包括保险供给的险种与消费者需求险种的适应性、保险费率与消费者缴费能力的适应性以及保险产业与国民经济产业结构的适应性等。

保险市场的供求状况一般分为三种状况：保险市场供求平衡、保险供给大于保险需求和保险需求大于保险供给。其具体含义分别如下：

(1) 保险供给等于保险需求，即为保险市场供求平衡，在一定的保险费率条件下，保险供给恰好等于保险需求，即保险供给与保险需求达到均衡点。

(2) 保险供给大于保险需求，即当市场费率高于均衡费率时，保险需求缩小，保险供给大于保险需求。

(3) 保险需求大于保险供给，即当市场费率低于均衡费率时，保险供给缩小造成保险需求大于保险供给。

保险市场供求平衡，受市场竞争程度的制约，市场竞争程度决定了保险市场费率水平的高低，因此，市场竞争程度不同，保险供求水平各异。而在不同水平的费率下，保险供给与需求的均衡状态也是不同的。如果保险市场达到均衡状态后，市场费率高于均衡费率，则保险需求缩小，迫使保险供给缩小以维持市场的均衡；反之，如果市场费率低于均衡费率，则保险供给缩小而迫使需求下降，实现新的市场均衡。所以保险市场有自动实现供求平衡的内在机制。

第四节 部分国家的保险市场

本节主要介绍几个保险业发达国家的保险市场。

一、英国的保险市场

英国是世界最发达的保险市场之一。英国保险业是从海上保险发展起来的。早期海上保险由商人作为副业来经营。16 世纪末至 17 世纪，英国开办了保险商社，并据此设立了保险仲裁法庭，负责办理海上保险单，处理海上保险的争议案件。18 世纪初，海上保险发展成为一项专门的行业。英国人寿保险和火灾保险也随着海上保险发展而发展。早期的人寿保险人是海上保险的保险人，他们通常将海上贸易的商人的生命与货物在同一保险单中进行承保。17 世纪末，英国著名天文学家哈雷研究死亡率，编制了生命表，辛普森又根据它制成了按死亡率增加而递增的费率表。此后，又有人按年龄差异计算保险费，使死亡保险成为可能。

目前，英国保险市场分为伦敦劳合社保险市场和保险公司市场两大部分。前者由经劳合社董事会批准的劳合社社员及经纪人组成，后者则由劳合社以外的保险公司组成。

伦敦劳合社是英国保险市场的一大特色。它是一个社团组织，不是经济实体，只是为它的成员在其处所内经营保险业务提供方便，是世界上仅有的允许个体承保人经营保险业务的市场。它是世界上最古老的市场，迄今有 300 多年的历史。

1995 年，伦敦劳合社的个人会员为 15 000 人。会员承保时会组成不同的组合(辛迪加)，其拥有自己的承保人，他们按照不同的险种分类形成四个管理委员会：水险、非水险、航空及汽车险。

相比之下，英国的保险公司市场的形成则较晚，但在市场中所处地位却不容忽视，它们承保了英国保险市场的大部分业务。这些公司按其经营性质可分为：经营某一种保险业

务的专业保险公司；经营多种保险业务的综合性保险公司；专门经营再保险分入、分出业务的专业再保险公司；专为其母公司提供保险服务的专业自保公司。

至今，英国保险市场以其雄厚的承保能力、一流的承保技术、广泛的信息联系、不断推出新的保险品种而在世界保险市场建立起卓越的信誉，使其当之无愧地成为国际保险业和再保险业的中心。

在英国保险市场中，保险中介是一支非常重要的力量。英国的保险中介人以经纪人为主。劳合社市场的保险业务必须通过经纪人来办理。在公司保险市场上，经纪人代表被保险人办理大量的保险业务。英国市场共有 800 多家保险公司，有 3000 多家经纪人公司。

英国保险市场是一个开放的市场，各国保险机构只要符合条件，均可在英国从事保险业务，可自由选择经营方式。同时，英国的保险机构也在世界许多国家开展业务。1991 年，在英国的保费收入中，有 40%来自国外，劳合社的保费收入中来自国外的则高达 60%。2008 年，英国保费总收入为 4501.52 亿美元，居世界第三位，人均保费为 8658 美元，居世界第一位。

二、美国保险市场

美国保险市场在当今世界保险市场占有举足轻重的地位。无论是公司数量、业务种类，还是业务规模在世界上都是首屈一指的。目前美国有 5000 多家保险公司，1997 年世界最大的 50 家保险公司中(按净资产排名)，美国独占 22 家。然而，其历史并不长。在英国殖民统治时期，美国的保险业务是由英国保险人经营的。迄今发现的美国第一份保险合同就是由英国人承保的海上保险合同。

二战结束后，随着美国经济的崛起，保险业迅速发展，1960 年，美国保费收入占世界保费收入的 67%，居世界之首。20 世纪 60 年代以后，美国在世界保费总额中所占比重虽有所下降，但仍居世界首位。2008 年，美国保费总收入为 12 406.43 亿美元，居世界首位，人均保费为 4078 美元，列世界第九位。

美国的保险组织形式有股份有限公司、相互保险公司、互惠合作社和保险交易所等。在美国，保险股份有限公司大约占财产及责任保险业务的 2/3，寿险业务的一半左右，相互保险公司承保了约 1/3 的财产和责任保险业务以及一半左右的寿险业务。

互惠合作社是最早出现在美国的一种保险机构，与相互保险公司有许多相似之处，但它们之间也有根本区别。它们都是合作性机构，每一个成员既是保险人又是被保险人。在一个相互保险组织里，团体的成员集体共同承担他们的责任，而在互惠保险组织里，每个合伙人作为个人而不是作为团体的成员分别地承担个人的责任，因此，每个合伙人的责任是有限的。互惠保险社给每个成员规定了有限的责任，一个成员不用承担其他成员的违约责任，每个合伙人所缴付的保费存放在单独的账户中，合伙人分摊的每一笔损失从他的独立账户中支付。这种保险组织由各个合伙人所委托的代理人管理。目前，互惠合作社在美国只占保险业务的很少一部分，业务只局限于财产及责任保险。

1980 年美国开办了美国式的劳合社市场——纽约保险交易所，许多伦敦劳合社成员直接或间接地加入了该交易所。纽约保险交易所是为与伦敦劳合社竞争而设立的。交易所的业务采取了与伦敦劳合社一样的做法，业务都是由承保人组成的保险组合在营业大厅里办理，在交易所的业务局限于再保险、海外业务以及其他组织不愿承保的特殊业务。保险交易所是一个法人实体，一个有限责任的合伙组织或公司。纽约保险交易所与伦敦劳合社的一个主要差别是参加交易所的成员不承担无限责任，他们的责任只限于其作为一个成员所必须拥有的资金。

美国的保险中介市场非常发达。中介人主要分为代理人和经纪人。美国寿险市场主要有总代理制和分公司代理制两种代理制度。两者的主要区别是公司对代理人的监督有所不同。在总代理制条件下，总代理人是独立活动的业务人员，他们由保险公司授权在指定的地区推销保险业务并指定分代理。在分公司代理制条件下，分公司代理机构的经理人员通常是保险公司的带薪雇员。在财产责任保险中，美国有独立代理人和专属代理人两大类。前者通常同时代表几家保险公司，对不同公司的业务有选择权，后者只为雇用他的那家公司服务，没有业务选择权。

美国保险市场竞争十分激烈，近年来出现了联合和兼并的潮流。

三、日本保险市场

日本民族保险业的崛起可上溯到 19 世纪 70 年代。在此之前，日本的保险市场几乎为西方保险人所垄断。1878 年，日本最早的财产保险公司——东京海上保险株式会社宣告成立。1879 年，日本保生会社呈请东京幕府设立生命保险会社，此为日本生命保险之先驱。此后，随着日本资本主义制度的逐步确立，日本保险业也经历了盛衰沉浮，终究随着日本经济的跃起而迅速发展。1994 年日本保险费收入总额达 6060 亿美元，首次超过美国，成为世界第一，人均保费为 4850 美元。此后，保费规模、寿险保费、人均保险等指标每年都名列前茅。

长期以来，日本保险业分成损害保险和人身保险两大类。1996 年 4 月 1 日起实施的新的《保险业法》，将保险业务范围规定为三大类：生命保险、损害保险、意外伤害疾病与护理保险。寿险公司经营的范围为生命保险、意外伤害疾病与护理保险，非寿险公司的业务范围为损害保险、意外伤害疾病与护理保险。这表明日本以保险法律形式允许从事寿险或非寿险业务的总公司都可以兼营意外伤害疾病与护理保险，非寿险公司可以设立寿险子公司，意味着长期坚持的分业经营的政策被打破。新的《保险业法》还允许各保险公司不再遵守统一费率。

日本的保险公司数量不多，但实力大都非凡。1995 年世界最大的 50 家保险公司排行榜中，日本占 9 家，而且在前 10 名中的就有 5 家(按净资产排名)。近年来，日本保险业的发展由于日本泡沫经济破灭而受到挫折，少数保险公司破产倒闭。1997 年上半年，日本一家著名的保险公司——日本互助人寿保险公司倒闭，引起国际保险业界的关注。

日本的保险中介市场主要依靠公司的外勤职员(直销)和代理人，经纪人的力量不大。在财产保险营销方面，日本主要采取代理店制度，其业务量约占财产险的 90%，代理店性质上属于兼业代理人。在人寿保险营销方面，日本主要依靠保险公司的业务人员直接销售。在《新保险业法》实施之前，日本的保险中介市场只有保险代理人；之后，引进了保险经纪人制度，保险经纪人合法化。

四、德国保险市场

早在 16 世纪初德国就有了类似火灾保险的互助组织，后由汉堡的 46 家合作社联合成

立了世界上第一个国家火灾保险组织——市营公众火灾合作社，德国因此而成了现代火灾保险的发源地。当时德国的保险人在贸易活动中已从事水险活动，直到1588年，在汉堡签订的第一份荷兰文的海上保险合同，才正式开创了德国的海上保险。1852年在科隆又创建了世界上第一家独立的再保险公司——科隆再保险公司，其至今仍在营业，1996被美国通用再保险公司兼并，合并后的通用/科隆再保险集团位居1996年十大保险集团第三位。德国另一家著名的再保险公司是慕尼黑再保险公司，它是世界最大的再保险公司之一，其在海外设有70家子公司，业务覆盖全球，经营的业务相当广泛，包括火险、汽车险、责任险、航空险、水险、意外险寿险等再保险业务。

19世纪末，经济发展极大地刺激了保险需求，德国保险业首先打入邻近国家，又逐渐扩展到非欧洲国家，与当时的保险强国特别是英国激烈竞争，第一次世界大战前夕，德国已在最新技术的基础上建立起较完整的工业体系，成为一个以重工业为主导的资本主义强国。这时的德国的保险业也达到了历史的最高水平。一战结束，德国保险业丧失了优势。二战又使德国丢失了其竭尽全力重新获得的业务。直到1953年，瑞士率先归还了德国保险公司作为战败国产业在海外被没收的财产，才使德国保险市场有了逐渐恢复的基础。

二战后，德国树起了“柏林墙”，分为西德和东德。进入20世纪80年代，西德的国民生产总值一直居西方工业国家前列，保险业也一直居世界领先地位。1987年，西德的保费收入达813.53亿美元，居世界第三位，人均保费为1329.9美元，居世界第四位。1987年，西德的寿险公司为103家、非寿险公司为143家、较大的再保险公司为26家，在西德开业的外国保险公司为43家，而西德在国外的保险公司有3/4在欧共体市场。西德还是世界上最早实行社会保险制度的国家之一，主要类别有疾病险、事故保险、养老金保险及失业保险等。相比之下，东德的保险业和保险市场就落后得多。

1989年“柏林墙”倒塌，两德合并，德国保险市场出现了新的变化。近年来德国保险险种不断创新，费率竞争日趋激烈，市场日益开放，已成为居美国、日本之后的第三大保险大国。1995年，德国的保费收入为155.051亿美元、保险深度为6.42%、保险密度为1899.2美元。1996年，慕尼黑再保险集团再保费收入净额以13 188 942美元高居世界再保险公司之首。2008年，德国的保费总收入为2430.85亿美元，居世界第五位，其人均保费为2919美元。

重要概念

保险市场　相互制保险　合作制保险　个人保险　劳合社　偿付能力

思 考 题

1. 简述保险市场的主要特征。
2. 保险市场主要有几种类型？
3. 试分析比较几种类型的保险人的组织形式。
4. 简述影响保险供给的主要因素。
5. 简述影响保险需求的主要因素。

第十四章 保险监管

第一节　保险监管概述

一、保险监管的产生及其原因

(一) 保险监管的产生与发展

保险业是经营保险商品的特殊行业。它作为经济损失补偿体系的一个重要组成部分，对社会经济的发展和人民生活的安定，具有不可替代的地位和作用，素有社会的“稳定器”与“助动器”的美称。因此，世界各国包括那些实行自由经济的国家，无不对保险业实施监管。

保险监管是指一个国家对本国保险业的监督和管理。一个国家的保险监管制度通常由两大部分构成：一是由国家制定有关的保险法规，对本国保险业进行宏观指导与管理；二是由国家设专职的保险监管机构，依据法律或行政授权对保险业进行行政管理，以保证保险法规的贯彻执行。

保险监管的历史最早可追溯到16世纪后半期。在此之前，保险公司的设立、保险公司的运营、保险公司的破产等，都是按照市场自由竞争的原则进行，国家不强行干预。但是随着商品经济和社会的发展，保险在西方各主要资本主义国家得到了空前的发展，大家一致认为保险业有利可图，纷纷进入该领域投机经营。随着竞争的逐渐激化，保险业出现了无序混乱的局面，新的保险公司相继成立，老的保险公司陆续倒闭，从而给被保险人以及整个社会带来很大的损害。

面对这种局面，一些国家开始干预保险业，通过保险立法或成立专门机构对保险业进行监管。最早建立保险监管制度的国家是英国，其于1575年率先成立了保险商会，当时的英国政府要求海上保险单必须向该商会办理登记。1720年，英国女王特许皇家交易保险公司和伦敦保险公司统一经营海上保险，其他保险公司不得涉足。18世纪40年代，为了区分赌博与正常的保险业务，英国颁布了禁止赌博性保险的法律，从而诞生了保险利益这一重要的保险概念。现代保险监管制度发展的一个重要标志是国家授权给专门的保险监管机构，使其专司保险监管之责。这种制度最早产生于美国。在美国的内战爆发之前，国家对保险业几乎不加约束，放任经营，结果弊端频出，如不公平的保险条款充斥市场、由于责任准备金提取不足导致保险公司倒闭等，严重影响了保险业的健康发展。对此，政府不得不考虑对保险业进行监管。1851年，新罕布什尔州率先设立保险监督署，1855年，马萨诸塞州也设立了类似的保险监管机构。1857年，由于俄亥俄州人寿保险公司纽约分公司及辛

辛那提信托公司经营突然失败引起金融恐慌，促使政府于1859年成立了纽约州保险监督委员会，其他各州纷纷效仿，从而建立了具有现代意义的保险监管机构。

现代保险监管制度发展的一个重要标志是保险监管法规的不断完善。这方面的先行者还是英国。1870年，英国颁布了《寿险公司法》，对寿险公司的保证金、财产账户、公司兼并等做出了规定，并且创立了保险人的信息公开制度。随后英国在1909年颁布了《保险公司法》，并在以后的保险监管中不断完善。

与此同时，奥地利于1859年、瑞士于1885年、德国于1909年也都先后建立了各自的保险监管制度。到20世纪20年代，西方各发达国家已普遍采取国家监管，保险业至此进入新的发展阶段。尽管欧美各国的经济政策经历了由自由放任到政府干预再到自由主义复兴的变迁，但由于保险业本身的特殊性及其在整个国民经济中举足轻重的地位，目前各国政府仍然没有完全放开对保险业的监督管理，其目的是通过建立一套高效的宏观保险监管体制，从制度上确保保险业在社会经济中的稳定发展并实现良好的社会效益。

(二) 保险监管产生与发展的原因

保险监管之所以具有国际普遍性，主要是由以下的保险业的性质及其经营特点所决定的。

1. 保险事业的公共性

建立在互助共济基础上的保险业，其公共性质主要体现在保险经营具有负债性、保障性和广泛性。所谓负债性，是指保险公司的保险基金是建立在收取保费的基础上，其很大一部分是保险公司未来的准备金。保险准备金是必须依法提取的，专门用于将来的赔偿或给付，它是保险公司对其客户的负债，而不是保险公司的资产，在保险合同期满之前不被保险公司所有。保险经营的此项特征，决定了它不适用一般商业的自由竞争原则，不能任凭保险公司在市场竞争中优胜劣汰、自生自灭。所谓保障性，是指保险的基本职能是损失补偿或保险金的给付，在突如其来的灾害面前，在巨大的损失发生以后，通过它的赔偿或给付使社会生产尽快恢复，使人民生活早日安定。如果保险公司本身经营不善甚至破产倒闭，其正常的赔偿或给付职能就无法履行，也就起不到"稳定器"的作用。所谓广泛性，是指保险业对整个社会有较大的影响力和渗透力。从范围上看，一家保险公司的经营失败可能涉及众多的企业和家庭的安全；从时间上看，一张保险单可能涉及投保人的终生保障。如果保险业这个"安全网"出现了问题，即使是一家保险公司经营不善，也必然导致众多的企业和家庭失去保障，进而引发社会震荡。总之，由于保险业的公共性质，决定了国家对其进行监管的必要性。

2. 保险合同的特殊性

与一般的商业合同相比，保险合同有其特殊性，表现为其具有双务性、射幸性、条件性、附和性、补偿性及个人性。之所以要对保险业进行监管，主要是因为保险合同的射幸性和附和性。

(1) 保险合同射幸性与保险监管的关系。保险合同的射幸性体现在当事人的权利义务不具有等价交换关系。在合同有效期内，如果保险标的发生损失，被保险人得到的赔偿金额可能远远超过其所支出的保险费；反之，如果保险标的没有受损，则被保险人只付出了保费而没有得到任何货币补偿。对于保险人来说，情形正好相反。因此，必须通过政府监管，以确保保险合同交易的公平合理。

(2) 保险合同附和性与保险监管的关系。附和合同是指当事人的一方提出合同的主要内容，另一方只是做出取或舍的决定，一般没有商议变更的余地。保险合同就具有这样的特点。保险人依照一定的规定，制定出保险合同的基本条款，投保人依照该条款，同意投保或不同意投保，一般没有修改某项条款的权利。产生这种情况的历史原因是，由于保险业的普及和发展，各国保险业的交叉经营及协作，保险合同逐渐出现技术化、定型化和标准化的趋势。一般地，保险合同的主要条款由保险人一方确定，通常是印制好的标准合同条款，包括承保的基本条件、双方的权利义务等。从表面上看，保险合同是双方自愿签订而成立的，实际上，这种保险合同是建立在当事人一方信息不对称、交易力量不相等的基础上的。因此，政府从保护被保险人的权益出发，对保险合同的条款、费率等进行严格审核，以达到公平合理的目的。

3. 保险技术的复杂性

保险技术非常复杂，主要体现在几个方面：保险承保的对象既包括生产资料，又包括人；保险承保的风险有财产风险、生命风险、法律风险、信用风险等；保险精算要以数学及统计学为基础；保险法规、保险条款及保险惯例，有很专门的术语。以上各种情况，并非一般的投保人能够完全了解，进而去进行理智的选择，因此非常需要保险监管机构对保单条款及费率水平进行审核，以保护投保人的利益。

4. 保险市场具有一定的垄断性

从经济学角度考虑，国家对保险业进行监管主要是为维护市场配置资源的有效性，避免市场失灵，以追求社会福利的最大化。

根据西方经济学的一般原理，在完全竞争的市场中，资源在“看不见的手”的支配下，能自动实现在全社会的最优配置，但是，完全竞争的情形在现实中很难做到，因为其假设条件过于苛刻。因此，资源配置总是存在一定的无效性。事实上，目前世界各国的保险市场都不同程度地存在着市场支配力现象，即一个或多个销售者具有影响他们所交易的商品或服务价格的能力。在垄断条件下，保险公司通过制定高于其边际成本的价格，以牺牲消费者利益为代价，实现个别企业的高额垄断利润。例如，伊朗和印度属于垄断市场，日本和韩国属于寡头市场。

国家从整个社会的角度衡量，有必要对市场行为加以干涉，以实现“帕累托改进”，即在不损害一部分人利益的条件下，考虑如何增进其他人的利益。例如，通过价格管制，使保险人在增加产品销量、维持甚至增加原有收益的前提下，使消费者的消费数量增加。在各种措施中，后果最强烈的无疑是制定反垄断法或反托拉斯法，这方面尤以美国为代表，旨在促进竞争。

5. 保险交易双方信息的不对称性

在关于完全竞争市场的假设中，有一条假设是生产者和消费者拥有完全信息。事实上，这是无法成立的。信息的不对称性往往是造成保险市场失灵的主要原因。所谓信息的不对称性，是指交易一方拥有而另一方缺少相关信息。

交易双方事先信息不对称的例子是次品市场，所产生的后果是逆向选择。作为保险销售者，其对保险产品的了解要比保险购买者多，而个人和小企业等保险购买者无力评估和

监督保险企业的财务状况，从而可能导致“旧车问题”；同时，保险购买者对自身情况的了解往往多于保险销售者，就有可能以低于合理保费的价格取得保险，这种倾向被称为“逆向选择”。

交易双方事后信息不对称的例子是委托人-代理人问题，所产生的后果是道德危险，表现在保险市场中，即个人行为由于受到保险的保障而发生变化的倾向。此处，保险公司是委托人，投保人或被保险人是代理人。例如，已投保车辆损失险的人可能比未投保的人开车更莽撞一些，这种疏于防范的行为，会加大保险经营的风险。信息不对称的更极端结果就是欺诈。保险的高额赔偿或给付，极易引诱被保险人从事保险欺诈。

因此，国家一方面应尽力提供信息传递渠道，减少信息不对称性；另一方面，应采取法律的手段控制道德危险，减少信息不对称造成的不利结果，维护处于信息弱势一方的利益。

二、保险监管的原则与目标

（一）保险监管的原则

保险监管的通用原则一般包括四个：坚实原则、公平原则、健全原则和社会原则。

1. 坚实原则

坚实原则是保险监管的首要原则，其目的是保证保险业的清偿能力，进而维护广大被保险人的权益，其内容包括资产坚实和负债坚实。前者是对保险业资产的要求，不仅要数量充足，而且要质量上乘；后者是对保险业负债的要求，即各种准备金要及时足额地提取，以满足将来的赔偿或给付需要。

2. 公平原则

公平原则包括两层含义：一是对保险新加入者的公平，包括申请加入保险业者的资格、申请条件、经营过程中的竞争要公平，规则要一视同仁，不能厚此薄彼；二是保单条款及保险费率要公平，同一险种、同一保险责任、同一条件的投保人之间不能有人为的歧视。符合条件的优惠费率不在此列。

3. 健全原则

健全原则是指保险监管者在监管过程中要指导、督促保险业的正常经营和健康发展，提高保险的经营效益，维护企业的股东及合伙人的权益，其内容包括全面提高保险服务质量、不断提供适合社会需要的保险险种、努力创造保险经营的经济效益和社会效益等。

4. 社会原则

社会原则的出发点是根据国家经济发展和社会政策的需要，积极发展保险业，促进社会进步和经济发展。其主要内容包括扩大保险保障的覆盖面、宣传保险和风险的管理知识、积极而又稳健地运用保险资金、为国家经济建设和社会发展服务。

（二）保险监管的目标

1. 保证保险人具有足够的偿付能力

保险业是经营风险的行业，保险产品是保险人在约定的事故发生时对投保人进行经济

补偿的承诺。但缴费在前，赔付在后。一旦保险人的偿付能力不足甚至破产，就会使得被保险人在保险事故发生时不能得到补偿，从而极大地损害投保人和被保险人的利益。因此，保证保险人具有足够的偿付能力是保险市场监管的核心内容和首要目标。为保证保险人具有足够的偿付能力，各国保险法规对保险公司的最低资本金、资本充足性、保证金及各项责任准备金的提取、业务的分保、偿付能力的计算标准等都做出了明确的规定。

2. 防止保险欺诈

作为一个特殊行业，防止保险市场的欺诈具有特别重要的意义，而利用保险进行欺诈的手法很多，主要包括以下三个方面：

(1) 保险人方面的欺诈。保险人方面的欺诈行为包括保险人缺乏必要的偿付能力经营保险业务；超出核定的业务范围经营保险业务；不具有保险人的资质却经营保险业务；利用自己拟定保险条款和制定保险费率的优势欺骗投保人或被保险人。针对此类欺诈行为，保险监管机构可以通过审定保险经营范围、审批保险条款、制定明确的偿付能力指标等来防范。

(2) 投保人方面的欺诈。来自投保人方面的欺诈花样很多，手法各异。主要表现在投保人利用保险谋取不当利益，例如，投保人故意制造保险事故；没有发生保险事故，谎称发生了保险事故；在事故发生以后，故意夸大其经济损失，以获取更多的保险赔款等。针对此类行为，各国保险法大都规定了保险利益原则、最大诚信原则、损失补偿原则、保险人的责任免除等来加以杜绝。

(3) 社会方面的欺诈。社会方面的欺诈包括保险公司以外的单位或个人，未经主管机关批准非法从事保险经营活动，盗用保险人或其代理人的名义骗取客户；保险公司工作人员内外勾结，编制假案，骗取保险赔款等。针对此类行为，各国保险法都规定了具体的罚则，包括行政处罚、经济处罚及法律处罚，以此来打击和制止此类违法犯罪行为。

3. 确保保险业整体稳定发展

对保险市场设施监管的另一个目标在于保持保险市场的适度竞争，限制、避免恶性竞争的行为，有助于效率目标的实现。不合理的恶性竞争，不但提高企业的经营成本，形成无效率运作，而且容易导致偿付能力的消失。通过监管可以防止市场独占或过度竞争、减少破产保险企业的数量、保证合理的价格水平，最终促进保险业的健康发展。因此，需要建立完善的市场准入与退出机制，并对保险机构的兼并、破产等行为实施监管，防止一家保险公司经营不善导致的偿付危机扩散，维护整个保险业整体的稳定发展。

第二节 保险监管机构与法律规范

一、保险监管机构及职责

保险监管机构是依法履行保险监管职责的行政机构。有的国家由财政部、金融监管局、商业部和中央银行等政府行政部门中某一个来承担保险监管机构的职责；有的国家则由多个行政部门共同承担保险监管机构的职责；更多的国家是设立专门的行政机构，即保险监

管机构具体负责本国的保险监管事宜。

在我国，保险业的监管职责几经变化，中国人民银行、财政部等部门在不同时期都曾经行使过监督管理保险业的职能。1949 年前夕，已获解放的地区，保险业的监管暂由该地军管会金融处负责；1949 年后，中国人民保险公司受中国人民银行领导并监督；1952 年 6 月后，保险业划归财政部领导；1959 年后，全国的保险业务除上海、天津、广州等城市维持下来外，其余全部停办，中国人民保险公司又划归为中国人民银行领导，成为国外业务局下属的保险处；1979 年国内保险业务恢复办理后，保险业仍由中国人民银行监督管理；1998 年 11 月 18 日，随着银行业、证券业、保险业分业经营，国务院批准设立中国保险监督管理委员会(China Insurance Regulatory Commission，CIRC)，专门负责保险行业的监督管理职能。

中国保险监督管理委员会(简称中国保监会)是国务院直属正部级事业单位，根据国务院授权履行行政管理职能，依照法律、法规统一监督管理全国保险市场，维护保险业的合法、稳健运行。其主要职责是：拟定保险业发展的方针政策，制定行业发展战略和规划；起草保险业监管的法律、法规；制定业内规章。其具体工作有以下几个方面：

(1) 审批保险机构的设立。主要包括保险集团公司、保险控股公司、保险资产管理公司、境外保险机构代表处、保险代理公司、保险经纪公司、保险公估公司、境内保险机构和非保险机构在境外设立保险机构等的设立审批。

(2) 审批保险机构的合并、分立、变更、解散，决定接管和指定接受。参与、组织保险公司的破产、清算。审查、认定各类保险机构高级管理人员的任职资格。

(3) 制定保险从业人员的基本资格标准。

(4) 审批关系社会公众利益的保险险种、依法实行强制保险的险种和新开发的人寿保险险种等的保险条款和保险费率，以及对其他保险险种的保险条款和保险费率实施备案管理。

(5) 依法监管保险公司的偿付能力和市场行为。

(6) 负责保险保障基金的管理，监管保险保证金。

(7) 根据法律和国家对保险资金的运用政策，制定有关规章制度，依法对保险公司的资金运用进行监管。

(8) 对政策性保险和强制保险进行业务监管。

(9) 对专属自保、相互保险等组织形式和业务活动进行监管。

(10) 归口管理保险行业协会、保险学会等行业社团组织。

(11) 依法对保险机构和保险从业人员的不正当竞争等违法、违规行为，以及对非保险机构经营或变相经营保险业务进行调查、处罚。依法对境内保险及非保险机构在境外设立的保险机构进行监管。

(12) 制定保险行业信息化标准，建立保险风险评价、预警和监控体系，跟踪分析、监测、预测保险市场运行状况，负责统一编制全国保险业的数据、报表，抄送中国人民银行，并按照国家有关规定予以发布等。

二、保险监管法律体系

保险监管法律体系是指由现行的所有保险法律、法规(包括规范保险市场行为的单行法

律、条例、决定或办法等)等组成的一个系统的法律框架。在我国，保险监管法律体系主要由法律、行政法规、部门规章和规范性文件等构成。

(一) 法律

法律包括全国人民代表大会常务委员会通过并颁布实施的有关保险的法规，如《中华人民共和国保险法》、《中华人民共和国海商法》和《中华人民共和国道路交通安全法》等。

(二) 行政法规

行政法规包括国务院通过并公布或由国务院授权颁布的法规，如《中华人民共和国外资保险公司管理条例》、《中华人民共和国道路交通安全法实施条例》、《机动车交通事故责任强制保险条例》和《中华人民共和国信访条例》等。

(三) 部门规章

部门规章包括政府有关部门制定并颁布的部门规章，如《保险公司管理规定》、《保险经纪公司管理规定》、《保险代理机构管理规定》、《保险公估公司管理规定》、《保险企业财务制度》、《保险监管报表管理暂行办法》、《保险公司偿付能力额度及监管指标管理规定》、《保险公司偿付能力报告编报规则》、《财产保险公司分支机构监管指标》、《人身保险新型产品信息披露管理暂行办法》、《健康保险管理办法》、《保险公司设立境外保险类机构管理办法》、《保险营销员管理规定》、《中国保险监督管理委员会行政处罚程序规定》、《中国保险监督管理委员会行政许可事项实施规程》、《中国保险监督管理委员会行政许可实施办法》和《保险资金间接投资基础设施项目试点管理办法》等。

(四) 规范性文件

规范性文件包括保险监管机构制定并颁布的规范某类业务或经营行为的制度，如《关于加强机动车交通事故责任强制保险中介业务管理的通知》、《关于规范保险经纪、公估机构法人许可证期满换发流程的通知》、《关于加强保险统计数据质量管理的通知》、《关于保险保障基金汇算清缴有关问题的通知》、《关于保险机构投资者股票投资交易有关问题的通知》、《关于规范银行代理保险业务的通知》、《关于规范团体保险经营行为有关问题的通知》、《关于进一步做好旅游保险工作的意见》、《关于外国财产保险分公司改建为独资财产保险公司有关问题的通知》和《关于规范大型商业风险经营行为的通知》等。

(五) 其他相关法律、法规

其他相关法律、法规是指其他涉及保险监管内容并可能成为保险依据的法律、法规，如《中华人民共和国公司法》、《中华人民共和国合同法》、《中华人民共和国民法通则》、《中华人民共和国刑法》、《中华人民共和国证券法》、《中华人民共和国证券投资基金法》、《中华人民共和国对外贸易法》、《中华人民共和国会计法》、《中华人民共和国反不正当竞争法》和《中华人民共和国消费者权益保护法》等。

三、广义保险监管体系

任何一个国家要实现保险监管的目标，都不仅只是通过政府监管来完成的。广义的保险监管体系，还包括企业内控、行业自律和社会监督等重要手段。企业内控是指保险公司为了有效地配置各种资源，实现既定的经营目标，而对内部各职能部门及工作人员从事的

业务活动进行自我规范、约束、评价和控制的一系列制度、程序和方法，是对公司经营所面临的各种风险进行事前防范、事中控制、事后监督及纠正的动态过程和机制。保险监管是否能够实现其目标，最终取决于保险监管的对象，即保险公司和中介机构，它们是否真正做到了完全意义上的依法合规经营。因此，企业内控成了整个监管体系的基础。

行业自律是指保险行业的自我约束制度，是各保险公司及中介机构为了保证其个体利益和整个行业共同的、长远的发展战略利益以及体现行业的社会责任而自愿组成具有社团性质的协会或公会组织，并依托这类行业组织对自身的经营管理行为进行自我约束、自我协调、相互监督。从国外保险业的经营实务中可以看出，相当一部分经营管理问题是可以通过行业内部协商达成一致后加以解决的，有效的行业自律不仅可以为政府监管提供支持和补充，甚至在某些方面可以替代政府监管，从而实现社会资源的优化利用。

社会监督是指整个社会(包括保险产品的消费者、媒体、社会公众以及其他政府职能部门等)对保险行业进行监督，其内容广泛、形式多样，如对保险公司及中介机构的经营管理行为提出意见、建议，检举或控告；对保险公司及中介机构进行独立的专业资信评估；对经营者乃至监管者的行为进行舆论监督等。将保险业置于社会监督之下，一方面，有助于强化政府监管部门自身的依法监管意识，规范行政执法行为；另一方面，有助于借助社会力量以及通过舆论监督，对违法违规行为起到震慑和教育作用。可以说，有力的社会监督，可以促进信息的透明化，进一步增强其他各种监管手段的有效性。

政府监管、企业内控、行业自律和社会监督作为广义保险监管体系的有机组成部分，相互之间既有分工，又有合作。而各种监管手段之间如何取得平衡，在很大程度上取决于保险业的发展状况。在保险市场机制尚不健全的情况下，市场容易滋生投机行为，行业自律机制也相当不稳定，而对保险业的经营原则及基本规律尚不熟悉的公众参与外部监督的能力尚不完备，此时，政府监管无疑在监管体系中发挥主要的作用。随着保险业的逐渐成长和市场机制的逐步发育，行业自律水平将逐步提高，企业内控也会日益成为保险公司及中介机构的自觉行为，社会监督的作用也日益凸显，政府监管部门的监管活动便可相应精简。在这个动态的平衡过程中，为了促进市场的发育，维持良好的市场秩序，确保保险业的可持续发展，政府监管部门必然要坚持“有所为、有所不为”的原则，既不缺位也不越位，合理配置监管力量，不断提高监管效率。

第三节　保险监管的内容

保险监管通常包括三大方面，即偿付能力监管、市场行为和监管公司治理监管。这三个方面相辅相成，缺一不可。下面分别介绍这三个方面的内容。

一、偿付能力监管

(一) 偿付能力监管的概述

1. 偿付能力概念

偿付能力是指保险公司承担所有到期债务和未来责任的财务支付能力。实际偿付能力额度是指保险公司的实际资产减去实际负债，其中实际资产和实际负债都要按照监管要求和公共会计准则进行估价和核准。最低偿付能力额度是指国内法律规定的偿付能力额度的最低数额，它是监管部门从监管的角度据此判断公司偿付能力状况的重要指标。保险公司的实际偿付能力额度应当保持在法定最低偿付能力额度以上，否则就会被要求采取相应措施来提高其偿付能力。

保险公司的偿付能力体现为保险公司对所承担风险的赔偿或给付能力，它反映的是保险公司资产和负债的一种关系。通过对偿付能力的监管，目的是确保在任何情况下，保险业都有足够的偿付能力和较好的财务状况，使保险公司偿付能力不足的可能性降到最小。只有这样，保险业才能健康发展。

2. 偿付能力监管是保险监管的核心

各个国家的保险监管模式和监管制度因其不同的发展历史、社会经济背景及监管的理念和经验而各不相同，但都毫无疑义地将偿付能力监管确定为保险监管的核心内容。一般而言，在市场发展初期，保险监管机关更多地关注市场行为和市场发展的监管。随着市场的成熟，当市场行为和市场发展中的一些问题可以更多地通过市场本身和行业自律的方式来解决时，保险监管就由以条款费率监管和审批制度为主逐渐向以偿付能力监管为核心转变。

充足的偿付能力是保险公司经营产品与服务的必要前提和保证。监管保险公司的偿付能力程度和水平，防范由于偿付能力不足所导致的公司经营风险，保护广大保险消费者的利益和收益的安全，是保险公司偿付能力监管的出发点和目的所在。

3. 偿付能力监管的基本内容、制度及主流趋势

偿付能力监管的具体内容分述如下：

(1) 偿付能力监管的基本内容。偿付能力监管可以分为两个层次：一是偿付能力常规监管。从理论上讲，如果在没有巨灾发生的正常年度，只要监督保险公司厘定适当、公平、合理的保险费率，自留与其净资产相一致的承保风险，并提足各项准备金，使保险基金保值、增值，保险公司就能有足够的资金进行赔偿或给付，维持其偿付能力。偿付能力常规监管，主要体现在对保险费率的厘定、准备金的提取、风险自留额的确定以及保险资金的运用等做出了规定。二是偿付能力额度监管。在非正常年度，很可能发生巨额赔偿或给付，使实际赔偿或给付超出预定的额度；同时，投资收益也可能偏离预期的目标；另外，费率的测算和准备金的提存是基于一些经验假设，本身也会产生偏差，以上三种情况要求保险公司认可资产减去认可负债后的余额，保持在最低偿付能力额度以上。偿付能力额度类似于银行的资本充足率概念，是衡量保险公司偿付能力的重要指标。

(2) 偿付能力监管的制度及主流趋势。偿付能力监管制度通常由三个方面的内容构成：一是偿付能力的计算方法，它包括保险公司资产和负债的谨慎评估标准、风险资本评估标准和法定最低偿付能力标准等，运用这些标准对负债、资产的质量、流动性和价值、资产和负债的匹配进行评估；二是偿付能力真实性的检查方法，它包括财务报告、精算报告制度、偿付能力报告、监管部门的现场检查及非现场监督制度；三是偿付能力不足时的处理方法，它包括监管部门根据保险公司的偿付能力水平而采取的整顿、接管、清算等监管措施。

不同国家的偿付能力监管制度有所差异。大体上可以分为偿付能力常规监管、偿付能力额度监管及两者并重的全方位偿付能力监管三类。美国实行的是典型的全方位偿付能力监管模式；日本和德国原来实行的是偿付能力的常规监管模式，现在逐渐放松对条款费率的管制，越来越重视对偿付能力额度的监管，其中日本建立了类似于美国风险资本(RBG)式的偿付能力额度监管制度。而欧盟正在致力于实现“偿付能力Ⅱ计划”，该计划的主要目的是建立风险基础资本法，对保险公司偿付能力进行全方位的动态监管。

(二) 我国的偿付能力监管

我国于 1995 年 10 月 1 日开始实施的第一部《保险法》，首次对保险公司偿付能力监管做出了具体的规定：一是最低偿付能力；二是各项准备金、公积金和保险保障基金的提取；三是保险公司的资金运用；四是各类保险险种的保险条款和保险费率的审批和备案；五是规定了办理再保险分出业务的条件。可以说，我国的保险偿付能力监管模式是全方位的。

中国保监会于 2000 年 1 月颁布了《保险公司管理规定》，对偿付能力管理进行了强化。2001 年 1 月，中国保监会制定了《保险公司最低偿付能力及监管指标管理规定》，系统、全面地规定了偿付能力监管的有关问题。针对偿付能力监管的主要环节和制度基础，2003 年 1 月修订后实施的《保险法》对责任准备金提取、监管指标体系、精算制度建立、报表资料真实性、保险资金运用等方面做出了详细的规定，为加强偿付能力监管提供了法律依据。2003 年 3 月颁布的《保险公司偿付能力额度及监管指标管理规定》不仅总结了 2001 年《保险公司最低偿付能力及监管指标管理规定》运行两年来的实际效果，同时也进一步借鉴了国外保险偿付能力监管的相关经验。2008 年，中国保监会颁布了《保险公司偿付能力管理规定》(以下简称《管理规定》)，该《管理规定》建立了与国际趋同的、以风险为基础的动态偿付能力监管框架，并明确提出了分类监管要求，建立了分类监管机制。2009 年 10 月 1 日实施的新的《保险法》拓宽了保险资金运用的渠道，并对保险公司偿付能力做出了原则性的规定。截至目前，我国已经初步建立起较为完善的偿付能力监管体系。

1. 偿付能力监管体系的建立

偿付能力监管体系的建立主要包括以下几个方面：

(1) 法律对保险公司偿付能力提出严格要求。我国《保险法》规定保险公司应当具有与其业务规模相适应的最低偿付能力。并且规定保险公司应当使其认可资产减去认可负债的差额不得低于保险监督管理机构规定的数额；低于规定数额的，应当增加资本金，补足差额。我国《保险法》明确提出了偿付能力监管的基本原则，规定中国保监会为认可资产和认可负债计算方法的制定机构。法律明确了保险监督管理机构在偿付能力监管中的作用，要求中国保监会应当建立健全保险公司偿付能力监管指标体系，对保险公司的最低偿付能力实施监控。

(2) 完善了偿付能力监管框架。为了完善偿付能力监管体系，2003 年 3 月 24 日，中国保监会颁布了《保险公司偿付能力额度及监管指标管理规定》。该规定确定了财产保险业务和人寿保险业务的最低偿付能力的计算方式和实际偿付能力的计算方法，并且分别给出了两类不同业务的监管指标，进一步细化了偿付能力额度监管和监管指标的管理。此外，该规定采取了固定比率法计算公司的法定偿付能力额度，没有采用风险基础资本法，主要是

考虑到我国保险市场尚处于初级阶段，在管理经验、数据基础、技术资源和人员力量等诸多方面尚不具备采用风险基础资本法的条件，而采用固定比率法与我国保险业目前发展状况较为适应。随着我国保险业的不断发展，《保险公司偿付能力额度及监管指标管理规定》的部分内容已经不能适应发展的需要了。因此，2008年颁布的《管理规定》取消了监管指标的规定，建立了与国际趋同的、以风险为基础的动态偿付能力监管框架，具体体现在两个方面。一方面，《管理规定》要求偿付能力评估、报告、管理、监督都是以风险为导向。在评估方面，《管理规定》要求保险公司应当以风险为基础评估偿付能力；在报告方面，要求保险公司披露内部风险管理情况和面临的风险；在管理方面，明确提出偿付能力管理是保险公司的综合风险管理，要求保险公司建立内部风险管理机制，防范各类风险；在监督方面，通过对公司风险进行综合评价，采取不同的监管措施。另一方面，《管理规定》建立了动态偿付风险监测、防范体系，确立了由年度报告、季度报告和临时报告组成的偿付能力报告体系，并要求保险公司进行动态偿付能力测试，对未来规定时间内不同情形下的偿付能力趋势进行预测和评价，从而使监管部门可以及时监测保险公司偿付能力变化情况，采取监管措施。《管理规定》还明确提出了分类监管要求，其第三十七条至第四十条建立了分类监管机制，根据偿付能力状况将保险公司分为三类，即不足类公司、充足Ⅰ类公司和充足Ⅱ类公司，并对三类公司分别采取不同的监管措施。

(3) 颁布了一系列的偿付能力编报规则。为加强偿付能力监管，科学评估保险公司的偿付能力，中国保监会研究制定了《保险公司偿付能力报告编报规则第1号：固定资产、土地使用权和计算机软件》、《保险公司偿付能力报告编报规则第2号：货币资金和结构性存款》、《保险公司偿付能力报告编报规则第3号：应收及预付款项》、《保险公司偿付能力报告编报规则第4号：委托投资资产》、《保险公司偿付能力报告编报规则第5号：证券回购》、《保险公司偿付能力报告编报规则第6号：认可负债》、《保险公司偿付能力报告编报规则第7号：投资连接保险》、《保险公司偿付能力报告编报规则第8号：实际资本》、《保险公司偿付能力报告编报规则第9号：综合收益》、《保险公司偿付能力报告编报规则第10号：子公司、合营企业和联营企业》、《保险公司偿付能力报告编报规则第11号：动态偿付能力测试(人寿保险公司)》、《保险公司偿付能力报告编报规则第12号：年度报告的内容与格式》、《保险公司偿付能力报告编报规则第13号：季度报告》、《保险公司偿付能力报告编报规则第14号：保险集团》、《保险公司偿付能力报告编报规则第15号：再保险业务》、《保险公司偿付能力报告编报规则第16号：动态偿付能力测试(财产保险公司)》。

经过几年的时间，中国保监会已经全部完成了保险公司偿付能力报告编报规则的制定工作，并全部颁布实施。这些编报规则与2008年颁布的《管理规定》一起构建了比较完善的偿付能力监管制度体系，初步建立了适合中国保险发展和资本市场实际状况的偿付能力监管模式。

(4) 出台了清晰可循的偿付能力监管措施。我国《保险法》有关条款规定，保险公司实际偿付能力额度低于最低偿付能力额度的，应当采取有效措施，改善偿付能力状况，并将其有关整改方案具体措施和到期成效等情况向中国保监会报告。2008年颁布的《管理规定》对偿付能力不足规定了具体的措施，其第三十七条规定：“中国保监会根据保险公司偿付能力状况将保险公司分为下列三类，实施分类监管：一是不足类公司，指偿付能力充足率低于100%的保险公司；二是充足Ⅰ类公司，指偿付能力充足率为100%～150%的保险公司；

三是充足Ⅱ类公司，指偿付能力充足率高于150%的保险公司。中国保监会不将保险公司的动态偿付能力测试结果作为实施监管措施的依据。”其第三十八条规定：“对于不足类公司，中国保监会应当区分不同情形，采取下列一项或者多项监管措施：第一，责令增加资本金或者限制向股东分红；第二，限制董事、高级管理人员的薪酬水平和在职消费水平；第三，限制商业性广告；第四，限制增设分支机构、限制业务范围、责令停止开展新业务、责令转让保险业务或者责令办理分出业务；第五，责令拍卖资产或者限制固定资产购置；第六，限制资金运用渠道；第七，调整负责人及有关管理人员；第八，接管；第九，中国保监会认为必要的其他监管措施。”其第三十九条规定：“中国保监会可以要求充足Ⅰ类公司提交和实施预防偿付能力不足的计划。”其第四十条规定：“充足Ⅰ类公司和充足Ⅱ类公司存在重大偿付能力风险的，中国保监会可以要求其进行整改或者采取必要的监管措施。”

2．其他相关影响因素的监管

偿付能力是一个综合性的指标，它受到保险公司内外部多种因素的影响，具体来说，这些影响保险公司偿付能力的因素包括最低资本和资本性质的要求、保险产品的条款和费率、准备金的提取、再保险的办理、保险资金运用等。其具体内容分别如下：

(1) 最低注册资本和资本性质的要求。我国《保险法》规定，设立保险公司，其注册资本的最低限额为人民币 2 亿元。保险公司注册资本最低限额必须为实缴货币资本。保险监督管理机构根据保险公司业务范围、经营规模，可以调整其注册资本的最低限额。

《保险公司管理规定》按照上述规定进一步明确了人民币 2 亿元的注册资本要求，并且保险公司以此最低资本金额设立的，在其住所地以外的每一省、自治区、直辖市首次申请设立分公司，应当增加不少于人民币 2000 万元的注册资本。

申请设立分公司时，保险公司注册资本已达到前款规定的增资后额度的，可以不再增加相应的注册资本。保险公司注册资本达到人民币 5 亿元，在偿付能力充足的情况下，设立分公司不需要增加注册资本。

(2) 保险产品的条款和费率。保险产品的条款和费率对保险公司的最终偿付能力有着直接的影响，这是因为条款和费率共同构成了保险产品定价的基础，如果保险公司的产品定价是稳健合理的或者说保险产品的条款和费率设定比较科学，则保险公司在正常年份发生偿付能力危机的可能性将处在一个较低的水平上。反之，如果保险公司的费率厘定偏低，定价策略过于激进，则其未来的实际损失与期望损失之间出现偏差的可能性就比较大，发生偿付能力危机的可能性也较大。

我国保险业对保险产品条款和费率的监管，经历了一个从严格管制到逐步放松的转变过程。根据 1995 年我国《保险法》的相关规定，商业保险主要险种的基本条款和费率由监管部门制定，在这一法律规定下，各保险公司采用的是统一条款和统一费率。2002 年在修订《保险法》时则首次对保险条款和费率管理制度进行了改革。根据修订后的《保险法》，保险条款费率由保险公司制定，其中关系社会公众利益、实行强制保险和新开发的人寿保险等的条款费率应当报监管机构审批，其他的报监管机构备案。法律规定上的调整为我国保险业费率市场化打开了空间。

2004 年中国保监会颁布了《人身保险产品审批和备案管理办法》，该办法规定除了中国保监会认定的关系社会公众利益的产品、依法实行强制保险的产品以及新开发的人寿保

险产品这三类产品，保险公司的其他产品实行事后备案制度，不用再报中国保监会审批。2005年中国保监会颁布了《财产保险公司保险条款和保险费率管理办法》，该办法规定中国保监会将仅对强制保险条款、机动车辆保险条款、投资性保险条款以及保险期间超过一年的保证保险和信用保险等四类险种实施行政审批，其他险种的保险条款均适用于备案管理。新的保险产品管理制度的提出，有效增强了保险公司产品创新和服务创新的积极性，从而能鼓励保险公司开发更多更好的符合社会需求的保险产品。

(3) 准备金的提取。准备金是保险公司根据精算原理，按照一定的比例从保费中提留的资金，它是保险公司对广大投保人和被保险人的负债。从保险经营的角度来看，准备金往往构成了保险公司负债的绝大部分，是保险公司进行赔偿和给付的基础。因此，保险公司提取的准备金是否充足，直接关系到保险公司未来的赔偿和给付能力。我国《保险法》在法律上规定了保险公司必须提取各项责任准备金、未决赔款准备金以及公积金，并且对未按照规定提取或结转各项准备金的行为做出了处罚规定。而具体到准备金的提取和结转办法，主要体现在《保险公司财务制度》、《关于下发有关精算规定的通知》、《关于印发人身保险新型产品精算规定的通知》、《关于印发投资连接保险和万能保险精算规定的通知》以及《保险公司非寿险业务准备金管理办法(试行)》等法规和文件上。

(4) 再保险的办理。再保险对保险公司的偿付能力有着重要影响。通过将部分风险转移给再保险公司，不仅可以有效地改善分出公司的财务状况，扩大其承保风险的数额，还可以凭借再保险人的技术优势，对承保风险进行有效的控制和管理。因此，科学、合理地安排再保险能够有效地增强保险公司的偿付能力。

我国《保险法》对再保险有着明确的规定，其第一百零二条规定："经营财产保险业务的保险公司当年自留保险费，不得超过其实有资本金加公积金总和的四倍。"其第一百零三条规定："保险公司对每一危险单位，即对一次保险事故可能造成的最大损失范围所承担的责任，不得超过其实有资本金加公积金总和的百分之十；超过的部分应当办理再保险。"

为了培育和发展再保险市场，加强对再保险业务的管理，2005年10月14日，中国保监会颁布了《再保险业务管理规定》。该规定是我国第一部全面系统地规范再保险市场的部门规章，内容涉及再保险的业务经营、经纪业务、监督管理、法律责任等若干重要方面。

(5) 保险资金运用。保险资金运用是保险公司经营的重要内容之一。从国际经验来看，汇集大量资金的保险业的功能已经由专门提供风险保障服务发展为既提供风险保障服务又提供资金管理服务。通过保险资金运用，保险公司可以获得良好的投资收益，弥补承保业务上的损失，从而增强保险公司的偿付能力。

对保险资金运用的监管一直以来都是我国保险监管的中心内容之一。近年来，随着我国保险业资产规模的日益扩大，监管机构不断放宽资金运用渠道，加强风险管理与控制，初步形成了较为规范的资金运用监管体制。

二、市场行为监管

保险市场行为监管是指对保险公司经营活动所进行的监管，包括保险机构的设立、高级管理人员的任职资格，以及对保险费率、保单条款、保险资金运用和再保险等经营行为的监督管理。

(一) 保险机构监管

1. 对保险人的组织形式的限制

保险人以何种组织形式进行经营，各个国家和地区根据本国国情均有特别规定。我国保险公司的主要形式有国有独资保险公司、保险股份有限公司、相互保险公司、中外合资保险公司、外商独资保险公司、外国保险公司分公司等。

2. 保险公司申请设立的许可

在保险市场准入的原则上，目前各国大致有两种制度：一种是登记制，即申请人只要符合法律规定进入保险市场的基本条件，就可以提出申请，经政府主管机关核准登记后进入市场。对于符合条件的申请，政府主管机关必须登记。另一种是审批制，即申请人不仅必须符合法律规定的条件，而且还必须经政府主管机关审查批准后才能进入市场。对于符合条件的申请，主管机关不一定予以批准。我国对保险市场的准入采用的是审批制。

3. 关于保险公司的停业问题

政府对保险企业监督管理的目的是为了保证保险公司稳健经营，始终具备充足的偿付能力和避免保险企业破产，以保证被保险人的合法利益不受侵害。如果发现保险公司存在某些违反保险法的行为，可以责令保险公司限期改正，若保险公司在限期内未改正，保险监督管理机关可以决定对保险公司进行整顿；对于违法、违规行为严重的公司，保险监督管理机关可对其实行接管；被接管公司已资不抵债的，经保险监管机关同意可依法宣告破产。

4. 外资保险机构的监管

外资保险机构是指外国保险机构在本国设立的分公司和合资设立的保险公司。对外资保险机构的监管，一般发达国家对此限制较少，而发展中国家为保护民族保险业，对外资保险机构的开业条件、经营业务范围、投资方向及纳税等都有严格要求。我国对外资保险公司开设分支机构和开展业务都有严格的规定。

(二) 经营范围的监管

经营业务范围的监督管理是指政府通过法律或行政命令，规定保险企业所能经营的业务种类和范围。其一般表现为两个方面：一是保险人可否兼营保险以外的其他业务，非保险人可否兼营保险或类似保险的业务，即兼业问题；二是同一保险企业内部，是否可以同时经营性质不同的业务，即兼营问题。保险公司的经营范围由保险监督管理部门核定，保险公司只能在被核定的经营范围内从事保险业务活动。

关于保险公司兼业的问题。为保障广大被保险人的利益，绝大多数国家均通过立法确立商业保险专营的原则，未经主管机关批准，擅自开办保险业务的法人或个人属非法经营，国家主管机关将勒令其停业并给予经济上甚至刑事上的处罚。同样，保险人也不得经营非保险业务。依我国现行法律规定，保险、证券、银行必须分业经营。但随着银行与保险业的相互融合，金融产品的不断创新，金融机构为提高市场竞争力，出现了金融控股公司，以设立银行、证券、保险子公司的形式进行兼业。但子公司属于具有独立法人地位的机构，子公司之间可以相互代理，不能兼业，这样在一定程度上起到银行、证券、保险之间的隔离作用。

关于保险公司的兼营问题。目前，多数国家禁止保险公司同时从事性质不同的保险业务。由于各国保险法对保险类别划分标准不一，具体的禁止规定也不相同，但其主要内容是指财产保险与人寿保险不得兼营。这主要是因为二者在经营技术基础、保费计算方式、承保手续、准备金的计提方式以及保险金的给付条件与方法等多方面存在不同之处。为了避免业务上的混乱，尤其是财产保险业务可能占用寿险责任准备金的问题，为了保证保险人有足够的偿付能力，充分保护被保险人的合法利益，各国保险法一般都规定保险公司实行财产保险与人寿保险的分业经营。

(三) 保险条款的监管

保险条款是保险人与投保人双方关于保险权利与义务关系的约定，是保险合同的核心内容。保险监督管理部门对保险条款的监督管理，既可以保护投保人和被保险人、受益人的利益，又可以保证保险人具有足够的偿付能力。对保险条款的监督管理的内容包括对于保险标的、保险责任和责任免除、保险价值与保险金额、保险费率、保险期限等的监督管理。

(四) 保险费率的监管

保险监督管理部门对保险费率进行监督管理的目的在于确立保险费率管理的政策及其厘定的原则，规范保险费率的管理范围；引导保险市场向合理竞争与健康方向发展；促使保险人致力于费用管理，提高经济效益；避免保险公司偿付能力不足的情况发生，维护被保险人的权益。保险费率的监督管理方式可以分为强制费率、规章费率、事先核定费率、事先报批费率、事后报批费率和自由竞争费率等。多数国家对人寿保险费率并不直接管理，每个保险企业之间因竞争费率有高有低是正常的，但间接控制还是普遍存在的。至于财产保险费率的厘定和调整，各国政府多数都规定必须先经核定后才可使用。有些国家规定，财产与责任保险费率的采用不必事先报批。

(五) 再保险的监管

政府对再保险进行监督管理，有利于保险公司及时分散风险，保持保险经营的稳定性，在一定程度上限制保险费外流，保护本国保险业的发展。一般在发达国家，由于其保险公司经营实力雄厚、管理技术先进、保险市场的自由化和商业化特点显著，对再保险很少直接干预，也无具体的法定分保内容，但在发展中国家和地区，一般都由政府出资成立官方专业再保险公司或开展半官方的政策性再保险公司，并对再保险进行监督管理。

三、治理结构监管

(一) 治理结构监管的概述

1. 公司治理结构的内涵

公司治理结构是一个内涵广泛的概念，也常被称为公司治理机制、公司治理、法人治理结构等，它的理论基础主要来源于两权分离理论、委托代理理论、产权理论和交易费用理论等。从 20 世纪 80 年代初期其出现在经济学文献中以来，对于公司治理结构的定义迄今仍然没有一个统一的表述，一般认为它是现代企业发展的产物，并有狭义和广义之分。狭义的公司治理结构仅指董事会制度安排，强调解决企业所有权与经营权两权分离情况下股东和经理人员之间的代理问题，从制度上对股东和经理人员的契约关系做出了相应安排，

以形成对经理人员进行监督、约束和激励的有效机制。广义的公司治理结构强调公司利益关系者之间的关系问题，包括内部治理机制和外部治理机制两部分。广义的公司治理结构除治理机构设置和运行机制外，还涉及外部的资本市场、公司控制权市场、产品市场、经理人市场和利益相关者的利益兼顾等。

正如公司治理结构的定义迄今仍然无法统一一样，国际上也不存在一个统一的公司治理结构模式。但是，从各国公司发展的实践来看，良好的公司治理结构应该具备一些共同的要素。这些要素至少包括三点：一是问责制和责任，如明确董事会的职责，强化董事的诚信与勤勉义务，确保董事会对经理层的有效监督，建立健全绩效评价与激励约束机制等；二是公平性原则，主要是指平等对待所有股东，如果他们的权利受到损害，他们应有机会得到有效补偿。同时，公司治理结构的框架应确认公司利益相关者的合法权利；三是透明度原则，一个强有力的信息披露制度是对公司进行市场监督的典型特征，是股东具有行使表决权能力的关键。信息披露也是影响公司行为和保护投资者利益的有力工具，强有力的披露制度有助于公司吸引资金，维持对资本市场的信心。

2．完善保险公司治理结构的意义

(1) 完善保险公司治理结构是保险经营特殊性的要求。保险活动是一种特殊的经营活动，这种特殊性主要表现在三个方面：一是高负债性，保险公司是高比例负债经营，股东投入的资本金只占公司资产的小部分，投保人对公司资产的投入远远大于股东；二是广泛的社会性，保险公司经营的好坏不仅关系到股东利益，更关系广大被保险人的利益；三是持续性，保险公司通过收取保费的方式，对被保险人提供对未来的承诺，由于保险合同的长期性，保险公司不仅要追求眼前的效益，还要保持稳健和持续经营；四是专业性，由于保险产品的复杂性，保险公司经营者与所有者、被保险人之间存在信息不对称问题。

保险经营的特殊性决定了保险公司治理结构的特殊性，即既要维护股东利益，实现股东利益最大化，又要高度关注其社会责任，充分保护被保险人的利益；既要追求公司的效益，获得投资回报，更要防范和化解风险，维护社会稳定。因此，世界各国都把保险业作为高度监管的行业。2004 年，国际保险监督官协会在约旦年会上首次提出将公司治理与偿付能力及市场行为并列为保险监管的三大支柱。

(2) 完善保险公司治理结构是建立现代企业制度的核心。保险公司要实现资本充足、内控严密、运营安全、服务和效益良好的目标，完善治理结构是关键。首先，完善保险公司治理结构有利于保险公司募集资本，达到资本充足的目标。有效的公司治理结构是企业取得投资者信赖的基石。投资者在投资决策时，不仅会考虑企业的发展前景，也会考虑企业的素质、企业内部的运营水平。国际著名咨询公司麦肯锡的研究表明，投资者愿意多支付 15%～30% 来购买治理结构良好的公司的股票。其次，完善保险公司治理结构有利于加强内控，实现运营安全。最后，完善保险公司治理结构，可以强化股东的监督制约作用，有利于督促保险公司改善服务、提高效率。

(3) 完善保险公司治理结构是提高中国保险业竞争力的前提。公司治理结构是公司制度发挥作用的基础。良好的公司治理不仅成为现代公司制度中最重要的架构，也是企业增强竞争力和提高经营效益的必要条件。随着我国保险业的不断对外开放，与外资保险公司的竞争日趋激烈。为了提高我国保险业的整体竞争能力，必须抓住公司治理结构这个关键

环节。只有这样，保险业才能在更高的层次上参与国际保险市场的合作和竞争，充分利用国际和国内两个市场，不断优化资源配置，拓宽发展空间。

(二) 我国的保险公司治理结构监管规定

近年来，我国保险业积极借鉴国际先进经验，把完善公司治理结构作为保险公司改革的关键环节，把规范保险公司治理结构作为加强监管和防范风险的重要保证，不断加强保险公司治理建设。

1. 完善保险公司治理结构的主要举措

具体措施包括以下几个方面：

(1) 通过改制上市为完善保险公司治理结构提供体制保证。2003 年以来，中国人保、中国人寿和中国再保险三家国有保险公司相继完成了股份制改革。国有保险公司通过股份制改革，改变了国有独资公司只有经理层的组织结构。目前，除出口信用保险公司作为政策性保险公司属于国有独资外，我国所有中资保险公司均采取了股份制的组织形式，为建立和完善公司治理结构提供了前提条件。

(2) 通过对外对内开放为完善保险公司治理机构奠定了股权基础。保险业在向外资保险公司开放国内保险市场的同时，在金融业中率先引进境外战略投资者。同时，保险业坚持对外开放首先要对内开放，认真贯彻落实国家关于促进非公有制经济发展的政策方针，积极鼓励民营资本投资或参股保险公司，形成了国有股东、民营股东和外资股东优势互补、相互制衡的股权结构。

(3) 通过加强内控建设为完善公司治理结构提供制度保障。坚持把完善保险公司治理结构和加强内控制度建设结合起来，防止公司治理结构停于文件、流于形式。中国人保实行财务、业务和客户服务集中管理制度，加强了总公司对分支机构的管控力度。中国人寿按照纽约证券交易所的要求进行业务流程再造，建立了垂直领导的内部审计体系。中国平安借鉴汇丰模式，加强后援集中，从制度入手使风险防范工作得到明显加强。

(4) 通过加强监管使保险公司治理结构逐步规范。自 1995 年我国的《保险法》颁布实施以来，保险公司治理结构的问题逐渐受到监管机关的重视，并且逐步纳入法律法规的调整范围。特别是我国加入 WTO 以来监管高层对金融业风险的关注超过以往，一个良好的保险公司结构在风险管理中的作用越显重要。国际保险监督官协会于 2004 年颁布了《保险公司治理核心原则》，并明确提出了保险公司治理监管在内的三支柱保险公司监管模式。在此背景下，2006 年 1 月，中国保监会认真总结国内外保险公司实践中的经验和做法，制定并发布《关于规范保险公司治理结构的指导意见(试行)》，正式把公司治理监管纳入我国保险公司监管体系。随后保监会又相继出台了保险公司治理的相关配套制度，包括《保险公司独立董事管理暂行办法》、《保险公司关联交易管理暂行办法》、《保险公司风险管理指引(试行)》、《保险公司内部审计指引(试行)》、《保险公司总精算师管理办法》。由此，我国保险公司治理监管的制度性框架基本形成。

2. 取得的初步成效

经过积极探索和不懈努力，保险公司在完善公司治理结构方面取得了一些初步成绩，其具体包括以下几个方面：

(1) 保险公司股权结构逐步优化。一是改变了国有保险公司国有独资的股权结构。中

国人寿、中国人保两家上市保险公司公开发行股份分别为28%和27%，中国再保险集团改制后三家子公司外资和民营股东持股比例也相应提高。二是引入了民营资本参股。中国再保险集团、华安保险公司等通过吸收民营资本参股或向民营资本转让部分国有股权，增强了资本实力，民营股东在公司治理中监督制约作用不断加强。三是引入了国际战略投资者。平安、新华、泰康、华泰等保险公司分别先后引进了汇丰、ACE等境外著名金融保险企业作为战略投资者。这些外资股东通过派出顾问等形式，参与公司各方面的管理，给公司带来了成熟的经营理念和先进的经营管理经验，在加强内控和风险防范等方面积极发挥作用。外资股东的进入，使这些股份制保险公司的治理结构以及经营管理发生了显著变化，外资股东对公司章程、股东权利、董事会建设、激励约束机制、关键岗位监督等都提出了具体要求，增强了保险公司完善公司治理结构的内在动力，使股份制保险公司治理结构水平扎扎实实迈上了一个新台阶。实践证明，优化股权结构是完善公司治理结构的基础，保险业通过引进外资和民营参股优化股权结构，在完善保险公司治理结构方面发挥了重要作用。

(2) 公司治理结构框架逐步健全。由于我国《保险法》对保险公司的经营组织形式做出了明确要求，即只能采取国有独资保险公司和股份制保险公司形式，同时因为有较高的资本金的要求，因此保险公司在治理结构方面都有一个比较好的起点。各保险公司都按照我国《公司法》和《保险法》的要求，建立了股东大会、董事会、监事会和经理层的组织机构，初步形成了公司治理结构的基本框架。一些公司还聘请了国际上著名的管理咨询公司，设计了全新的治理结构和组织机构。同时，为了使公司治理的制度规则基本完备，目前，各保险公司都制定了较为完备的股东大会、董事会和监事会议事规则，对各机构的主要职能、议事和决策程序做了较为详细的规定。

(3) 董事会制度不断健全。其中包括两个方面：一是部分保险公司在董事会下设置了专门委员会，如审计委员会、薪酬委员会、提名委员会，提高了董事会决策效率和质量；二是探索建立独立董事制度，目前部分保险公司引入了独立董事，提高了董事会的独立性。

(4) 内控和风险防范明显加强。有的保险公司通过实施业务流程再造，强化内控制度。有的公司按照证券交易所的要求，根据萨班斯法案，制定了一套比较完善的内控制度；有的公司借鉴战略投资者的模式，从制度入手，加强后援集中，使风险防范工作得到了明显加强。

重要概念

保险监管　逆选择　偿付能力　行业自律

思　考　题

1. 简述保险监管产生与发展的原因。
2. 保险监管的原则有哪些？
3. 保险监管的目标是什么？
4. 简述保险监管的内容。
5. 为什么说“偿付能力监管是保险监管的核心”？
6. 试述我国对保险公司偿付能力监管的有关规定。

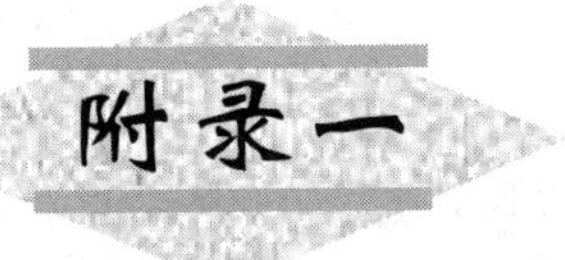

附录一 《中华人民共和国保险法》

中华人民共和国主席令

第 十 一 号

《中华人民共和国保险法》已由中华人民共和国第十一届全国人民代表大会常务委员会第七次会议于 2009 年 2 月 28 日修订通过，现将修订后的《中华人民共和国保险法》公布，自 2009 年 10 月 1 日起施行。

中华人民共和国主席 胡锦涛

二〇〇九年二月二十八日

中华人民共和国保险法

(1995 年 6 月 30 日第八届全国人民代表大会常务委员会第十四次会议通过 根据 2002 年 10 月 28 日第九届全国人民代表大会常务委员会第三十次会议《关于修改〈中华人民共和国保险法〉的决定》修正 2009 年 2 月 28 日第十一届全国人民代表大会常务委员会第七次会议修订)

目 录

第一章　总　　则

第一条　为了规范保险活动，保护保险活动当事人的合法权益，加强对保险业的监督管理，维护社会经济秩序和社会公共利益，促进保险事业的健康发展，制定本法。

第二条　本法所称保险，是指投保人根据合同约定，向保险人支付保险费，保险人对于合同约定的可能发生的事故因其发生所造成的财产损失承担赔偿保险金责任，或者当被保险人死亡、伤残、疾病或者达到合同约定的年龄、期限等条件时承担给付保险金责任的商业保险行为。

第三条　在中华人民共和国境内从事保险活动，适用本法。

第四条　从事保险活动必须遵守法律、行政法规，尊重社会公德，不得损害社会公共利益。

第五条　保险活动当事人行使权利、履行义务应当遵循诚实信用原则。

第六条　保险业务由依照本法设立的保险公司以及法律、行政法规规定的其他保险组织经营，其他单位和个人不得经营保险业务。

第七条　在中华人民共和国境内的法人和其他组织需要办理境内保险的，应当向中华人民共和国境内的保险公司投保。

第八条　保险业和银行业、证券业、信托业实行分业经营、分业管理，保险公司与银行、证券、信托业务机构分别设立。国家另有规定的除外。

第九条　国务院保险监督管理机构依法对保险业实施监督管理。

国务院保险监督管理机构根据履行职责的需要设立派出机构。派出机构按照国务院保险监督管理机构的授权履行监督管理职责。

第二章　保 险 合 同

第一节　一 般 规 定

第十条　保险合同是投保人与保险人约定保险权利义务关系的协议。

投保人是指与保险人订立保险合同，并按照合同约定负有支付保险费义务的人。

保险人是指与投保人订立保险合同，并按照合同约定承担赔偿或者给付保险金责任的保险公司。

第十一条　订立保险合同，应当协商一致，遵循公平原则确定各方的权利和义务。

除法律、行政法规规定必须保险的外，保险合同自愿订立。

第十二条　人身保险的投保人在保险合同订立时，对被保险人应当具有保险利益。

财产保险的被保险人在保险事故发生时，对保险标的应当具有保险利益。

人身保险是以人的寿命和身体为保险标的的保险。

财产保险是以财产及其有关利益为保险标的的保险。

被保险人是指其财产或者人身受保险合同保障，享有保险金请求权的人。投保人可以为被保险人。

保险利益是指投保人或者被保险人对保险标的具有的法律上承认的利益。

第十三条 投保人提出保险要求，经保险人同意承保，保险合同成立。保险人应当及时向投保人签发保险单或者其他保险凭证。

保险单或者其他保险凭证应当载明当事人双方约定的合同内容。当事人也可以约定采用其他书面形式载明合同内容。

依法成立的保险合同，自成立时生效。投保人和保险人可以对合同的效力约定附条件或者附期限。

第十四条 保险合同成立后，投保人按照约定交付保险费，保险人按照约定的时间开始承担保险责任。

第十五条 除本法另有规定或者保险合同另有约定外，保险合同成立后，投保人可以解除合同，保险人不得解除合同。

第十六条 订立保险合同，保险人就保险标的或者被保险人的有关情况提出询问的，投保人应当如实告知。

投保人故意或者因重大过失未履行前款规定的如实告知义务，足以影响保险人决定是否同意承保或者提高保险费率的，保险人有权解除合同。

前款规定的合同解除权，自保险人知道有解除事由之日起，超过三十日不行使而消灭。自合同成立之日起超过二年的，保险人不得解除合同；发生保险事故的，保险人应当承担赔偿或者给付保险金的责任。

投保人故意不履行如实告知义务的，保险人对于合同解除前发生的保险事故，不承担赔偿或者给付保险金的责任，并不退还保险费。

投保人因重大过失未履行如实告知义务，对保险事故的发生有严重影响的，保险人对于合同解除前发生的保险事故，不承担赔偿或者给付保险金的责任，但应当退还保险费。

保险人在合同订立时已经知道投保人未如实告知的情况的，保险人不得解除合同；发生保险事故的，保险人应当承担赔偿或者给付保险金的责任。

保险事故是指保险合同约定的保险责任范围内的事故。

第十七条 订立保险合同，采用保险人提供的格式条款的，保险人向投保人提供的投保单应当附格式条款，保险人应当向投保人说明合同的内容。

对保险合同中免除保险人责任的条款，保险人在订立合同时应当在投保单、保险单或者其他保险凭证上作出足以引起投保人注意的提示，并对该条款的内容以书面或者口头形式向投保人作出明确说明；未作提示或者明确说明的，该条款不产生效力。

第十八条 保险合同应当包括下列事项：

(一) 保险人的名称和住所；

(二) 投保人、被保险人的姓名或者名称、住所，以及人身保险的受益人的姓名或者名称、住所；

(三) 保险标的；

(四) 保险责任和责任免除；

(五) 保险期间和保险责任开始时间；

(六) 保险金额；

(七) 保险费以及支付办法；

(八) 保险金赔偿或者给付办法；

(九) 违约责任和争议处理；

(十) 订立合同的年、月、日。

投保人和保险人可以约定与保险有关的其他事项。

受益人是指人身保险合同中由被保险人或者投保人指定的享有保险金请求权的人。投保人、被保险人可以为受益人。

保险金额是指保险人承担赔偿或者给付保险金责任的最高限额。

第十九条　采用保险人提供的格式条款订立的保险合同中的下列条款无效：

(一) 免除保险人依法应承担的义务或者加重投保人、被保险人责任的；

(二) 排除投保人、被保险人或者受益人依法享有的权利的。

第二十条　投保人和保险人可以协商变更合同内容。

变更保险合同的，应当由保险人在保险单或者其他保险凭证上批注或者附贴批单，或者由投保人和保险人订立变更的书面协议。

第二十一条　投保人、被保险人或者受益人知道保险事故发生后，应当及时通知保险人。故意或者因重大过失未及时通知，致使保险事故的性质、原因、损失程度等难以确定的，保险人对无法确定的部分，不承担赔偿或者给付保险金的责任，但保险人通过其他途径已经及时知道或者应当及时知道保险事故发生的除外。

第二十二条　保险事故发生后，按照保险合同请求保险人赔偿或者给付保险金时，投保人、被保险人或者受益人应当向保险人提供其所能提供的与确认保险事故的性质、原因、损失程度等有关的证明和资料。

保险人按照合同的约定，认为有关的证明和资料不完整的，应当及时一次性通知投保人、被保险人或者受益人补充提供。

第二十三条　保险人收到被保险人或者受益人的赔偿或者给付保险金的请求后，应当及时作出核定；情形复杂的，应当在三十日内作出核定，但合同另有约定的除外。保险人应当将核定结果通知被保险人或者受益人；对属于保险责任的，在与被保险人或者受益人达成赔偿或者给付保险金的协议后十日内，履行赔偿或者给付保险金义务。保险合同对赔偿或者给付保险金的期限有约定的，保险人应当按照约定履行赔偿或者给付保险金义务。

保险人未及时履行前款规定义务的，除支付保险金外，应当赔偿被保险人或者受益人因此受到的损失。

任何单位和个人不得非法干预保险人履行赔偿或者给付保险金的义务，也不得限制被保险人或者受益人取得保险金的权利。

第二十四条　保险人依照本法第二十三条的规定作出核定后，对不属于保险责任的，应当自作出核定之日起三日内向被保险人或者受益人发出拒绝赔偿或者拒绝给付保险金通知书，并说明理由。

第二十五条　保险人自收到赔偿或者给付保险金的请求和有关证明、资料之日起六十日内，对其赔偿或者给付保险金的数额不能确定的，应当根据已有证明和资料可以确定的数额先予支付；保险人最终确定赔偿或者给付保险金的数额后，应当支付相应的差额。

第二十六条　人寿保险以外的其他保险的被保险人或者受益人，向保险人请求赔偿或者给付保险金的诉讼时效期间为二年，自其知道或者应当知道保险事故发生之日起计算。

人寿保险的被保险人或者受益人向保险人请求给付保险金的诉讼时效期间为五年，自其知道或者应当知道保险事故发生之日起计算。

第二十七条 未发生保险事故，被保险人或者受益人谎称发生了保险事故，向保险人提出赔偿或者给付保险金请求的，保险人有权解除合同，并不退还保险费。

投保人、被保险人故意制造保险事故的，保险人有权解除合同，不承担赔偿或者给付保险金的责任；除本法第四十三条规定外，不退还保险费。

保险事故发生后，投保人、被保险人或者受益人以伪造、变造的有关证明、资料或者其他证据，编造虚假的事故原因或者夸大损失程度的，保险人对其虚报的部分不承担赔偿或者给付保险金的责任。

投保人、被保险人或者受益人有前三款规定行为之一，致使保险人支付保险金或者支出费用的，应当退回或者赔偿。

第二十八条 保险人将其承担的保险业务，以分保形式部分转移给其他保险人的，为再保险。

应再保险接受人的要求，再保险分出人应当将其自负责任及原保险的有关情况书面告知再保险接受人。

第二十九条 再保险接受人不得向原保险的投保人要求支付保险费。

原保险的被保险人或者受益人不得向再保险接受人提出赔偿或者给付保险金的请求。

再保险分出人不得以再保险接受人未履行再保险责任为由，拒绝履行或者迟延履行其原保险责任。

第三十条 采用保险人提供的格式条款订立的保险合同，保险人与投保人、被保险人或者受益人对合同条款有争议的，应当按照通常理解予以解释。对合同条款有两种以上解释的，人民法院或者仲裁机构应当作出有利于被保险人和受益人的解释。

第二节 人身保险合同

第三十一条 投保人对下列人员具有保险利益：

(一) 本人；

(二) 配偶、子女、父母；

(三) 前项以外与投保人有抚养、赡养或者扶养关系的家庭其他成员、近亲属；

(四) 与投保人有劳动关系的劳动者。

除前款规定外，被保险人同意投保人为其订立合同的，视为投保人对被保险人具有保险利益。

订立合同时，投保人对被保险人不具有保险利益的，合同无效。

第三十二条 投保人申报的被保险人年龄不真实，并且其真实年龄不符合合同约定的年龄限制的，保险人可以解除合同，并按照合同约定退还保险单的现金价值。保险人行使合同解除权，适用本法第十六条第三款、第六款的规定。

投保人申报的被保险人年龄不真实，致使投保人支付的保险费少于应付保险费的，保险人有权更正并要求投保人补交保险费，或者在给付保险金时按照实付保险费与应付保险费的比例支付。

投保人申报的被保险人年龄不真实，致使投保人支付的保险费多于应付保险费的，保险人应当将多收的保险费退还投保人。

第三十三条 投保人不得为无民事行为能力人投保以死亡为给付保险金条件的人身保险，保险人也不得承保。

父母为其未成年子女投保的人身保险，不受前款规定限制。但是，因被保险人死亡给付的保险金总和不得超过国务院保险监督管理机构规定的限额。

第三十四条 以死亡为给付保险金条件的合同，未经被保险人同意并认可保险金额的，合同无效。

按照以死亡为给付保险金条件的合同所签发的保险单，未经被保险人书面同意，不得转让或者质押。

父母为其未成年子女投保的人身保险，不受本条第一款规定限制。

第三十五条 投保人可以按照合同约定向保险人一次支付全部保险费或者分期支付保险费。

第三十六条 合同约定分期支付保险费，投保人支付首期保险费后，除合同另有约定外，投保人自保险人催告之日起超过三十日未支付当期保险费，或者超过约定的期限六十日未支付当期保险费的，合同效力中止，或者由保险人按照合同约定的条件减少保险金额。

被保险人在前款规定期限内发生保险事故的，保险人应当按照合同约定给付保险金，但可以扣减欠交的保险费。

第三十七条 合同效力依照本法第三十六条规定中止的，经保险人与投保人协商并达成协议，在投保人补交保险费后，合同效力恢复。但是，自合同效力中止之日起满二年双方未达成协议的，保险人有权解除合同。

保险人依照前款规定解除合同的，应当按照合同约定退还保险单的现金价值。

第三十八条 保险人对人寿保险的保险费，不得用诉讼方式要求投保人支付。

第三十九条 人身保险的受益人由被保险人或者投保人指定。

投保人指定受益人时须经被保险人同意。投保人为与其有劳动关系的劳动者投保人身保险，不得指定被保险人及其近亲属以外的人为受益人。

被保险人为无民事行为能力人或者限制民事行为能力人的，可以由其监护人指定受益人。

第四十条 被保险人或者投保人可以指定一人或者数人为受益人。

受益人为数人的，被保险人或者投保人可以确定受益顺序和受益份额；未确定受益份额的，受益人按照相等份额享有受益权。

第四十一条 被保险人或者投保人可以变更受益人并书面通知保险人。保险人收到变更受益人的书面通知后，应当在保险单或者其他保险凭证上批注或者附贴批单。

投保人变更受益人时须经被保险人同意。

第四十二条 被保险人死亡后，有下列情形之一的，保险金作为被保险人的遗产，由保险人依照《中华人民共和国继承法》的规定履行给付保险金的义务：

(一) 没有指定受益人，或者受益人指定不明无法确定的；

(二) 受益人先于被保险人死亡，没有其他受益人的；

(三) 受益人依法丧失受益权或者放弃受益权，没有其他受益人的。

受益人与被保险人在同一事件中死亡，且不能确定死亡先后顺序的，推定受益人死亡在先。

第四十三条　投保人故意造成被保险人死亡、伤残或者疾病的，保险人不承担给付保险金的责任。投保人已交足二年以上保险费的，保险人应当按照合同约定向其他权利人退还保险单的现金价值。

受益人故意造成被保险人死亡、伤残、疾病的，或者故意杀害被保险人未遂的，该受益人丧失受益权。

第四十四条　以被保险人死亡为给付保险金条件的合同，自合同成立或者合同效力恢复之日起二年内，被保险人自杀的，保险人不承担给付保险金的责任，但被保险人自杀时为无民事行为能力人的除外。

保险人依照前款规定不承担给付保险金责任的，应当按照合同约定退还保险单的现金价值。

第四十五条　因被保险人故意犯罪或者抗拒依法采取的刑事强制措施导致其伤残或者死亡的，保险人不承担给付保险金的责任。投保人已交足二年以上保险费的，保险人应当按照合同约定退还保险单的现金价值。

第四十六条　被保险人因第三者的行为而发生死亡、伤残或者疾病等保险事故的，保险人向被保险人或者受益人给付保险金后，不享有向第三者追偿的权利，但被保险人或者受益人仍有权向第三者请求赔偿。

第四十七条　投保人解除合同的，保险人应当自收到解除合同通知之日起三十日内，按照合同约定退还保险单的现金价值。

第三节　财产保险合同

第四十八条　保险事故发生时，被保险人对保险标的不具有保险利益的，不得向保险人请求赔偿保险金。

第四十九条　保险标的转让的，保险标的的受让人承继被保险人的权利和义务。

保险标的转让的，被保险人或者受让人应当及时通知保险人，但货物运输保险合同和另有约定的合同除外。

因保险标的转让导致危险程度显著增加的，保险人自收到前款规定的通知之日起三十日内，可以按照合同约定增加保险费或者解除合同。保险人解除合同的，应当将已收取的保险费，按照合同约定扣除自保险责任开始之日起至合同解除之日止应收的部分后，退还投保人。

被保险人、受让人未履行本条第二款规定的通知义务的，因转让导致保险标的危险程度显著增加而发生的保险事故，保险人不承担赔偿保险金的责任。

第五十条　货物运输保险合同和运输工具航程保险合同，保险责任开始后，合同当事人不得解除合同。

第五十一条　被保险人应当遵守国家有关消防、安全、生产操作、劳动保护等方面的规定，维护保险标的的安全。

保险人可以按照合同约定对保险标的的安全状况进行检查，及时向投保人、被保险人提出消除不安全因素和隐患的书面建议。

投保人、被保险人未按照约定履行其对保险标的的安全应尽责任的，保险人有权要求增加保险费或者解除合同。

保险人为维护保险标的的安全，经被保险人同意，可以采取安全预防措施。

第五十二条　在合同有效期内，保险标的的危险程度显著增加的，被保险人应当按照合同约定及时通知保险人，保险人可以按照合同约定增加保险费或者解除合同。保险人解除合同的，应当将已收取的保险费，按照合同约定扣除自保险责任开始之日起至合同解除之日止应收的部分后，退还投保人。

被保险人未履行前款规定的通知义务的，因保险标的的危险程度显著增加而发生的保险事故，保险人不承担赔偿保险金的责任。

第五十三条　有下列情形之一的，除合同另有约定外，保险人应当降低保险费，并按日计算退还相应的保险费：

（一）据以确定保险费率的有关情况发生变化，保险标的的危险程度明显减少的；

（二）保险标的的保险价值明显减少的。

第五十四条　保险责任开始前，投保人要求解除合同的，应当按照合同约定向保险人支付手续费，保险人应当退还保险费。保险责任开始后，投保人要求解除合同的，保险人应当将已收取的保险费，按照合同约定扣除自保险责任开始之日起至合同解除之日止应收的部分后，退还投保人。

第五十五条　投保人和保险人约定保险标的的保险价值并在合同中载明的，保险标的发生损失时，以约定的保险价值为赔偿计算标准。

投保人和保险人未约定保险标的的保险价值的，保险标的发生损失时，以保险事故发生时保险标的的实际价值为赔偿计算标准。

保险金额不得超过保险价值。超过保险价值的，超过部分无效，保险人应当退还相应的保险费。

保险金额低于保险价值的，除合同另有约定外，保险人按照保险金额与保险价值的比例承担赔偿保险金的责任。

第五十六条　重复保险的投保人应当将重复保险的有关情况通知各保险人。

重复保险的各保险人赔偿保险金的总和不得超过保险价值。除合同另有约定外，各保险人按照其保险金额与保险金额总和的比例承担赔偿保险金的责任。

重复保险的投保人可以就保险金额总和超过保险价值的部分，请求各保险人按比例返还保险费。

重复保险是指投保人对同一保险标的、同一保险利益、同一保险事故分别与两个以上保险人订立保险合同，且保险金额总和超过保险价值的保险。

第五十七条　保险事故发生时，被保险人应当尽力采取必要的措施，防止或者减少损失。

保险事故发生后，被保险人为防止或者减少保险标的的损失所支付的必要的、合理的费用，由保险人承担；保险人所承担的费用数额在保险标的损失赔偿金额以外另行计算，最高不超过保险金额的数额。

第五十八条　保险标的发生部分损失的，自保险人赔偿之日起三十日内，投保人可以解除合同；除合同另有约定外，保险人也可以解除合同，但应当提前十五日通知投保人。

合同解除的，保险人应当将保险标的未受损失部分的保险费，按照合同约定扣除自保险责任开始之日起至合同解除之日止应收的部分后，退还投保人。

第五十九条　保险事故发生后，保险人已支付了全部保险金额，并且保险金额等于保

险价值的，受损保险标的的全部权利归于保险人；保险金额低于保险价值的，保险人按照保险金额与保险价值的比例取得受损保险标的的部分权利。

第六十条　因第三者对保险标的的损害而造成保险事故的，保险人自向被保险人赔偿保险金之日起，在赔偿金额范围内代位行使被保险人对第三者请求赔偿的权利。

前款规定的保险事故发生后，被保险人已经从第三者取得损害赔偿的，保险人赔偿保险金时，可以相应扣减被保险人从第三者已取得的赔偿金额。

保险人依照本条第一款规定行使代位请求赔偿的权利，不影响被保险人就未取得赔偿的部分向第三者请求赔偿的权利。

第六十一条　保险事故发生后，保险人未赔偿保险金之前，被保险人放弃对第三者请求赔偿的权利的，保险人不承担赔偿保险金的责任。

保险人向被保险人赔偿保险金后，被保险人未经保险人同意放弃对第三者请求赔偿的权利的，该行为无效。

被保险人故意或者因重大过失致使保险人不能行使代位请求赔偿的权利的，保险人可以扣减或者要求返还相应的保险金。

第六十二条　除被保险人的家庭成员或者其组成人员故意造成本法第六十条第一款规定的保险事故外，保险人不得对被保险人的家庭成员或者其组成人员行使代位请求赔偿的权利。

第六十三条　保险人向第三者行使代位请求赔偿的权利时，被保险人应当向保险人提供必要的文件和所知道的有关情况。

第六十四条　保险人、被保险人为查明和确定保险事故的性质、原因和保险标的的损失程度所支付的必要的、合理的费用，由保险人承担。

第六十五条　保险人对责任保险的被保险人给第三者造成的损害，可以依照法律的规定或者合同的约定，直接向该第三者赔偿保险金。

责任保险的被保险人给第三者造成损害，被保险人对第三者应负的赔偿责任确定的，根据被保险人的请求，保险人应当直接向该第三者赔偿保险金。被保险人怠于请求的，第三者有权就其应获赔偿部分直接向保险人请求赔偿保险金。

责任保险的被保险人给第三者造成损害，被保险人未向该第三者赔偿的，保险人不得向被保险人赔偿保险金。

责任保险是指以被保险人对第三者依法应负的赔偿责任为保险标的的保险。

第六十六条　责任保险的被保险人因给第三者造成损害的保险事故而被提起仲裁或者诉讼的，被保险人支付的仲裁或者诉讼费用以及其他必要的、合理的费用，除合同另有约定外，由保险人承担。

第三章　保险公司

第六十七条　设立保险公司应当经国务院保险监督管理机构批准。

国务院保险监督管理机构审查保险公司的设立申请时，应当考虑保险业的发展和公平竞争的需要。

第六十八条　设立保险公司应当具备下列条件：

(一) 主要股东具有持续盈利能力，信誉良好，最近三年内无重大违法违规记录，净资

产不低于人民币二亿元；

（二）有符合本法和《中华人民共和国公司法》规定的章程；

（三）有符合本法规定的注册资本；

（四）有具备任职专业知识和业务工作经验的董事、监事和高级管理人员；

（五）有健全的组织机构和管理制度；

（六）有符合要求的营业场所和与经营业务有关的其他设施；

（七）法律、行政法规和国务院保险监督管理机构规定的其他条件。

第六十九条　设立保险公司，其注册资本的最低限额为人民币二亿元。

国务院保险监督管理机构根据保险公司的业务范围、经营规模，可以调整其注册资本的最低限额，但不得低于本条第一款规定的限额。

保险公司的注册资本必须为实缴货币资本。

第七十条　申请设立保险公司，应当向国务院保险监督管理机构提出书面申请，并提交下列材料：

（一）设立申请书，申请书应当载明拟设立的保险公司的名称、注册资本、业务范围等；

（二）可行性研究报告；

（三）筹建方案；

（四）投资人的营业执照或者其他背景资料，经会计师事务所审计的上一年度财务会计报告；

（五）投资人认可的筹备组负责人和拟任董事长、经理名单及本人认可证明；

（六）国务院保险监督管理机构规定的其他材料。

第七十一条　国务院保险监督管理机构应当对设立保险公司的申请进行审查，自受理之日起六个月内作出批准或者不批准筹建的决定，并书面通知申请人。决定不批准的，应当书面说明理由。

第七十二条　申请人应当自收到批准筹建通知之日起一年内完成筹建工作；筹建期间不得从事保险经营活动。

第七十三条　筹建工作完成后，申请人具备本法第六十八条规定的设立条件的，可以向国务院保险监督管理机构提出开业申请。

国务院保险监督管理机构应当自受理开业申请之日起六十日内，作出批准或者不批准开业的决定。决定批准的，颁发经营保险业务许可证；决定不批准的，应当书面通知申请人并说明理由。

第七十四条　保险公司在中华人民共和国境内设立分支机构，应当经保险监督管理机构批准。

保险公司分支机构不具有法人资格，其民事责任由保险公司承担。

第七十五条　保险公司申请设立分支机构，应当向保险监督管理机构提出书面申请，并提交下列材料：

（一）设立申请书；

（二）拟设机构三年业务发展规划和市场分析材料；

（三）拟任高级管理人员的简历及相关证明材料；

（四）国务院保险监督管理机构规定的其他材料。

第七十六条 保险监督管理机构应当对保险公司设立分支机构的申请进行审查，自受理之日起六十日内作出批准或者不批准的决定。决定批准的，颁发分支机构经营保险业务许可证；决定不批准的，应当书面通知申请人并说明理由。

第七十七条 经批准设立的保险公司及其分支机构，凭经营保险业务许可证向工商行政管理机关办理登记，领取营业执照。

第七十八条 保险公司及其分支机构自取得经营保险业务许可证之日起六个月内，无正当理由未向工商行政管理机关办理登记的，其经营保险业务许可证失效。

第七十九条 保险公司在中华人民共和国境外设立子公司、分支机构、代表机构，应当经国务院保险监督管理机构批准。

第八十条 外国保险机构在中华人民共和国境内设立代表机构，应当经国务院保险监督管理机构批准。代表机构不得从事保险经营活动。

第八十一条 保险公司的董事、监事和高级管理人员，应当品行良好，熟悉与保险相关的法律、行政法规，具有履行职责所需的经营管理能力，并在任职前取得保险监督管理机构核准的任职资格。

保险公司高级管理人员的范围由国务院保险监督管理机构规定。

第八十二条 有《中华人民共和国公司法》第一百四十七条规定的情形或者下列情形之一的，不得担任保险公司的董事、监事、高级管理人员：

(一) 因违法行为或者违纪行为被金融监督管理机构取消任职资格的金融机构的董事、监事、高级管理人员，自被取消任职资格之日起未逾五年的；

(二) 因违法行为或者违纪行为被吊销执业资格的律师、注册会计师或者资产评估机构、验证机构等机构的专业人员，自被吊销执业资格之日起未逾五年的。

第八十三条 保险公司的董事、监事、高级管理人员执行公司职务时违反法律、行政法规或者公司章程的规定，给公司造成损失的，应当承担赔偿责任。

第八十四条 保险公司有下列情形之一的，应当经保险监督管理机构批准：

(一) 变更名称；

(二) 变更注册资本；

(三) 变更公司或者分支机构的营业场所；

(四) 撤销分支机构；

(五) 公司分立或者合并；

(六) 修改公司章程；

(七) 变更出资额占有限责任公司资本总额百分之五以上的股东，或者变更持有股份有限公司股份百分之五以上的股东；

(八) 国务院保险监督管理机构规定的其他情形。

第八十五条 保险公司应当聘用经国务院保险监督管理机构认可的精算专业人员，建立精算报告制度。

保险公司应当聘用专业人员，建立合规报告制度。

第八十六条 保险公司应当按照保险监督管理机构的规定，报送有关报告、报表、文件和资料。

保险公司的偿付能力报告、财务会计报告、精算报告、合规报告及其他有关报告、报

表、文件和资料必须如实记录保险业务事项，不得有虚假记载、误导性陈述和重大遗漏。

第八十七条　保险公司应当按照国务院保险监督管理机构的规定妥善保管业务经营活动的完整账簿、原始凭证和有关资料。

前款规定的账簿、原始凭证和有关资料的保管期限，自保险合同终止之日起计算，保险期间在一年以下的不得少于五年，保险期间超过一年的不得少于十年。

第八十八条　保险公司聘请或者解聘会计师事务所、资产评估机构、资信评级机构等中介服务机构，应当向保险监督管理机构报告；解聘会计师事务所、资产评估机构、资信评级机构等中介服务机构，应当说明理由。

第八十九条　保险公司因分立、合并需要解散，或者股东会、股东大会决议解散，或者公司章程规定的解散事由出现，经国务院保险监督管理机构批准后解散。

经营有人寿保险业务的保险公司，除因分立、合并或者被依法撤销外，不得解散。

保险公司解散，应当依法成立清算组进行清算。

第九十条　保险公司有《中华人民共和国企业破产法》第二条规定情形的，经国务院保险监督管理机构同意，保险公司或者其债权人可以依法向人民法院申请重整、和解或者破产清算；国务院保险监督管理机构也可以依法向人民法院申请对该保险公司进行重整或者破产清算。

第九十一条　破产财产在优先清偿破产费用和共益债务后，按照下列顺序清偿：

(一) 所欠职工工资和医疗、伤残补助、抚恤费用，所欠应当划入职工个人账户的基本养老保险、基本医疗保险费用，以及法律、行政法规规定应当支付给职工的补偿金；

(二) 赔偿或者给付保险金；

(三) 保险公司欠缴的除第(一)项规定以外的社会保险费用和所欠税款；

(四) 普通破产债权。

破产财产不足以清偿同一顺序的清偿要求的，按照比例分配。

破产保险公司的董事、监事和高级管理人员的工资，按照该公司职工的平均工资计算。

第九十二条　经营有人寿保险业务的保险公司被依法撤销或者被依法宣告破产的，其持有的人寿保险合同及责任准备金，必须转让给其他经营有人寿保险业务的保险公司；不能同其他保险公司达成转让协议的，由国务院保险监督管理机构指定经营有人寿保险业务的保险公司接受转让。

转让或者由国务院保险监督管理机构指定接受转让前款规定的人寿保险合同及责任准备金的，应当维护被保险人、受益人的合法权益。

第九十三条　保险公司依法终止其业务活动，应当注销其经营保险业务许可证。

第九十四条　保险公司，除本法另有规定外，适用《中华人民共和国公司法》的规定。

第四章　保险经营规则

第九十五条　保险公司的业务范围：

(一) 人身保险业务，包括人寿保险、健康保险、意外伤害保险等保险业务；

(二) 财产保险业务，包括财产损失保险、责任保险、信用保险、保证保险等保险业务；

(三) 国务院保险监督管理机构批准的与保险有关的其他业务。

保险人不得兼营人身保险业务和财产保险业务。但是，经营财产保险业务的保险公司

经国务院保险监督管理机构批准，可以经营短期健康保险业务和意外伤害保险业务。

保险公司应当在国务院保险监督管理机构依法批准的业务范围内从事保险经营活动。

第九十六条 经国务院保险监督管理机构批准，保险公司可以经营本法第九十五条规定的保险业务的下列再保险业务：

(一) 分出保险；

(二) 分入保险。

第九十七条 保险公司应当按照其注册资本总额的百分之二十提取保证金，存入国务院保险监督管理机构指定的银行，除公司清算时用于清偿债务外，不得动用。

第九十八条 保险公司应当根据保障被保险人利益、保证偿付能力的原则，提取各项责任准备金。

保险公司提取和结转责任准备金的具体办法，由国务院保险监督管理机构制定。

第九十九条 保险公司应当依法提取公积金。

第一百条 保险公司应当缴纳保险保障基金。

保险保障基金应当集中管理，并在下列情形下统筹使用：

(一) 在保险公司被撤销或者被宣告破产时，向投保人、被保险人或者受益人提供救济；

(二) 在保险公司被撤销或者被宣告破产时，向依法接受其人寿保险合同的保险公司提供救济；

(三) 国务院规定的其他情形。

保险保障基金筹集、管理和使用的具体办法，由国务院制定。

第一百零一条 保险公司应当具有与其业务规模和风险程度相适应的最低偿付能力。保险公司的认可资产减去认可负债的差额不得低于国务院保险监督管理机构规定的数额；低于规定数额的，应当按照国务院保险监督管理机构的要求采取相应措施达到规定的数额。

第一百零二条 经营财产保险业务的保险公司当年自留保险费，不得超过其实有资本金加公积金总和的四倍。

第一百零三条 保险公司对每一危险单位，即对一次保险事故可能造成的最大损失范围所承担的责任，不得超过其实有资本金加公积金总和的百分之十；超过的部分应当办理再保险。

保险公司对危险单位的划分应当符合国务院保险监督管理机构的规定。

第一百零四条 保险公司对危险单位的划分方法和巨灾风险安排方案，应当报国务院保险监督管理机构备案。

第一百零五条 保险公司应当按照国务院保险监督管理机构的规定办理再保险，并审慎选择再保险接受人。

第一百零六条 保险公司的资金运用必须稳健，遵循安全性原则。

保险公司的资金运用限于下列形式：

(一) 银行存款；

(二) 买卖债券、股票、证券投资基金份额等有价证券；

(三) 投资不动产；

(四) 国务院规定的其他资金运用形式。

保险公司资金运用的具体管理办法，由国务院保险监督管理机构依照前两款的规定制定。

第一百零七条　经国务院保险监督管理机构会同国务院证券监督管理机构批准，保险公司可以设立保险资产管理公司。

保险资产管理公司从事证券投资活动，应当遵守《中华人民共和国证券法》等法律、行政法规的规定。

保险资产管理公司的管理办法，由国务院保险监督管理机构会同国务院有关部门制定。

第一百零八条　保险公司应当按照国务院保险监督管理机构的规定，建立对关联交易的管理和信息披露制度。

第一百零九条　保险公司的控股股东、实际控制人、董事、监事、高级管理人员不得利用关联交易损害公司的利益。

第一百一十条　保险公司应当按照国务院保险监督管理机构的规定，真实、准确、完整地披露财务会计报告、风险管理状况、保险产品经营情况等重大事项。

第一百一十一条　保险公司从事保险销售的人员应当符合国务院保险监督管理机构规定的资格条件，取得保险监督管理机构颁发的资格证书。

前款规定的保险销售人员的范围和管理办法，由国务院保险监督管理机构规定。

第一百一十二条　保险公司应当建立保险代理人登记管理制度，加强对保险代理人的培训和管理，不得唆使、诱导保险代理人进行违背诚信义务的活动。

第一百一十三条　保险公司及其分支机构应当依法使用经营保险业务许可证，不得转让、出租、出借经营保险业务许可证。

第一百一十四条　保险公司应当按照国务院保险监督管理机构的规定，公平、合理拟订保险条款和保险费率，不得损害投保人、被保险人和受益人的合法权益。

保险公司应当按照合同约定和本法规定，及时履行赔偿或者给付保险金义务。

第一百一十五条　保险公司开展业务，应当遵循公平竞争的原则，不得从事不正当竞争。

第一百一十六条　保险公司及其工作人员在保险业务活动中不得有下列行为：

(一) 欺骗投保人、被保险人或者受益人；

(二) 对投保人隐瞒与保险合同有关的重要情况；

(三) 阻碍投保人履行本法规定的如实告知义务，或者诱导其不履行本法规定的如实告知义务；

(四) 给予或者承诺给予投保人、被保险人、受益人保险合同约定以外的保险费回扣或者其他利益；

(五) 拒不依法履行保险合同约定的赔偿或者给付保险金义务；

(六) 故意编造未曾发生的保险事故、虚构保险合同或者故意夸大已经发生的保险事故的损失程度进行虚假理赔，骗取保险金或者牟取其他不正当利益；

(七) 挪用、截留、侵占保险费；

(八) 委托未取得合法资格的机构或者个人从事保险销售活动；

(九) 利用开展保险业务为其他机构或者个人牟取不正当利益；

(十) 利用保险代理人、保险经纪人或者保险评估机构，从事以虚构保险中介业务或者编造退保等方式套取费用等违法活动；

(十一) 以捏造、散布虚假事实等方式损害竞争对手的商业信誉，或者以其他不正当竞

争行为扰乱保险市场秩序；

(十二) 泄露在业务活动中知悉的投保人、被保险人的商业秘密；

(十三) 违反法律、行政法规和国务院保险监督管理机构规定的其他行为。

第五章 保险代理人和保险经纪人

第一百一十七条 保险代理人是根据保险人的委托，向保险人收取佣金，并在保险人授权的范围内代为办理保险业务的机构或者个人。

保险代理机构包括专门从事保险代理业务的保险专业代理机构和兼营保险代理业务的保险兼业代理机构。

第一百一十八条 保险经纪人是基于投保人的利益，为投保人与保险人订立保险合同提供中介服务，并依法收取佣金的机构。

第一百一十九条 保险代理机构、保险经纪人应当具备国务院保险监督管理机构规定的条件，取得保险监督管理机构颁发的经营保险代理业务许可证、保险经纪业务许可证。

保险专业代理机构、保险经纪人凭保险监督管理机构颁发的许可证向工商行政管理机关办理登记，领取营业执照。

保险兼业代理机构凭保险监督管理机构颁发的许可证，向工商行政管理机关办理变更登记。

第一百二十条 以公司形式设立保险专业代理机构、保险经纪人，其注册资本最低限额适用《中华人民共和国公司法》的规定。

国务院保险监督管理机构根据保险专业代理机构、保险经纪人的业务范围和经营规模，可以调整其注册资本的最低限额，但不得低于《中华人民共和国公司法》规定的限额。

保险专业代理机构、保险经纪人的注册资本或者出资额必须为实缴货币资本。

第一百二十一条 保险专业代理机构、保险经纪人的高级管理人员，应当品行良好，熟悉保险法律、行政法规，具有履行职责所需的经营管理能力，并在任职前取得保险监督管理机构核准的任职资格。

第一百二十二条 个人保险代理人、保险代理机构的代理从业人员、保险经纪人的经纪从业人员，应当具备国务院保险监督管理机构规定的资格条件，取得保险监督管理机构颁发的资格证书。

第一百二十三条 保险代理机构、保险经纪人应当有自己的经营场所，设立专门账簿记载保险代理业务、经纪业务的收支情况。

第一百二十四条 保险代理机构、保险经纪人应当按照国务院保险监督管理机构的规定缴存保证金或者投保职业责任保险。未经保险监督管理机构批准，保险代理机构、保险经纪人不得动用保证金。

第一百二十五条 个人保险代理人在代为办理人寿保险业务时，不得同时接受两个以上保险人的委托。

第一百二十六条 保险人委托保险代理人代为办理保险业务，应当与保险代理人签订委托代理协议，依法约定双方的权利和义务。

第一百二十七条 保险代理人根据保险人的授权代为办理保险业务的行为，由保险人承担责任。

保险代理人没有代理权、超越代理权或者代理权终止后以保险人名义订立合同，使投保人有理由相信其有代理权的，该代理行为有效。保险人可以依法追究越权的保险代理人的责任。

第一百二十八条　保险经纪人因过错给投保人、被保险人造成损失的，依法承担赔偿责任。

第一百二十九条　保险活动当事人可以委托保险公估机构等依法设立的独立评估机构或者具有相关专业知识的人员，对保险事故进行评估和鉴定。

接受委托对保险事故进行评估和鉴定的机构和人员，应当依法、独立、客观、公正地进行评估和鉴定，任何单位和个人不得干涉。

前款规定的机构和人员，因故意或者过失给保险人或者被保险人造成损失的，依法承担赔偿责任。

第一百三十条　保险佣金只限于向具有合法资格的保险代理人、保险经纪人支付，不得向其他人支付。

第一百三十一条　保险代理人、保险经纪人及其从业人员在办理保险业务活动中不得有下列行为：

(一) 欺骗保险人、投保人、被保险人或者受益人；

(二) 隐瞒与保险合同有关的重要情况；

(三) 阻碍投保人履行本法规定的如实告知义务，或者诱导其不履行本法规定的如实告知义务；

(四) 给予或者承诺给予投保人、被保险人或者受益人保险合同约定以外的利益；

(五) 利用行政权力、职务或者职业便利以及其他不正当手段强迫、引诱或者限制投保人订立保险合同；

(六) 伪造、擅自变更保险合同，或者为保险合同当事人提供虚假证明材料；

(七) 挪用、截留、侵占保险费或者保险金；

(八) 利用业务便利为其他机构或者个人牟取不正当利益；

(九) 串通投保人、被保险人或者受益人，骗取保险金；

(十) 泄露在业务活动中知悉的保险人、投保人、被保险人的商业秘密。

第一百三十二条　保险专业代理机构、保险经纪人分立、合并、变更组织形式、设立分支机构或者解散的，应当经保险监督管理机构批准。

第一百三十三条　本法第八十六条第一款、第一百一十三条的规定，适用于保险代理机构和保险经纪人。

第六章　保险业监督管理

第一百三十四条　保险监督管理机构依照本法和国务院规定的职责，遵循依法、公开、公正的原则，对保险业实施监督管理，维护保险市场秩序，保护投保人、被保险人和受益人的合法权益。

第一百三十五条　国务院保险监督管理机构依照法律、行政法规制定并发布有关保险业监督管理的规章。

第一百三十六条　关系社会公众利益的保险险种、依法实行强制保险的险种和新开发

的人寿保险险种等的保险条款和保险费率，应当报国务院保险监督管理机构批准。国务院保险监督管理机构审批时，应当遵循保护社会公众利益和防止不正当竞争的原则。其他保险险种的保险条款和保险费率，应当报保险监督管理机构备案。

保险条款和保险费率审批、备案的具体办法，由国务院保险监督管理机构依照前款规定制定。

第一百三十七条 保险公司使用的保险条款和保险费率违反法律、行政法规或者国务院保险监督管理机构的有关规定的，由保险监督管理机构责令停止使用，限期修改；情节严重的，可以在一定期限内禁止申报新的保险条款和保险费率。

第一百三十八条 国务院保险监督管理机构应当建立健全保险公司偿付能力监管体系，对保险公司的偿付能力实施监控。

第一百三十九条 对偿付能力不足的保险公司，国务院保险监督管理机构应当将其列为重点监管对象，并可以根据具体情况采取下列措施：

(一) 责令增加资本金、办理再保险；

(二) 限制业务范围；

(三) 限制向股东分红；

(四) 限制固定资产购置或者经营费用规模；

(五) 限制资金运用的形式、比例；

(六) 限制增设分支机构；

(七) 责令拍卖不良资产、转让保险业务；

(八) 限制董事、监事、高级管理人员的薪酬水平；

(九) 限制商业性广告；

(十) 责令停止接受新业务。

第一百四十条 保险公司未依照本法规定提取或者结转各项责任准备金，或者未依照本法规定办理再保险，或者严重违反本法关于资金运用的规定的，由保险监督管理机构责令限期改正，并可以责令调整负责人及有关管理人员。

第一百四十一条 保险监督管理机构依照本法第一百四十条的规定作出限期改正的决定后，保险公司逾期未改正的，国务院保险监督管理机构可以决定选派保险专业人员和指定该保险公司的有关人员组成整顿组，对公司进行整顿。

整顿决定应当载明被整顿公司的名称、整顿理由、整顿组成员和整顿期限，并予以公告。

第一百四十二条 整顿组有权监督被整顿保险公司的日常业务。被整顿公司的负责人及有关管理人员应当在整顿组的监督下行使职权。

第一百四十三条 整顿过程中，被整顿保险公司的原有业务继续进行。但是，国务院保险监督管理机构可以责令被整顿公司停止部分原有业务、停止接受新业务，调整资金运用。

第一百四十四条 被整顿保险公司经整顿已纠正其违反本法规定的行为，恢复正常经营状况的，由整顿组提出报告，经国务院保险监督管理机构批准，结束整顿，并由国务院保险监督管理机构予以公告。

第一百四十五条 保险公司有下列情形之一的，国务院保险监督管理机构可以对其实

行接管：

(一) 公司的偿付能力严重不足的；

(二) 违反本法规定，损害社会公共利益，可能严重危及或者已经严重危及公司的偿付能力的。

被接管的保险公司的债权债务关系不因接管而变化。

第一百四十六条　接管组的组成和接管的实施办法，由国务院保险监督管理机构决定，并予以公告。

第一百四十七条　接管期限届满，国务院保险监督管理机构可以决定延长接管期限，但接管期限最长不得超过二年。

第一百四十八条　接管期限届满，被接管的保险公司已恢复正常经营能力的，由国务院保险监督管理机构决定终止接管，并予以公告。

第一百四十九条　被整顿、被接管的保险公司有《中华人民共和国企业破产法》第二条规定情形的，国务院保险监督管理机构可以依法向人民法院申请对该保险公司进行重整或者破产清算。

第一百五十条　保险公司因违法经营被依法吊销经营保险业务许可证的，或者偿付能力低于国务院保险监督管理机构规定标准，不予撤销将严重危害保险市场秩序、损害公共利益的，由国务院保险监督管理机构予以撤销并公告，依法及时组织清算组进行清算。

第一百五十一条　国务院保险监督管理机构有权要求保险公司股东、实际控制人在指定的期限内提供有关信息和资料。

第一百五十二条　保险公司的股东利用关联交易严重损害公司利益，危及公司偿付能力的，由国务院保险监督管理机构责令改正。在按照要求改正前，国务院保险监督管理机构可以限制其股东权利；拒不改正的，可以责令其转让所持的保险公司股权。

第一百五十三条　保险监督管理机构根据履行监督管理职责的需要，可以与保险公司董事、监事和高级管理人员进行监督管理谈话，要求其就公司的业务活动和风险管理的重大事项作出说明。

第一百五十四条　保险公司在整顿、接管、撤销清算期间，或者出现重大风险时，国务院保险监督管理机构可以对该公司直接负责的董事、监事、高级管理人员和其他直接责任人员采取以下措施：

(一) 通知出境管理机关依法阻止其出境；

(二) 申请司法机关禁止其转移、转让或者以其他方式处分财产，或者在财产上设定其他权利。

第一百五十五条　保险监督管理机构依法履行职责，可以采取下列措施：

(一) 对保险公司、保险代理人、保险经纪人、保险资产管理公司、外国保险机构的代表机构进行现场检查；

(二) 进入涉嫌违法行为发生场所调查取证；

(三) 询问当事人及与被调查事件有关的单位和个人，要求其对与被调查事件有关的事项作出说明；

(四) 查阅、复制与被调查事件有关的财产权登记等资料；

(五) 查阅、复制保险公司、保险代理人、保险经纪人、保险资产管理公司、外国保险机构的代表机构以及与被调查事件有关的单位和个人的财务会计资料及其他相关文件和资料；对可能被转移、隐匿或者毁损的文件和资料予以封存；

(六) 查询涉嫌违法经营的保险公司、保险代理人、保险经纪人、保险资产管理公司、外国保险机构的代表机构以及与涉嫌违法事项有关的单位和个人的银行账户；

(七) 对有证据证明已经或者可能转移、隐匿违法资金等涉案财产或者隐匿、伪造、毁损重要证据的，经保险监督管理机构主要负责人批准，申请人民法院予以冻结或者查封。

保险监督管理机构采取前款第(一)项、第(二)项、第(五)项措施的，应当经保险监督管理机构负责人批准；采取第(六)项措施的，应当经国务院保险监督管理机构负责人批准。

保险监督管理机构依法进行监督检查或者调查，其监督检查、调查的人员不得少于二人，并应当出示合法证件和监督检查、调查通知书；监督检查、调查的人员少于二人或者未出示合法证件和监督检查、调查通知书的，被检查、调查的单位和个人有权拒绝。

第一百五十六条 保险监督管理机构依法履行职责，被检查、调查的单位和个人应当配合。

第一百五十七条 保险监督管理机构工作人员应当忠于职守，依法办事，公正廉洁，不得利用职务便利牟取不正当利益，不得泄露所知悉的有关单位和个人的商业秘密。

第一百五十八条 国务院保险监督管理机构应当与中国人民银行、国务院其他金融监督管理机构建立监督管理信息共享机制。

保险监督管理机构依法履行职责，进行监督检查、调查时，有关部门应当予以配合。

第七章 法 律 责 任

第一百五十九条 违反本法规定，擅自设立保险公司、保险资产管理公司或者非法经营商业保险业务的，由保险监督管理机构予以取缔，没收违法所得，并处违法所得一倍以上五倍以下的罚款；没有违法所得或者违法所得不足二十万元的，处二十万元以上一百万元以下的罚款。

第一百六十条 违反本法规定，擅自设立保险专业代理机构、保险经纪人，或者未取得经营保险代理业务许可证、保险经纪业务许可证从事保险代理业务、保险经纪业务的，由保险监督管理机构予以取缔，没收违法所得，并处违法所得一倍以上五倍以下的罚款；没有违法所得或者违法所得不足五万元的，处五万元以上三十万元以下的罚款。

第一百六十一条 保险公司违反本法规定，超出批准的业务范围经营的，由保险监督管理机构责令限期改正，没收违法所得，并处违法所得一倍以上五倍以下的罚款；没有违法所得或者违法所得不足十万元的，处十万元以上五十万元以下的罚款。逾期不改正或者造成严重后果的，责令停业整顿或者吊销业务许可证。

第一百六十二条 保险公司有本法第一百一十六条规定行为之一的，由保险监督管理机构责令改正，处五万元以上三十万元以下的罚款；情节严重的，限制其业务范围、责令停止接受新业务或者吊销业务许可证。

第一百六十三条 保险公司违反本法第八十四条规定的，由保险监督管理机构责令改正，处一万元以上十万元以下的罚款。

第一百六十四条 保险公司违反本法规定，有下列行为之一的，由保险监督管理机构责令改正，处五万元以上三十万元以下的罚款：

（一）超额承保，情节严重的；

（二）为无民事行为能力人承保以死亡为给付保险金条件的保险的。

第一百六十五条　违反本法规定，有下列行为之一的，由保险监督管理机构责令改正，处五万元以上三十万元以下的罚款；情节严重的，可以限制其业务范围、责令停止接受新业务或者吊销业务许可证：

（一）未按照规定提存保证金或者违反规定动用保证金的；

（二）未按照规定提取或者结转各项责任准备金的；

（三）未按照规定缴纳保险保障基金或者提取公积金的；

（四）未按照规定办理再保险的；

（五）未按照规定运用保险公司资金的；

（六）未经批准设立分支机构或者代表机构的；

（七）未按照规定申请批准保险条款、保险费率的。

第一百六十六条　保险代理机构、保险经纪人有本法第一百三十一条规定行为之一的，由保险监督管理机构责令改正，处五万元以上三十万元以下的罚款；情节严重的，吊销业务许可证。

第一百六十七条　保险代理机构、保险经纪人违反本法规定，有下列行为之一的，由保险监督管理机构责令改正，处二万元以上十万元以下的罚款；情节严重的，责令停业整顿或者吊销业务许可证：

（一）未按照规定缴存保证金或者投保职业责任保险的；

（二）未按照规定设立专门账簿记载业务收支情况的。

第一百六十八条　保险专业代理机构、保险经纪人违反本法规定，未经批准设立分支机构或者变更组织形式的，由保险监督管理机构责令改正，处一万元以上五万元以下的罚款。

第一百六十九条　违反本法规定，聘任不具有任职资格、从业资格的人员的，由保险监督管理机构责令改正，处二万元以上十万元以下的罚款。

第一百七十条　违反本法规定，转让、出租、出借业务许可证的，由保险监督管理机构处一万元以上十万元以下的罚款；情节严重的，责令停业整顿或者吊销业务许可证。

第一百七十一条　违反本法规定，有下列行为之一的，由保险监督管理机构责令限期改正；逾期不改正的，处一万元以上十万元以下的罚款：

（一）未按照规定报送或者保管报告、报表、文件、资料的，或者未按照规定提供有关信息、资料的；

（二）未按照规定报送保险条款、保险费率备案的；

（三）未按照规定披露信息的。

第一百七十二条　违反本法规定，有下列行为之一的，由保险监督管理机构责令改正，处十万元以上五十万元以下的罚款；情节严重的，可以限制其业务范围、责令停止接受新业务或者吊销业务许可证：

（一）编制或者提供虚假的报告、报表、文件、资料的；

（二）拒绝或者妨碍依法监督检查的；

（三）未按照规定使用经批准或者备案的保险条款、保险费率的。

第一百七十三条　保险公司、保险资产管理公司、保险专业代理机构、保险经纪人违反本法规定的，保险监督管理机构除分别依照本法第一百六十一条至第一百七十二条的规定对该单位给予处罚外，对其直接负责的主管人员和其他直接责任人员给予警告，并处一万元以上十万元以下的罚款；情节严重的，撤销任职资格或者从业资格。

第一百七十四条　个人保险代理人违反本法规定的，由保险监督管理机构给予警告，可以并处二万元以下的罚款；情节严重的，处二万元以上十万元以下的罚款，并可以吊销其资格证书。

未取得合法资格的人员从事个人保险代理活动的，由保险监督管理机构给予警告，可以并处二万元以下的罚款；情节严重的，处二万元以上十万元以下的罚款。

第一百七十五条　外国保险机构未经国务院保险监督管理机构批准，擅自在中华人民共和国境内设立代表机构的，由国务院保险监督管理机构予以取缔，处五万元以上三十万元以下的罚款。

外国保险机构在中华人民共和国境内设立的代表机构从事保险经营活动的，由保险监督管理机构责令改正，没收违法所得，并处违法所得一倍以上五倍以下的罚款；没有违法所得或者违法所得不足二十万元的，处二十万元以上一百万元以下的罚款；对其首席代表可以责令撤换；情节严重的，撤销其代表机构。

第一百七十六条　投保人、被保险人或者受益人有下列行为之一，进行保险诈骗活动，尚不构成犯罪的，依法给予行政处罚：

(一) 投保人故意虚构保险标的，骗取保险金的；

(二) 编造未曾发生的保险事故，或者编造虚假的事故原因或者夸大损失程度，骗取保险金的；

(三) 故意造成保险事故，骗取保险金的。

保险事故的鉴定人、评估人、证明人故意提供虚假的证明文件，为投保人、被保险人或者受益人进行保险诈骗提供条件的，依照前款规定给予处罚。

第一百七十七条　违反本法规定，给他人造成损害的，依法承担民事责任。

第一百七十八条　拒绝、阻碍保险监督管理机构及其工作人员依法行使监督检查、调查职权，未使用暴力、威胁方法的，依法给予治安管理处罚。

第一百七十九条　违反法律、行政法规的规定，情节严重的，国务院保险监督管理机构可以禁止有关责任人员一定期限直至终身进入保险业。

第一百八十条　保险监督管理机构从事监督管理工作的人员有下列情形之一的，依法给予处分：

(一) 违反规定批准机构的设立的；

(二) 违反规定进行保险条款、保险费率审批的；

(三) 违反规定进行现场检查的；

(四) 违反规定查询账户或者冻结资金的；

(五) 泄露其知悉的有关单位和个人的商业秘密的；

(六) 违反规定实施行政处罚的；

(七) 滥用职权、玩忽职守的其他行为。

第一百八十一条　违反本法规定，构成犯罪的，依法追究刑事责任。

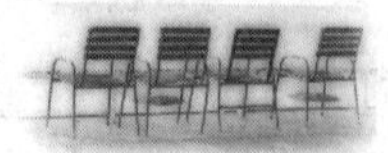

第八章　附　　则

第一百八十二条　保险公司应当加入保险行业协会。保险代理人、保险经纪人、保险公估机构可以加入保险行业协会。

保险行业协会是保险业的自律性组织，是社会团体法人。

第一百八十三条　保险公司以外的其他依法设立的保险组织经营的商业保险业务，适用本法。

第一百八十四条　海上保险适用《中华人民共和国海商法》的有关规定；《中华人民共和国海商法》未规定的，适用本法的有关规定。

第一百八十五条　中外合资保险公司、外资独资保险公司、外国保险公司分公司适用本法规定；法律、行政法规另有规定的，适用其规定。

第一百八十六条　国家支持发展为农业生产服务的保险事业。农业保险由法律、行政法规另行规定。

强制保险，法律、行政法规另有规定的，适用其规定。

第一百八十七条　本法自2009年10月1日起施行。

附录二

《保险公司管理规定》

中华保险监督管理委员会令

《保险公司管理规定》已经2009年9月18日中国保险监督管理委员会主席办公会审议通过，现予公布，自2009年10月1日起施行。

主　席　吴定富

二〇〇九年九月二十五日

保险公司管理规定

第一章　总　则

第一条　为了加强对保险公司的监督管理，维护保险市场的正常秩序，保护被保险人合法权益，促进保险业健康发展，根据《中华人民共和国保险法》(以下简称《保险法》)、《中华人民共和国公司法》(以下简称《公司法》)等法律、行政法规，制定本规定。

第二条　中国保险监督管理委员会(以下简称中国保监会)根据法律和国务院授权，对保险公司实行统一监督管理。

中国保监会的派出机构在中国保监会授权范围内依法履行监管职责。

第三条　本规定所称保险公司，是指经保险监督管理机构批准设立，并依法登记注册的商业保险公司。

本规定所称保险公司分支机构，是指经保险监督管理机构批准，保险公司依法设立的分公司、中心支公司、支公司、营业部、营销服务部以及各类专属机构。专属机构的设立和管理，由中国保监会另行规定。

本规定所称保险机构，是指保险公司及其分支机构。

第四条　本规定所称分公司，是指保险公司依法设立的以分公司命名的分支机构。

本规定所称省级分公司，是指保险公司根据中国保监会的监管要求，在各省、自治区、直辖市内负责许可申请、报告提交等相关事宜的分公司。保险公司在住所地以外的各省、自治区、直辖市已经设立分公司的，应当指定其中一家分公司作为省级分公司。

保险公司在计划单列市设立分支机构的，应当指定一家分支机构，根据中国保监会的监管要求，在计划单列市负责许可申请、报告提交等相关事宜。

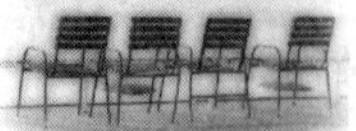

省级分公司设在计划单列市的，由省级分公司同时负责前两款规定的事宜。

第五条　保险业务由依照《保险法》设立的保险公司以及法律、行政法规规定的其他保险组织经营，其他单位和个人不得经营或者变相经营保险业务。

第二章　法人机构设立

第六条　设立保险公司，应当遵循下列原则：

(一) 符合法律、行政法规；

(二) 有利于保险业的公平竞争和健康发展。

第七条　设立保险公司，应当向中国保监会提出筹建申请，并符合下列条件：

(一) 有符合法律、行政法规和中国保监会规定条件的投资人，股权结构合理；

(二) 有符合《保险法》和《公司法》规定的章程草案；

(三) 投资人承诺出资或者认购股份，拟注册资本不低于人民币 2 亿元，且必须为实缴货币资本；

(四) 具有明确的发展规划、经营策略、组织机构框架、风险控制体系；

(五) 拟任董事长、总经理应当符合中国保监会规定的任职资格条件；

(六) 有投资人认可的筹备组负责人；

(七) 中国保监会规定的其他条件。

中国保监会根据保险公司业务范围、经营规模，可以调整保险公司注册资本的最低限额，但不得低于人民币 2 亿元。

第八条　申请筹建保险公司的，申请人应当提交下列材料一式三份：

(一) 设立申请书，申请书应当载明拟设立保险公司的名称、拟注册资本和业务范围等；

(二) 设立保险公司可行性研究报告，包括发展规划、经营策略、组织机构框架和风险控制体系等；

(三) 筹建方案；

(四) 保险公司章程草案；

(五) 中国保监会规定投资人应当提交的有关材料；

(六) 筹备组负责人、拟任董事长、总经理名单及本人认可证明；

(七) 中国保监会规定的其他材料。

第九条　中国保监会应当对筹建保险公司的申请进行审查，自受理申请之日起 6 个月内作出批准或者不批准筹建的决定，并书面通知申请人。决定不批准的，应当书面说明理由。

第十条　中国保监会在对筹建保险公司的申请进行审查期间，应当对投资人进行风险提示。

中国保监会应当听取拟任董事长、总经理对拟设保险公司在经营管理和业务发展等方面的工作思路。

第十一条　经中国保监会批准筹建保险公司的，申请人应当自收到批准筹建通知之日起 1 年内完成筹建工作。筹建期间届满未完成筹建工作的，原批准筹建决定自动失效。

筹建机构在筹建期间不得从事保险经营活动。筹建期间不得变更主要投资人。

第十二条　筹建工作完成后，符合下列条件的，申请人可以向中国保监会提出开业申请：

(一) 股东符合法律、行政法规和中国保监会的有关规定；

(二) 有符合《保险法》和《公司法》规定的章程；

(三) 注册资本最低限额为人民币 2 亿元，且必须为实缴货币资本；

(四) 有符合中国保监会规定任职资格条件的董事、监事和高级管理人员；

(五) 有健全的组织机构；

(六) 建立了完善的业务、财务、合规、风险控制、资产管理、反洗钱等制度；

(七) 有具体的业务发展计划和按照资产负债匹配等原则制定的中长期资产配置计划；

(八) 具有合法的营业场所，安全、消防设施符合要求，营业场所、办公设备等与业务发展规划相适应，信息化建设符合中国保监会要求；

(九) 法律、行政法规和中国保监会规定的其他条件。

第十三条　申请人提出开业申请，应当提交下列材料一式三份：

(一) 开业申请书；

(二) 创立大会决议，没有创立大会决议的，应当提交全体股东同意申请开业的文件或者决议；

(三) 公司章程；

(四) 股东名称及其所持股份或者出资的比例，资信良好的验资机构出具的验资证明，资本金入账原始凭证复印件；

(五) 中国保监会规定股东应当提交的有关材料；

(六) 拟任该公司董事、监事、高级管理人员的简历以及相关证明材料；

(七) 公司部门设置以及人员基本构成；

(八) 营业场所所有权或者使用权的证明文件；

(九) 按照拟设地的规定提交有关消防证明；

(十) 拟经营保险险种的计划书、3 年经营规划、再保险计划、中长期资产配置计划，以及业务、财务、合规、风险控制、资产管理、反洗钱等主要制度；

(十一) 信息化建设情况报告；

(十二) 公司名称预先核准通知；

(十三) 中国保监会规定提交的其他材料。

第十四条　中国保监会应当审查开业申请，进行开业验收，并自受理开业申请之日起 60 日内作出批准或者不批准开业的决定。验收合格决定批准开业的，颁发经营保险业务许可证；验收不合格决定不批准开业的，应当书面通知申请人并说明理由。

经批准开业的保险公司，应当持批准文件以及经营保险业务许可证，向工商行政管理部门办理登记注册手续，领取营业执照后方可营业。

第三章　分支机构设立

第十五条　保险公司可以根据业务发展需要申请设立分支机构。

保险公司分支机构的层级依次为分公司、中心支公司、支公司、营业部或者营销服务部。保险公司可以不逐级设立分支机构，但其在住所地以外的各省、自治区、直辖市开展业务，应当首先设立分公司。

保险公司可以不按照前款规定的层级逐级管理下级分支机构；营业部、营销服务部不

得再管理其他任何分支机构。

第十六条　保险公司以2亿元人民币的最低资本金额设立的，在其住所地以外的每一省、自治区、直辖市首次申请设立分公司，应当增加不少于人民币2千万元的注册资本。

申请设立分公司，保险公司的注册资本达到前款规定的增资后额度的，可以不再增加相应的注册资本。

保险公司注册资本达到人民币5亿元，在偿付能力充足的情况下，设立分公司不需要增加注册资本。

第十七条　设立省级分公司，由保险公司总公司提出申请；设立其他分支机构，由保险公司总公司提出申请，或者由省级分公司持总公司批准文件提出申请。

在计划单列市申请设立分支机构，还可以由保险公司根据本规定第四条第三款指定的分支机构持总公司批准文件提出申请。

第十八条　设立分支机构，应当提出设立申请，并符合下列条件：

(一) 上一年度偿付能力充足，提交申请前连续2个季度偿付能力均为充足；

(二) 保险公司具备良好的公司治理结构，内控健全；

(三) 申请人具备完善的分支机构管理制度；

(四) 对拟设立分支机构的可行性已进行充分论证；

(五) 在住所地以外的省、自治区、直辖市申请设立省级分公司以外其他分支机构的，该省级分公司已经开业；

(六) 申请人最近2年内无受金融监管机构重大行政处罚的记录，不存在因涉嫌重大违法行为正在受到中国保监会立案调查的情形；

(七) 申请设立省级分公司以外其他分支机构，在拟设地所在的省、自治区、直辖市内，省级分公司最近2年内无受金融监管机构重大行政处罚的记录，已设立的其他分支机构最近6个月内无受重大保险行政处罚的记录；

(八) 有申请人认可的筹建负责人；

(九) 中国保监会规定的其他条件。

第十九条　设立分支机构，申请人应当提交下列材料一式三份：

(一) 设立申请书；

(二) 申请前连续2个季度的偿付能力报告和上一年度经审计的偿付能力报告；

(三) 保险公司上一年度公司治理结构报告以及申请人内控制度；

(四) 分支机构设立的可行性论证报告，包括拟设机构3年业务发展规划和市场分析，设立分支机构与公司风险管理状况和内控状况相适应的说明；

(五) 申请人分支机构管理制度；

(六) 申请人作出的其最近2年无受金融监管机构重大行政处罚的声明；

(七) 申请设立省级分公司以外其他分支机构的，提交省级分公司最近2年无受金融监管机构重大行政处罚的声明；

(八) 拟设机构筹建负责人的简历以及相关证明材料；

(九) 中国保监会规定提交的其他材料。

第二十条　中国保监会应当自收到完整申请材料之日起30日内对设立申请进行书面审查，对不符合本规定第十八条的，作出不予批准决定，并书面说明理由；对符合本规定

第十八条的，向申请人发出筹建通知。

第二十一条 申请人应当自收到筹建通知之日起 6 个月内完成分支机构的筹建工作。筹建期间不计算在行政许可的期限内。

筹建期间届满未完成筹建工作的，应当根据本规定重新提出设立申请。

筹建机构在筹建期间不得从事任何保险经营活动。

第二十二条 筹建工作完成后，筹建机构具备下列条件的，申请人可以向中国保监会提交开业验收报告：

(一) 具有合法的营业场所，安全、消防设施符合要求；

(二) 建立了必要的组织机构和完善的业务、财务、风险控制、资产管理、反洗钱等管理制度；

(三) 建立了与经营管理活动相适应的信息系统；

(四) 具有符合任职条件的拟任高级管理人员或者主要负责人；

(五) 对员工进行了上岗培训；

(六) 筹建期间未开办保险业务；

(七) 中国保监会规定的其他条件。

第二十三条 申请人提交的开业验收报告应当附下列材料一式三份：

(一) 筹建工作完成情况报告；

(二) 拟任高级管理人员或者主要负责人简历及有关证明；

(三) 拟设机构营业场所所有权或者使用权证明；

(四) 计算机设备配置、应用系统及网络建设情况报告；

(五) 业务、财务、风险控制、资产管理、反洗钱等制度；

(六) 机构设置和从业人员情况报告，包括员工上岗培训情况报告等；

(七) 按照拟设地规定提交有关消防证明，无需进行消防验收或者备案的，提交申请人作出的已采取必要措施确保消防安全的书面承诺；

(八) 中国保监会规定提交的其他材料。

第二十四条 中国保监会应当自收到完整的开业验收报告之日起 30 日内，进行开业验收，并作出批准或者不予批准的决定。验收合格批准设立的，颁发分支机构经营保险业务许可证；验收不合格不予批准设立的，应当书面通知申请人并说明理由。

第二十五条 经批准设立的保险公司分支机构，应当持批准文件以及分支机构经营保险业务许可证，向工商行政管理部门办理登记注册手续，领取营业执照后方可营业。

第四章 机构变更、解散与撤销

第二十六条 保险机构有下列情形之一的，应当经中国保监会批准：

(一) 保险公司变更名称；

(二) 变更组织形式；

(三) 变更注册资本；

(四) 扩大业务范围；

(五) 变更注册地、营业场所；

(六) 保险公司分立或者合并；

(七) 修改保险公司章程；

(八) 变更出资额占有限责任公司资本总额 5%以上的股东，或者变更持有股份有限公司股份 5%以上的股东；

(九) 中国保监会规定的其他情形。

第二十七条　保险机构有下列情形之一，应当自该情形发生之日起 15 日内，向中国保监会报告：

(一) 变更出资额不超过有限责任公司资本总额 5%的股东，或者变更持有股份有限公司股份不超过 5%的股东，上市公司的股东变更除外；

(二) 保险公司的股东变更名称，上市公司的股东除外；

(三) 保险公司分支机构变更名称；

(四) 中国保监会规定的其他情形。

第二十八条　保险公司依法解散的，应当经中国保监会批准，并报送下列材料一式三份：

(一) 解散申请书；

(二) 股东大会或者股东会决议；

(三) 清算组织及其负责人情况和相关证明材料；

(四) 清算程序；

(五) 债权债务安排方案；

(六) 资产分配计划和资产处分方案；

(七) 中国保监会规定提交的其他材料。

第二十九条　保险公司依法解散的，应当成立清算组，清算工作由中国保监会监督指导。

保险公司依法被撤销的，由中国保监会及时组织股东、有关部门以及相关专业人员成立清算组。

第三十条　清算组应当自成立之日起 10 日内通知债权人，并于 60 日内在中国保监会指定的报纸上至少公告 3 次。

清算组应当委托资信良好的会计师事务所、律师事务所，对公司债权债务和资产进行评估。

第三十一条　保险公司撤销分支机构，应当经中国保监会批准。分支机构经营保险业务许可证自被批准撤销之日起自动失效，并应当于被批准撤销之日起 15 日内缴回。

保险公司合并、撤销分支机构的，应当进行公告，并书面通知有关投保人、被保险人或者受益人，对交付保险费、领取保险金等事宜应当充分告知。

第三十二条　保险公司依法解散或者被撤销的，其资产处分应当采取公开拍卖、协议转让或者中国保监会认可的其他方式。

第三十三条　保险公司依法解散或者被撤销的，在保险合同责任清算完毕之前，公司股东不得分配公司资产，或者从公司取得任何利益。

第三十四条　保险公司有《中华人民共和国企业破产法》第二条规定情形的，依法申请重整、和解或者破产清算。

第五章　分支机构管理

第三十五条　保险公司应当加强对分支机构的管理，督促分支机构依法合规经营，确

保上级机构对管理的下级分支机构能够实施有效管控。

第三十六条 保险公司总公司应当根据本规定和发展需要制定分支机构管理制度，其省级分公司应当根据总公司的规定和当地实际情况，制定本省、自治区、直辖市分支机构管理制度。

保险公司在计划单列市设立分支机构的，应当由省级分公司或者保险公司根据本规定第四条第三款指定的分支机构制定当地分支机构管理制度。

第三十七条 分支机构管理制度至少应当包括下列内容：

(一) 各级分支机构职能；

(二) 各级分支机构人员、场所、设备等方面的配备要求；

(三) 分支机构设立、撤销的内部决策制度；

(四) 上级机构对下级分支机构的管控职责和措施。

第三十八条 保险公司分支机构应当配备必要数量的工作人员，分支机构高级管理人员或者主要负责人应当是与保险公司订立劳动合同的正式员工。

第三十九条 保险公司分支机构在经营存续期间，应当具有规范和稳定的营业场所，配备必要的办公设备。

第四十条 保险公司分支机构应当将经营保险业务许可证原件放置于营业场所显著位置，以备查验。

第六章 保险经营

第四十一条 保险公司的分支机构不得跨省、自治区、直辖市经营保险业务，本规定第四十二条规定的情形和中国保监会另有规定的除外。

第四十二条 保险机构参与共保、经营大型商业保险或者统括保单业务，以及通过互联网、电话营销等方式跨省、自治区、直辖市承保业务，应当符合中国保监会的有关规定。

第四十三条 保险机构应当公平、合理拟订保险条款和保险费率，不得损害投保人、被保险人和受益人的合法权益。

第四十四条 保险机构的业务宣传资料应当客观、完整、真实，并应当载有保险机构的名称和地址。

第四十五条 保险机构应当按照中国保监会的规定披露有关信息。

保险机构不得利用广告或者其他宣传方式，对其保险条款内容和服务质量等做引人误解的宣传。

第四十六条 保险机构对保险合同中有关免除保险公司责任、退保、费用扣除、现金价值和犹豫期等事项，应当依照《保险法》和中国保监会的规定向投保人作出提示。

第四十七条 保险机构开展业务，应当遵循公平竞争的原则，不得从事不正当竞争。

第四十八条 保险机构不得将其保险条款、保险费率与其他保险公司的类似保险条款、保险费率或者金融机构的存款利率等进行片面比较。

第四十九条 保险机构不得以捏造、散布虚假事实等方式损害其他保险机构的信誉。

保险机构不得利用政府及其所属部门、垄断性企业或者组织，排挤、阻碍其他保险机构开展保险业务。

第五十条 保险机构不得劝说或者诱导投保人解除与其他保险机构的保险合同。

第五十一条　保险机构不得给予或者承诺给予投保人、被保险人、受益人保险合同约定以外的保险费回扣或者其他利益。

第五十二条　除再保险公司以外，保险机构应当按照规定设立客户服务部门或者咨询投诉部门，并向社会公开咨询投诉电话。

保险机构对保险投诉应当认真处理，并将处理意见及时告知投诉人。

第五十三条　保险机构应当建立保险代理人的登记管理制度，加强对保险代理人的培训和管理，不得唆使、诱导保险代理人进行违背诚信义务的活动。

第五十四条　保险机构不得委托未取得合法资格的机构或者个人从事保险销售活动，不得向未取得合法资格的机构或者个人支付佣金或者其他利益。

第五十五条　保险公司应当建立健全公司治理结构，加强内部管理，建立严格的内部控制制度。

第五十六条　保险公司应当建立控制和管理关联交易的有关制度。保险公司的重大关联交易应当按照规定及时向中国保监会报告。

第五十七条　保险机构任命董事、监事、高级管理人员，应当在任命前向中国保监会申请核准上述人员的任职资格。

保险机构董事、监事、高级管理人员的任职资格管理，按照《保险法》和中国保监会有关规定执行。

第五十八条　保险机构应当依照《保险法》和中国保监会的有关规定管理、使用经营保险业务许可证。

第七章　监 督 管 理

第五十九条　中国保监会对保险机构的监督管理，采取现场监管与非现场监管相结合的方式。

第六十条　保险机构有下列情形之一的，中国保监会可以将其列为重点监管对象：

(一) 严重违法；

(二) 偿付能力不足；

(三) 财务状况异常；

(四) 中国保监会认为需要重点监管的其他情形。

第六十一条　中国保监会对保险机构的现场检查包括但不限于下列事项：

(一) 机构设立、变更是否依法经批准或者向中国保监会报告；

(二) 董事、监事、高级管理人员任职资格是否依法经核准；

(三) 行政许可的申报材料是否真实；

(四) 资本金、各项准备金是否真实、充足；

(五) 公司治理和内控制度建设是否符合中国保监会的规定；

(六) 偿付能力是否充足；

(七) 资金运用是否合法；

(八) 业务经营和财务情况是否合法，报告、报表、文件、资料是否及时、完整、真实；

(九) 是否按规定对使用的保险条款和保险费率报经审批或者备案；

(十) 与保险中介的业务往来是否合法；

(十一) 信息化建设工作是否符合规定；

(十二) 需要事后报告的其他事项是否按照规定报告；

(十三) 中国保监会依法检查的其他事项。

第六十二条 中国保监会对保险机构进行现场检查，保险机构应当予以配合，并按中国保监会的要求提供有关文件、材料。

第六十三条 中国保监会工作人员依法实施现场检查；检查人员不得少于 2 人，并应当出示有关证件和检查通知书。

中国保监会可以在现场检查中，委托会计师事务所等中介服务机构提供相关专业服务；委托上述中介服务机构提供专业服务的，应当签订书面委托协议。

第六十四条 保险机构出现频繁撤销分支机构、频繁变更分支机构营业场所等情形，可能或者已经对保险公司经营造成不利影响的，中国保监会有权根据监管需要采取下列措施：

(一) 要求保险机构在指定时间内完善分支机构管理的相关制度；

(二) 询问保险机构负责人、其他相关人员，了解变更、撤销的有关情况；

(三) 要求保险机构提供其内部对变更、撤销行为进行决策的相关文件和资料；

(四) 出示重大风险提示函，或者对有关人员进行监管谈话；

(五) 依法采取的其他措施。

保险机构应当按照中国保监会的要求进行整改，并及时将整改情况书面报告中国保监会。

第六十五条 中国保监会有权根据监管需要，要求保险机构进行报告或者提供专项资料。

第六十六条 保险机构应当按照规定及时向中国保监会报送营业报告、精算报告、财务会计报告、偿付能力报告、合规报告等报告、报表、文件和资料。

保险机构向中国保监会提交的各类报告、报表、文件和资料，应当真实、完整、准确。

第六十七条 保险公司的股东大会、股东会、董事会的重大决议，应当在决议作出后 30 日内向中国保监会报告，中国保监会另有规定的除外。

第六十八条 中国保监会有权根据监管需要，对保险机构董事、监事、高级管理人员进行监管谈话，要求其就保险业务经营、风险控制、内部管理等有关重大事项作出说明。

第六十九条 保险机构或者其从业人员违反本规定，由中国保监会依照法律、行政法规进行处罚；法律、行政法规没有规定的，由中国保监会责令改正，给予警告，对有违法所得的处以违法所得 1 倍以上 3 倍以下罚款，但最高不得超过 3 万元，对没有违法所得的处以 1 万元以下罚款；涉嫌犯罪的，依法移交司法机关追究其刑事责任。

第八章 附 则

第七十条 外资独资保险公司、中外合资保险公司分支机构设立适用本规定；中国保监会之前作出的有关规定与本规定不一致的，以本规定为准。

对外资独资保险公司、中外合资保险公司的其他管理，适用本规定，法律、行政法规和中国保监会另有规定的除外。

第七十一条 除本规定第四十二条和第七十二条第一款规定的情形外，外国保险公司

分公司只能在其住所地的省、自治区、直辖市行政辖区内开展业务。

对外国保险公司分公司的其他管理，参照本规定对保险公司总公司的有关规定执行，法律、行政法规和中国保监会另有规定的除外。

第七十二条　再保险公司，包括外国再保险公司分公司，可以直接在全国开展再保险业务。

再保险公司适用本规定，法律、行政法规和中国保监会另有规定的除外。

第七十三条　政策性保险公司、相互制保险公司参照适用本规定，国家另有规定的除外。

第七十四条　保险公司在境外设立子公司、分支机构、代表机构，应当经中国保监会批准；其设立条件和管理，由中国保监会另行规定。

境内非保险机构在境外设立保险机构，应当经中国保监会批准。

第七十五条　保险公司应当按照《保险法》的规定，加入保险行业协会。

第七十六条　本规定施行前已经设立的分支机构，无需按照本规定的设立条件重新申请设立审批，但应当符合本规定对分支机构的日常管理要求。不符合规定的，应当自本规定施行之日起 2 年内进行整改，在高级管理人员或者主要负责人资质、场所规范、许可证使用、分支机构管理等方面达到本规定的相关要求。

第七十七条　保险机构依照本规定报送的各项报告、报表、文件和资料，应当用中文书写。原件为外文的，应当附中文译本；中文与外文意思不一致的，以中文为准。

第七十八条　本规定中的日是指工作日，不含法定节假日；本规定中的以上、以下，包括本数。

第七十九条　本规定由中国保监会负责解释。

第八十条　本规定自 2009 年 10 月 1 日起施行。中国保监会 2004 年 5 月 13 日发布的《保险公司管理规定》(保监会令〔2004〕3 号)同时废止。

附录三

《保险资金运用管理暂行办法》

中国保险监督管理委员会令

2010年第9号

《保险资金运用管理暂行办法》已经2010年2月1日中国保险监督管理委员会主席办公会审议通过，现予公布，自2010年8月31日起施行。

主 席 吴定富

二〇一〇年七月三十日

保险资金运用管理暂行办法

第一章 总 则

第一条 为了规范保险资金运用行为，防范保险资金运用风险，维护保险当事人合法权益，促进保险业持续、健康发展，根据《中华人民共和国保险法》(以下简称《保险法》)等法律、行政法规，制定本办法。

第二条 在中国境内依法设立的保险集团(控股)公司、保险公司从事保险资金运用活动适用本办法规定。

第三条 本办法所称保险资金，是指保险集团(控股)公司、保险公司以本外币计价的资本金、公积金、未分配利润、各项准备金及其他资金。

第四条 保险资金运用必须稳健，遵循安全性原则，符合偿付能力监管要求，根据保险资金性质实行资产负债管理和全面风险管理，实现集约化、专业化、规范化和市场化。

第五条 中国保险监督管理委员会(以下简称中国保监会)依法对保险资金运用活动进行监督管理。

第二章 资金运用形式

第一节 资金运用范围

第六条 保险资金运用限于下列形式：

(一) 银行存款；

(二) 买卖债券、股票、证券投资基金份额等有价证券；

(三) 投资不动产；

(四) 国务院规定的其他资金运用形式。

保险资金从事境外投资的，应当符合中国保监会有关监管规定。

第七条　保险资金办理银行存款的，应当选择符合下列条件的商业银行作为存款银行：

(一) 资本充足率、净资产和拨备覆盖率等符合监管要求；

(二) 治理结构规范、内控体系健全、经营业绩良好；

(三) 最近三年未发现重大违法违规行为；

(四) 连续三年信用评级在投资级别以上。

第八条　保险资金投资的债券，应当达到中国保监会认可的信用评级机构评定的、且符合规定要求的信用级别，主要包括政府债券、金融债券、企业(公司)债券、非金融企业债务融资工具以及符合规定的其他债券。

第九条　保险资金投资的股票，主要包括公开发行并上市交易的股票和上市公司向特定对象非公开发行的股票。

投资创业板上市公司股票和以外币认购及交易的股票由中国保监会另行规定。

第十条　保险资金投资证券投资基金的，其基金管理人应当符合下列条件：

(一) 公司治理良好，净资产连续三年保持在人民币一亿元以上；

(二) 依法履行合同，维护投资者合法权益，最近三年没有不良记录；

(三) 建立有效的证券投资基金和特定客户资产管理业务之间的防火墙机制；

(四) 投资团队稳定，历史投资业绩良好，管理资产规模或者基金份额相对稳定。

第十一条　保险资金投资的不动产，是指土地、建筑物及其它附着于土地上的定着物。具体办法由中国保监会制定。

第十二条　保险资金投资的股权，应当为境内依法设立和注册登记，且未在证券交易所公开上市的股份有限公司和有限责任公司的股权。

第十三条　保险集团(控股)公司、保险公司不得使用各项准备金购置自用不动产或者从事对其他企业实现控股的股权投资。

第十四条　保险集团(控股)公司、保险公司对其他企业实现控股的股权投资，应当满足有关偿付能力监管规定。保险集团(控股)公司的保险子公司不符合中国保监会偿付能力监管要求的，该保险集团(控股)公司不得向非保险类金融企业投资。

实现控股的股权投资应当限于下列企业：

(一) 保险类企业，包括保险公司、保险资产管理机构以及保险专业代理机构、保险经纪机构；

(二) 非保险类金融企业；

(三) 与保险业务相关的企业。

第十五条　保险集团(控股)公司、保险公司从事保险资金运用，不得有下列行为：

(一) 存款于非银行金融机构；

(二) 买入被交易所实行"特别处理"、"警示存在终止上市风险的特别处理"的股票；

(三) 投资不具有稳定现金流回报预期或者资产增值价值、高污染等不符合国家产业政策项目的企业股权和不动产；

(四) 直接从事房地产开发建设；

(五) 从事创业风险投资；

(六) 将保险资金运用形成的投资资产用于向他人提供担保或者发放贷款，个人保单质押贷款除外；

(七) 中国保监会禁止的其他投资行为。

中国保监会可以根据有关情况对保险资金运用的禁止性规定进行适当调整。

第十六条 保险集团(控股)公司、保险公司从事保险资金运用应当符合下列比例要求：

(一) 投资于银行活期存款、政府债券、中央银行票据、政策性银行债券和货币市场基金等资产的账面余额，合计不低于本公司上季末总资产的5%；

(二) 投资于无担保企业(公司)债券和非金融企业债务融资工具的账面余额，合计不高于本公司上季末总资产的20%；

(三) 投资于股票和股票型基金的账面余额，合计不高于本公司上季末总资产的20%；

(四) 投资于未上市企业股权的账面余额，不高于本公司上季末总资产的5%；投资于未上市企业股权相关金融产品的账面余额，不高于本公司上季末总资产的4%，两项合计不高于本公司上季末总资产的5%；

(五) 投资于不动产的账面余额，不高于本公司上季末总资产的10%；投资于不动产相关金融产品的账面余额，不高于本公司上季末总资产的3%，两项合计不高于本公司上季末总资产的10%；

(六) 投资于基础设施等债权投资计划的账面余额不高于本公司上季末总资产的10%；

(七) 保险集团(控股)公司、保险公司对其他企业实现控股的股权投资，累计投资成本不得超过其净资产。

前款(一)至(六)项所称总资产应当扣除债券回购融入资金余额、投资连结保险和非寿险非预定收益投资型保险产品资产；保险集团(控股)公司总资产应当为集团母公司总资产。

非金融企业债务融资工具是指具有法人资格的非金融企业在银行间债券市场发行的，约定在一定期限内还本付息的有价证券；

未上市企业股权相关金融产品是指股权投资管理机构依法在中国境内发起设立或者发行的以未上市企业股权为基础资产的投资计划或者投资基金等；

不动产相关金融产品是指不动产投资管理机构依法在中国境内发起设立或者发行的以不动产为基础资产的投资计划或者投资基金等；

基础设施等债权投资计划是指保险资产管理机构等专业管理机构根据有关规定，发行投资计划受益凭证，向保险公司等委托人募集资金，投资基础设施项目等，按照约定支付本金和预期收益的金融工具。

保险集团(控股)公司、保险公司应当控制投资工具、单一品种、单一交易对手、关联企业以及集团内各公司投资同一标的的比例，防范资金运用集中度风险。

保险资金运用的具体管理办法，由中国保监会制定。中国保监会可以根据有关情况对保险资金运用的投资比例进行适当调整。

第十七条 投资连结保险产品和非寿险非预定收益投资型保险产品的资金运用，应当在资产隔离、资产配置、投资管理、人员配备、投资交易和风险控制等环节，独立于其他保险产品资金，具体办法由中国保监会制定。

第二节　资金运用模式

第十八条　保险集团(控股)公司、保险公司应当按照“集中管理、统一配置、专业运作”的要求，实行保险资金的集约化、专业化管理。

保险资金应当由法人机构统一管理和运用，分支机构不得从事保险资金运用业务。

第十九条　保险集团(控股)公司、保险公司应当选择符合条件的商业银行等专业机构，实施保险资金运用第三方托管和监督，具体办法由中国保监会制定。

托管的保险资产独立于托管机构固有资产，并独立于托管机构托管的其他资产。托管机构因依法解散、被依法撤销或者被依法宣告破产等原因进行清算的，托管资产不属于其清算财产。

第二十条　托管机构从事保险资金托管的，主要职责包括：

(一) 保险资金的保管、清算交割和资产估值；

(二) 监督投资行为；

(三) 向有关当事人披露信息；

(四) 依法保守商业秘密；

(五) 法律、法规、中国保监会规定和合同约定的其他职责。

第二十一条　托管机构从事保险资金托管，不得有下列行为：

(一) 挪用托管资金；

(二) 混合管理托管资金和自有资金或者混合管理不同托管账户资金；

(三) 利用托管资金及其相关信息谋取非法利益；

(四) 其他违法行为。

第二十二条　保险集团(控股)公司、保险公司的投资管理能力应当符合中国保监会规定的相关标准。

保险集团(控股)公司、保险公司根据投资管理能力和风险管理能力，可以自行投资或者委托保险资产管理机构进行投资。

第二十三条　保险集团(控股)公司、保险公司委托保险资产管理机构投资的，应当订立书面合同，约定双方权利与义务，确保委托人、受托人、托管人三方职责各自独立。

保险集团(控股)公司、保险公司应当履行制定资产战略配置指引、选择受托人、监督受托人执行情况、评估受托人投资绩效等职责。

保险资产管理机构应当执行委托人资产配置指引，根据保险资金特性构建投资组合，公平对待不同资金。

第二十四条　保险集团(控股)公司、保险公司委托保险资产管理机构投资的，不得有下列行为：

(一) 妨碍、干预受托机构正常履行职责；

(二) 要求受托机构提供其他委托机构信息；

(三) 要求受托机构提供最低投资收益保证；

(四) 非法转移保险利润；

(五) 其他违法行为。

第二十五条　保险资产管理机构受托管理保险资金的，不得有下列行为：

(一) 违反合同约定投资；

(二) 不公平对待不同资金；

(三) 混合管理自有、受托资金或者不同委托机构资金；

(四) 挪用受托资金；

(五) 向委托机构提供最低投资收益承诺；

(六) 以保险资金及其投资形成的资产为他人设定担保；

(七) 其他违法行为。

第二十六条 保险资产管理机构根据中国保监会相关规定，可以将保险资金运用范围的投资品种作为基础资产，开展保险资产管理产品业务。

保险集团(控股)公司、保险公司委托投资或者购买保险资产管理产品，保险资产管理机构应当根据合同约定，及时向有关当事人披露资金投向、投资管理、资金托管、风险管理和重大突发事件等信息，并保证披露信息的真实、准确和完整。

保险资产管理机构应当根据受托资产规模、资产类别、产品风险特征、投资业绩等因素，按照市场化原则，以合同方式与委托或者投资机构，约定管理费收入计提标准和支付方式。

保险资产管理产品业务，是指由保险资产管理机构为发行人和管理人，向保险集团(控股)公司、保险公司以及保险资产管理机构等投资人发售产品份额，募集资金，并选聘商业银行等专业机构为托管人，为投资人利益开展的投资管理活动。

第三章 决策运行机制

第一节 组织结构与职责

第二十七条 保险集团(控股)公司、保险公司应当建立健全公司治理，在公司章程和相关制度中明确规定股东大会、董事会、监事会和经营管理层的保险资金运用职责，实现保险资金运用决策权、运营权、监督权相互分离，相互制衡。

第二十八条 保险资金运用实行董事会负责制。保险公司董事会应当对资产配置和投资政策、风险控制、合规管理承担最终责任，主要履行下列职责：

(一) 审定保险资金运用管理制度；

(二) 确定保险资金运用的管理方式；

(三) 审定投资决策程序和授权机制；

(四) 审定资产战略配置规划、年度投资计划和投资指引及相关调整方案；

(五) 决定重大投资事项；

(六) 审定新投资品种的投资策略和运作方案；

(七) 建立资金运用绩效考核制度；

(八) 其他相关职责。

董事会应当设立资产负债管理委员会(投资决策委员会)和风险管理委员会。

第二十九条 保险集团(控股)公司、保险公司决定委托投资，以及投资无担保债券、股票、股权和不动产等重大保险资金运用事项，应当经董事会审议通过。

第三十条 保险集团(控股)公司、保险公司经营管理层根据董事会授权，应当履行下

列职责：

(一) 负责保险资金运用的日常运营和管理工作；

(二) 建立保险资金运用与财务、精算、产品和风控等部门之间的协商机制；

(三) 审议资产管理部门拟定的保险资产战略配置规划和年度资产配置策略，并提交董事会审定；

(四) 控制和管理保险资金运用风险；

(五) 执行经董事会审定的资产配置规划和年度资产配置策略；

(六) 提出调整资产战略配置调整方案；

(七) 其他职责。

第三十一条　保险集团(控股)公司、保险公司应当设置专门的保险资产管理部门，并独立于财务、精算、风险控制等其他业务部门，履行下列职责：

(一) 拟定保险资金运用管理制度；

(二) 拟定资产战略配置规划和年度资产配置策略；

(三) 拟定资产战略配置调整方案；

(四) 执行年度资产配置计划；

(五) 实施保险资金运用风险管理措施；

(六) 其他职责。

保险集团(控股)公司、保险公司自行投资的，保险资产管理部门应当负责日常投资和交易管理；委托投资的，保险资产管理部门应当履行委托人职责，监督投资行为和评估投资业绩等职责。

第三十二条　保险集团(控股)公司、保险公司的资产管理部门应当在投资研究、资产清算、风险控制、业绩评估、相关保障等环节设置岗位，建立防火墙体系，实现专业化、规范化、程序化运作。

保险集团(控股)公司、保险公司自行投资的，资产管理部门应当设置投资、交易等与资金运用业务直接相关的岗位。

第三十三条　保险集团(控股)公司、保险公司风险管理部门以及具有相应管理职能的部门，应当履行下列职责：

(一) 拟定保险资金运用风险管理制度；

(二) 审核和监控保险资金运用合法合规性；

(三) 识别、评估、跟踪、控制和管理保险资金运用风险；

(四) 定期报告资金运用风险管理状况；

(五) 其他职责。

第三十四条　保险资产管理机构应当设立首席风险管理执行官。

首席风险管理执行官为公司高级管理人员，负责组织和指导保险资产管理机构风险管理，履职范围应当包括保险资产管理机构运作的所有业务环节，独立向董事会、中国保监会报告有关情况，提出防范和化解重大风险建议。

首席风险管理执行官不得主管投资管理。如需更换，应当于更换前至少五个工作日向中国保监会书面说明理由和其履职情况。

第二节 资金运用流程

第三十五条 保险集团(控股)公司、保险公司应当建立健全保险资金运用的管理制度和内部控制机制，明确各个环节、有关岗位的衔接方式及操作标准，严格分离前、中、后台岗位责任，定期检查和评估制度执行情况，做到权责分明、相对独立和相互制衡。相关制度包括但不限于：

(一) 资产配置相关制度；

(二) 投资研究、决策和授权制度；

(三) 交易和结算管理制度；

(四) 绩效评估和考核制度；

(五) 信息系统管理制度；

(六) 风险管理制度等。

第三十六条 保险集团(控股)公司、保险公司应当以独立法人为单位，统筹境内境外两个市场，综合偿付能力约束、外部环境、风险偏好和监管要求等因素，分析保险资金成本、现金流和期限等负债指标，选择配置具有相应风险收益特征、期限及流动性的资产。

第三十七条 保险集团(控股)公司、保险公司应当建立专业化分析平台，并利用外部研究成果，研究制定涵盖交易对手管理和投资品种选择的模型和制度，构建投资池、备选池和禁投池体系，实时跟踪并分析市场变化，为保险资金运用决策提供依据。

第三十八条 保险集团(控股)公司、保险公司应当建立健全相对集中、分级管理、权责统一的投资决策和授权制度，明确授权方式、权限、标准、程序、时效和责任，并对授权情况进行检查和逐级问责。

第三十九条 保险集团(控股)公司、保险公司应当建立和完善公平交易机制，有效控制相关人员操作风险和道德风险，防范交易系统的技术安全疏漏，确保交易行为的合规性、公平性和有效性。公平交易机制至少应当包括以下内容：

(一) 实行集中交易制度，严格隔离投资决策与交易执行；

(二) 构建符合相关要求的集中交易监测系统、预警系统和反馈系统；

(三) 建立完善的交易记录制度；

(四) 在账户设置、研究支持、资源分配、人员管理等环节公平对待不同资金等。

第四十条 保险集团(控股)公司、保险公司应当建立以资产负债管理为核心的绩效评估体系和评估标准，定期开展保险资金运用绩效评估和归因分析，推进长期投资、价值投资和分散化投资，实现保险资金运用总体目标。

第四十一条 保险集团(控股)公司、保险公司应当建立保险资金运用信息管理系统，减少或者消除人为操纵因素，自动识别、预警报告和管理控制资产管理风险，确保实时掌握风险状况。

信息管理系统应当设定合规性和风险指标阈值，将风险监控的各项要素固化到相关信息技术系统之中，降低操作风险、防止道德风险。

信息管理系统应当建立全面风险管理数据库，收集和整合市场基础资料，记录保险资金管理和投资交易的原始数据，保证信息平台共享。

第四章 风险管控

第四十二条 保险集团(控股)公司、保险公司应当建立全面覆盖、全程监控、全员参与的保险资金运用风险管理组织体系和运行机制，改进风险管理技术和信息技术系统，通过管理系统和稽核审计等手段，分类、识别、量化和评估各类风险，防范和化解风险。

第四十三条 保险集团(控股)公司、保险公司应当管理和控制资产负债错配风险，以偿付能力约束和保险产品负债特性为基础，加强成本收益管理、期限管理和风险预算，确定保险资金运用风险限额，采用缺口分析、敏感性和情景测试等方法，评估和管理资产错配风险。

第四十四条 保险集团(控股)公司、保险公司应当管理和控制流动性风险，根据保险业务特点和风险偏好，测试不同状况下可以承受的流动性风险水平和自身风险承受能力，制定流动性风险管理策略、政策和程序，防范流动性风险。

第四十五条 保险集团(控股)公司、保险公司应当管理和控制市场风险，评估和管理利率风险、汇率风险以及金融市场波动风险，建立有效的市场风险评估和管理机制，实行市场风险限额管理。

第四十六条 保险集团(控股)公司、保险公司应当管理和控制信用风险，建立信用风险管理制度，及时跟踪评估信用风险，跟踪分析持仓信用品种和交易对手，定期组织回测检验。

第四十七条 保险集团(控股)公司、保险公司应当加强同业拆借、债券回购和融资融券业务管理，严格控制融资规模和使用杠杆，禁止投机或者用短期拆借资金投资高风险和流动性差的资产。保险资金参与衍生产品交易，仅限于对冲风险，不得用于投机和放大交易，具体办法由中国保监会制定。

第四十八条 保险集团(控股)公司、保险公司应当发挥内部稽核和外部审计的监督作用，每年至少进行一次保险资金运用内部全面稽核审计。内控审计报告应当揭示保险资金运用管理的合规情况和风险状况。主管投资的高级管理人员、保险资金运用部门负责人和重要岗位人员离职前，应当进行离任审计。

保险集团(控股)公司、保险公司应当定期向中国保监会报告保险资金运用内部稽核审计结果和有关人员离任审计结果。

第四十九条 保险集团(控股)公司、保险公司应当建立保险资金运用风险处置机制，制定应急预案，及时控制和化解风险隐患。投资资产发生大幅贬值或者出现债权不能清偿的，应当制定处置方案，并及时报告中国保监会。

第五十条 保险集团(控股)公司、保险公司应当确保风险管控相关岗位和人员具有履行职责所需知情权和查询权，有权查阅、询问所有与保险资金运用业务相关的数据、资料和细节，并列席与保险资金运用相关的会议。

第五章 监督管理

第五十一条 中国保监会对保险资金运用的监督管理，采取现场监管与非现场监管相结合的方式。

第五十二条 中国保监会应当根据公司治理结构、偿付能力、投资管理能力和风险管

理能力，对保险集团(控股)公司、保险公司保险资金运用实行分类监管、持续监管和动态评估。

中国保监会应当强化对保险公司的资本约束，确定保险资金运用风险监管指标体系，并根据评估结果，采取相应监管措施，防范和化解风险。

第五十三条　保险集团(控股)公司、保险公司分管投资的高级管理人员、资产管理部门的主要负责人、保险资产管理机构的董事、监事、高级管理人员，应当在任职前取得中国保监会核准的任职资格。

第五十四条　保险集团(控股)公司、保险公司的重大股权投资，应当报中国保监会核准。

保险资产管理机构发行或者发起设立的保险资产管理产品，实行初次申报核准，同类产品事后报告。

中国保监会按照有关规定对上述事项进行合规性、程序性审核。

重大股权投资，是指对拟投资非保险类金融企业或者与保险业务相关的企业实施控制的投资行为。

第五十五条　中国保监会有权要求保险集团(控股)公司、保险公司提供报告、报表、文件和资料。

提交报告、报表、文件和资料，应当及时、真实、准确、完整。

第五十六条　保险集团(控股)公司、保险公司的股东大会、股东会、董事会的重大投资决议，应当在决议作出后 5 个工作日内向中国保监会报告，中国保监会另有规定的除外。

第五十七条　中国保监会有权要求保险集团(控股)公司、保险公司将保险资金运用的有关数据与中国保监会的监管信息系统动态连接。

第五十八条　保险集团(控股)公司和保险公司的偿付能力状况不符合中国保监会要求的，中国保监会可以限制其资金运用的形式、比例。

第五十九条　保险集团(控股)公司、保险公司违反资金运用形式和比例有关规定的，由中国保监会责令限期改正。

第六十条　中国保监会有权对保险集团(控股)公司、保险公司的董事、监事、高级管理人员和资产管理部门负责人进行监管谈话，要求其就保险资金运用情况、风险控制、内部管理等有关重大事项作出说明。

第六十一条　保险集团(控股)公司、保险公司严重违反资金运用有关规定的，中国保监会可以责令调整负责人及有关管理人员。

第六十二条　保险集团(控股)公司、保险公司严重违反保险资金运用有关规定，被责令限期改正逾期未改正的，中国保监会可以决定选派有关人员组成整顿组，对公司进行整顿。

第六十三条　保险集团(控股)公司、保险公司违反本规定运用保险资金的，由中国保监会依法给予行政处罚。

第六十四条　保险资金运用的其他当事人在参与保险资金运用活动中，违反有关法律、行政法规和本办法规定的，中国保监会应当记录其不良行为，并将有关情况通报其行业主管部门；情节严重的，中国保监会可以通报保险集团(控股)公司、保险公司 3 年内不得与其从事相关业务，并商有关监管部门依法给予行政处罚。

第六十五条　中国保监会工作人员滥用职权、玩忽职守，或者泄露所知悉的有关单位和人员的商业秘密的，依法追究法律责任。

第六章　附　　则

第六十六条　保险资产管理机构管理运用保险资金参照本办法执行。

第六十七条　保险公司缴纳的保险保障基金等运用，从其规定。

第六十八条　中国保监会对保险集团(控股)公司资金运用另有规定的，从其规定。

第六十九条　本办法由中国保监会负责解释和修订。

第七十条　本办法自 2010 年 8 月 31 日起施行。原有的有关政策和规定，凡与本办法不一致的，一律以本办法为准。

参 考 文 献

[1] George E Reijda. Principles of Risk Management and Insurance. 11edit. Pearson Education Group, 2011.

[2] Emmett J Vaughan, Therese Vaughan. Fundamentals of Risk and Insurance. John Wiley & Sons Inc, 2007.

[3] Mark S Dorfman. Introduction to Risk Management and Insurance. 9edit. Prentice Hall, 2007.

[4] Mark S Dorfman. 当代风险管理与保险教程. 7 版. 北京：清华大学出版社，2002.

[5] 马永伟. 保险知识读本. 北京：中国金融出版社，2000.

[6] 黄华明. 中外保险案例分析. 北京：对外经济贸易大学出版社，2004.

[7] 蒲成毅，潘晓君. 保险案例评析与思考. 北京：机械工业出版社，2003.

[8] 赵苑达. 再保险学. 北京：中国金融出版社，2006.

[9] 胡炳志. 再保险. 北京：中国金融出版社，2006.

[10] 唐运祥. 保险经纪理论与实务. 北京：中国社会科学出版社，2000.

[11] 吴定富. 保险原理与实务. 北京：中国财政经济出版社，2005.

[12] 付荣辉，李丞北. 保险原理与实务. 北京：清华大学出版社，2010.

[13] 李民，刘连生. 保险原理与实务. 北京：中国人民大学出版社，2012.

[14] 马宜斐，段文军. 保险原理与实务. 北京：中国人民大学出版社，2011.

[15] 李丹，刘降斌. 保险学原理与实务. 北京：中国林业出版社，2011.

[16] 刘平. 保险学：原理与实务. 北京：清华大学出版社，2009.

[17] 钟明. 保险学. 上海：上海财经大学出版社，2011.

[18] 徐爱荣. 保险学. 上海：复旦大学出版社，2010.

[19] 粟芳，许谨良. 保险学. 北京：清华大学出版社，2011.

[20] 熊福生，姚壬元. 保险学. 北京：经济管理出版社，2013.

[21] 刘永刚. 保险学. 北京：人民邮电出版社，2013.

[22] 张代军. 保险学. 浙江：浙江大学出版社，2010.

[23] 姚海明，段昆. 保险学. 上海：复旦大学出版社，2012.

[24] 裘红霞. 保险学. 北京：清华大学出版社，2011.

[25] 魏丽. 保险学. 北京：东北财经大学出版社，2011.

[26] 奚道同，董玉凤. 保险学. 黑龙江：哈尔滨工业大学出版社，2011.

[27] 邹新阳，谢家智. 保险学. 上海：复旦大学出版社，2013.

[28] 李加明. 保险学. 北京：科学出版社，2013.

[29] 施建祥. 保险学. 浙江：浙江大学出版社，2009.

[30] 许桂红. 保险学. 江苏：东南大学出版社，2010.

[31] 曾卫. 保险学. 北京：人民出版社，2010.
[32] 孙秀清. 保险学. 北京：经济科学出版社，2011.
[33] 石磊，保险学. 北京：对外经济贸易大学出版社，2013.
[34] 胡炳志，何小伟. 保险学. 北京：中国金融出版社，2013.
[35] 刘波，刘璐. 保险学. 辽宁：东北财经大学出版社，2012.